トウキョウ建築コレクション 2016

Official Book

トウキョウ建築コレクション2016 実行委員会編

建築資料研究社／日建学院

トウキョウ建築コレクション 2016 Official Book

013 トウキョウ建築コレクション2016企画概要

---

014 全国修士設計展

016 開催概要

017 審査員紹介

018 **石原愛美（グランプリ）**
東京藝術大学大学院　美術研究科
建築専攻　トム・ヘネガン研究室
空間文体練習
読み替えのプロフェッショナルから学ぶ
新たな都市へのまなざし

028 **荻野翔馬（青木淳賞）**
早稲田大学理工学術院　創造理工学研究科
建築学専攻　入江正之研究室
E.L.ブレー「ニュートン記念堂」の
建設設計論・試論

038 **佐野 優（内藤廣賞）**
早稲田大学理工学術院　創造理工学研究科
建築学専攻　古谷誠章研究室
都市と自然の再構築
アズマヒキガエルを指標とした善福寺川流域モデル

048 **庄野航平（長谷川逸子賞）**
早稲田大学理工学術院　創造理工学研究科
建築学専攻　古谷誠章研究室
郷里の模索
アイヌの座標感覚にみる、カムイノミ巡礼舞台と
供養祭儀、並びに、地域への福祉的還元

058 **吉川崇裕（福島加津也賞）**
東北大学大学院　工学研究科
都市・建築学専攻　本江正茂研究室
自家像
吉川家住宅にみるデザインパターンを用いた「ふるまい
の複層性」のある建築の提案

068 **佐野勇太（連勇太朗賞）**
メルボルン大学大学院　デザイン学群建築都市デザイン研究科
建築デザイン専攻　Paul Ling Leong Loh Supervision
デジタル建築設計プロセス
形而下的記憶
混成変容設計手法論

078 **石津翔太**
早稲田大学理工学術院　創造理工学研究科
建築学専攻　入江正之研究室
混在併存の相
三溪園を舞台として

088 **菊井悠央**
神奈川大学大学院　工学研究科
建築学専攻　曽我部・吉岡研究室
状態としてのお寺
重層的視点によるお寺という空間の再構築

098 **喬 龍盛**
早稲田大学理工学術院　創造理工学研究科
建築学専攻　古谷誠章研究室
趣味から市井文化の復興図る
上海中高齢者向け集合住宅

108 **楠目晃大**
神戸大学大学院　工学研究科
建築学専攻　槻橋修研究室
Topological Structure
伸縮膜を用いたトポロジー構造体による
建築空間の設計

118 **齋藤 弦**
千葉大学大学院　工学研究科
建築学専攻　岡田哲史研究室
Learning from Barracks
バラックの生成過程における三層性
および環境に対する一問一答性を生かした住宅の提案

128 **齋藤直紀**
東京理科大学大学院　理工学研究科
建築学専攻　安原幹研究室
眼差しの写実
町を歩いて見つけた場所と
その観察によって考えられる建築のあり方

138 **立石直敬**
東京都市大学大学院　工学研究科
建築学専攻　手塚貴晴研究室
無電機構

148 **牟田龍二**
千葉工業大学大学院　工学研究科
建築都市環境学専攻　遠藤政樹研究室
クリストファー・アレグザンダーにおける「15の幾何学的特性」を応用した建築設計の提案
ポストヒューマニズムの建築

158 全国修士設計展 公開審査会

---

172 全国修士論文展

174 開催概要

175 コメンテーター紹介

176 **印牧岳彦**（グランプリ・八束はじめ賞）
東京大学大学院　工学系研究科
建築学専攻　加藤耕一研究室
バイオテクニカル・モダニズム
1920年代を中心とした建築と生物学の関係の諸相

186 **中島亮二**（青井哲人賞）
新潟大学大学院　自然科学研究科
環境科学専攻　黒野弘靖研究室
新潟市市街地近郊農地における農小屋の様相
自力建設空間からみた地方都市周縁部の農地利用に関する研究

196 **島田 潤**（新谷眞人賞）
東京大学大学院　工学系研究科
建築学専攻　隈研吾研究室
スリット入りサーフェイスの3次元展開形態シミュレーションの研究
モバイル・パヴィリオン設計への応用を通して

206 **石井孝典**（石川初賞）
東京大学大学院　工学系研究科
建築学専攻　千葉学研究室
LRTを通じた都市体験に関する研究
パブリックスペースとの関係に見る祝祭性と映像性

216 溝呂木 健(一ノ瀬雅之賞)
東京工業大学大学院　総合理工学研究科
環境理工学創造専攻　坂田弘安研究室
木質面材を粘弾性テープと釘により接着した制振壁の力学的挙動に関する実験研究

222 畑中快規(森田芳朗賞)
千葉大学大学院　工学研究科
建築・都市科学専攻　建築学コース　平沢岳人研究室
可動テンセグリティ構造の建築利用に関する研究

232 笠井 洸
豊橋技術科学大学大学院　工学研究科
建築・都市システム学専攻　松島史朗研究室
6軸ロボットアームの導入による建築デザインの展開
木工切削加工の可能性の検証

242 桂川 大
名古屋工業大学大学院　工学研究科
創成シミュレーション工学専攻　北川啓介研究室
批判的言語描写における建築の異化様相
建築雑誌『新建築』(1980-2014)を対象として

252 佐々木雅宏
慶應義塾大学大学院　政策・メディア研究科
環境デザイン・ガバナンスプログラム　松川昌平研究室
建築の空間構成における、視線、動線、空気の関係性を定量的に評価する手法の提案

262 芹沢保教
工学院大学大学院　工学研究科
建築学専攻　篠沢健太研究室
高蔵寺ニュータウン計画に開発前の地形が与えた影響
自然環境を基盤とした郊外ニュータウン再編の可能性

272 全国修士論文展 公開討論会

284 プロジェクト展

286 開催概要

287 コメンテーター紹介

288 滋賀県立大学
川井操研究室(審査員賞)
FUJIKI RENOVATION

296 東京都市大学　手塚貴晴研究室
青野倉庫改修プロジェクト
富山県氷見市に現存する土蔵倉庫の公共建築への転用

304 慶應義塾大学
ホルヘ・アルマザン研究室
古びた酒蔵を町の舞台に
酒蔵の文化施設への改修プロジェクト

312 プロジェクト展 アネックストーク

全国修士設計展
公開審査会 3/5 Sat. 10:30~18:00
全国修士論文展
公開審査会 3/4 Fri. 13:00~18:00
プロジェクト展
スタジオトーク 3/4 Wed 13:00~
ワークショップ展
公開発表会 3/6 Sun. 13:00~
特別講演
3/6 Sun. 13:00~
2016/3/1/Tue.~2016/3/6/Sun.
代官山ヒルサイドテラス(ヒルサイド・フォーラム/ヒルサイド・プラザ)
10周年
革新
トウキョウ建築コレクション2016
【各展作品展示】
設計展・論文展：ヒルサイド・フォーラム
2016/3/1/Tue.~2016/3/6/Sun. 11:00~19:00(初日 14:00~: 最終日 ~17:00)
プロジェクト展：アネックスA棟
2016/3/1/Tue.~2016/3/6/Sun. 11:00~19:00(初日 14:00~: 最終日 ~17:00)
ワークショップ展：代官山のまちなか
2016/3/1/Tue.~2016/3/6/Sun. 11:00~19:00(初日 14:00~: 最終日 ~17:00)
【イベント】
修士論文 公開審査会：ヒルサイド・プラザ
2016/3/4/Fri. 13:00~18:00(OPEN 12:30)
修士設計 公開審査会：ヒルサイド・プラザ
2016/3/5/Sat. 10:30~18:00(OPEN 10:00)
プロジェクト展 スタジオ・トーク：アネックスA棟
2016/3/4/ Wed18:00~21:00(OPEN 13:00)
ワークショップ展 公開発表会: アネックスA棟
・「家具デザイナーになって、代官山のまちに家具をつくろう!」 講評会 2016/3/6/Sun13:00~16:00
・「けんちくかとつくる『ひろば・たてもの・まち』」 2016/3/2/Wed
特別講演：ヒルサイド・プラザ
2016/3/6/Sun. 13:00~15:00 テーマ：「東京の行方」
＊詳しくはWebで → http://www.tkc.site
全国修士設計展
連《むらじ》勇太朗《ゆうたろう》
福島《ふくしま》加津也《かつや》
長谷川《はせがわ》逸子《いつこ》
内藤《ないとう》廣《ひろし》
青木《あおき》淳《じゅん》
全国修士論文展
八束《やつか》はじめ
森田《もりた》芳朗《よしろう》
一ノ瀬《いちのせ》雅之《まさゆき》
石川《いしかわ》初《はじめ》
新谷《あらや》眞人《まさと》
青井《あおい》哲人《あきひと》
プロジェクト展
国吉《くによし》直行《なおゆき》
藤村《ふじむら》龍至《りゅうじ》
山﨑《やまざき》誠子《まさこ》
特別講演
白井《しらい》宏昌《ひろまさ》
協賛 株式会社 日建設計 株式会社 大林組 株式会社 三菱地所設計 コクヨ 株式会社 田島ルーフィング株式会社 日本土地建物 株式会社 株式会社 安藤・間 エーアンドエー 株式会社 清水建設 株式会社 タケダコーポレーション 株式会社 株式会社 竹中工務店 寺岡オートドア 株式会社 西松建設 株式会社 株式会社 日本設計 株式会社 長谷工コーポレーション カルチュア・コンビニエンス・クラブ 株式会社
特別協力 代官山ヒルサイドテラス
協力 株式会社鹿島出版会 伊東建築塾 岡田書本店 こどものためのアート情報誌tonton 代官山ステキな街づくり協議会 Kengo Kuma &Associates moretrees 株式会社スーパープランニング 福美人株式会社 代官山コンシェルジュ
後援 一般社団法人 日本建築学会 一般社団法人 東京建築士会
全国修士設計・論文展 応募要項
■応募について
ホームページ内の応募フォームから必要項目を記入の上、ご応募ください。
1作品につき3,000円、振込先は応募登録の確認メールにて通知いたします。
代官山ヒルサイドテラス(ヒルサイド・フォーラム/ヒルサイド・プラザ)
【設計展】グランプリ1点、各審査員賞5点
【論文展】各審査員賞6点 ※各展受賞者には日建学院より副賞が授与されます。
■募集期間
登録期間 :2016/1/22/Fri. 0:00~2016/2/19/Fri. 23:59
データ提出期限 :2016/1/22/Fri.~2016/2/20/Sat.
※詳細は、ホームページでご確認ください。
■参加対象
2016年3月修了/修了見込の修士学生。
修了時に審査対象となる修士設計・論文に準ずるもの。
修了審査がない場合は、修士課程の在学中の作品を対象とします。
※下記の日程で開催される代官山ヒルサイドで行われる公開討論会に出席可能であること。
【論文展】2016/3/4/Fri.【設計展】2016/3/5/Sat.
※提出頂いたデータは書籍・パンフレット等に使用させて頂きます。
■お問い合わせ
トウキョウ建築コレクション2016実行委員会
お問い合わせ：公式ホームページよりお問い合わせください。
Photo by 内野秀之
特別協賛・特別協力 建築資料研究社 日建学院
トウキョウ建築コレクション2016実行委員会 お問い合わせ
＊Web上のお問い合わせフォームよりお願いします。
Web :http://www.tkc.site
twitter : tkc_information
Facebook : http://www.facebook.com/tokyo.kenchiku.collection

トウキョウ建築コレクション2016企画概要

全国の修士学生による修士設計・修士論文を集め、日本初の全国規模の修士設計・論文展を行った2007年以降、展覧会を存続・発展させながら「トウキョウ建築コレクション」は今回で10年目を迎えることができました。

当展覧会は多くの来場者に恵まれ、その成果を書籍化することにより広く社会に開かれた展覧会にできたと感じております。また、出展者数も年々増え、その規模は国外にも波及する兆候を見せており、本展覧会は建築業界にとってますます大きな役割を担うと自負しております。

トウキョウ建築コレクションは初年度から一貫して「修士学生の研究をもとに、建築学における分野を超えた議論の場を作り出し、建築業界のみならず社会一般に向けて成果を発信していくこと」を目標として参りました。

10年目を大きな転換点と捉え、今回は「革新」をテーマに掲げました。これまでのトウキョウ建築コレクションを鑑み、より建築学の範囲に捉われない社会に開いた議論を生む「展開」の場、そして、今後あるべき建築を問い直すための「発信」の場を目指しました。

展覧会の成果は1年目から一貫して、書籍化することを前提に活動しております。本展覧会が今後も長期に渡り持続し、時代性を持った「コレクション」が集積され、アーカイブとしての価値を持つことで、今後とも建築の発展に寄与できる展覧会へと成長することを目指します。

トウキョウ建築コレクション2016実行委員一同

全国修士設計展

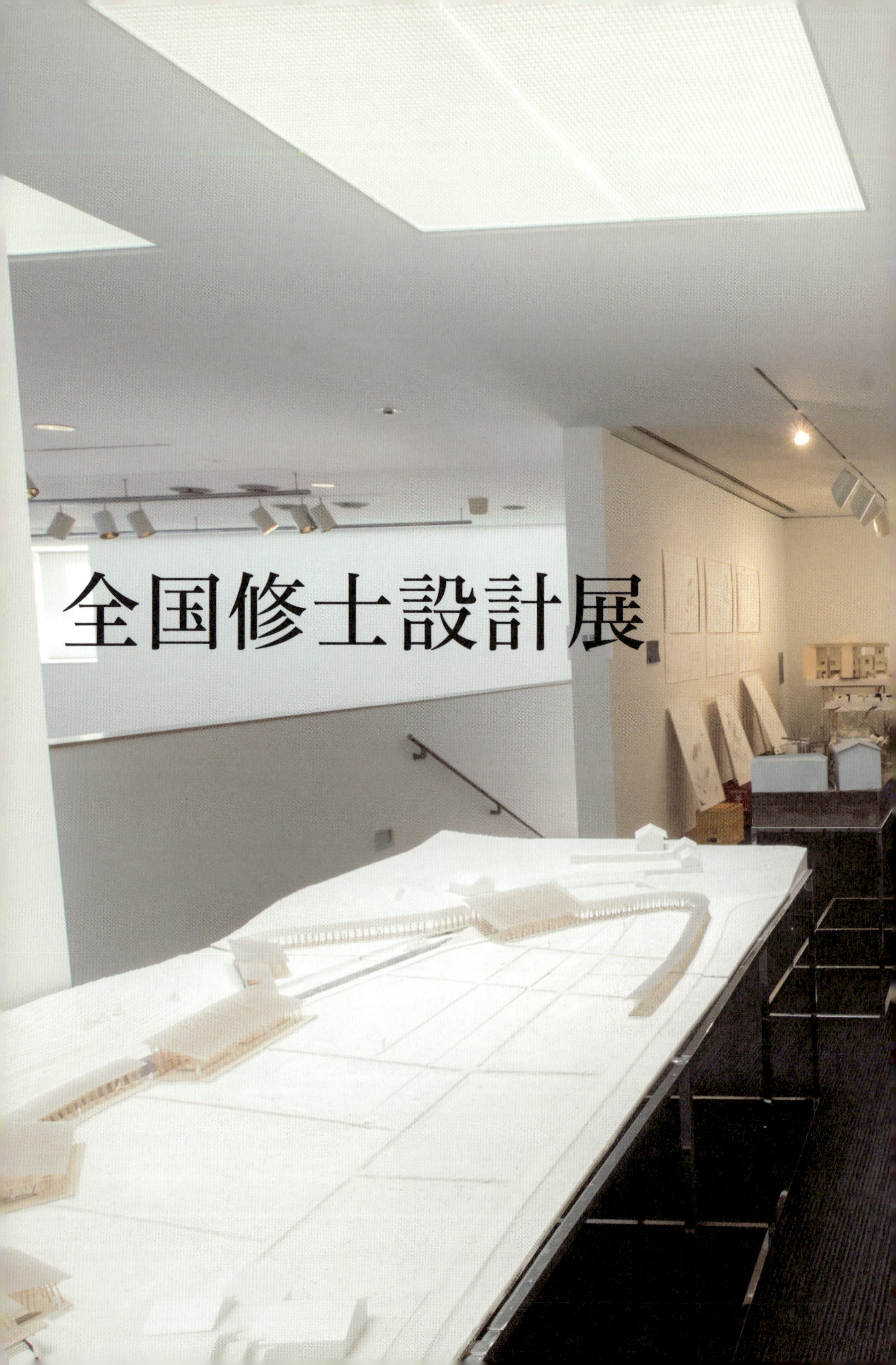

「全国修士設計展」開催概要

「全国修士設計展」は全国から修士設計の作品を一堂に集め、審査員による一次審査(非公開)で選ばれた出展者の作品を展示、公開審査を行いました。

3月1日(火)～3月6日(日)のヒルサイドフォーラムでの展示に加え、3月5日(土)にはヒルサイドプラザにて建築分野の第一線で活躍されている方々をお招きして公開審査会(二次審査)を開催しました。公開審査会では展示された模型・パネルの審査、ヒルサイドプラザにて出展者によるプレゼンテーション、審査員による質疑応答と討論を行い、審査員賞とグランプリを選出しました。

全国修士設計展では「Form――いまつくるとは」をテーマに掲げ、集まった作品を通して建築に関わる者にとってのForm(＝かたち)をつくることについて、様々な議論を交わしました。また、多様なオーディエンスを巻き込みながら、社会的背景、国際的視点、分野の拡張など修士学生の考える設計構想をぶつけ合い、今後の建築像のあり方について議論しました。

トウキョウ建築コレクション2016実行委員会

全国修士設計展審査員

長谷川逸子　Itsuko Hasegawa

○審査委員長

建築家／早稲田大学、東京工業大学、九州大学非常勤講師。1941年生まれ。関東学院大学卒業後、東京工業大学、菊竹清訓建築設計事務所勤務を経て、79年に長谷川逸子・建築計画工房を設立。米国ハーバード大学で客員教授を務め、97年王立英国建築協会、ロンドン大学、アメリカ建築家協会（AIA）より名誉会員・学位の称号の取得。主な作品に「大島町絵本館」（第7回公共建築賞）、「新潟市民芸術文化会館」（第9回公共建築賞）、「儀電オフィス街（上海）」など。

青木 淳　Jun Aoki

建築家。1956年生まれ。東京大学大学院修了後、磯崎新アトリエ勤務を経て、91年に青木淳建築計画事務所を設立。個人住宅、公共建築から商業建築まで多方面で活躍。主な作品に「馬見原橋」、「S」、「潟博物館」、「ルイ・ヴィトン表参道」、「青森県立美術館」、「杉並区大宮前体育館」、「三次市民ホールきりり」など。主な著作に『Jun Aoki COMPLETE WORKS 1 : 1991-2004』（INAX出版）、『Jun Aoki COMPLETE WORKS 2 : 青森県立美術館』（INAX出版）、『原っぱと遊園地』（王国社）、『青木淳ノートブック』（平凡社）など。

内藤 廣　Hiroshi Naito

建築家／東京大学名誉教授。1950年生まれ。早稲田大学大学院修士課程修了後、フェルナンド・イゲーラス建築設計事務所（スペイン・マドリッド）、菊竹清訓建築設計事務所勤務を経て、81年に内藤廣建築設計事務所を設立。主な作品に「海の博物館」、「安曇野ちひろ美術館」、「牧野富太郎記念館」、「島根県芸術文化センター」、「日向市駅」、「安曇野市庁舎」、「静岡県草薙総合運動場体育館」など。

福島加津也　Katsuya Fukushima

○コーディネーター

建築家／東京都市大学常勤講師／福島加津也＋冨永祥子建築設計事務所代表。1968年生まれ。東京藝術大学大学院修士課程修了後、伊東豊雄建築設計事務所を経て、2003年に冨永祥子とともに福島加津也＋冨永祥子建築設計事務所を設立。現在、東京都市大学工学部建築学科にて建築教育も行う。「工学と美学」を手がかりに、歴史的形式から現代の建築をつくることを主題としている。また、伝統的集落や民家の調査にも継続的に参加している。主な作品に「中国木材名古屋事業所」、「柱と床」、「木の構築」など。

連 勇太朗　Yutaro Muraji

建築家／NPO法人モクチン企画代表理事／慶應義塾大学大学院特任助教／横浜国立大学IAS客員助教。1987年生まれ。2012年慶應義塾大学大学院修士課程修了、15年同大学大学院後期博士課程単位取得退学後、在学中の12年に木造賃貸アパートを重要な社会資源と捉え、都市に新たな新陳代謝の仕組みを実装していくことを目的としたソーシャルスタートアップ、モクチン企画を設立。

設計展　グランプリ

空間文体練習

読み替えのプロフェッショナルから学ぶ新たな都市へのまなざし

石原愛美
Ami Ishihara

東京藝術大学大学院
美術研究科　建築専攻
トム・ヘネガン研究室

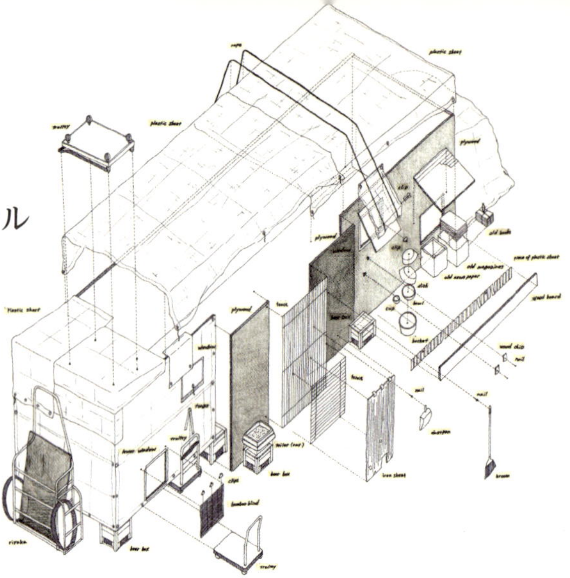

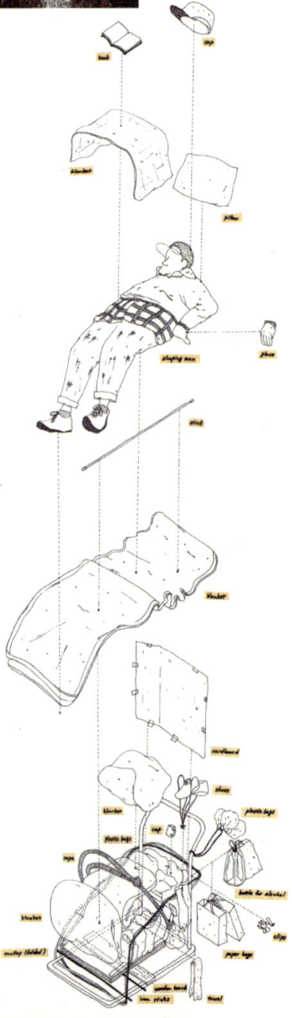

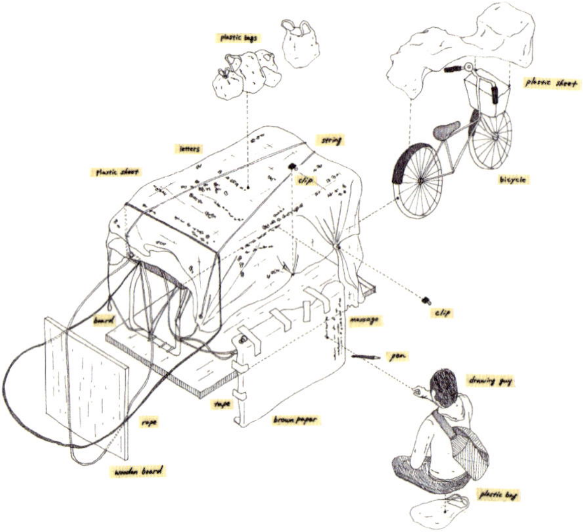

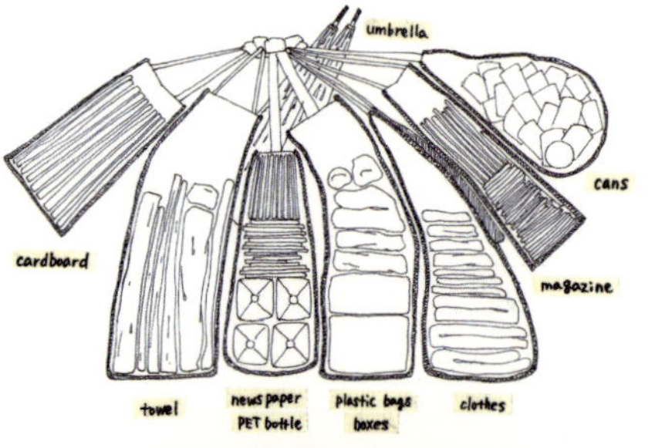

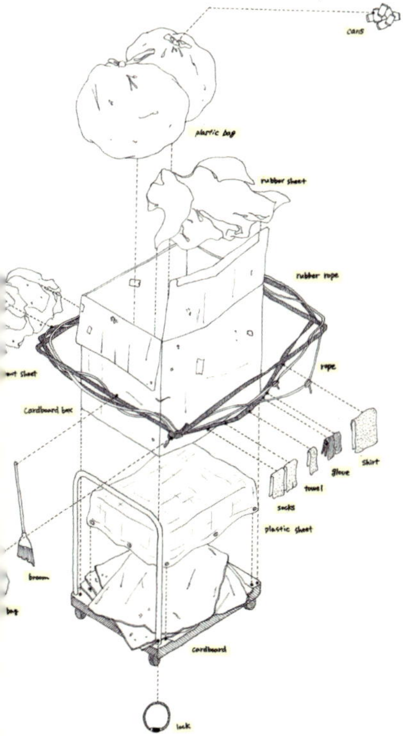
cans
plastic bag
rubber sheet
rubber rope
rope
cardboard box
shirt
glove
towel
socks
plastic sheet
broom
bag
cardboard
lock

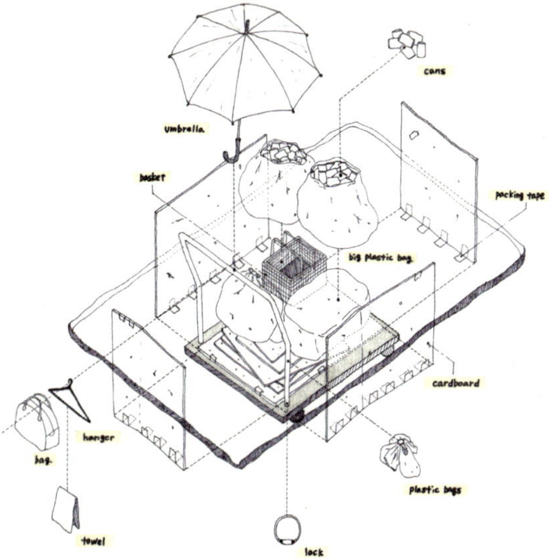
umbrella
cans
basket
packing tape
big plastic bag
cardboard
hanger
bag
plastic bags
towel
lock

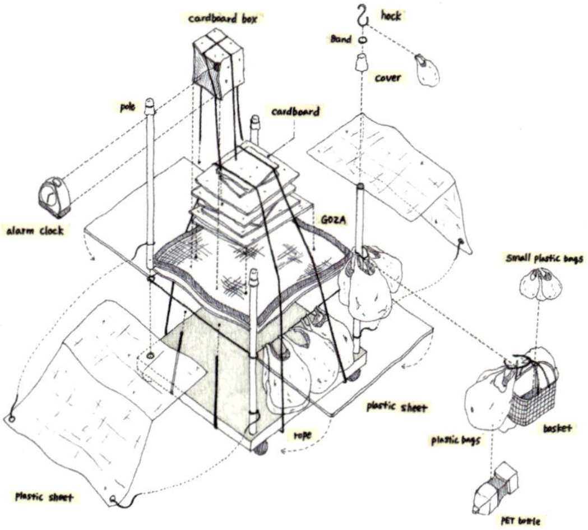
cardboard box
hock
Band
cover
pole
cardboard
alarm clock
GOZA
small plastic bags
plastic sheet
rope
basket
plastic bags
plastic sheet
PET bottle

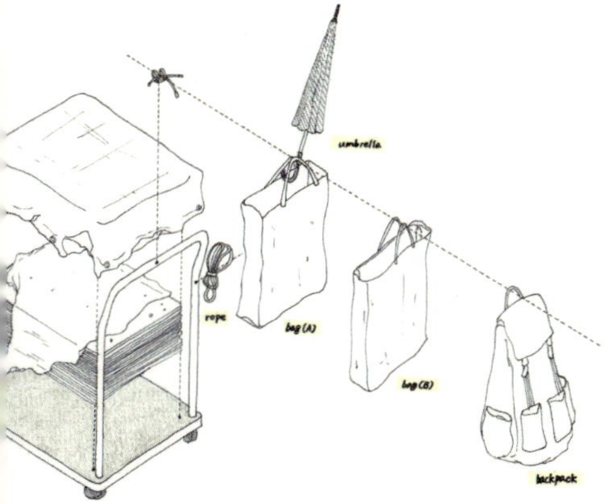
umbrella
rope
bag (A)
bag (B)
backpack

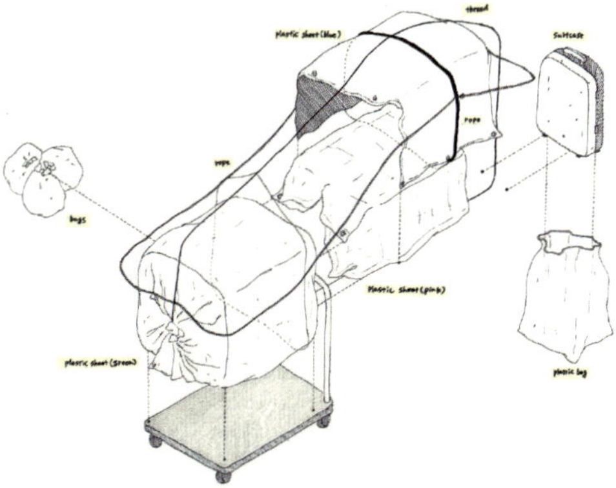
thread
plastic sheet (blue)
suitcase
rope
rope
bags
plastic sheet (pink)
plastic sheet (green)
plastic bag

本計画は台東区旧山谷地区におけるホームレスと街の人のための建物の提案である。ホームレスは都市にもともと用意された形式やルールを読み替え、そして能動的に書き替えていくプロフェッショナルだ。彼らから学んだ小さな知恵や空間認識の仕方、そしてインタビューから得た彼らのシェルターである衣服を「脱ぐ」と「着る」という大切な生活行為をもとに、街にあるものやプログラムを転用しながら新たな3つの施設を、いろは商店街に設計した。重みを脱ぐための「廃品回収所」、状態を脱ぐための「銭湯」、居場所や情報を着るための「図書館」である。それらの建物が商店街でつながることにより、周辺住民もまたホームレスに占拠されてしまった空間を取り戻しながら、双方がこの場所をさらに使いこなしていくことを目的としている。そしてホームレスが持たなかった「ホーム」を、この商店街で能動的に「着て」いくきっかけになれば、と思い修士設計に取り組んだ。

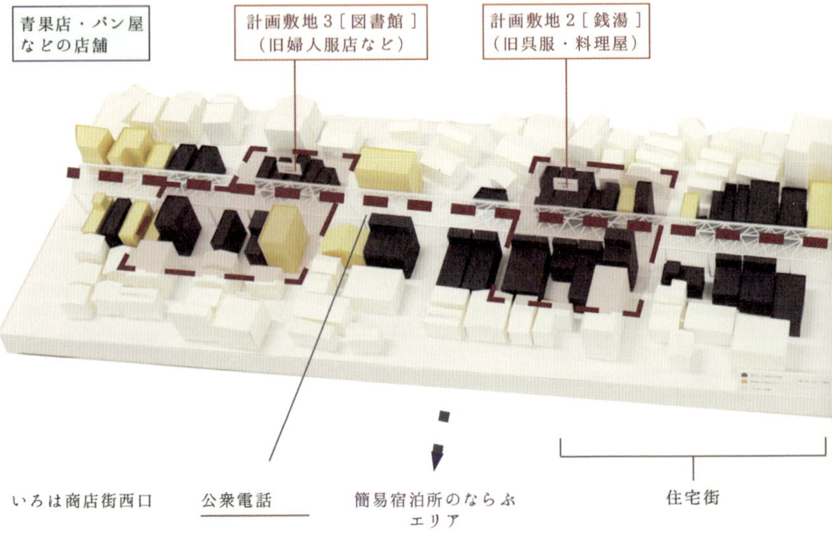

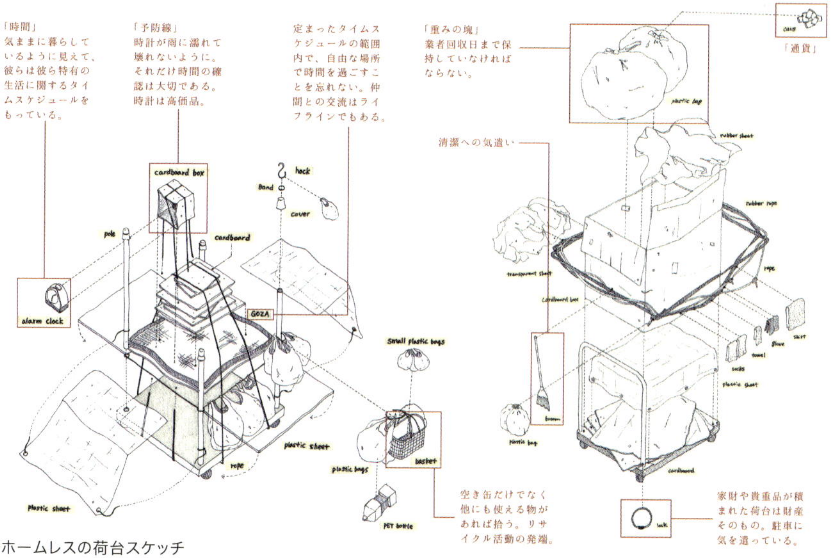

ホームレスの荷台スケッチ

空き缶拾い

空き缶価格：
1kg/70-100円（時価）

ホームレスの回収量：
10-30kg/日（約100-300個）

台東区ホームレス数：
135人（平成26年現在）

台東区待機児童

台東区は待機児童が48%、23区内では二番目に多い。園庭がある保育園は玉姫保育園のみ。地域の公園はホームレスに占拠され、こどもたちは遊び場を失っている。

城北労働センター

就職紹介、医療・福祉・住宅などの相談ができる。
建物のまわりには常にホームレスがたむろしている。
建物裏には資材が山積みにされている。

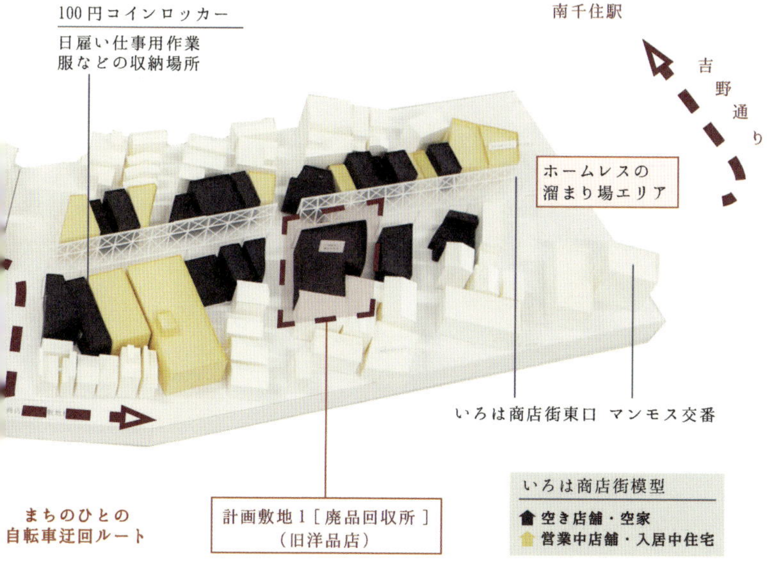

いろは商店街ダイアグラム

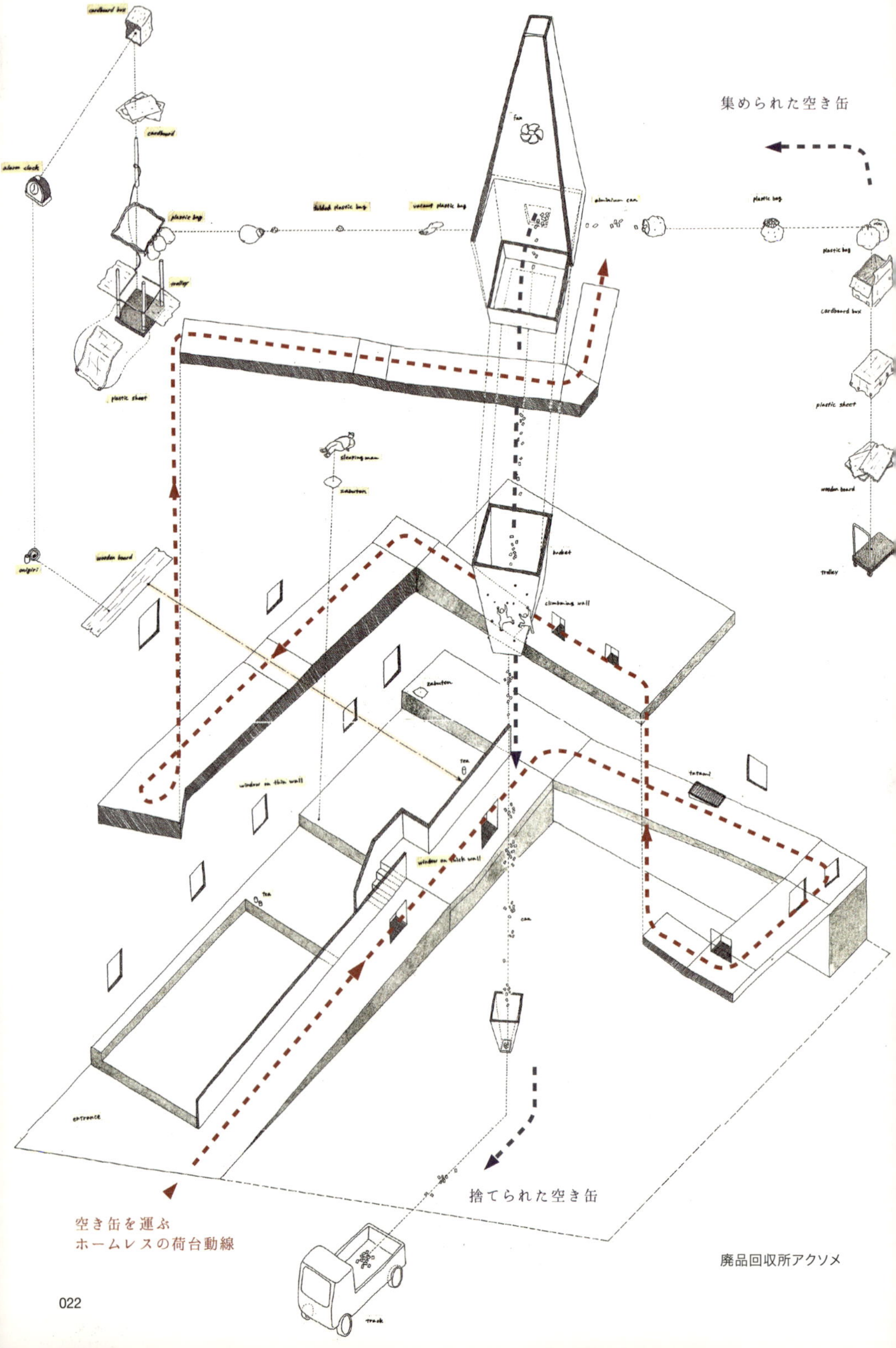
集められた空き缶
cardboard box
cardboard
alarm clock
plastic bag
folded plastic bag
vacant plastic bag
fan
aluminium can
plastic bag
plastic bag
trolley
cardboard box
plastic sheet
plastic sheet
wooden board
trolley
sleeping man
zabuton
basket
onigiri
wooden board
climbing wall
zabuton
tea
tatami
window on thin wall
window on thick wall
tea
can
entrance
捨てられた空き缶
空き缶を運ぶ
ホームレスの荷台動線
truck

廃品回収所アクソメ

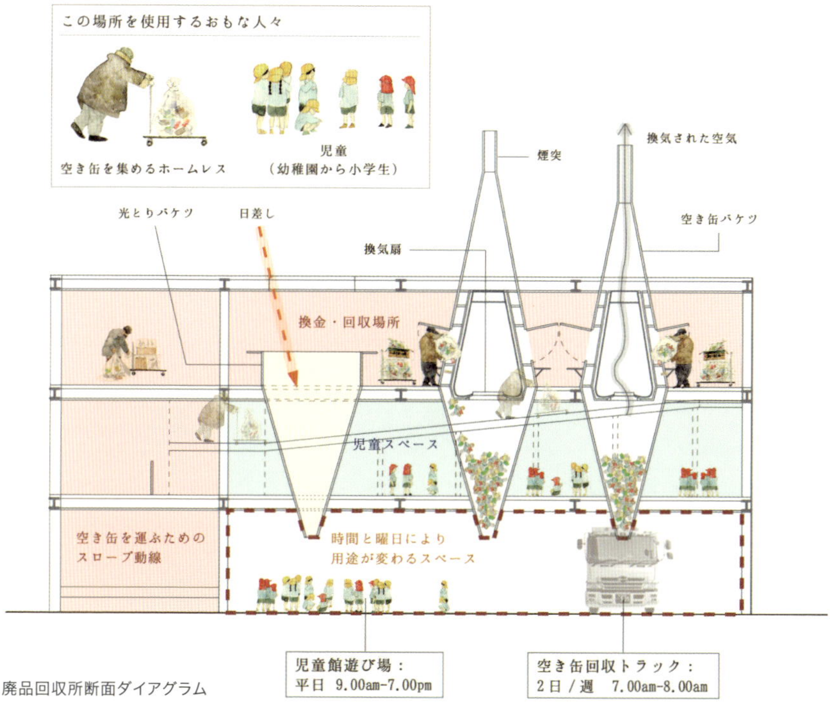

廃品回収所断面ダイアグラム

廃品回収所断面模型

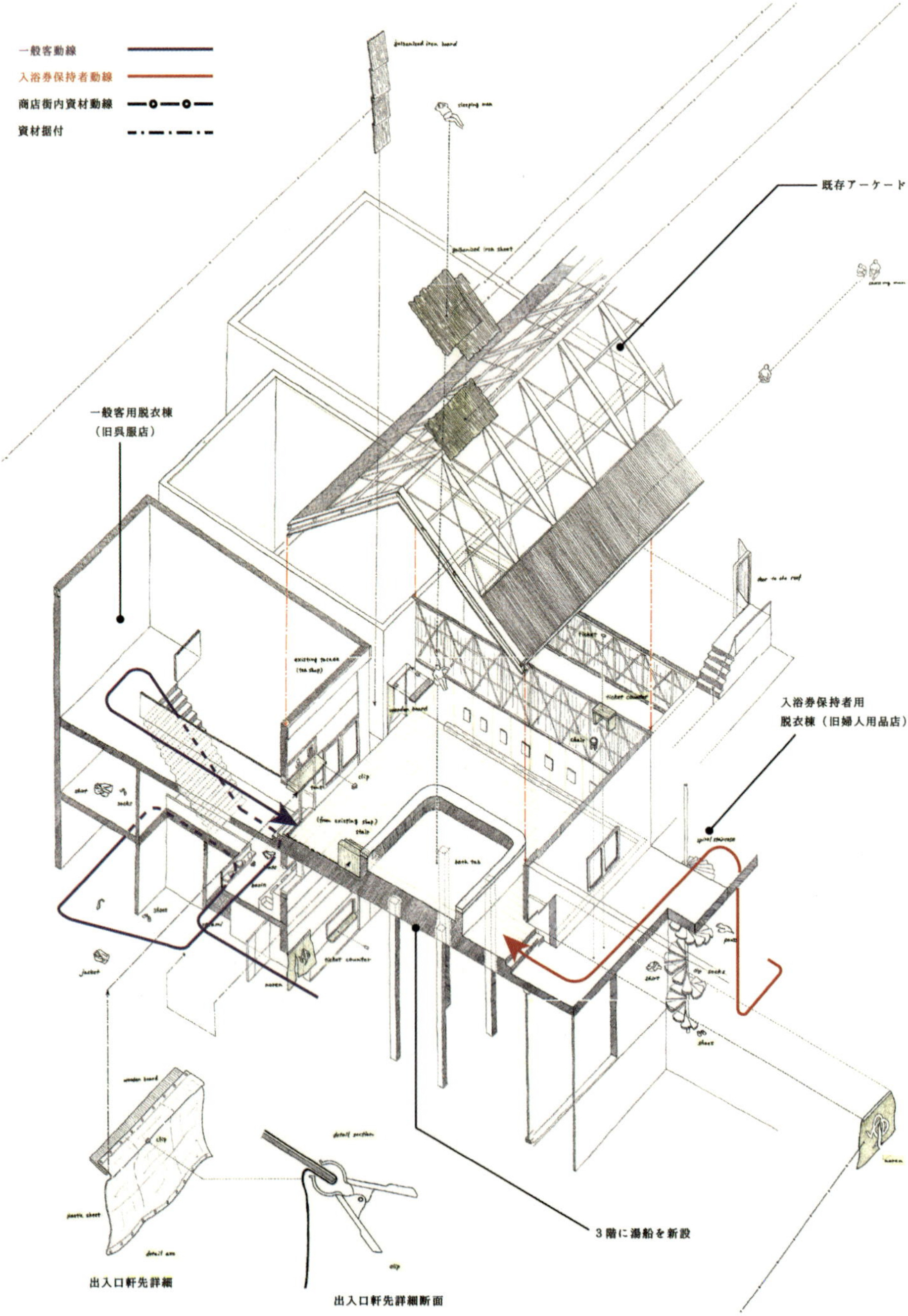
一般客動線
入浴券保持者動線
商店街内資材動線
資材据付
既存アーケード
一般客用脱衣棟
（旧呉服店）
入浴券保持者用
脱衣棟（旧婦人用品店）
3階に湯船を新設
出入口軒先詳細
出入口軒先詳細断面
galvanized iron board
sleeping man
galvanized iron sheet
door to the roof
existing facade
(tea shop)
wooden board
ticket counter
chair
clip
(from existing shop)
stair
bath tub
spiral staircase
socks
shoes
basin
jacket
noren
pants
shirt
wooden board
clip
plastic sheet
detail axo
detail section
clip

銭湯断面アクソメ

商店街内資材動線

資材据付

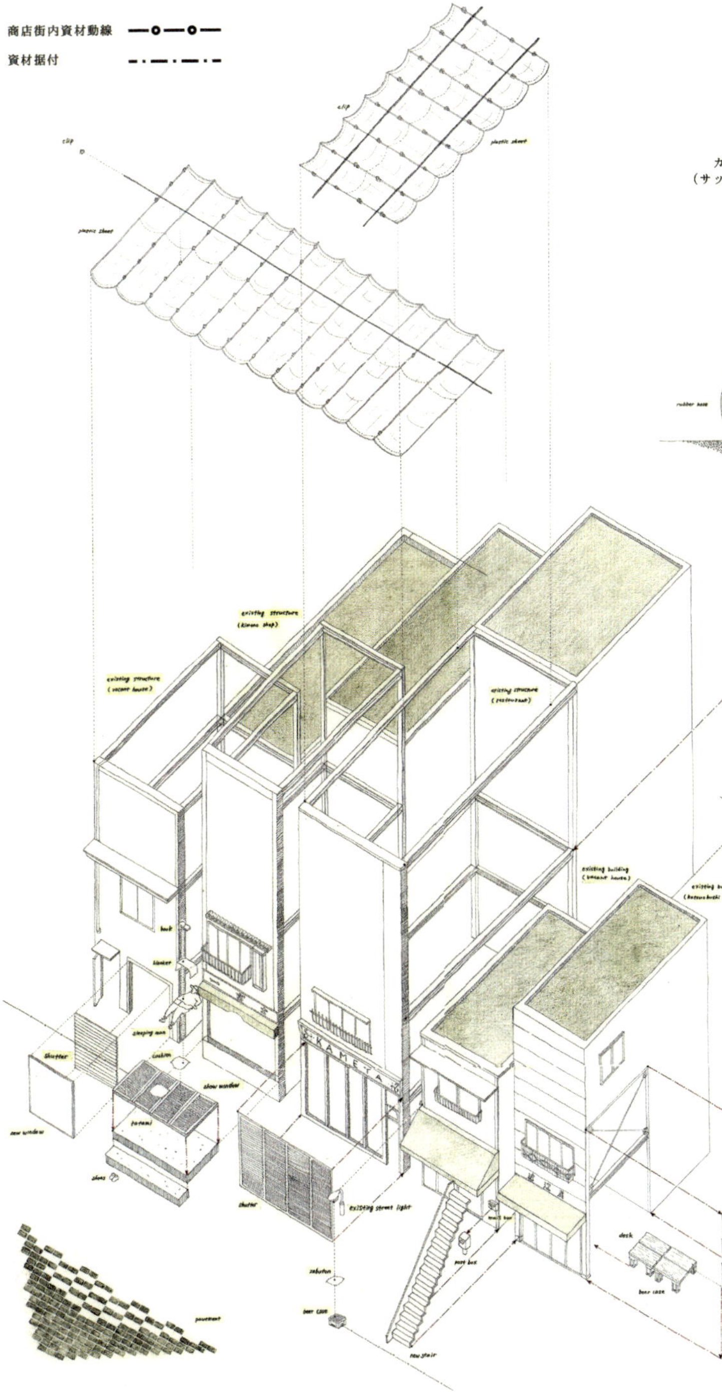

カーテン端部
（サッシュ詳細断面）

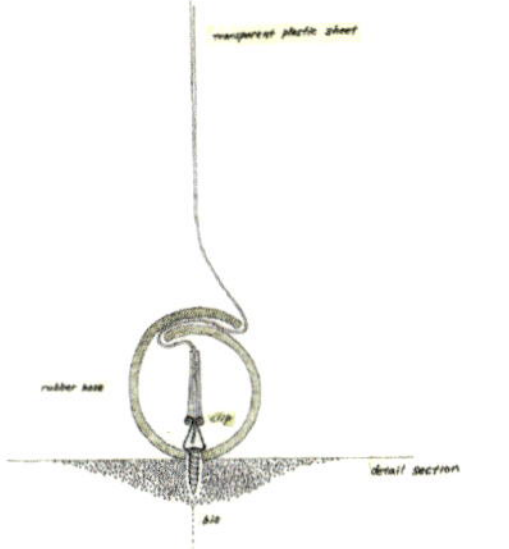

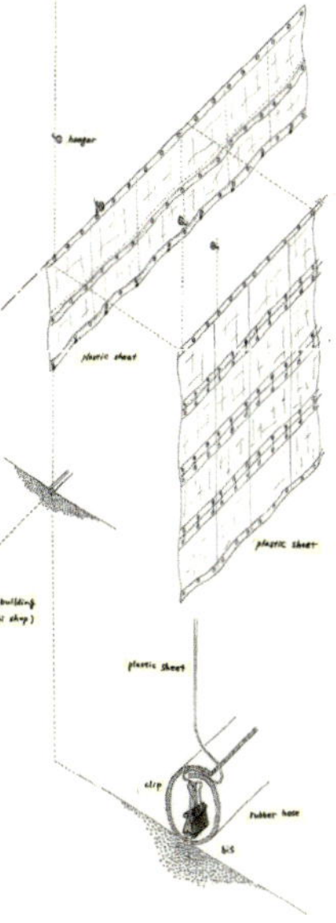

カーテン端部処理

図書館断面アクソメ

銭湯断面模型

図書館断面模型

出展者コメント ── トウキョウ建築コレクションを終えて

Q 修士設計を通して得たこと

どんなに些細で普遍的な事柄にも、そこにオブセッションを持つことで見える世界は変わる、ということを藝大で学びました。ですので「修士制作を終えて」得たことは特別ありません。今回の制作は帰結ではなく、継続してきたことに対するひとつの節目です。

Q 修士修了後の進路と10年後の展望

青木淳さんの事務所で働いています。10年後も、鼻息荒く、何かしらに、ねちっこく、食いついていると思います。

審査員コメント

審査員コメント＠巡回審査

青木：ホームレスがいる現状に対して、子どもが遊ぶ場所として成立するようにこの場所をチューニングするということかな。

石原：そうです。そこには少し私の恣意性が入っていますが……。

青木：なぜそこを避けたがるのか。そのチューニングこそが建築家のやるべきことで、それがしっかりできない限り、その空間はうまくいかないと思うんだ。最後に残るものは、そのチューニングの技術であって、それは恣意的なものだと思いますよ。

長谷川：ホームレスが街に居着くことを良しとしているのかな。

石原：実際に今、ホームレスはここに住んでいます。これは、ホームレスによって占拠され奪われてしまった空間を街の人に少しずつ還元しながら、二律背反の関係にある両者の共存を図るという提案です。そうすれば、彼らもあまり後ろめたさを感じずにここで暮らすことができるんじゃないかと。

長谷川：更正施設以外に建築家がホームレスに対して積極的に建築をつくる提案を今まで見たことがない。それをどういうレベルで良しとするのか、私は少し疑問に思ってあなたの発表を聞いていました。ホームレスの人だけが対象ではなく、職を失った人や様々な人がともに共生できる場所をつくりたいというなら分かります。確かにそれができるといいのですが。こういうホームレスの人が来るところに、子ども連れの人たちがうまく共生できる雰囲気がつくれるのか。果たして自分の子どもを連れていくかなと。これをつくっても、差別を受けながらここにいる以外はないようなイメージしか持てないのですよね。

福島：大変な力作だと思います。絵がうまくてプレゼンテーションの密度も十分。今和次郎の考現学のようなリサーチから始まり、レーモン・クノーの文体練習を建築に読み替えてデザインの手掛かりにするというのもよくできています。読み替え以外の建築的な提案について教えてください。

石原：廃品回収所のバケツのかたちは恣意的に見えるかもしれないのですが、その大きさはホームレスが集める缶の量をあらわしています。このバケツの大きさによって、反対側の街の人の空間が決まっています。銭湯では、入浴券を持つ低所得者、つまりホームレスと、住民などそれ以外の人のための入口を別々にして建築的に空間を分けています。どちらも同じ場所で服を脱いだり、物を放置することに対してすごく緊張感を持っているので、まずは空間を分ける。「ホームレス」という状態を担保している彼らの衣服をだんだん脱いでいき、「裸」の状態になってはじめて両者が同じ空間を使うというイメージです。

連：ホームレスの普段のアクティビティや都市の使い方と、そこに住んでる普通の人たちとの生活の折り合いを、建築でどうつけるかということがテーマだと感じて、すごく良いと思いました。繊細なリサーチから、ホームレスの振る舞いを発見して、生活者との関係性をつけていく時に、この3つの提案によって何か問題を解決しようとしているのですか、それとも地域のリズムを調整して現状の見方を少し変えてみようという、どちらに重点があるのですか?

石原：後者です。更生施設みたいになってしまうのは嫌だという思いがある。ホームレスの人たちもそれぞれ考え方が違うので、自分たちで能動的にこれからのことを決めていけるように選択肢をたくさん用意して、許容力のある建築を街の中につくりたいと思っています。

連：テーマは素晴らしいと思います。さらに複雑性を増して、ホームレス側の理論だけではなく、もっと市民活動や政治的な問題がここに絡んでくるとリアリティが増すかもしれません。それぞれの視点が対等にある時、この提案はもっと良くなるかもしれないと思いました。

設計展　青木淳賞

E.L.ブレー「ニュートン記念堂」の建設設計論・試論

荻野翔馬
Shoma Ogino

早稲田大学理工学術院
創造理工学研究科　建築学専攻
入江正之研究室

新古典主義のE.L.ブレーによる、ドローイング建築「ニュートン記念堂」の建設設計論である。

私は建設現場を見学した際に、道具が無限に建ちならび、建ち上がろうとするまさに強大なエネルギー、そして、光が無造作に入り込む空間に息をのんだ。

安全性や経済的な理由で、これまで決して一般人が入り込むことが考えられなかった、建築ができ上がる空間、時間に一石を投じるために「建設設計論」を新しく唱える。

計画の末、建設過程自体に生きられた時間をもつ建築の概念を生むことができた。

建築の結構性、モノの仕組み、そのものがいかに存在しているのかを見ながら、建設者、建築技術者、建設労働者と触れ合い、技術、ものづくりの心を伝承していく。それが私の「ニュートン記念堂」の機能である。

機械化、工業化をポジティブに受容し、なおかつ職人技術の衰退を食い止める。テクノロジーを利益に結びつけるのでなく、人間文化へと昇華させる建設設計である。

都市にあふれる建設現場

建設過程(仮設、型枠、足場)可視化模型 内部

来訪者が鑑賞できるコンクリート壁建設風景(『現場紀信』[篠山紀信著、日経BP社]を参考に作成)

工事段階と来訪者のアクティビティを計画した工程表

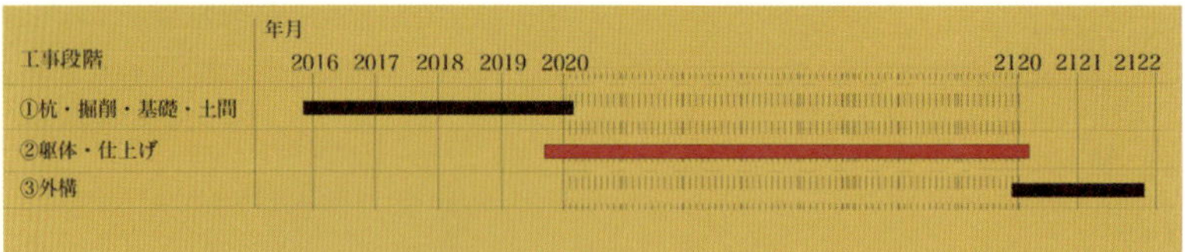

2016年に杭・基礎を開始し、2122年にすべての工事が終わる。躯体工事の段階を工程表からたちあげる。

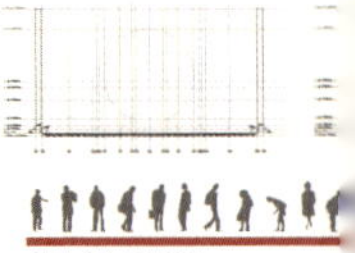

生きられた時間

躯体工事段階		コンクリート体積	工期
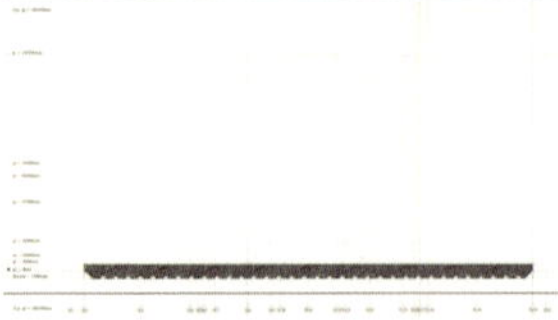	Phase 1 gl+0〜gl +5000　コンクリート	402125 ㎥	
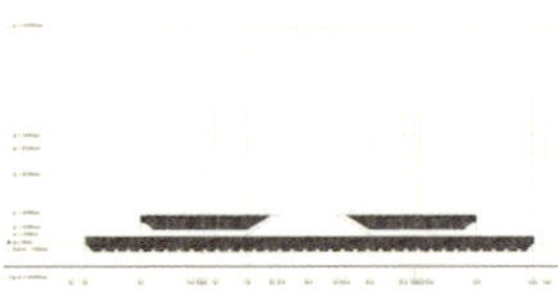	Phase 2 gl+5000 に作業所、詰め所、材料所設置 gl+5000〜gl+20000 コンクリート	678585 ㎥	
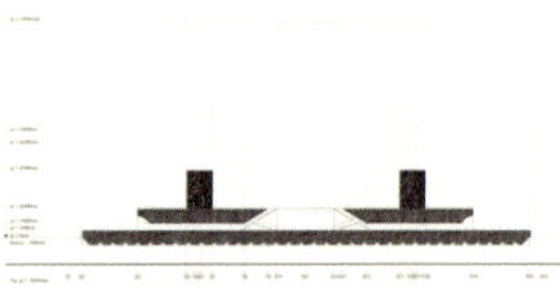	Phase 3 gl+20000〜gl+47000　コンクリート	207090 ㎥	
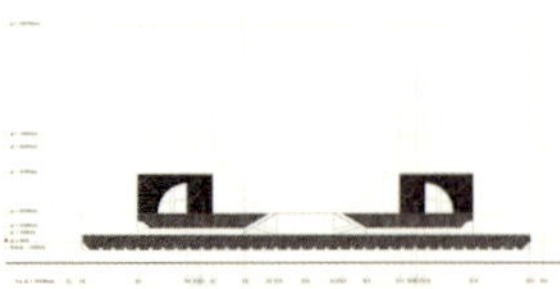	Phase 4 gl+20000〜gl+40800　建設者住居建ち上げ gl+20000〜gl+47000　バットレスコンクリート	622890 ㎥	
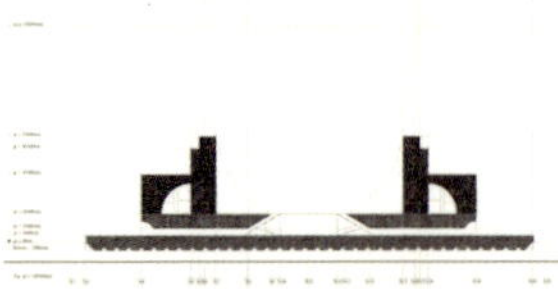	Phase 5 gl+47000〜gl+74000　コンクリート	204000 ㎥	
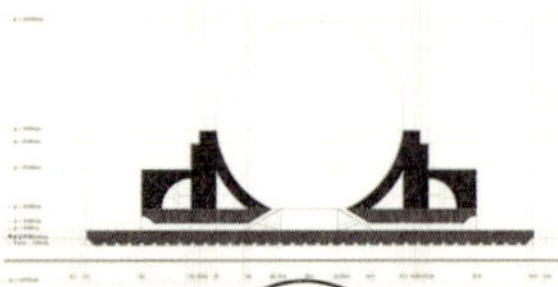	Phase 6 gl+20000〜gl+47000　ギャラリー設置 gl+20000〜gl+74000　球下半分コンクリート	245600 ㎥	
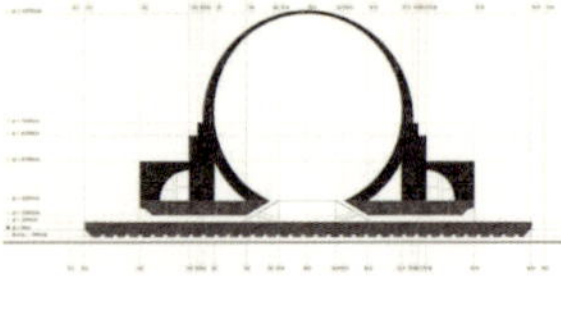	Phase 7 gl+74000〜gl+147000　球上半分コンクリート	247000 ㎥	

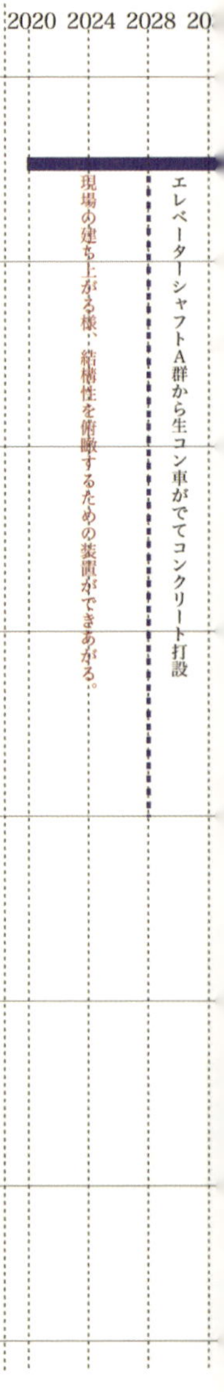

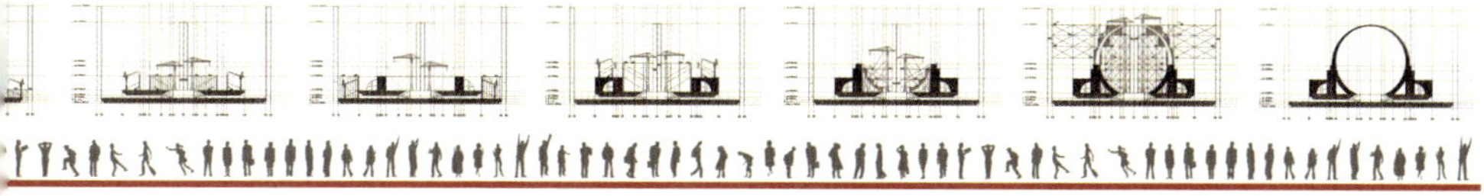

40 2044 2048 2052 2056 2060 2064 2068 2072 2076 2080 2084 2088 2092 2096 2100 2104 2108 2112 2116 2120

作業所、詰め所、事務所を基壇になる地下に設置。それを型枠とする。

内部への連絡通路の型枠設置。

エレベーターシャフトA群から生コン車がでてコンクリート打設。

型枠作成時、エレベーターシャフトA群から俯瞰。

球中心にエレベーターシャフトB群設置。B群の内、一本を作業混雑時以外は一般人のものとする。

型枠設置。エレベーターシャフトB群から生コン車が出てコンクリート打設。

エレベーターシャフトA群から俯瞰。

バットレス空間に建設労働者のための住居を建設。とともにそれを型枠とする。

外型枠設置。エレベーターシャフトA群から生コン車がでて打設。

エレベーターシャフトB群の一本から近距離の観察。

型枠設置。エレベーターシャフトB群から生コン車がでて、コンクリート打設。

エレベーターシャフトA群から俯瞰。

球と壁との間に建設労働者と一般時がふれあう空間（ものづくり伝承館）を建設。とともにそれを型枠とする。

球状に型枠を設置しながら、エレベータB群からでた生コン車がコンクリートを打設。

ものづくり伝承館を利用。建築（モノ）の仕組みを見学しながら、職人と触れ合う。

エレベーターシャフトB群からの眺めは、下位と上位の層の変容を体験する特別な空間となる。A群より俯瞰。

型枠を増設しながら、エレベーターシャフトB群から生コン車がでてコンクリートを打設。球の完成。

B群の一本からの世界は無限の足場と無造作な光がカオスとして混ざり合う壮大な空間となる。A群から完成していく様を俯瞰。

建設段階のアーカイブ模型

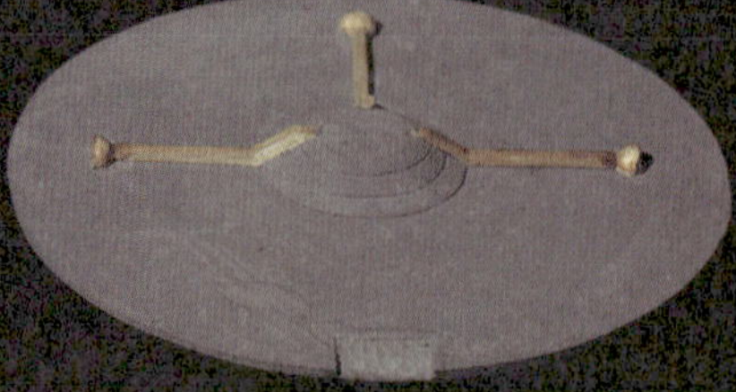
Phase 1

Phase 2

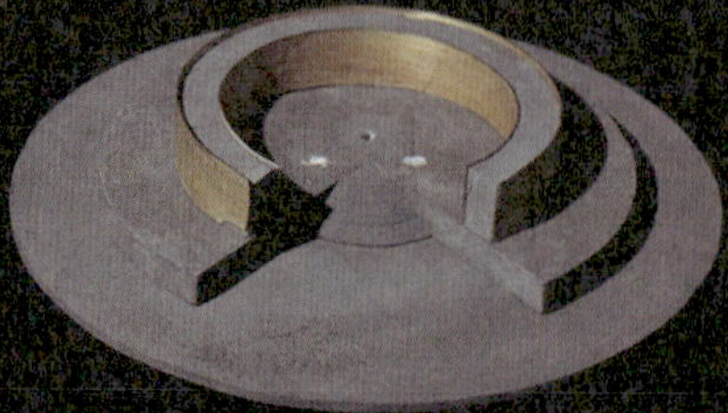
Phase 3

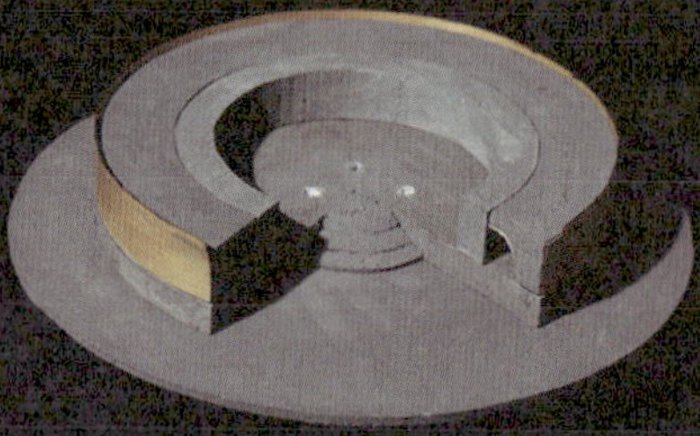
Phase 4

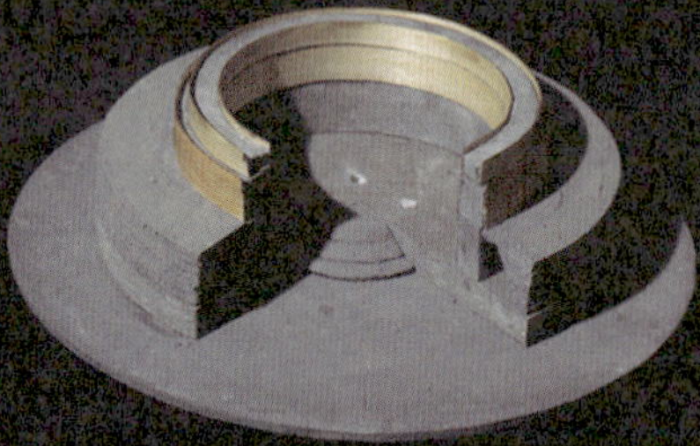
Phase 5

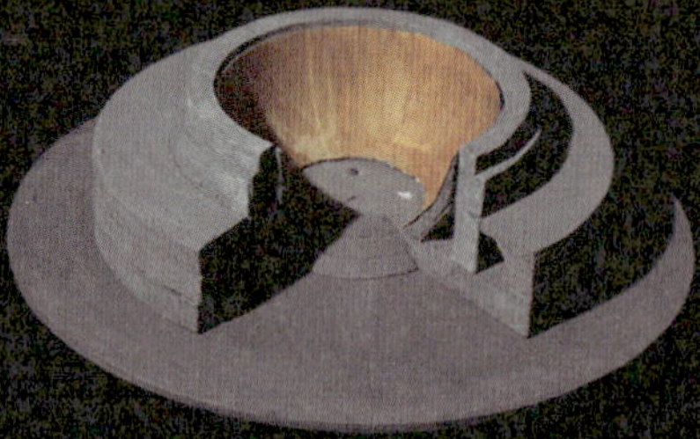
Phase 6

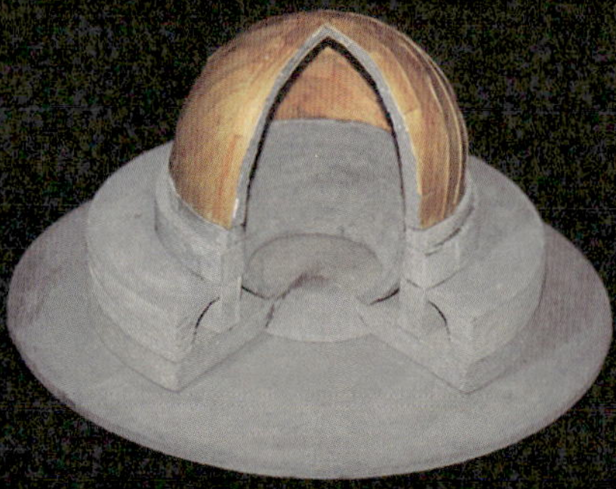
Phase 7

平面図

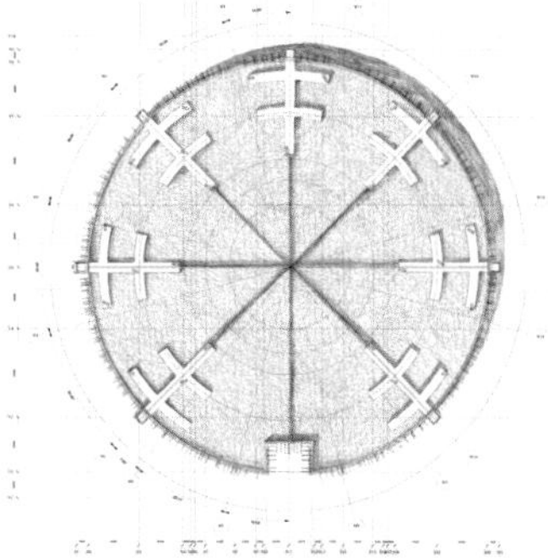

Phase 1

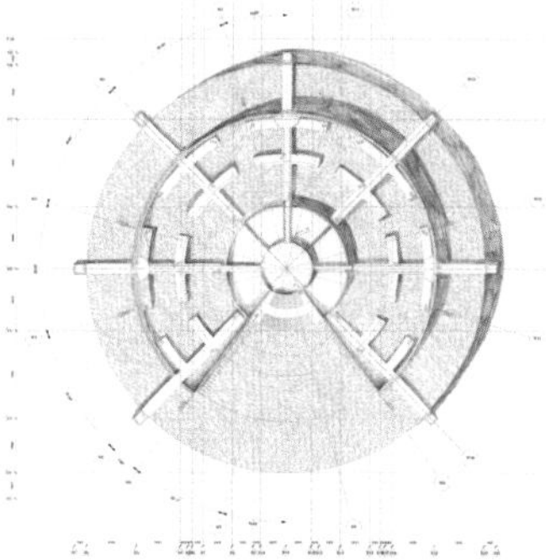

Phase 2

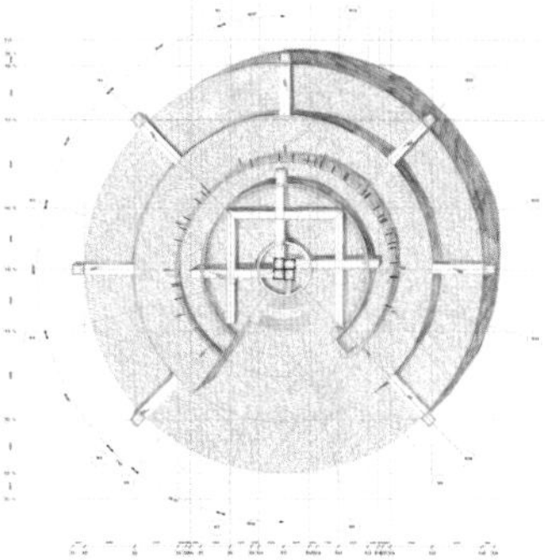

Phase 3

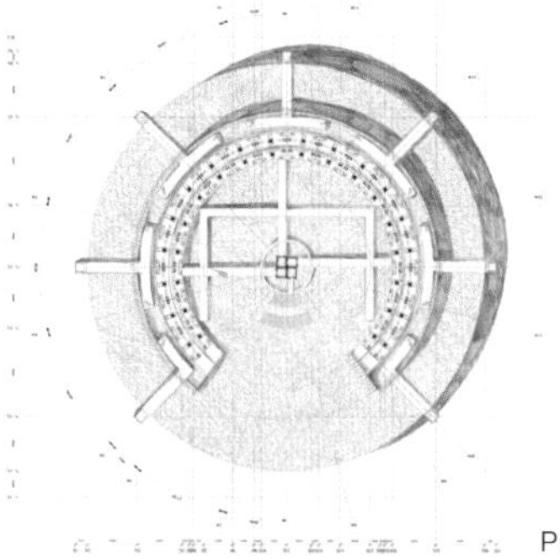

Phase 4

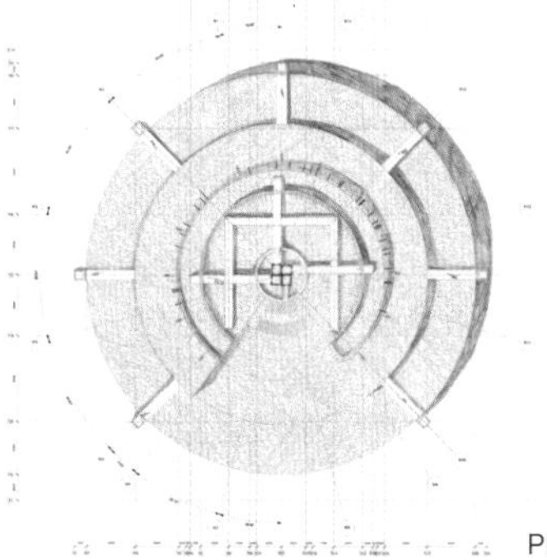

Phase 5

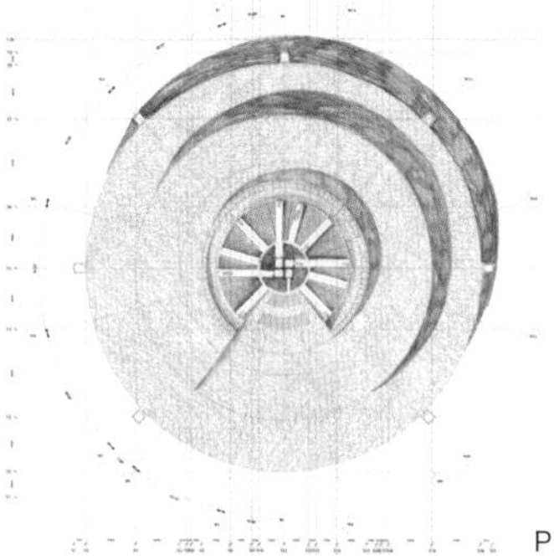

Phase 6

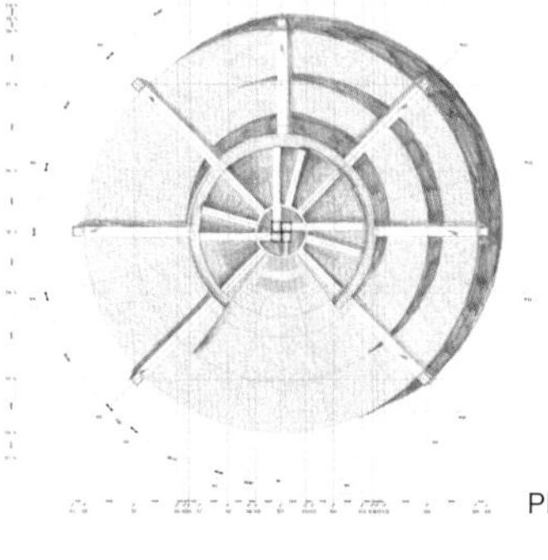

Phase 7

建設労働者と来訪者が触れ合う「ものづくり伝承館」

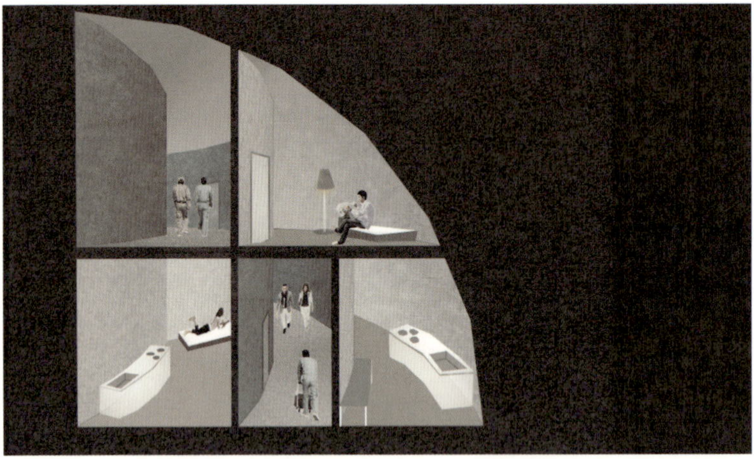

建設労働者のための住居

出展者コメント —— トウキョウ建築コレクションを終えて

Q 修士設計を通して得たこと

・建築の概念のようなものを、自分なりにひたすら考え直す時間であった。

・現代建築の糧になっている新古典主義の建築についての造詣を深めることができた。

・すさまじい後輩たち（皆さま本当にありがとうございました）。

Q 修士修了後の進路と10年後の展望

施工部門で働く。一級建築士と施工管理技士の資格をとり、設計、施工、管理すべてに精通した、建設者になりたい。

審査員コメント

審査員コメント@巡回審査

青木：これは完成したら終わりなんですかね。これはモニュメントだから、完成してしまったらほとんど死に近いよね。「モニュメント＝死」だからね。この建築ができあがると、この建築は終わる（笑）。それがこの建築の本当の意味かもしれない。

荻野：そうですね。これは100年をかけて建設設計をしてるんですけども……。

青木：なるほど、100年か……。そうするとやっぱり結局完成しないわけだ。できあがってもその時に、100年前のコンクリートがあるわけだから、それはだいぶ朽ちているかもしれない。そうすると壊れて直すということを延々と続ける。そういう視点で捉え直すと面白いね。今、施工というのはなるべく早く終わらせることを考えているけれども、これは逆だよね。なるべくゆっくりつくる。

内藤：職人のことを言うのだったら、今の制度全体の問題も考えた方が良いですよ。今の施工の請負単価はひところの倍ぐらいになっているけれど、職人の単価はほとんど変わっていない。そこにも疑問を持ってほしかった。技術伝承という意味ではこういうものも良いと思います。ただ、職人はそれだけじゃないから、もっと研究を深めた方が良い。今、この建物をつくるのが難しいかというと、そう難しい建物でもないところが問題だと思う。これは大きさが原発建屋に似ているね。それも何か皮肉な話だなと思ってしまいました。

長谷川：建設に100年かかるほどのコンクリート量というのが、信じられない。100年もつことを目指して、100年かけてつくるというのは、何か矛盾がある気がします。日本の建設はもっと進んでいて、そんなに時間はかからないと思いますよ。これはセルフビルドでつくるような時間を感じる不思議な提案です。100年かけてつくるという話よりも、つくっていくプロセスが見える建築を、どうやってつくるか、どうやって残すか、そういう新しい建築に感じますけどね。昔は神社仏閣をつくる時、みんなが見ていたわけです。木造はプロセスが見えるんですよね。それがすばらしいので、100年も、200年も、300年も残したくなる。でも、今はそのプロセスが隠されてしまうので、できてもつまらない建築に見えてしまう。工事中の時の方が感激するというのはその通りで、君の話はすごく面白いと思いました。

福島：仮設計画を建築作品にするというのは非常にユニークな視点で、高く評価したいと思います。精緻なリサーチから小さなアイデア積み重ねていくという提案が多い中で、しっかりとソリッドな建築を提案していることに構想力の強さを感じます。ブルネレスキがフィレンツェでサンタ・マリア・デル・フィオーレ大聖堂のドームをつくった時、内部に仮設の足場をつくっているんですが、それがかっこいいんですよ。最小限の木材で工夫してつくられている。これもよくできていて面白い。しかし、建築家のアイデアとしてはどうなのだろう。

連：視点がすごく面白かったです。設計はチープだけれども、建設の時間をすごく延ばして、建築のつくられ方を変えている。効率的につくろうと思ったら、いくらでも早くつくれるわけだから、これはフィクションとしてよくできていると思いました。資本主義の合理性に対するアンチ以上の何かがありそうな気がします。このプロジェクトが物語としてすごいメッセージを持つかもしれない。もっとポジティブに建築が実はこういうことなんだと捉えられれば、アンチ以上のオルタナティブになり得る気がします。

設計展　内藤廣賞

都市と自然の再構築

アズマヒキガエルを指標とした善福寺川流域モデル

佐野 優
Yu Sano

早稲田大学理工学術院
創造理工学研究科　建築学専攻
古谷誠章研究室

庭にヒキガエルが来なくなった。

両生類は、水質悪化や大気汚染などに弱く、近年、カエル類を環境指標生物とする動きが定着してきている。人間に近しいヒキガエルの減少は、生態系にも悪影響があるが、同時に都市が緑に乏しく環境が悪いことを示している。また、都市の緑地は点在しているのが特徴であるが、生態系には本来線状のつながりが必要である。

そのため本計画では、都市と自然の再構築にあたり、ヒキガエルを指標として地続きを創出する７つの手法を提示し、手法から自然と共存する住宅モデルの提案を善福寺川流域を敷地として試みる。この手法が適用されると、雨水の地面への浸透や利活用によって、下水への流入が減るために川の治水と水質改善に寄与できる。

実現に向けては、護岸で固められた川を再生する市民活動、並びに自治体とも連携する。本計画を川に沿って地続き状に都心へと展開することにより、自然と共存する都市を広げていくことができる。

指標生物としてのアズマヒキガエル

1. 道の緑化

2. 路地の緑化

3. 空き地をつなぐ公園

4. 塀と地面の間に隙間

5. 光を落とす形態

6. 地面を解放する高床

7. 雨水を活用する

都市において地続きを創出する7つの手法

モデル地区 浸水域に沿って手法を適用する

住宅モデル 基本モジュール

住宅設計の基本的な考え方

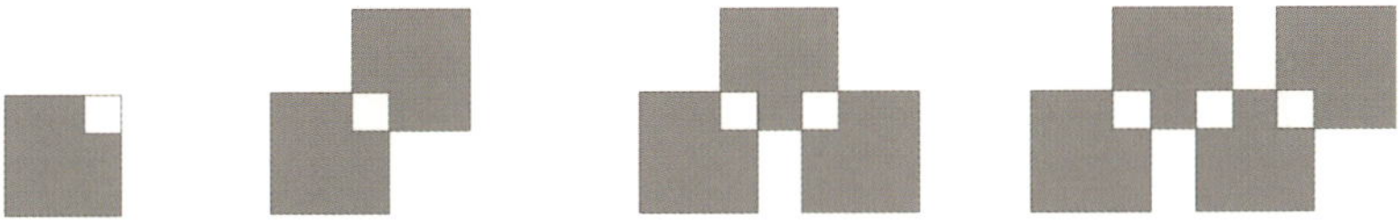

光を落としながら連なる形態

モジュールの組み合わせ例

a. 生物との共生、洪水から守る高床

b. 基本モジュールを8畳間とし床面積を小さくする

c. コストと環境の視点から木造住宅とする

d. ガラスコアに移動空間をまとめ極力土壌に影を落とさない

e. 雨をためる集水コアとため池

f. 最小居住空間の基本モジュール化による増・減築

g. 木の葉の採光イメージ

h. 蛇行した善福寺川の空間イメージ

手法による将来の善福寺川流域

敷地に適応した住宅モデルの断面図（敷地：善福寺川下流 浸水予想0.5-1m）

床下の風景

川と減築の関係ダイアグラム

浸水域0.5m-1mの計画地。
3棟を4人家族で暮らす。

子供が出ていき夫婦2人で暮らす。
1棟減築し木を植える。

家がなくなり庭だけになる。
いつしか庭は公園になる。
川が多自然型の川となる。

出展者コメント ── トウキョウ建築コレクションを終えて

Q 修士設計を通して得たこと

改めて自分の住んでいる地域へ目を向けることでこれからも関わり続けたいテーマを得ました。またいろいろな建築家の方とお話でき、社会はどこへ向かっていて自分はどうしていくべきかを考えるきっかけを得たと思います。

Q 修士修了後の進路と10年後の展望

設計事務所で働きます。
10年後には一人前に仕事ができるようになりたいです。

審査員コメント

審査員コメント＠巡回審査

内藤：この手の課題を出したことがあるので、非常に面白かったです。虫を設定したり、鳥を設定したりして、それが生きるように都市を改造しなさいという課題でした。だから、あなたの言うことは良く分かります。でも、この建物のかたちは良く分からない。カエルが生きていくためには、生態系の多様性を考える必要があって、ダンゴムシやミミズが生きる土壌も必要です。だから本当は別に何でも良いんだよね。それは鳥でも良いし、虫でも良いし、ヒキガエルでもいい。それらが生きようと思うと、生態系全体が復活しなければならないので、食物連鎖全体の話になるんです。そういうことを考えるのは、とても良いと思いますよ。

長谷川：動植物がみんな一体になって環境をつくるというのは、とても大きなテーマですね。

佐野（優）：カエルを指標にすることが、一番根本的な生態系の回復につながるというふうに考えています。例えば、鳥だったらいろいろな場所に飛んでいけるので、自分の環境をちょうど良いところに合わせられるのですが、両生類は環境変化に最も弱い生物なので、カエルみたいな生物は歩いてでしか場所を変えることができないんです。なので、カエルを指標にして都市を変えたら、抜本的にもっと本当の自然を取り返せるということを今回テーマにしています。

長谷川：そうか。そう言われたらカエルはちょっとしか動けない。昆虫も魚もみんな飛んだり泳いだりできるからね。あと、今の建築は床下を閉じて、空気を通らないようにしてしまったので、床下からいろいろなものがなくなってしまった。この建築は、高床になっていて、ピロティが使えて良いけれども、もう少し違うかたちの方がリアリティが増すかな。

福島：リリカルな設計で思いが伝わってきます。ただ、ちょっと自然に寄りすぎているように思います。高床もカエルには良いですが、人間にはどうなのだろう。僕たちは自然が嫌だったから、建築をつくったのではないでしょうか。自然に寄り添うというのは分かりますが、それには歴史的な批評が必要です。近代化や工業化のアンチテーゼだけでは、説得力に欠けてしまう。現代の社会や建築に無批評な自然賛歌が見受けられる中で、これを見るとその流れのひとつなのではないかという印象を持ってしまいます。

連：最終的な提案が、住宅になっていることに違和感があります。ヒキガエルから都市全体を変えるというような壮大な提案をしているのに、最後の提案が普通の住宅に落ち着いてしまっている。それが疑問です。面白い発想で提案をしているのだから、プログラムそのものも発明するとか、ラディカルに住宅そのものを再定義するとか、人間が都市に住むということは究極的にはどういうことなのかという根源的な問いにまで行き着くと、すごく面白いストーリーになると思いました。そういった意味で、この住宅の提案が普通の住宅とどう違うのかが気になりました。これだけスケールの大きい提案をして、住宅という単位から、かたちの提案までしているのは、とても良いチャレンジだと思っています。都市がどうあるべきか、あるいは、人間が都市にどう住むべきかというところまで問いを進めているので、ヒキガエルの視点を得ることによって、今後、人間が住むということがどのように変容するのかという最後のビジョンまで見えると良かったと思います。これでは、ただ20世紀型の住宅を高床式に上げただけに見えてしまう可能性がある。そうではなくて、ヒキガエルによるこの提案から、新しく「住む」という概念を僕らが得られるのかどうか。そのビジョンまで提示できるとすごく強い提案になると思いました。

設計展 **長谷川逸子賞**

郷里の模索

アイヌの座標感覚にみる、カムイノミ巡礼舞台と供養祭儀、並びに、地域への福祉的還元

庄野航平
Kohei Shono

早稲田大学理工学術院
創造理工学研究科　建築学専攻
古谷誠章研究室

一元的社会に埋もれ、多元的なスケールで起こるアイヌの「ふるさと」の喪失に対し、現代におけるアイヌの帰属集合体の次の像として、新たな「ふるさと」を模索する。北海道白老町ポロト自然休養林を敷地とし、全国に彷徨い帰る場を失った遺骨の集約と、その器としての７つの舞台群による供養祭儀を行う。

秩序から手法へ——考現学と考古学の横断的分析によって得た、アイヌの空間秩序である「座標感覚」から、新たな空間構築の契機として、７つの手法へと展開していく。

風景から「ふるさと」へ——地名の残るかつての生活の場を、供養祭儀の式次第を参照しながら、儀式的空間へと展開する。そこでは現代の経路に依存した空間ではなく、自然と建築を指標とした自由な空間の連関が立ち現れる。生と死が寄り添う風景。日常とは少し違った眼差しによって見える風景は、新たな「ふるさと」の創出へとつながる。

全体計画図。マスタープランの下敷きとしての曼荼羅図

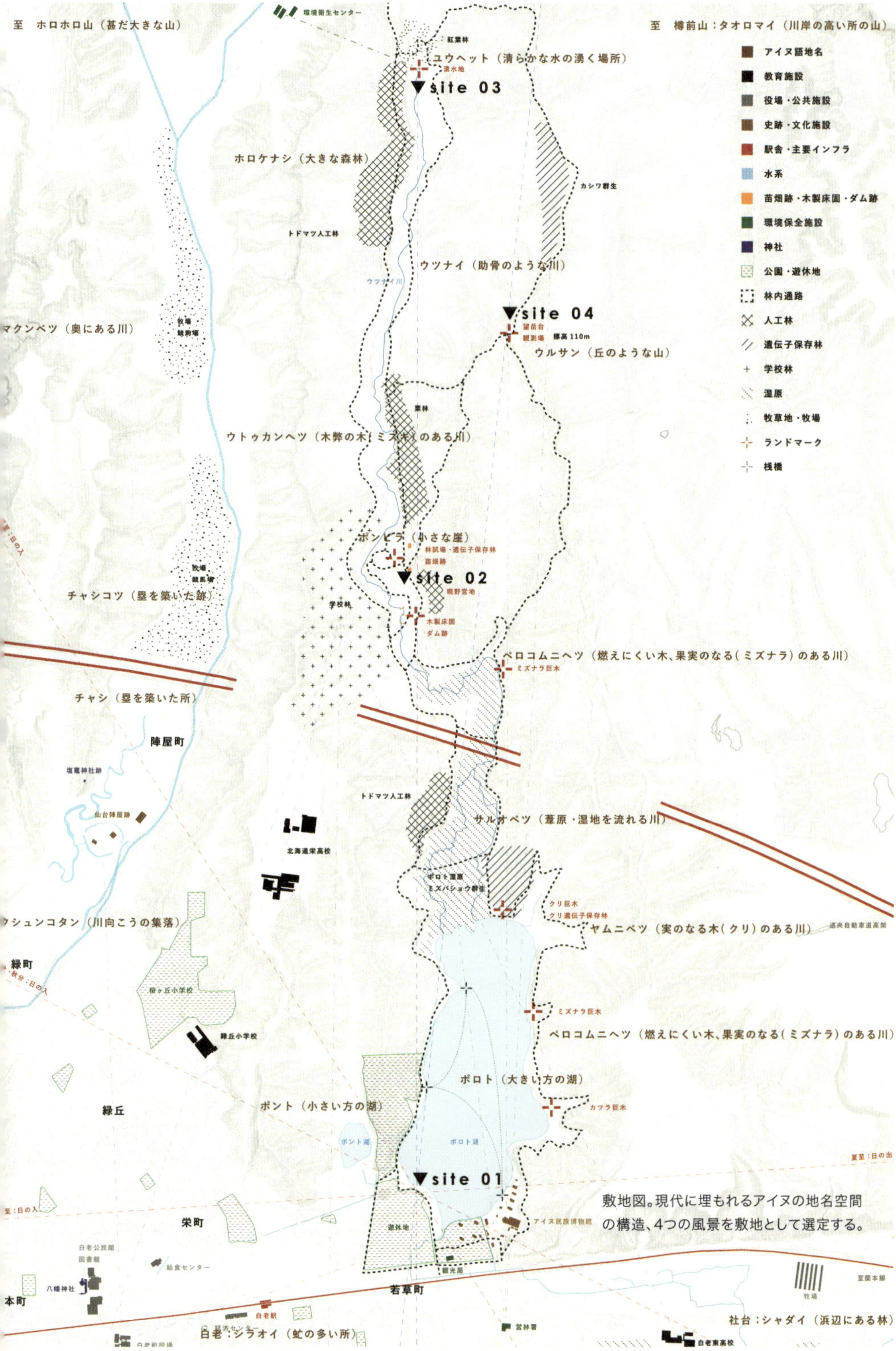

至　ホロホロ山（甚だ大きな山）
環境衛生センター
至　樽前山：タオロマイ（川岸の高い所の山）
紅葉林
ユウヘット（清らかな水の湧く場所）
湧水地
▼site 03
ホロケナシ（大きな森林）
カシワ群生
トドマツ人工林
ウツナイ（助骨のような川）
ウツナイ川
▼site 04
望岳台
観測場
標高 110m
ウルサン（丘のような山）
マクンベツ（奥にある川）
牧場
栗林
ウトゥカンヘツ（木弊の木（ミズキ）のある川）
ポンピラ（小さな崖）
林試場・遺伝子保存林
苗畑跡
▼site 02
現野営地
学校林
木製床固
ダム跡
牧場
チャシコツ（塁を築いた跡）
ペロコムニヘツ（燃えにくい木、果実のなる（ミズナラ）のある川）
ミズナラ巨木
チャシ（塁を築いた所）
陣屋町
塩竃神社跡
仙台陣屋跡
トドマツ人工林
サルオベツ（葦原・湿地を流れる川）
北海道栄高校
ポロト湿原
ミズバショウ群生
クリ巨木
クリ遺伝子保存林
ヤムニベツ（実のなる木（クリ）のある川）
道央自動車道高架
クシュンコタン（川向こうの集落）
緑町
秋分：日の入
桜ヶ丘小学校
緑丘小学校
ミズナラ巨木
ペロコムニヘツ（燃えにくい木、果実のなる（ミズナラ）のある川）
ポロト（大きい方の湖）
緑丘
ポント（小さい方の湖）
カツラ巨木
ポント湖
ポロト湖
夏至：日の出
▼site 01
至：日の入
栄町
遊休地
アイヌ民族博物館
白老公民館
図書館
給食センター
観光局
八幡神社
本町
若草町
室蘭本線
牧場
白老駅
社台：シャダイ（浜辺にある林）
白老：シラオイ（虻の多い所）
営林署
白老東高校
アイヌ語地名
教育施設
役場・公共施設
史跡・文化施設
駅舎・主要インフラ
水系
苗畑跡・木製床固・ダム跡
環境保全施設
神社
公園・遊休地
林内通路
人工林
遺伝子保存林
学校林
湿原
牧草地・牧場
ランドマーク
桟橋

敷地図。現代に埋もれるアイヌの地名空間の構造、4つの風景を敷地として選定する。

考現学分析

今を生きるアイヌの眼差しとして、敷地に残るアイヌ語地名を元に、再びアイヌの空間像を捉えるため、地形や植生、指標性を持った事物の抽出、スケッチを行った。

ペロコムニヘツ
（燃えにくい木のある川）

アットゥシの制作
（オヒョウの樹皮と着物）

チプサンケ
（丸太舟の進水式）

リムセ
（輪舞）

ウトゥカンヘツ
（ミズキのなる川）

カムイノミ
（火への祈り）

アットゥシ
（着物織り）

イオマンテ
（熊送り）

考古学分析

過去を生きたアイヌの眼差しとして、文献調査を元にアイヌの言語と空間の秩序の分析を行った。

日の出方向の微差による時間の内包

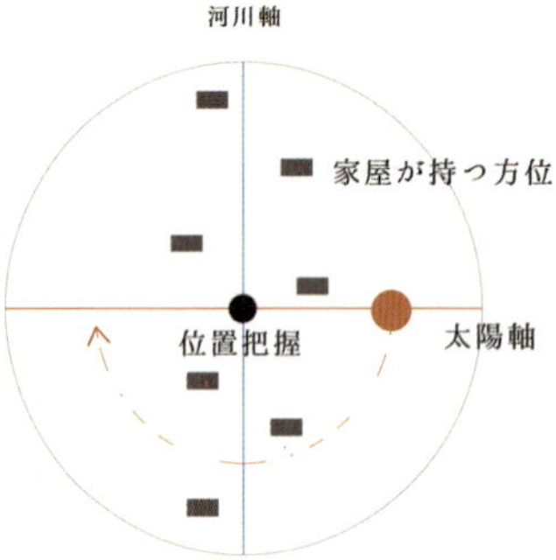

地形による流動方位と軸傾斜の変化

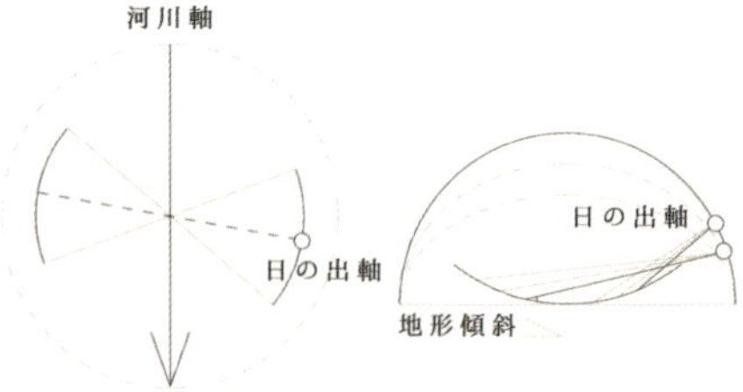

方位を持った自然と人間の境界空間

チセ
→方位、地熱暖房

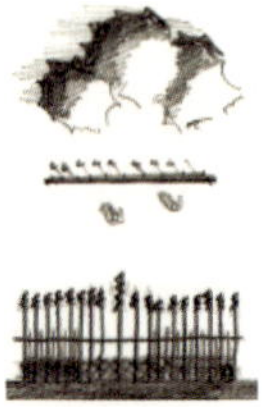

ヌサ
→自然との境界線

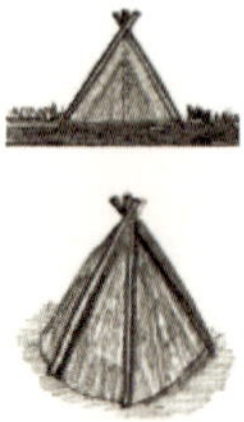

仮設小屋
→三脚構造、個人空間

離俗・離陸・離水による境界空間

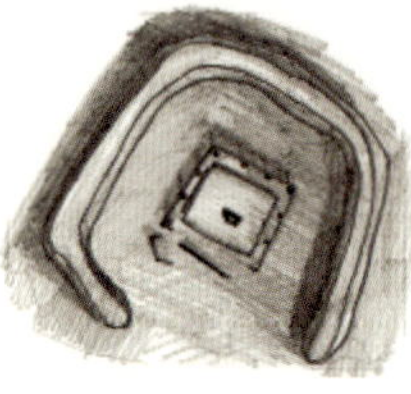

チャシ
→盛土・祭祀空間

高床倉庫・檻・丸木舟
→高床空間・離水、親水空間

座標感覚と設計手法

分析によって得た座標感覚を元に、空間を再構築するための手法とする。

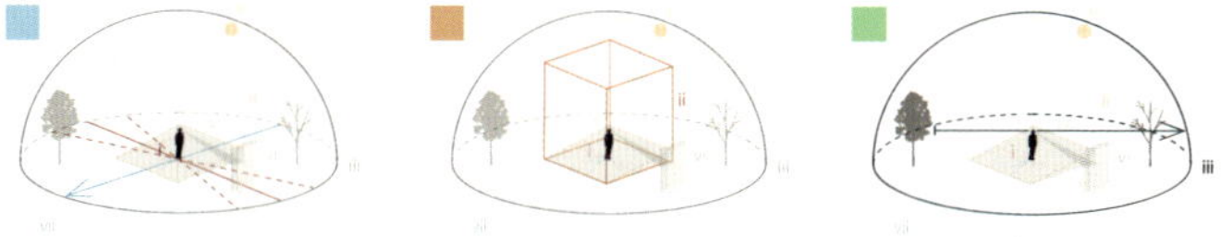

i. 方位：太陽軸と河川軸　ii. 縮尺：身体尺度に基づく　iii. 境界：自然境界・可変領域

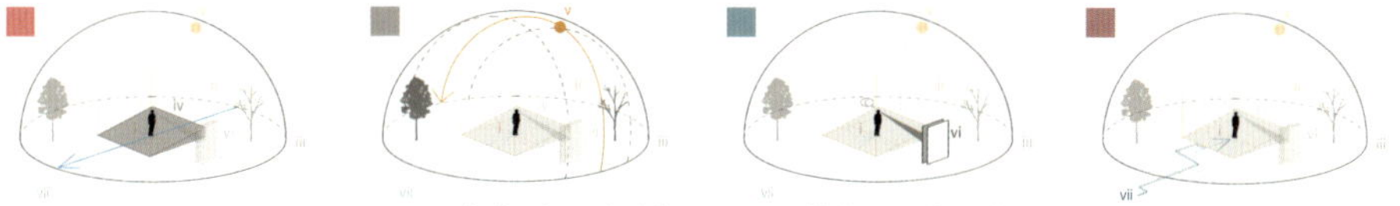

iv. 傾斜：流動方向の認識　v. 振動：空間の振動性　vi. 構造：二面性・仮想像　vii. 通態：経験変化

i. 方向による時間と空間の差異認識

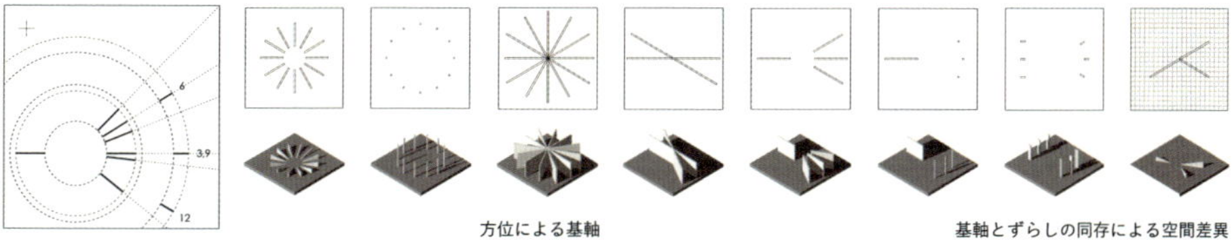

方位による基軸　基軸とずらしの同存による空間差異

ii. 道に依存しない空間の連鎖性

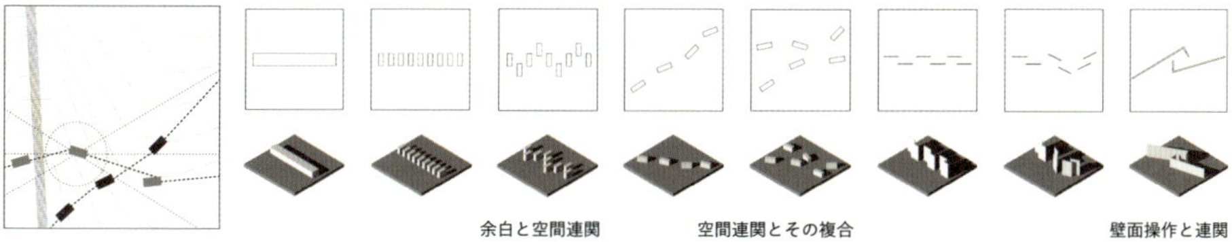

余白と空間連関　空間連関とその複合　壁面操作と連関

iii. 身体尺度と境界の可変性

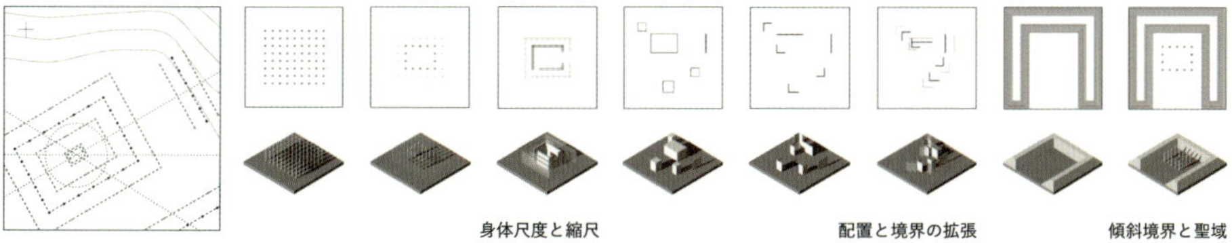

身体尺度と縮尺　配置と境界の拡張　傾斜境界と聖域

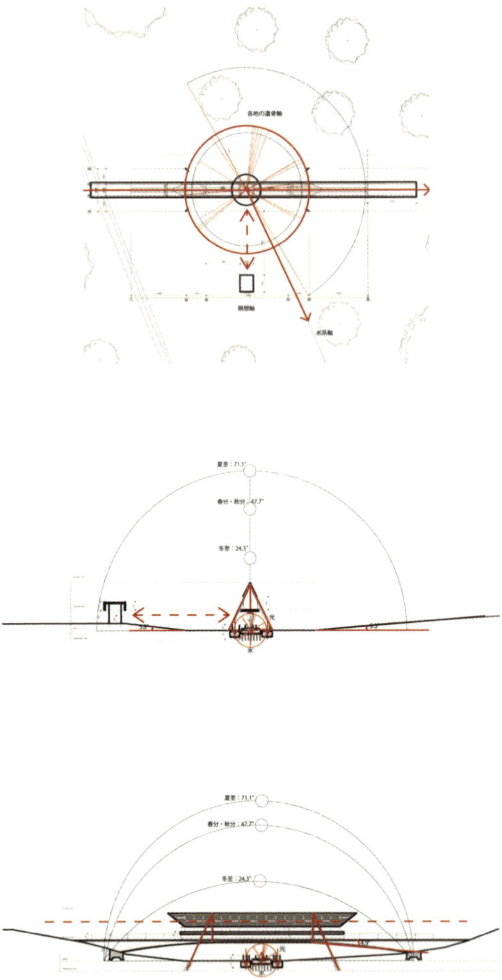

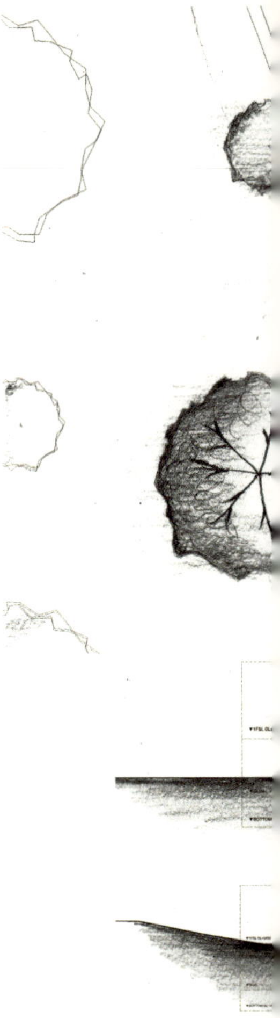

Site03 湧水汲み場のダイアグラム

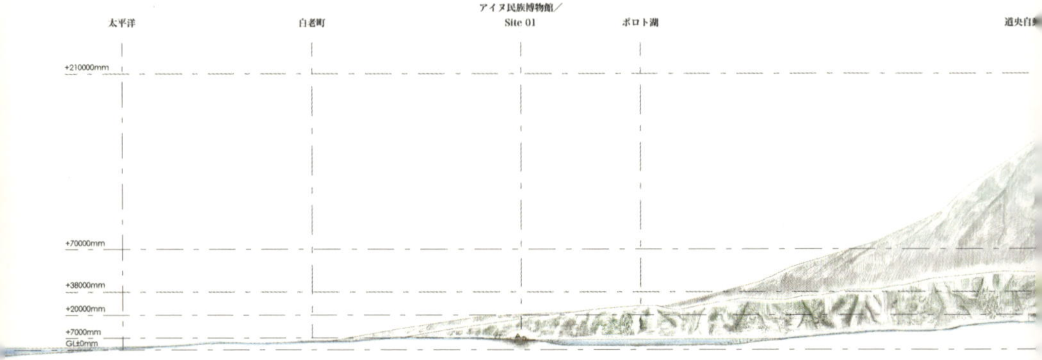

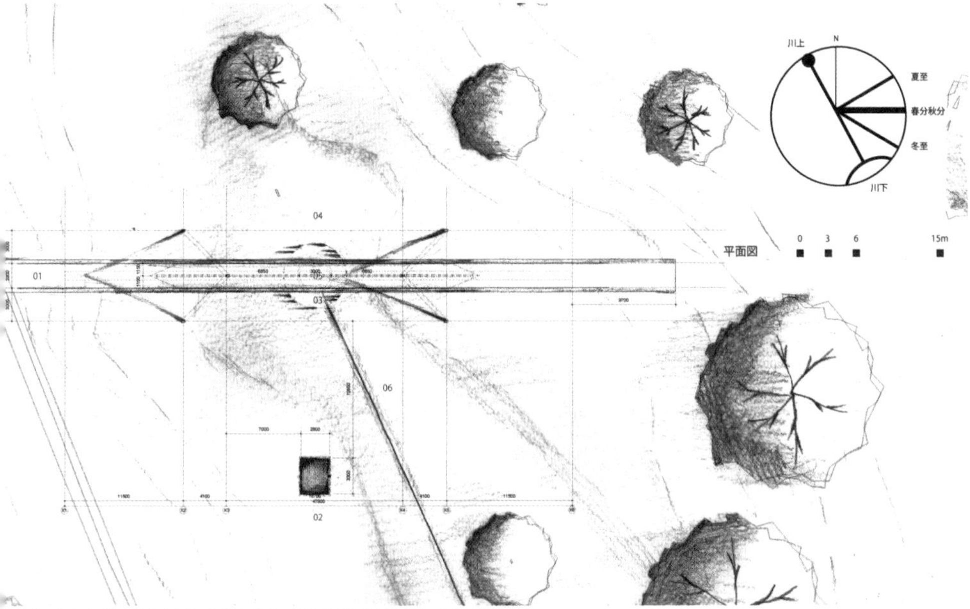

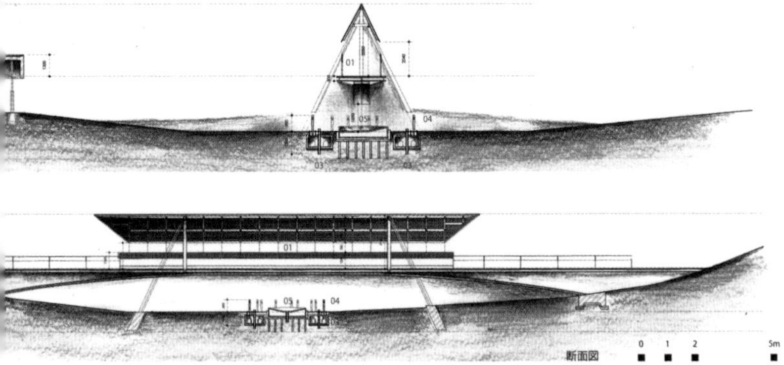

管理：アイヌ民族博物館
　　：環境保全センター
01：祭壇
02：瞑想の間
03：納骨堂
04：墓標
05：湧水
06：ウツナイ川

上：Site03 湧水汲み場／祭壇・納骨堂平面図、下：同断面図

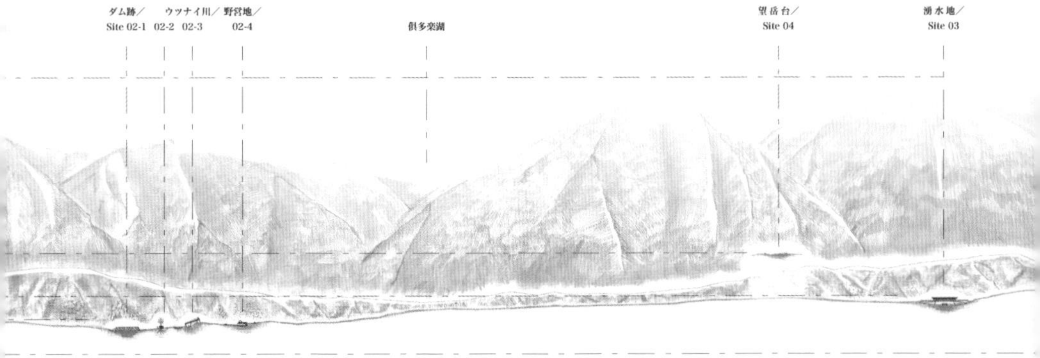

全体断面図

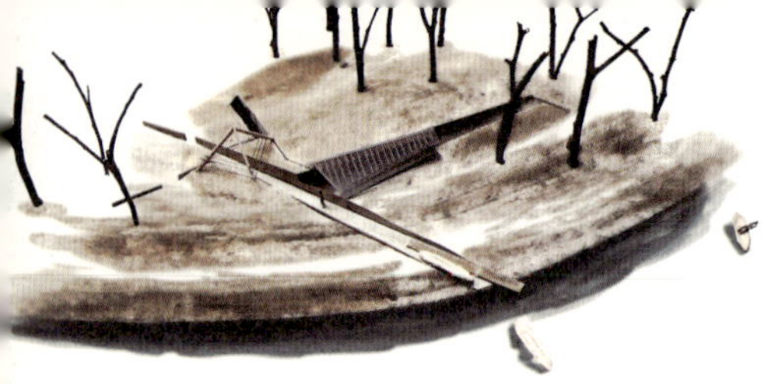

site01 桟橋

site02-1 宿房

site02-2 高床倉庫

site02-3 工房

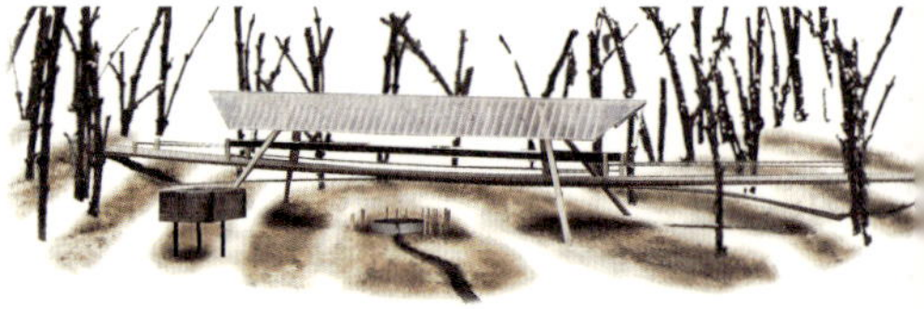

site03 祭壇・納骨堂

site02-4 祭祀場

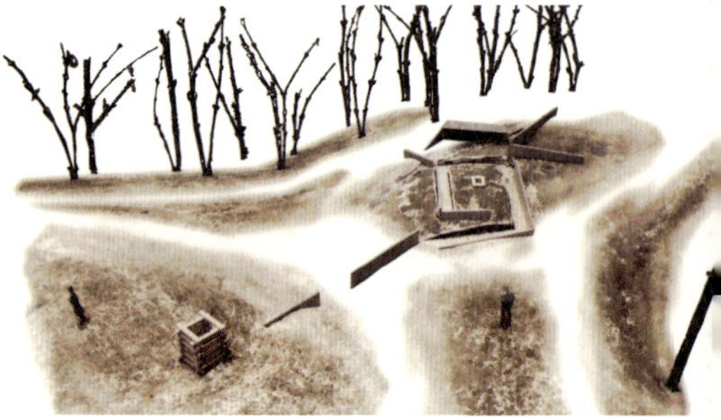

site04 舞台

出展者コメント ── トウキョウ建築コレクションを終えて

Q 修士設計を通して得たこと

過去の無機質な記録に向き合い、現象学的な空間の記述に挑戦してきました。建築することの意味、そして自分が線を引くことの意義に少しは近づけたのかなと思います。

Q 修士修了後の進路と10年後の展望

内藤廣建築設計事務所で働いています。今の思考を止めずに、常に挑戦していたいです。

審査員コメント

審査員コメント@巡回審査

長谷川：広大な大地をうまく使っているところに共感を持てます。地形もうまく使って、建築が軽いのも良いですね。いろいろなことを研究したんだね。

庄野：幼い頃から、日常的にアイヌ文化が身近にあり、育ってきました。最初は研究というような対象では見ていなかったのですが、小さい頃にアイヌのことを学んで東京に出た時に、ぷつっとアイヌが社会から切り離されているような感じがしました。そういう経験があったので、僕なりに建築の立場から、そういう社会に対して何か問いかけることができないかなと思っていて、学部生の頃から研究を始めるようになりました。

長谷川：最後、修士設計のために建築化しなければならなかったのでしょう。けれども、それ以前の研究がなかなかのもので、時間がかかっているのが良く読み込めます。修士の2年間だけでは、こういう重みのある計画はつくれませんものね。あと、ここでつくった建築も、いろんなことが起こりそうな空間がたくさんあって良いですね。ブリッジのようなものや水辺のテラスのようなものがあって、水辺と一体になっていたりする。そういう自然の環境との対話がうまくできていると思います。また、これを機に進めてほしいと思います。期待してます。

福島：周辺の地形を読み込んで、建築の離散配置のストーリーをつくり、それに名前をつけることによって、空間を身体的なものとして把握していく。これをフォリーと言って良いのかどうか分からないけれども、その空間体験自体がアイヌ文化の継承になっている。敷地の選び方が大変うまいので、その後のデザインの展開がうまくいっています。自然の中に離散配置されているフォリーのかたちが個性的で、よくデザインされている。しかし、その決定要因が良く分からなかった。それぞれは同じような機能ですね。ランドスケープを読み込んで、フォリーを点在させて、身体の体験を空間化するという手法がすでに日本の修士設計の主流といってもいい状況で、この案の独自性が何かが気になります。

連：分かりにくかったのは、このプロジェクトのテーマがどこにあるのかということです。近代の空間把握や空間計画手法に対して、新しいものを体得したいという欲望があったのか、このアイヌの問題そのものに社会的なアプローチで建築が解決できるという可能性を信じたのか、この提案にはどういうモチベーションが背景にあるのかをもう少し教えてほしい。

庄野：両者とも当てはまります。アイヌの人たちのこの空間は、もともとここに生活の場としてありました。しかし、同化政策によって、アイヌの伝統的な建築すらも1度否定されて、普通の日本人として生きるための空間が与えられたわけです。現在、この敷地のふもとに国立のアイヌ文化博物館が計画されていますが、アイヌの方々にインタビューをすると、文化をパッケージ化して、観光商品として売り出すことに懐疑的で、生きた文化として日本人にもっと伝えていきたいという意見があったので、帰るべき場所、ふるさとが主題になっています。

連：この計画が、20世紀的な空間計画や空間把握の仕方と違うのは、太陽と方角の感じ方が違うということが関係しているのですか?

庄野：現代的な空間は、まず道ができて、そこに建築が建ちますよね。一般的な都市、空間の中では、そのように道を主体にして空間がつながっていきます。その一方で、アイヌの人たちは迷いそうな森でも自分の指標となるものに名前をつけて、それを共有することによって、点的に空間を把握します。

連：なるほど。でも、ここで完成しているものが結構ぱきっとかっこよく構成的にできているから、そういう空間認識の方法を得ているということが分からなかった。少し違う提案の膨らませ方があったような気がします。

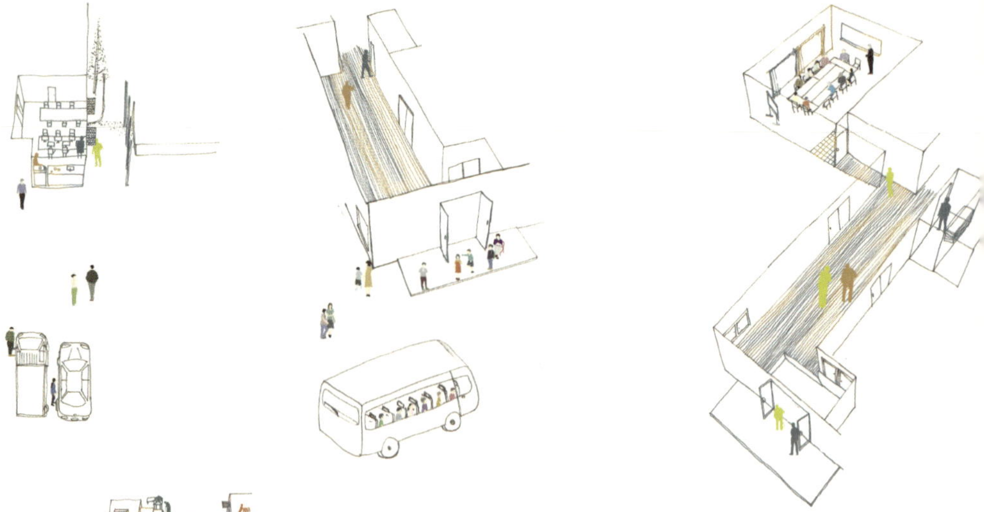

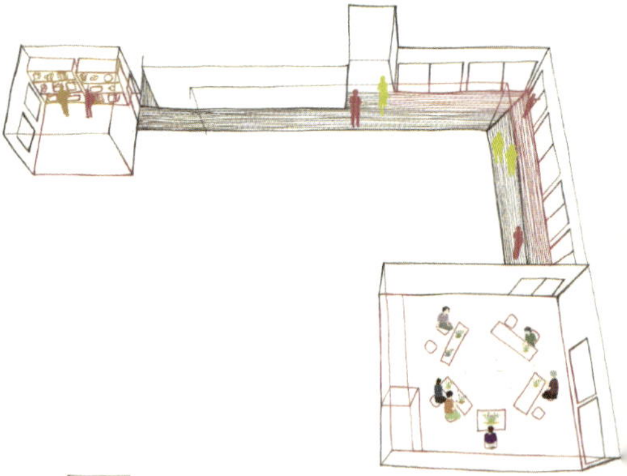

設計展　福島加津也賞

自家像

吉川家住宅にみるデザインパターンを用いた「ふるまいの複層性」のある建築の提案

吉川崇裕
Takahiro Yoshikawa

東北大学大学院
工学研究科　都市・建築学専攻
本江正茂研究室

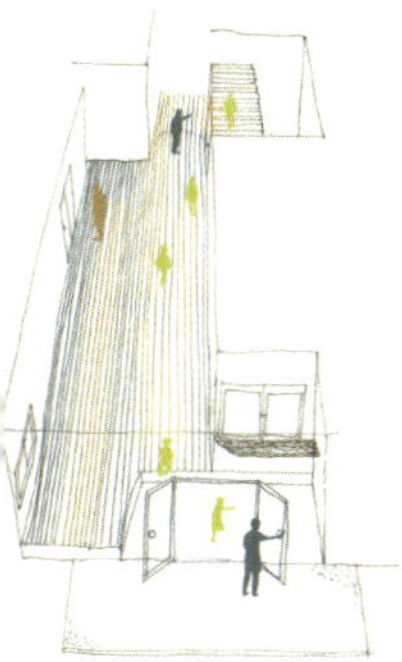
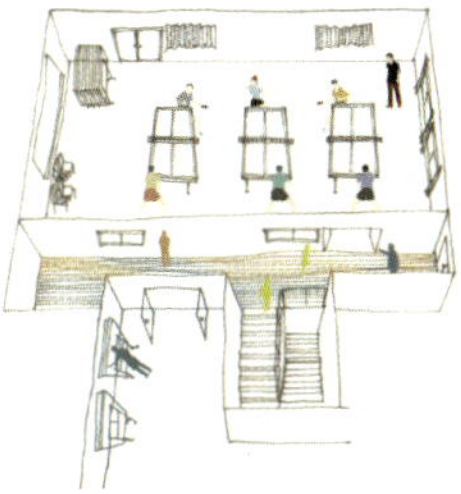
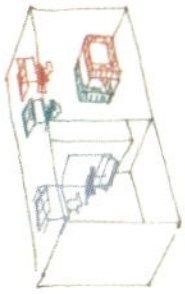
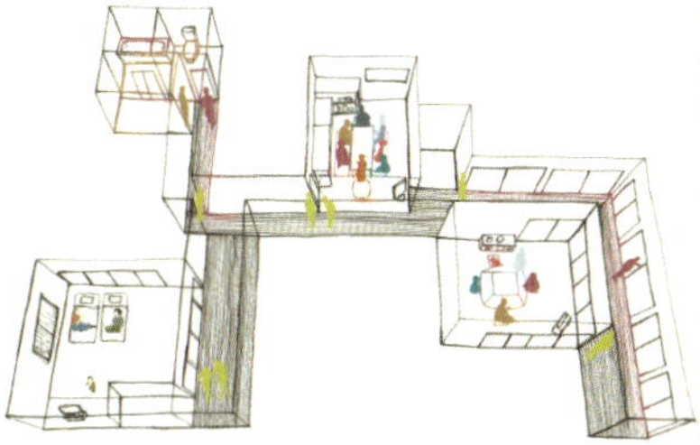

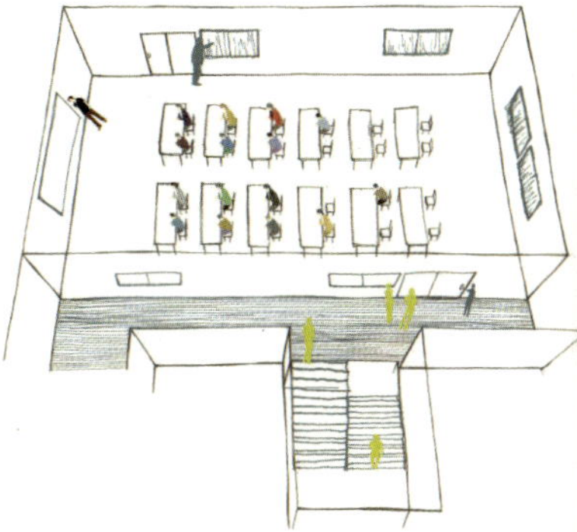
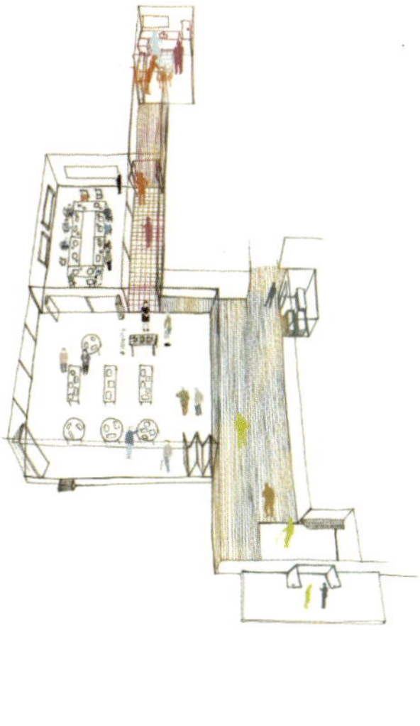
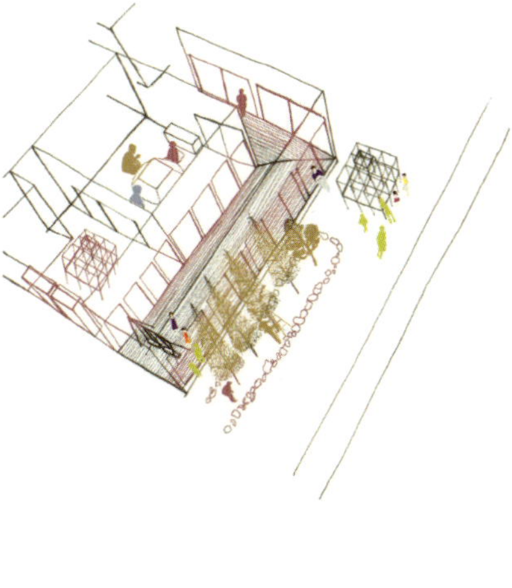
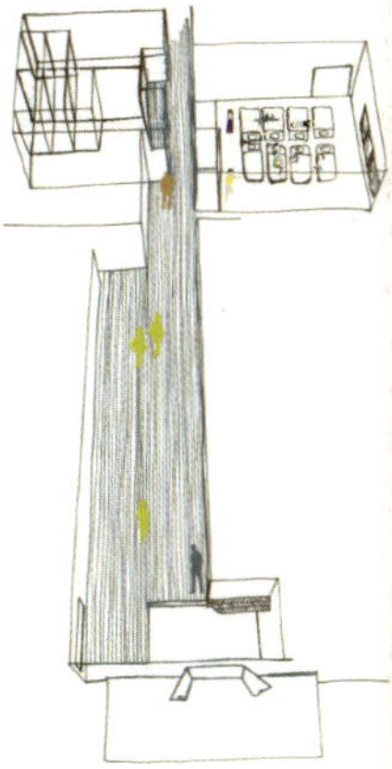

建築に刻々と流れる血を受け継ぐことはできないか、そんなことを考えながら望んだ計画である。

吉川家住宅とは私の実家であり、経理の専門学校と居住が複合した建築である。居住と学校を基盤に、ある時には集会所であり、ある時には公園、ある時には部室であった。そのように複層した場の状態19個を、住み手である家族の素行の階層（日々日常的に繰り返される動作や行い）、ふるまいの階層（素行が重なる複数人での秩序）を踏まえデザインパターンとして抽出した。抽出したデザインパターンを卸町という「居住とそれに伴う文化」を受け入れようとしている卸売業団地の一角に適用する。卸と居住を基盤とした多様なふるまいを受け入れる建築を提案する。

私の実家である吉川家住宅

これからの仙台市若林区卸町

卸

文化

居住

1965年ごろ、単一の機能が集まることで合理化した業務ができる団地を整備

2014年第二次の用途規制緩和、2015年地下鉄の開業により、さらなる開発の可能性

居住が流入してくる一方で、すでにある卸の基盤の上に単一の機能で集会所や運動場公園などを整備することは難しい

01 駐車場貸し

02 空き地駐車場貸し

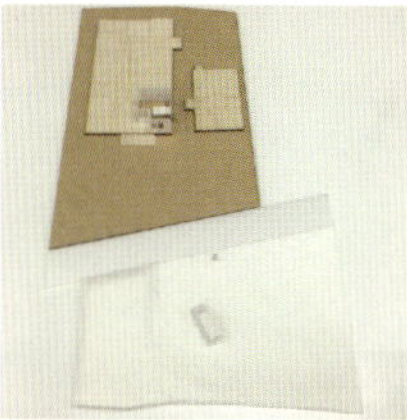

03 公園

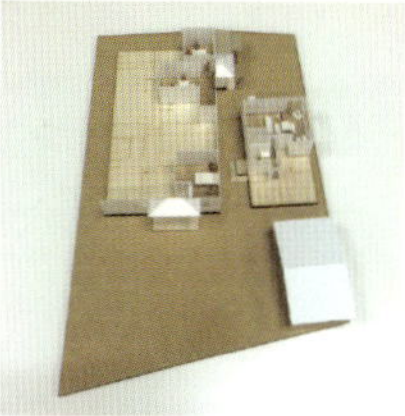

04 幼稚園循環バス停留所

05 組紐教室

06 一関 20 民区集会所

07 書道教室

08 そろばん塾

09 祖父の作業場

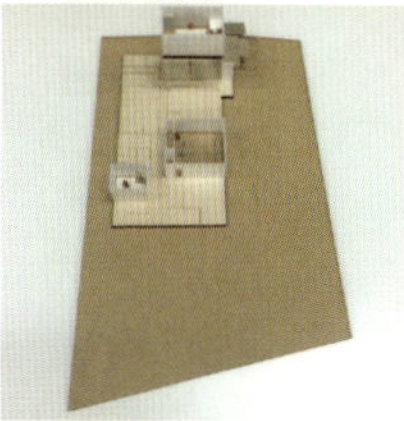

10 卓球教室、部室

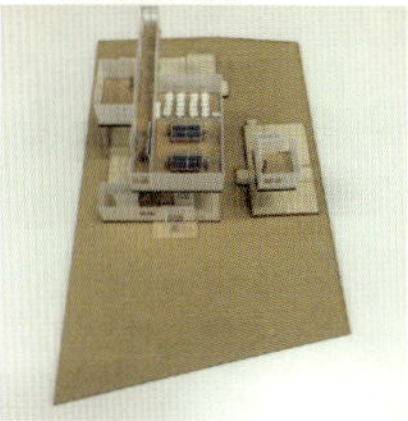

11 姉の部屋

12 親戚宿泊室

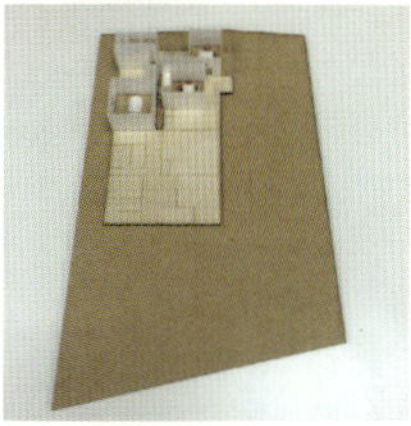

13 バーベキューの場

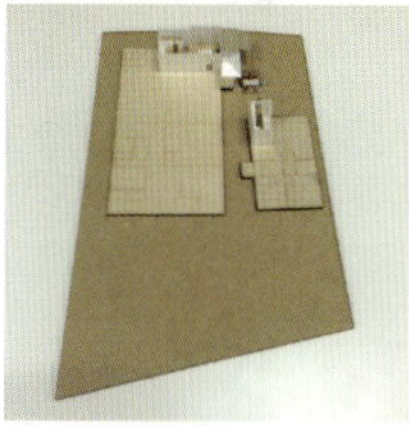

14 一関商工会議所簿記講習会

15 一関老人クラブ会合の場

16 父の部屋

17 一時居住室

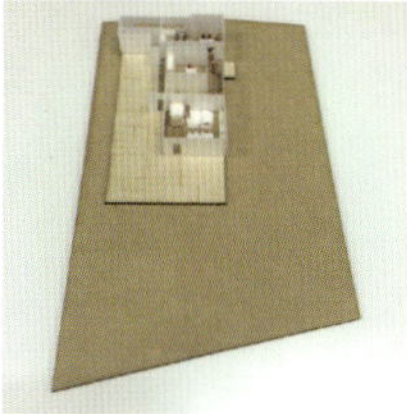

18 内部公園

19 友達宿泊室

学校と居住を基盤とし、そこに複層した様々な場を 19 のデザインパターンとして抽出した。デザインパターンは、学校と居住の基盤を成り立たせている家族構成員の日常的に繰り返される所作や行いと連関した建築的要素を条件として抽出している。

吉川家住宅から抽出した19のデザインパターン模型

03 公園

「03 公園」時の吉川家住宅平面図

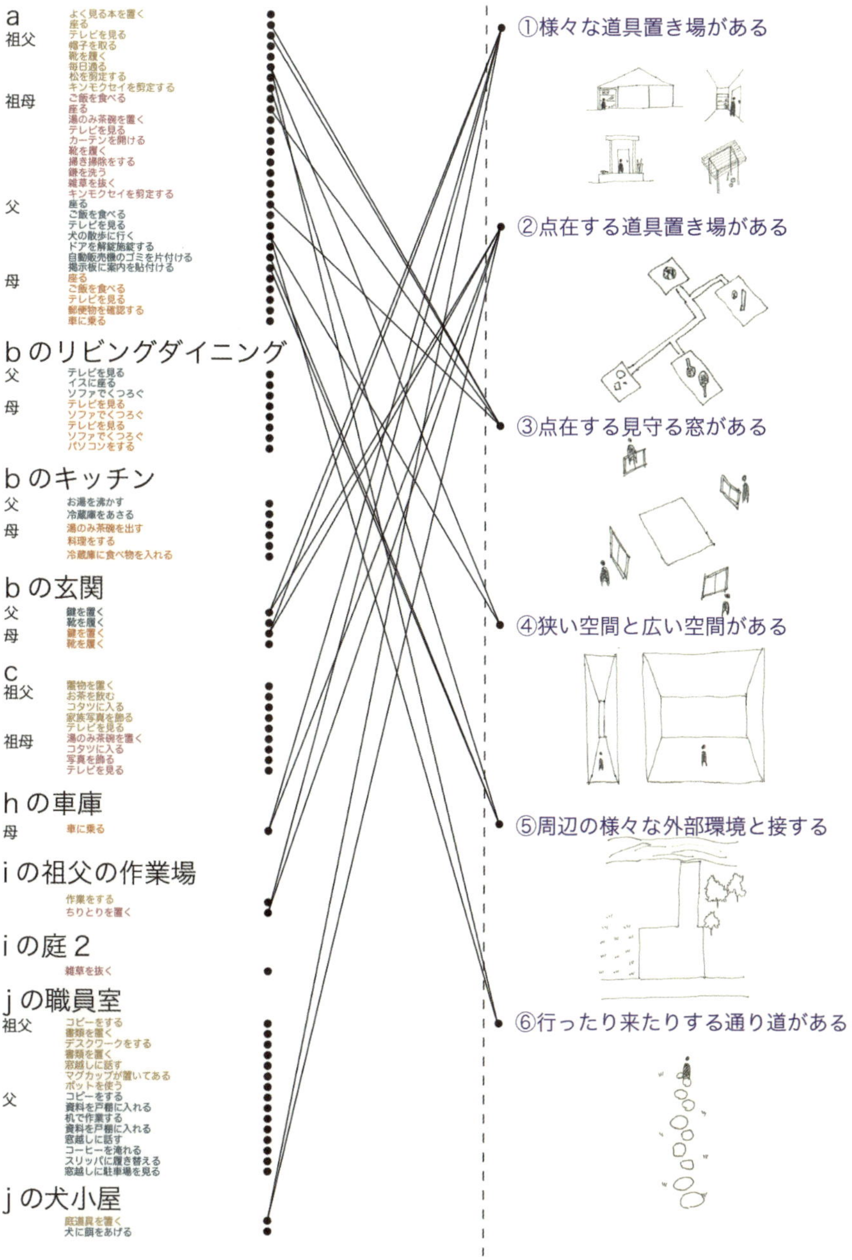
a
祖父
よく見る本を置く
座る
テレビを見る
帽子を取る
靴を履く
毎日通る
松を剪定する
キンモクセイを剪定する
祖母
ご飯を食べる
座る
湯のみ茶碗を置く
テレビを見る
カーテンを開ける
靴を履く
掃き掃除をする
鎌を洗う
雑草を抜く
キンモクセイを剪定する
父
座る
ご飯を食べる
テレビを見る
犬の散歩に行く
ドアを解錠施錠する
自動販売機のゴミを片付ける
掲示板に案内を貼付ける
母
座る
ご飯を食べる
テレビを見る
郵便物を確認する
車に乗る
bのリビングダイニング
父
テレビを見る
イスに座る
ソファでくつろぐ
母
テレビを見る
ソファでくつろぐ
テレビを見る
ソファでくつろぐ
パソコンをする
bのキッチン
父
お湯を沸かす
冷蔵庫をあさる
母
湯のみ茶碗を出す
料理をする
冷蔵庫に食べ物を入れる
bの玄関
父
鍵を置く
靴を履く
母
鍵を置く
靴を履く
c
祖父
置物を置く
お茶を飲む
コタツに入る
家族写真を飾る
テレビを見る
祖母
湯のみ茶碗を置く
コタツに入る
写真を飾る
テレビを見る
hの車庫
母
車に乗る
iの祖父の作業場
作業をする
ちりとりを置く
iの庭2
雑草を抜く
jの職員室
祖父
コピーをする
書類を置く
デスクワークをする
書類を置く
窓越しに話す
マグカップが置いてある
ポットを使う
父
コピーをする
資料を戸棚に入れる
机で作業する
資料を戸棚に入れる
窓越しに話す
コーヒーを淹れる
スリッパに履き替える
窓越しに駐車場を見る
jの犬小屋
庭道具を置く
犬に餌をあげる
①様々な道具置き場がある
②点在する道具置き場がある
③点在する見守る窓がある
④狭い空間と広い空間がある
⑤周辺の様々な外部環境と接する
⑥行ったり来たりする通り道がある

素行とふるまいの階層

抽出した条件

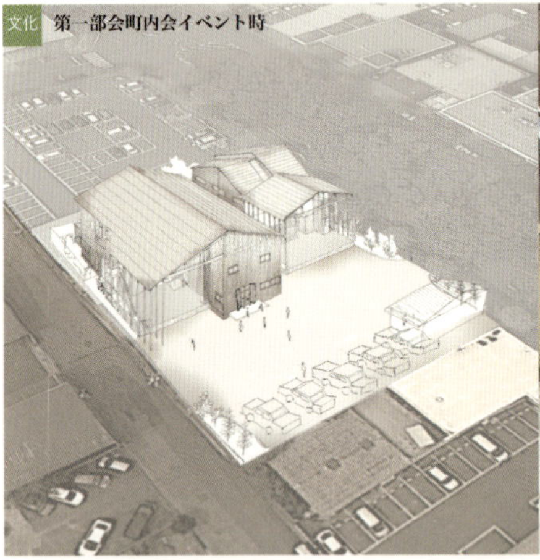

卸と居住を基盤に卸町にある多様な文化を受け入れていく建築の提案

卸 居住 2階平面計画

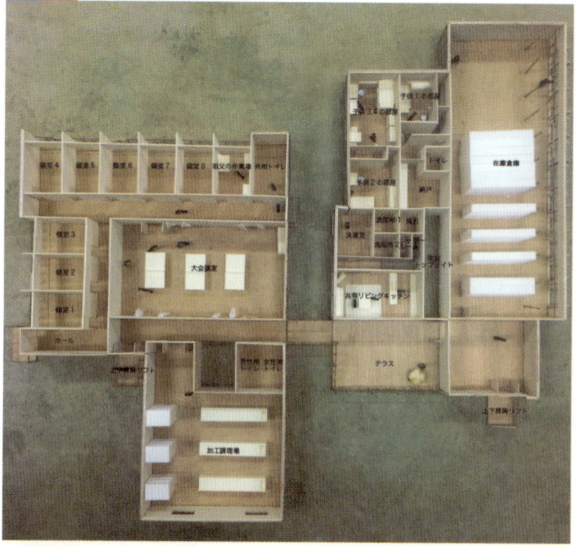

卸 居住 1階平面計画

卸と居住が基盤の渡辺海苔店、平面模型写真

卸 居住 トラックの私道と公道を繋ぐ抜けの空間

文化 安心して遊べる街区公園

「03 公園」のデザインパターンを適用した渡辺海苔店の公園の状態

出展者コメント ── トウキョウ建築コレクションを終えて

Q 修士設計を通して得たこと

調査過程でアルバム写真を見る度に実家は愛で溢れていたのだなと気づかされたこと、自分だからこそ提案できる建築はどういうものかぼんやりと思い描けたこと、いつもまわりの人に支えられているということ、最後にやっぱり建築は楽しいなと思えたことです。

Q 修士修了後の進路と10年後の展望

現在は大林組の設計部に所属しています。建築をつくりあげるということを現場で学び、様々な人と関わりながら頑張っています。並行して吉川家住宅のような建築をたくさん見て研究を続けたいと考えています。実家のような建築をいつかつくりたいです。

審査員コメント

審査員コメント＠巡回審査

内藤：自分の家が集会所になったり、組み替えをすごく馬鹿正直にやったところは面白いかもしれないと思いました。デザインをできる人がすごく地味なところを一生懸命やったということが伝わってきます。そこに新しい空間や考え方は生まれましたか?

吉川：新しい考え方としては、人も、物も、家具も、什器も、建築のエレメントも等価な状態がここにはあると思っていて、そのような状態がある時、振る舞いがたくさん複層する空間が生まれると思いました。

内藤：それをもっと強調したらよかったのにね。エレメントが等価な場合に振る舞いが優位性を持つというのは、非常にいい見解だと思う。でも、これはまだ建築が見えているんだよね。仮にもし、木の板張りがアルミパネルだったら意味が全然変わっちゃうじゃない。だから、建築の要素が増えると君が伝えようとしていることやプログラムの意味が変わってしまうかもしれない。この模型だと、そういうことが見えてしまう。君の説明だと、そういうものが見えない方が、うまくいったのかなと思います。

長谷川：このエリアの人たちの個人的な振る舞いをしっかり捉えて、多元的な空間をうまく利用しているということが読み取れたらいいなと思ったのですが、描いている人の動きが何か軌道図的で、多目的にしているということの先まで読めないんですよね。もっと、地域に残ってる人間の心配性とか、そういうところまで読めれば面白いと思いました。例えば、1人のお父さんの視点だけでも良いからとことん考えてみるとか、そういうことをこれから先に発掘していくと、もっと面白いことができるかなと思います。

福島：力作ですね。君の家の分析をして、それを新しい家に応用して設計しているということですが、これはリノベーションですか、それとも新築ですか?

吉川：新築です。リノベーションをしながら、減築しながらパターンを適用していくということも何個か試してみたのですが、途中でやめました。吉川家住宅の平面図のように、見ただけで振る舞いを引き受けているのが分かるというのを目指したくて、新築で計画することにしました。

福島：いろいろな使われ方に対する精緻なリサーチだけでなく、使用者側からの風景みたいなものも積み重ねている。全体像を設定しないまま、小さなものを積み重ねていくやり方に好感を持ちます。ただ、こういうやり方は日本の修士設計の基調底音のようになっている。小さな積み重ねとか、振る舞いの重層性ということは、君だけではなくみんなそういうことを目指していて、同じようなことを言ってる。これは空間というよりも、振る舞いに対応するエレメントであって、装置なんだと思うんですよね。

吉川：これはそれらの状態が集まる総体として、建築だと考えています。

福島：君のモチベーションはよく分かります。レム・コールハースは、ディレクターを務めた第14回ヴェネチア・ビエンナーレ国際建築展で、建築は空間ではなくエレメントだという言い方をしていましたが、それに通じるところがあると思いました。

連：吉川家住宅からパターンを抽出するというところまでは理解したのですが、その抽出の度合いが、このレベルだと具体すぎて、応用可能性が限られてしまうと思うんです。だから、抽出してから展開するジャンプのところが見えない。超具体からまた具体になっている。デザインパターンとして抽出しても、抽象のレベルではなく、具体のままなので、結局このデザインパターンというものが何なのかということが良く分からない。やはり抽象度の高いパターンのレベルにしないといけないんじゃないかな。これは、まだ具体のレベルだから、そこの変換の作業が良く分からなかった。

設計展　**連勇太朗賞**

形而下的記憶

混成変容設計手法論

佐野勇太
Yuta Sano

メルボルン大学大学院
デザイン学群建築都市デザイン研究科　建築デザイン専攻
Paul Ling Leong Loh Supervision デジタル建築設計プロセス

本研究では建築的空間・時間的スケールの歪みの分析をすること、その再考をすることをとおして形而下的記憶を探究する。

このプロジェクトでは主に主観的な記憶の混成と変容をとおして新たな記憶の形、建築モンスターを生成する方法論、混成変容設計手法論を提案する。

この混成変容設計手法において、主観的な記憶は他者の記憶の介入を許す形へと姿を変え、他者がそれぞれ携えてきた記憶を介して各々形づくられる。それは、その人その人の「いま」に「かたち」を創出することを意味する。と同時に、その場所その場所の「いま」を「かたち」としてつないでいく可能性を秘めている。

私はその発展段階のコンディションを物質記憶系モンスターと名づける。それはつまり各々の記憶を基に形を変え、素材を変え、機能を変える建築である。その瞬間、その創出空間は私の記憶を超越する。

1856の記憶の貯蔵庫

物質記憶系モンスター原理説明図

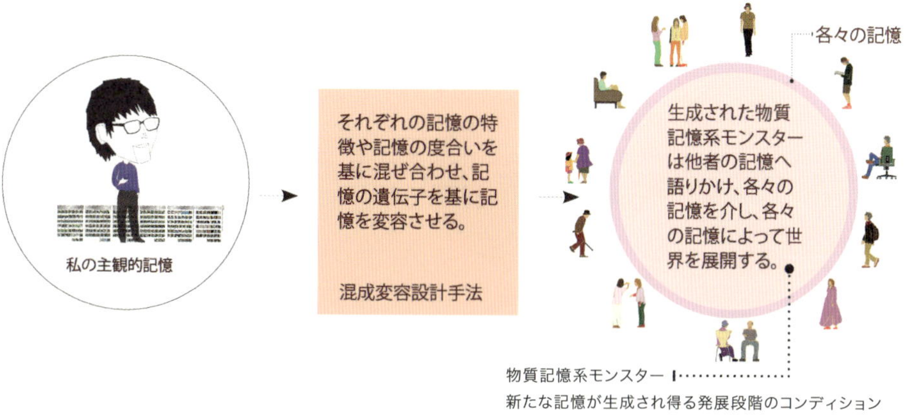
私の主観的記憶
それぞれの記憶の特徴や記憶の度合いを基に混ぜ合わせ、記憶の遺伝子を基に記憶を変容させる。
混成変容設計手法
各々の記憶
生成された物質記憶系モンスターは他者の記憶へ語りかけ、各々の記憶を介し、各々の記憶によって世界を展開する。
物質記憶系モンスター
新たな記憶が生成され得る発展段階のコンディション

混成手法

建築モンスター：混成体

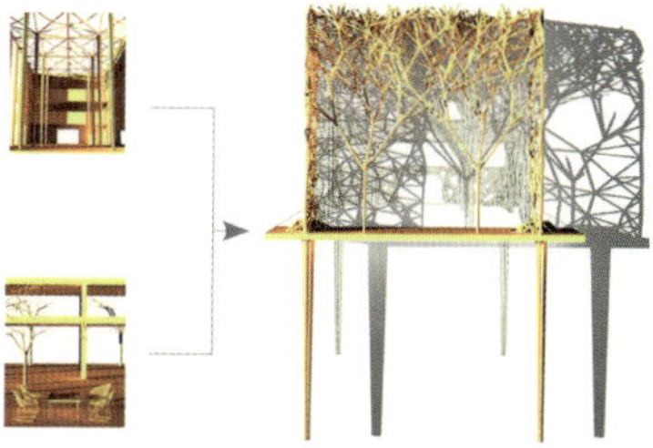

記憶の混成

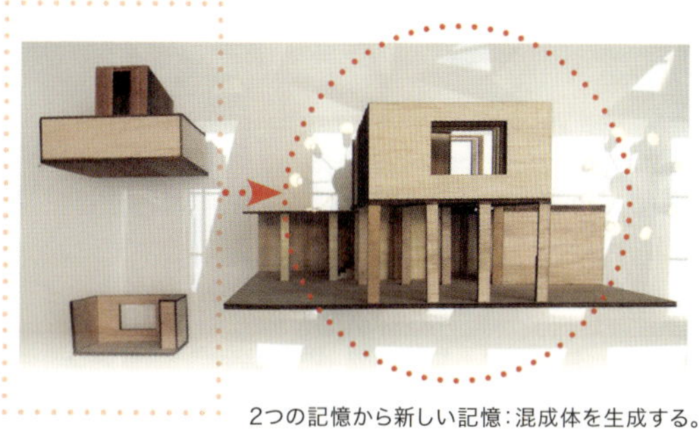

2つの記憶から新しい記憶：混成体を生成する。

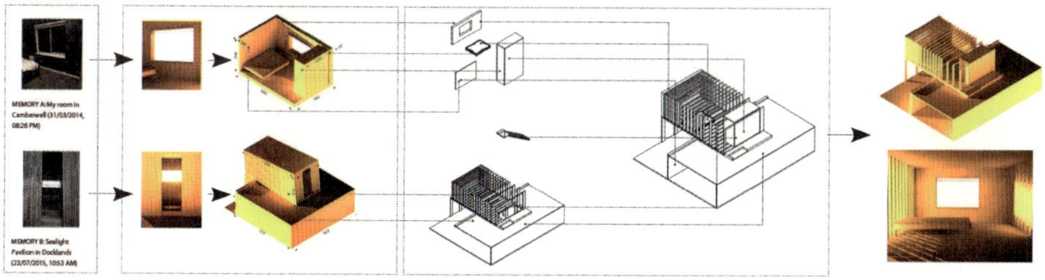
MEMORY A: My room in Camberwell (31/03/2014, 08:26 PM)
MEMORY B: Sealight Pavilion in Docklands (23/07/2015, 10:53 AM)
過程1
過程2
過程3
過程4

混成体の生成過程

変容手法

建築モンスター：変容体

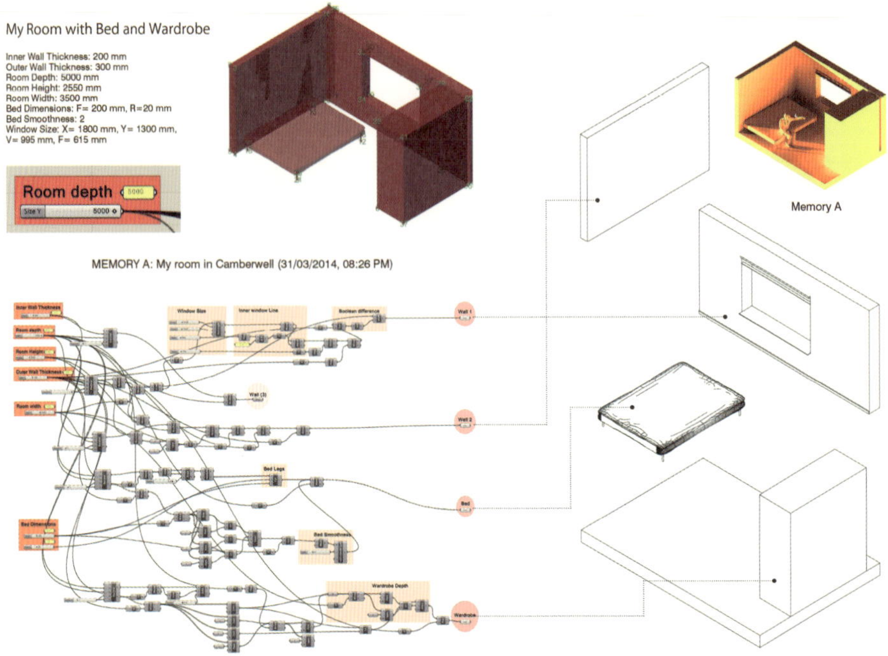

次世代の建築設計プラグインGrasshopper
を使い記憶の遺伝子を特定する。

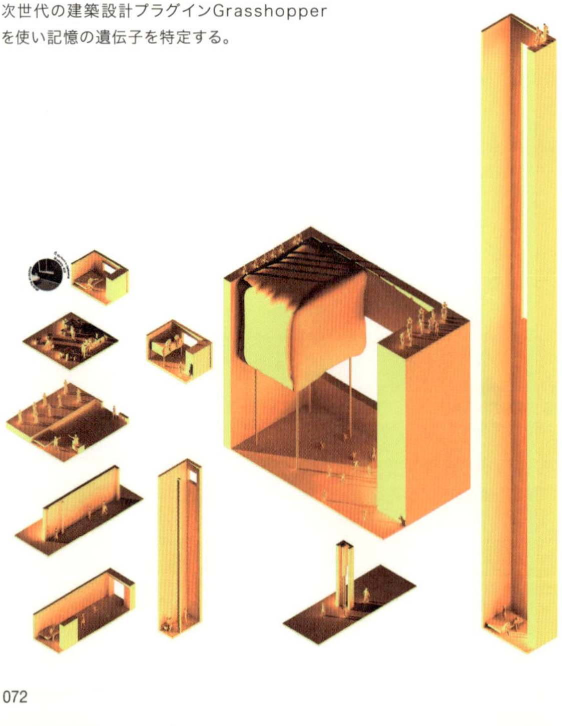

記憶の変容
1つの記憶から新しい記憶：
変容体を生成する。

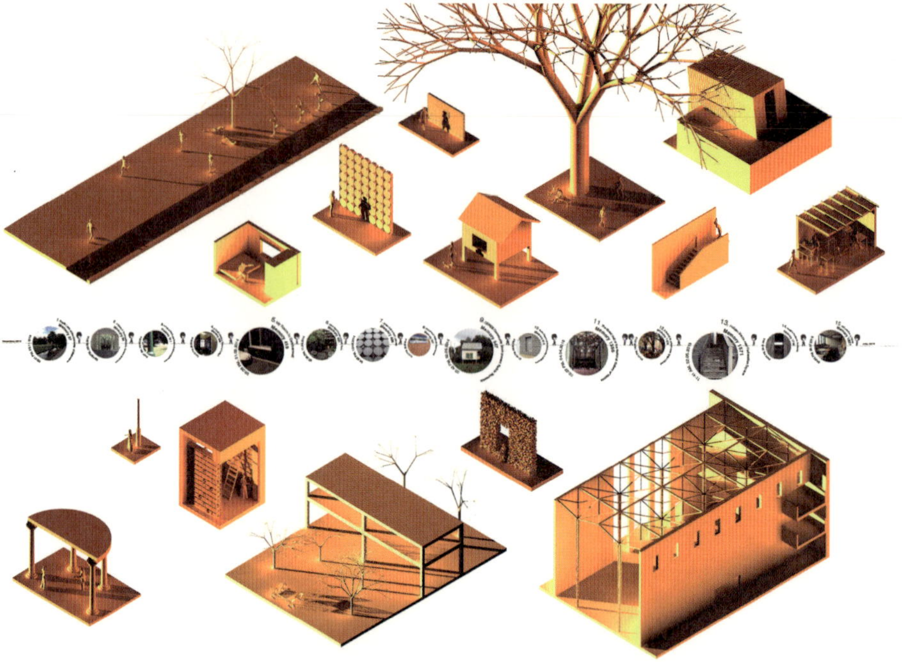

15の記憶度合い図:円の大きさは記憶の度合いを示す。

混成変容設計手法 記憶のコンテクスト

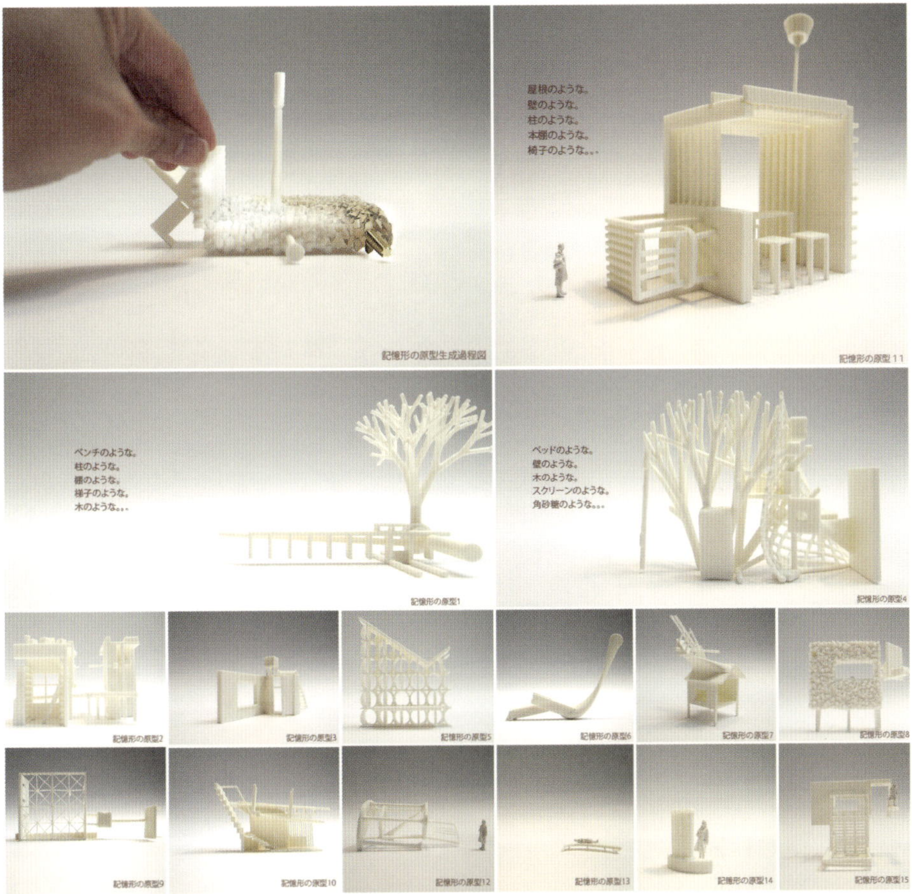

記憶形の原型 物質記憶系モンスター

混成変容設計手法モデル 平面断面立面透視図

出展者コメント ── トウキョウ建築コレクションを終えて

Q 修士論文を通して得たこと

世界はものすごく多様化している。劇的に変化している。これまでになかった技術から生まれる真新しい発想。様々な領域におけるパラダイムシフト。そんな時代に私たちが生きているという意味。今の建築において当然の概念が変わろうとする瞬間、何かが見える。

Q 修士修了後の進路と10年後の展望

私が小学生の頃から想い描いていた仕事：建築家。建築意匠設計をやっています。私を支えてくれる人々への感謝の気持ちを忘れず、時代の流れを読める建築家でありたい。日本国内のみならず、世界各地で建築を実践し、世界的に認められるArchitectになります。

審査員コメント

審査員コメント＠巡回審査

内藤：オートマティズムでつくった空間を組み合わせているのは、結局君なんだよね。それとも何かプログラムがあるのかな？

佐野（勇）：そこを機械に任せてしまうと、建築家の役割はもうないと思うので……。

内藤：例えば、ここに何かオートマティズムを入れた時に、できたものを君が「嫌いだ」と言ってくれたら、面白いと思った。システムに委ねた時に、自分の嫌いなものが出てくるかもしれないという可能性を探った方が面白いよ。これも面白いと思うけど、僕は論理的には成り立ってないと思う。だけど、それで良いと思うんですよ、そこがクリエイションだから。ただ、説明の仕方をもうちょっと考えた方が良いかもしれない。

長谷川：これは誰のための建築なのですか？

佐野（勇）：誰のための建築になるのかはまだ定かではないのですけれども、この修士設計において記憶を建築化するという手法のプロセスに関して提案したものになります。

長谷川：こういうすごく混成しているものを今の住む人は必要としているんですかね。ちゃんと地域に根ざしたものであれば意味があるかなと思うのだけれども。これを見てるとそういうことが乏しくて、自分の記憶だけを組み立てていて、本当にその都市に根づくのかという疑問があります。

佐野（勇）：本当はそこがメインポイントではなくて、自分の記憶をかたちにしてただ残すというところよりも、むしろこの手法自体の話を見ていただきたかったのですが。

長谷川：それは分かるけれども、この手法をずんずんやって、自分の記憶を組み立てていって、その結果、誰のための建築ができるのか私には読み取れないのですよ。

佐野（勇）：そうですね。例えば、自分が実際に建築をつくるという時には、いろいろな人たちが持つそれぞれの記憶をもとにかたちを創出することを考えています。その記憶は、椅子だったり、机だったり、いろいろなかたちに変容することができる。そういった手法論の確立を目指しました。小さい住宅のスケールから大きな都市のスケールまで、人や場所に根づいたかたちが出てくる手法であると考えています。

長谷川：出てくるのかね。

佐野（勇）：僕は出てくると考えています。

長谷川：少しでも、そういうところにリアリティを読み込んでほしいと思います。

連：グラスホッパーを使って、記憶を1回デジタルに外部変換して、それをオブジェクトとして他の人が編集できるというのは面白いと思います。部分レベルで思考が始まって、積層と合体の繰り返しで全体ができている。とすると、この積み重ねる方法になにか原理があるのでしょうか。もっと言うと、記憶にもいろいろあって、個々の記憶の集まりだけではなく、集合的無意識のような共同体的な記憶というものもあると思うんです。すごく個人的なミクロな記憶やコミュニティが共有している記憶、人類全体の記憶みたいなものもある。個人の記憶をこのスケールでまちにどーんとつくることは、相当な暴力だと思うんです。都市というものは、個々の意識がぶつかって、そこでいろいろ起きて、かたちづくられていく。その時に、個人の記憶の積み重ねと編集のみで、ピュアに建築をつくっていくこと自体にどういう批評性があるのでしょうか？

佐野（勇）：この混成変容設計手法論の特徴は、他者の記憶を基にかたちをつくるということなので、もちろん個人の記憶ですが、個人のものではなくて、それぞれが思い描くかたちをつくる可能性を秘めているということです。

連：分かりました。ありがとうございます。

設計展

混在併存の相

三溪園を舞台として

石津翔太
Shota Ishizu

早稲田大学理工学術院
創造理工学研究科　建築学専攻
入江正之研究室

建築を６年間学んできた上で、これから自身の設計活動を進めていくことを考える時、まずは自国の建築を知ることが必要であると考える。生まれ育った横浜本牧の三溪園に焦点を当て、建築に対する考えを表明する。
三溪園は生糸貿易により財を成した実業家原三溪（富太郎）によって移築された建造物が巧みに配置されている。

本牧はかつてより水と共生してきた歴史がある。樋のあり方をデザインし直すことで、日本建築のあり方を再考する契機となるとともに、樋を通る水を三溪園内にある水と結びつけ一連のシークエンスとすることで、樋と水が相乗的な効果をもたらすのではないか。

水の様々な振る舞いを表現する７つの計画を通して、富太郎が構想したシークエンスとは異なるシークエンスとなることを意図する。

この水のシークエンスが、古建築の集積する閉鎖された「園」という現状に対し、外の水の諸要素と結びついて本牧地域全体に展開していくことができるだろう。

本牧三溪園周辺配置図

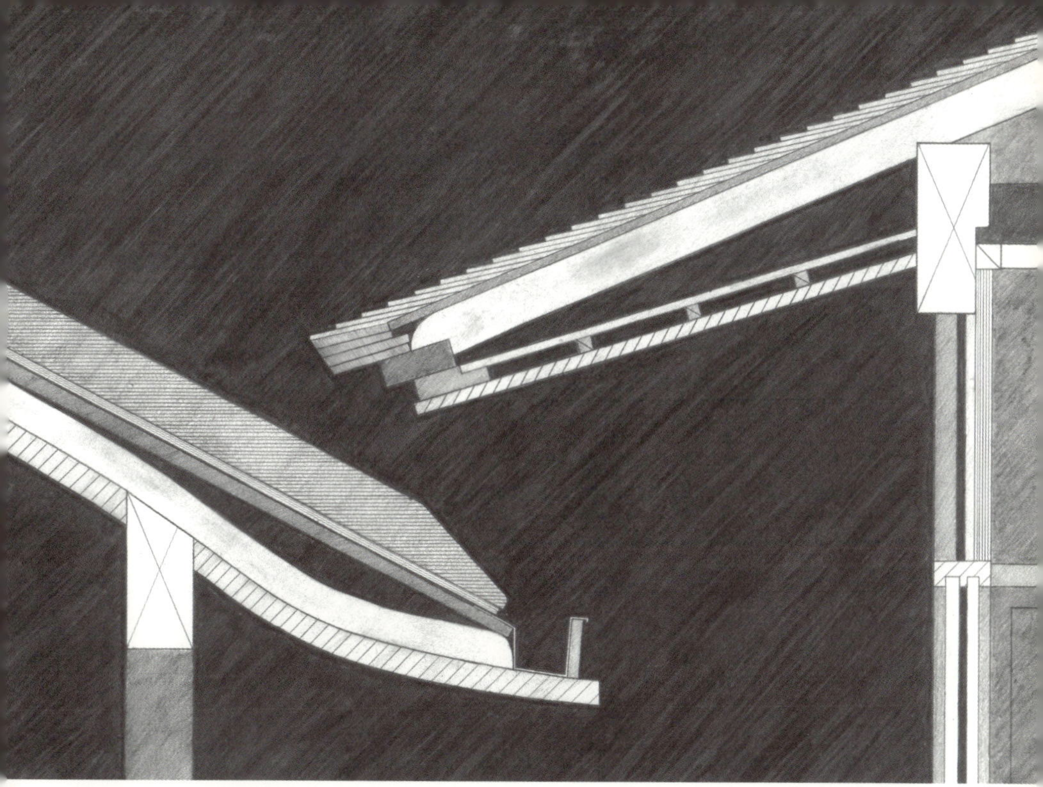

臨春閣玄関屋根部断面詳細図

臨春閣玄関模型

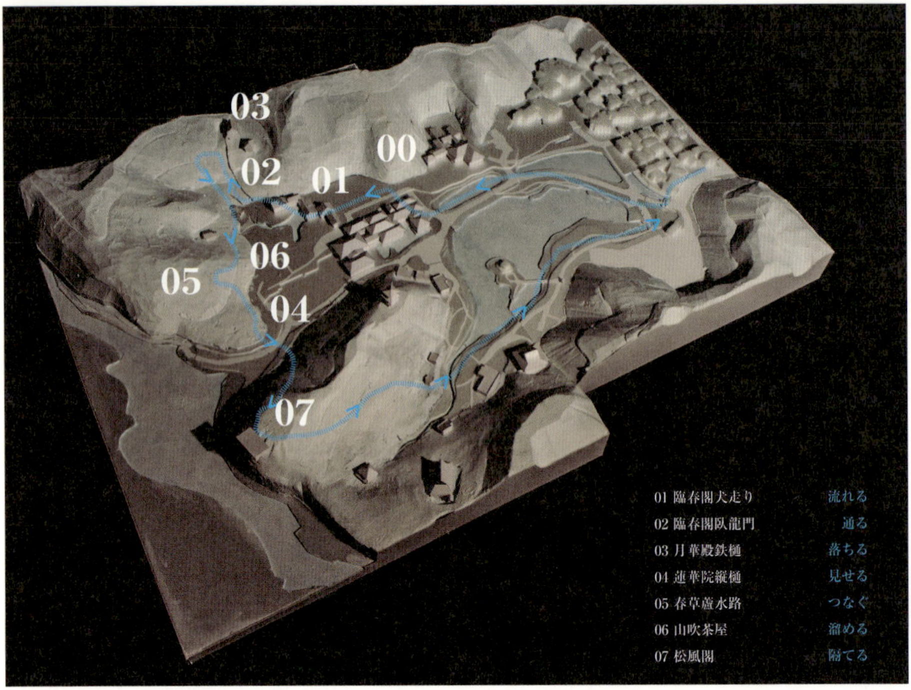

水プロット模型。三渓園内のすべての樋が取りつけられた建築の、樋のあり方をもう一度再考し、三渓園内の水の振る舞いと結びつけることで7つの計画を提示する。

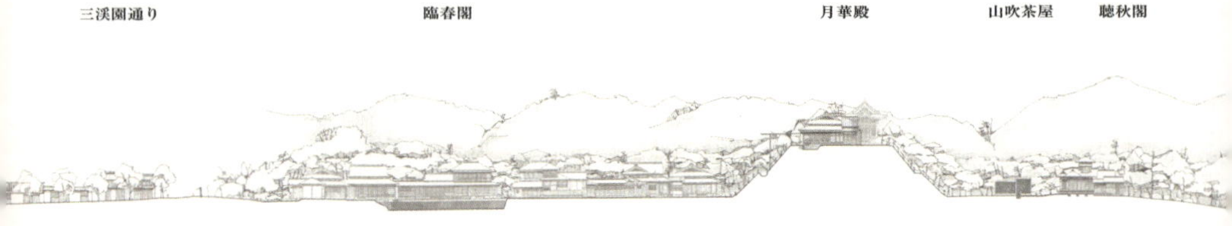

水連続立面図

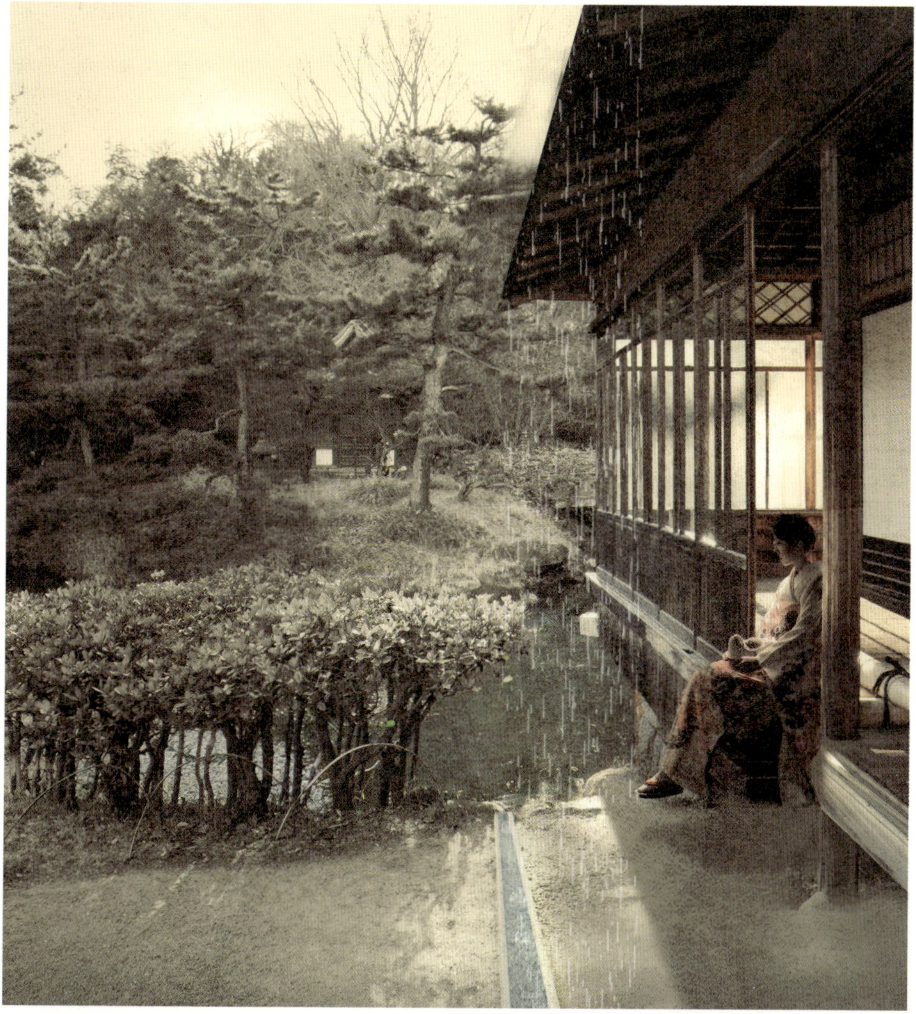

01 臨春閣犬走り

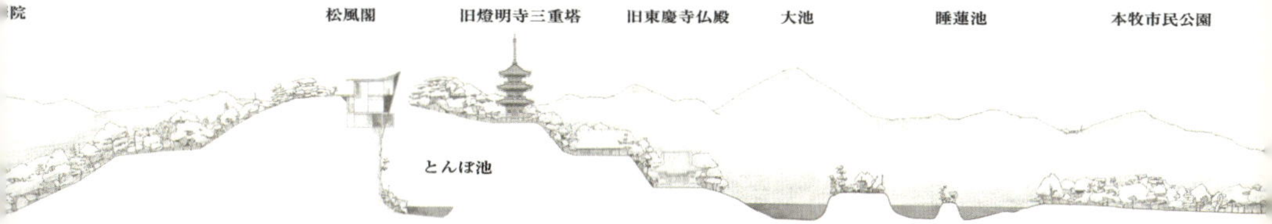
院
松風閣
旧燈明寺三重塔
旧東慶寺仏殿
大池
睡蓮池
本牧市民公園
とんぼ池

03 月華殿添水見上げ

02 臨春閣臥龍門

05 春草盧水路

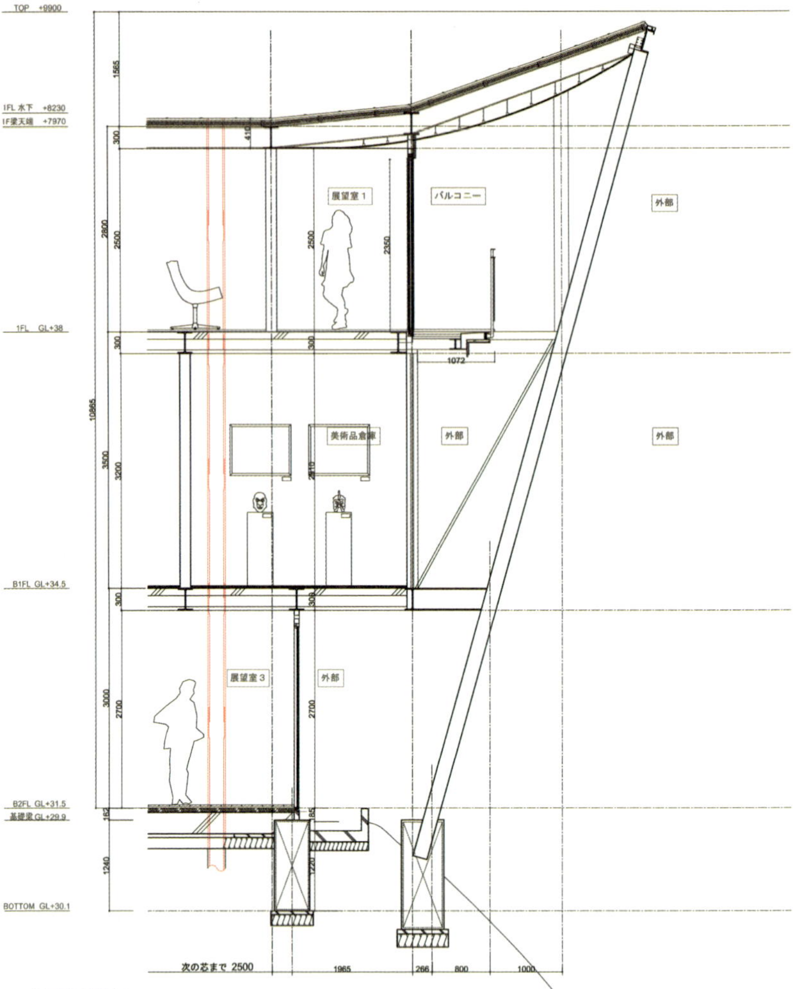

07 松風閣矩計図

出展者コメント ── トウキョウ建築コレクションを終えて

Q 修士設計を通して得たこと

日本建築は伝統と外来を折衷して昇華されたがゆえに、きわめて合理的なものと不合理なものがあると思った。しかし一見不合理に見えても美しいと思ってしまう細部や事象を、三溪園やその他の日本建築を調べたり、自ら設計をする中で体感することができた。

Q 修士修了後の進路と10年後の展望

都内建設会社に勤める。様々なレパートリーに分かれ協同して建築を創っていくことと、たくさんの案件を短期間にこなしていくスピード感に面白みを感じている。ここで培うであろう専門技術と、学生の時に感じていた些細な疑問を大切にして設計活動をしたい。

審査員コメント

審査員コメント@巡回審査

内藤：三溪園と水に着目したのが面白くて良いね。昔の人は建物の中でダメになるところとそうではないところを意識していた。腐ったらつくり変える部分があって、その組み合わせでできていた。そういう段階的なフェイルセーフが利いていて、それがかたちになっている。近代人は一気に全部解決しようとしてしまうけれども、そうではなく、古い建物からそういうことを学んで、新しい技術でも、水に対して3段階ぐらいのフェイルセーフを考えることができたら、面白かったと思います。

長谷川：伝統的な建築に興味があるのですか？

石津：もともとは卒業論文でルドルフ・シンドラーを研究していて、シンドラーの自邸を見た時に、日本人よりも日本建築の本質を突いているような気がして、日本人の自分がなぜ日本建築を知らないのかと。そこから日本建築を勉強するようになって、修士設計で提案したいと思うようになりました。

長谷川：水をテーマに三溪園を見るのは面白いと思います。日本建築の研究にはフレームやテクスチャーなどに関するものが多いけれど、本当は雨の多い日本では水の問題が重要なのですよね。建物が壊れたりするのは、火事もあるけれど、雨漏りが原因になることも多い。だから、昔は雨漏りで腐食することを意識しながら水の処理をしていた。確かに日本建築に雨や水のテーマを導入すると、様々な美しい場面が登場しそうですね。私は東工大に在籍していた時、窓の大きさと庇の長さの関係を研究しました。日本の民家の窓が、どこにどれくらいの大きさでついていて、その時、庇がどれくらいの長さなのかを調べました。窓の位置によって庇の寸法がすべて違うわけです。日本建築は雨や風によって様々な部品が決まっているので、このテーマは良いと思いました。

福島：全体計画の論理の組み立て方が分かりやすく、うまいと思いました。ランドスケープの中に、ある種の空間体験装置をつくって、日本建築の歴史性を取り入れたということだと思います。しかし、その水を見せるかたちが、日本建築の空間を継承すべきなのに、装置になってしまっているような気がします。

石津：例えば、「臨春閣犬走り」(p.83)であれば、軒先の金属の樋をはずして、水を流し、雨が上がれば、虹ができる。これは水がつくる空間であって、装置ではありません。この計画を通して、日本建築は水を受けるかたちだと思ったわけです。

福島：なるほど。面白い考え方ですね。屋根のかたちや水の流れを意識した計画で、そこには水の流れがつくり出す空間の面白さがある。確かに、君の作品には華やかさみたいなものが表れていると感じました。

連：マニアックなところに着目して、象徴的な新旧の屋根の物語を発見して、それを展開していく。しかも、展開の仕方も既存を大きく変えるのではなく、水の流し方や納め方を考えたものになっている。それが「松風閣」(p.86) だけ、急に新築の提案になっているのが唐突で面白いと思いました。新築にしたのはなぜですか。

石津：三溪園の敷地の中には様々なビルディングタイプの建築があります。茶屋、三重塔、茶室など、日本建築の歴史がすべてここに内包されている。ただ、近現代までで止まっているので、そこに現代の自分が設計を加えることで、この敷地に行った時に、日本の建築史が全部分かるぐらいの場所にしたかったというのが、ここで新築を考えた大きな理由です。松風閣は内と外を隔てるというコンセプトで、天空から落ちた雨が屋根をつたって、柱のうちの1本の縦樋から岸壁に落ちるという仕組みになっています。

連：なるほど、分かりました。ありがとうございます。

設計展

状態としてのお寺

重層的視点によるお寺という空間の再構築

菊井悠央
Hisahiro Kikui

神奈川大学大学院
工学研究科　建築学専攻
曽我部・吉岡研究室

本研究はお寺の歴史的背景を調査することから始めた。

要因は、現代社会の中で「廃寺」が顕在化する一方で、仏教及びお寺という文化は古くから日本に根づき、その土地における民族性や宗教性などの空間を内包したものだからである。

お寺の持つ背景と実際の集落で調査を進めることで、歴史、文化、伝統、人、思考、場所、時間、空間による重層的な視点から建築を考察するプロセスを経る。

お寺の背景という観念的なものと、集落という土着的なものに触れ続ける中で、お寺は集落の存在を示し、「人の営み」と「共同体」からなる体系が見えてくる。

本研究では、「お寺」の固有な文脈とその歴史的背景から得た視点と、具体的な集落の生態系を調査することで得た視点から、「お寺」という概念を現代に相対化することで定義し直し、これまでと違う形で現代の文脈に位置づける建築の提案である。

風景のカタ（小さな建築）

歴史的背景から重層的な関係性から成る「お寺」を「人の営み」と「共同体」という普遍的言語へ抽象化し、現代に翻訳することで、人と建築空間に相互作用を創り出す「カタ」を創造する。

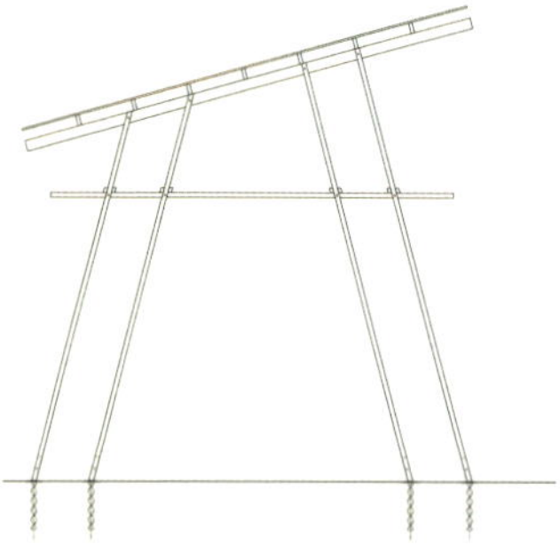

立面図

空間へ

人の「居場所」となるよう屋根を設け、農業工作物と建築の間のようなスケールとした。そうすることで、集落における「人の営み」と建築空間との往環を創り出す。

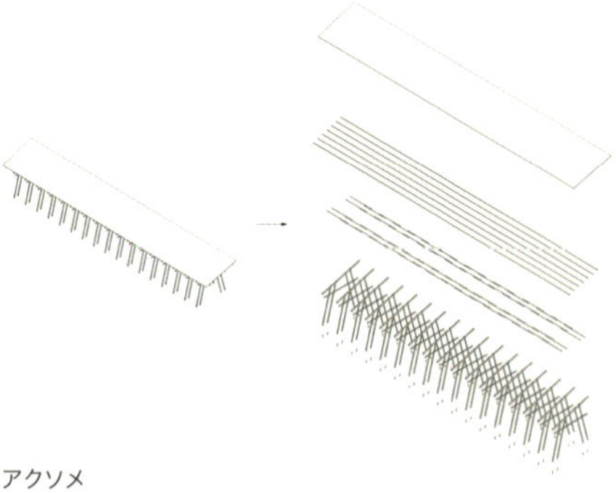

アクソメ

「人の営み」と集落の間に回廊空間が創り出される。

場所と小さな建築

「人の営み」が場所に依拠するように、小さな建築が場所と寄り添うことで、環境の一部であるかのような構造体とし、空間の体験を建築の形態へと翻訳する。

「時間の累積による経年変化」と「共同体」

縮退する集落において、時間の経年変化による配置計画を行う。
擁壁と地形に寄り添いながら、回廊空間でつながる建築群による「共同体」を創り出す。

2016年
観音堂
オフロ場
塔

2020年
集会所

2023年
工房
多目的スペース

2026年
コテージ

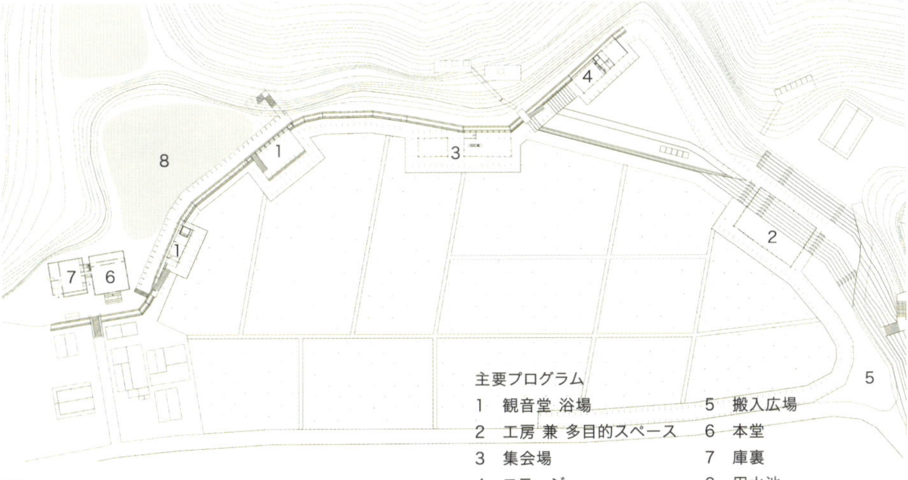

主要プログラム
1　観音堂 浴場
2　工房 兼 多目的スペース
3　集会場
4　コテージ
5　搬入広場
6　本堂
7　庫裏
8　用水池

平面図

「人の営み」と「建築空間」との往還：建築群における「共同体」と農地、
それをつなぐ回廊空間との間を「人の営み」による往還を繰り返す。

擁壁と稲掛け

集落の生業と生活の風景

回廊と集落の時間

回廊と居場所

「共同体」から「風景」へ：建築群による「共同体」は集落の「人間」と「社会構造」、「環境」へ新たな関係性を創り出し、集落の新たな風景となる。

回廊と搬入広場

「状態としてのお寺」：お寺を様々な視点が渾然とした概念から、「人の営み」と「共同体」における生態系からなるものとし、具体的な集落の実態を調査することで、「人の営み」を「ディテール」に、「共同体」を「風景」へと翻訳する。その「ディテール」と「風景」の媒体となる空間が、この集落における新しい時代のお寺だと位置づける。つまり、農村集落における日々の営みが、そのままダイレクトに映し込む媒体としての空間を「状態としてのお寺」と呼ぶ。

出展者コメント ── トウキョウ建築コレクションを終えて

Q 修士設計を通して得たこと

今回、設計を進める過程で、対象敷地の方々を始め、たくさんの方にお世話になりました。建築を通し、多様な人、事象と出会い、そこで得たものをつなぎ合わせ、空間としてカタチにしていく。そのことがとても楽しかったです。ありがとうございました。

Q 修士修了後の進路と10年後の展望

進路はまだ未定です。

10年後は、いろんな場所で、多彩な人たちと建築、デザインを通して楽しんでいたいです。

審査員コメント

審査員コメント＠巡回審査

内藤：過疎地域にこんな構造物をつくるのは少しやり過ぎじゃないかな。これは段階的につくるの？

菊井：段階的につくることを考えています。この集落には50軒の農家があるのですが、10年後は10軒になるという推測がされていて、その集落の農地がどんどん荒れてきているという現実があります。時間の経年変化とともに、風景まで転換させるのが最終的な視点なので、こういう建築群の共同体によって、地域に開きながら、集落に人を呼び込むということをこの場所で考えました。

内藤：少しずつつくっていくのであれば良いけれども、この柱は細すぎるかな。下に水がかかったら、たぶん5年ぐらいで腐ると思いますよ。

長谷川：ここ全体の景色をつくっている様子が美しいですね。これは、稲やタマネギを掛けるやぐらのようなものかな。農業地に行くとありそうな架構ですね。淡路島に行くと、こういうタマネギがいっぱい掛けている景色が見られますよね。

菊井：そうですね。稲掛けを建築的なスケールに転換しています。市民農園として周辺地域に開くので、経年変化とともに建築における共同体をつくれたらと思っています。

長谷川：寺と一緒にコミュニティを復元したいと。農業と関係がありそうな形が美しくて、全部それで統一してるのが良いと思いました。架構が面白いですね。ちゃんと横材も入っているし、構造的にも成り立ちそう。

福島：きれいですね。お寺という宗教空間を重層的な視点で捉えているのは大変好感が持てます。ただ、象徴性を持つはずの宗教空間が、均質で日常的な空間を担いすぎているという印象を受けました。

菊井：お寺に着目することで、この集落の宗教性を知ることができました。農地改革があった時に、お寺によって統治されていた集落の人々が神社に移ってしまった。お寺をこれから集落の中でどう位置づけるのかと考えた結果、宗教空間とは少しかけ離れたものになっていったのかもしれません。実際、ヒアリングを行ってみると、集落の中でお寺の存在自体を知らない若い人たちもいて……。

福島：じゃあ、お寺じゃなくても良いと。

菊井：そうですね。ただそれではお寺の時代背景に着目した意味がなくなってしまう。お寺を人の営みと共同体からなる場に翻訳してやると、お寺という場を現代に位置づけ直す可能性があるんじゃないかと思います。

福島：日常の積み重ねでありながら、ある時にははっと息をのむ瞬間が僕たちには必要なはずです。ここでそれが失われてしまっているのであれば、日常の連続の中に、崇高な空間というものがあるとさらに良くなっていくんじゃないかな。

菊井：そういう力強い空間として、集落と人の営みの間に水平に伸びる回廊空間をつくりました。

連：タイトルの「お寺」の意味を教えてください。

菊井：お寺は人の営みと、共同体からなる場だと位置づけました。

連：コミュニティスペースとは違うのですか。わざわざお寺をメタファーにする理由は何ですか。実際、お寺じゃなくてもいいんですよね。

菊井：廃寺という社会現象に対して、建築側からリアクションしたいということがまずありました。

連：お寺がテーマだったら、お寺が残っている土地の制度的な仕組みや、お寺の事業の仕組みなどを絡めてほしかった。資本主義社会とは違うモデルでまわっているのがお寺だとすると、単純に人の営みと共同体の接点としてではなく、社会を動かしていくための仕組みとしてお寺を定義して、それでつくるという方が説得力がある。そういう意味で、少し表層的に見えてしまって、お寺の持ってるインパクトがあまり感じられなかったですね。

趣味から市井文化の復興図る

上海中高齢者向け集合住宅

喬 龍盛
Ryusei Kyo

早稲田大学理工学術院
創造理工学研究科　建築学専攻
古谷誠章研究室

本研究は、人間性が豊かで、文化の交流が盛んだった上海の集合住宅を対象としている。集合住宅の形式に市井文化の消滅が見込こまれる中で、集合住宅における市井文化の復興、市井文化の広まりという視点を取り上げた。そして、市井文化を再発見し、再度集合住宅に価値を与えることを目的とする。

私は卒業設計における文化の復興への提案に引き続き、この２年間、地域再生のプロジェクト、研究活動から建築を学んできた。そして私は、すでに市井文化が消えつつある上海に対し、自分の建築手法で斬新な集合住宅を提案する使命があることを肌で感じた。

本計画では、中高齢者が定年してからの老後生活という人生の新たな重要な節目に際して、集合住宅に中高齢者の趣味を生かしながら、市井文化の復興、文化の広まりが同時に生まれることが目的である。

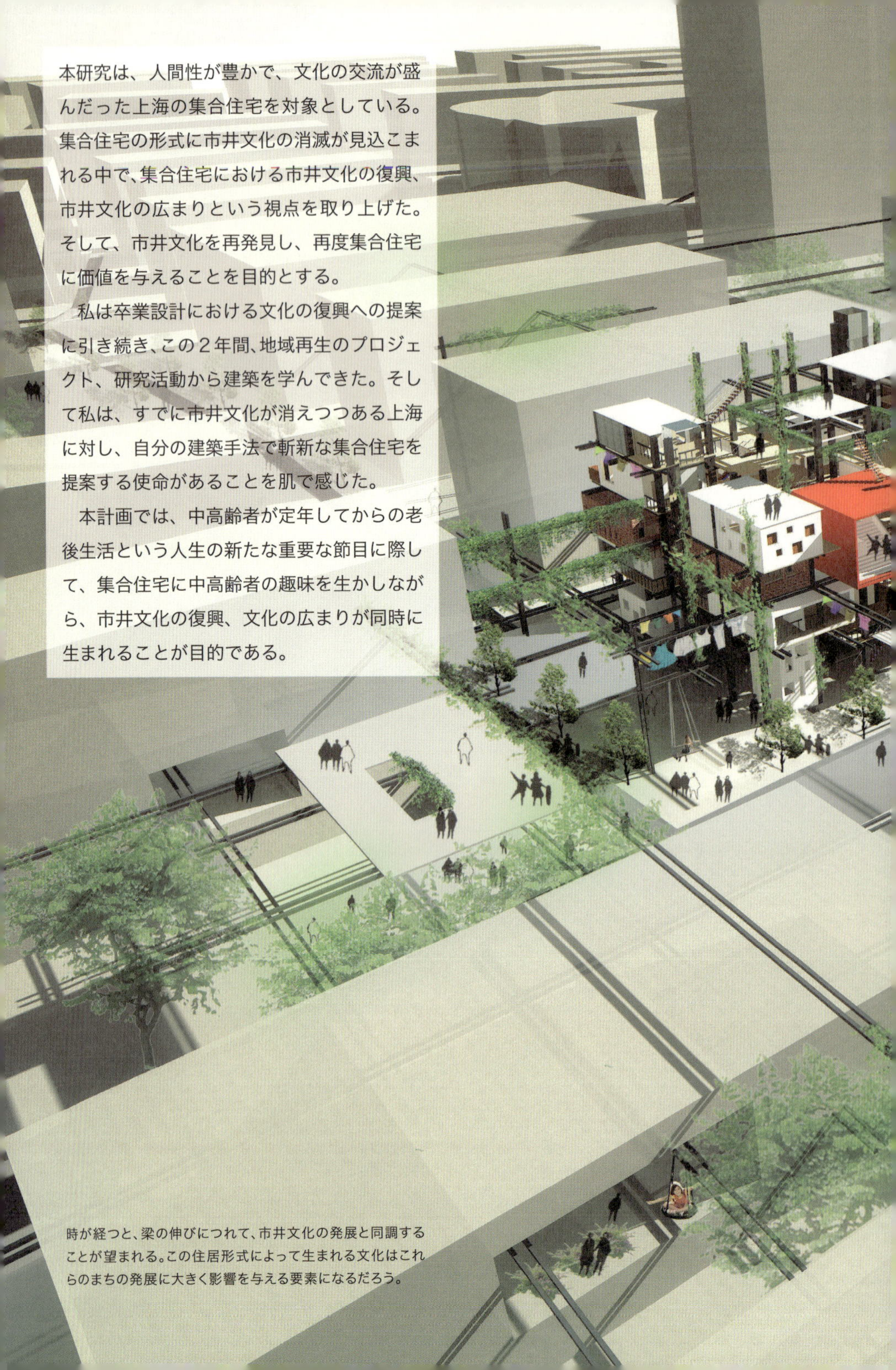

時が経つと、梁の伸びにつれて、市井文化の発展と同調することが望まれる。この住居形式によって生まれる文化はこれらのまちの発展に大きく影響を与える要素になるだろう。

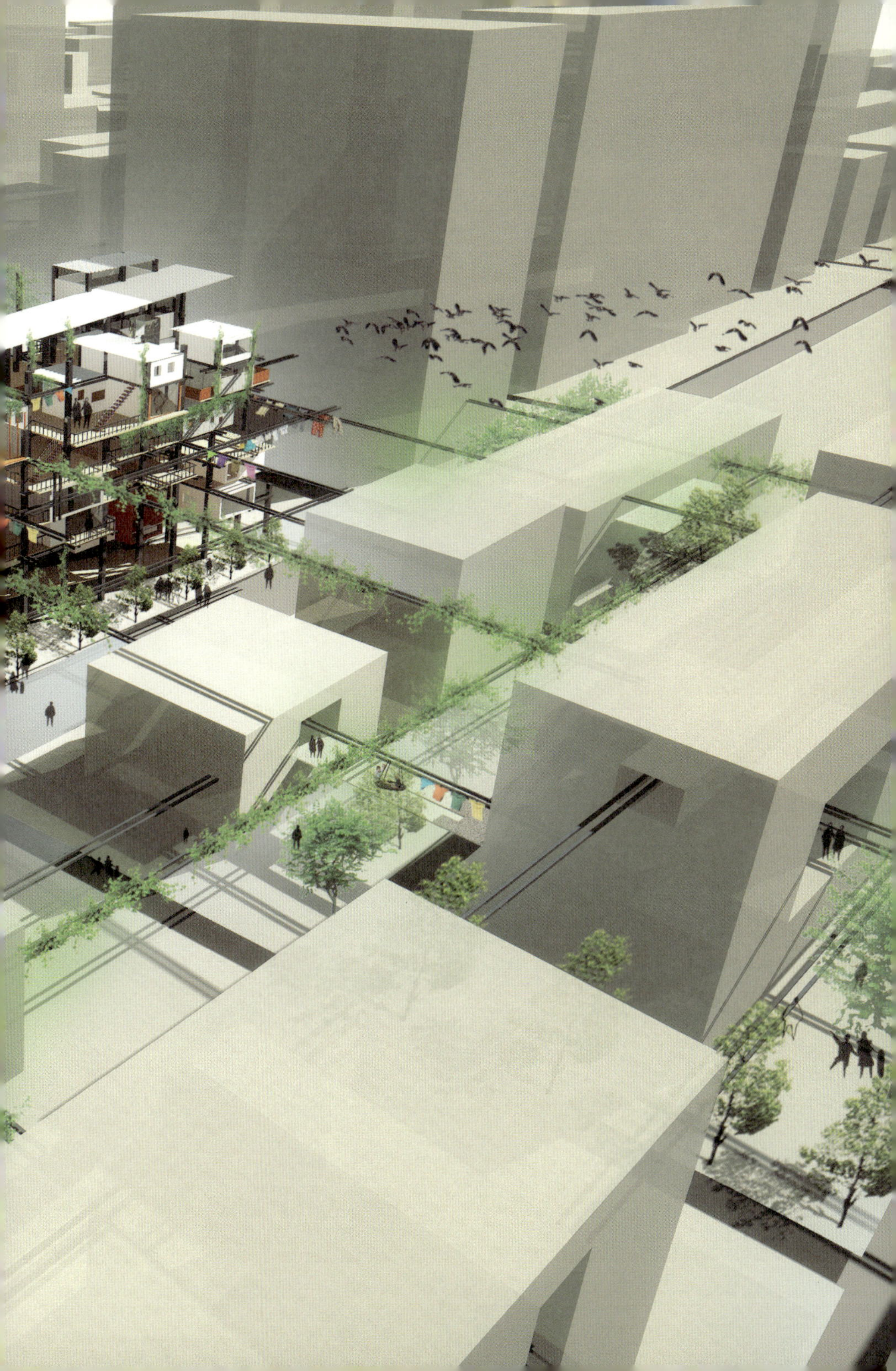

Blaset Analysis Diagram

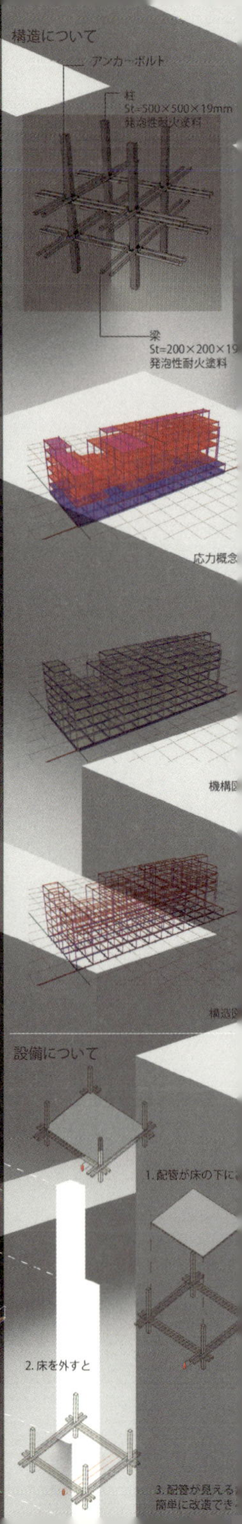

NOWADAYS 2階のスロープは図書館として利用されている。町から多くの人がやってくる。

10 YEARS LATER 10年経つと、過去ここに植えた多くの植物が成長し、柱、梁と絡まることで、空間との関係性を強める。

NOWADAYS 屋上の空間は住民たちがそれぞれの趣味に自由に使えるため、多くの人々がやってくる。

10 YEARS LATER 10年後。屋上を住民に自由に使わせることによって、新たな可能性が発見できる場になる。

公共スペース空間 その1

公共スペース空間 その2

内観

出展者コメント ―― トウキョウ建築コレクションを終えて

Q 修士設計を通して得たこと

この6年間の学習を通して、ようやく「建築」についてより深く理解することができたと感じました。
自身の作品としては、今後の地元のまちに対して、少しでも貢献できればと思いました。

Q 修士修了後の進路と10年後の展望

会社を経営しております。現在、純粋な建築をつくることの難しさを体感しています。
10年後には自分の不動産会社と設計事務所を両立し、社会に対して、良いものをつくることを目指します。

審査員コメント

審査員コメント＠巡回審査

長谷川：日本でも高齢化が進んで、伝統文化や芸術はどんどんなくなっていますが、中国でも伝統的なパフォーマンスを支援するところがないわけですよね。そういうものがどんどん失われていく現状に対して、芸能と文化を取り入れて、高齢者の住宅をつくるというところを評価しました。上海出身なのですか?

喬：はい。上海では昔の路地空間が壊されて、どんどん高層ビルがつくられています。この提案は、大阪ガスの実験集合住宅NEXT21のSI（スケルトン・インフィル）工法を発展させたもので、この工法は中国で可能性があると思いました。

長谷川：最近は富裕層だけだったり、子育て夫婦だけだったり、高齢者だけだったりするマンションが多くて、本当に生気がない。これは少し複雑すぎる可能性があるけれど、こうやっていろんな人が共生するように集合住宅をつくるという考え方は良いと思いました。

福島：20年前に上海に行ったことがあるのですが、まだ人々が道で勉強しているような時代でした。それが今は発展してすごい状態ですよね。

喬：東京と同じです。

福島：いや、東京以上でびっくりします。そのスピードの速さに僕たちの感性がついていかない。それをしっかりと拾い上げるようなプロジェクトだということを高く評価したいと思います。一方で、昔は路上に上海の人たちのエネルギーがあふれ出していたかもしれないけれども、それを捨てた理由も必ずあるはずです。そこをしっかり押さえないと、なくなったから復活させようというのは、少し論理の飛躍がある。ただ懐かしい、昔はよかったというノスタルジーだけでは、ダメだと思う。例えば、中国の男の子にどこで勉強したいかと聞いたら、たぶん家の外よりも中で勉強したいと言うだろうから。そのせめぎ合いが建築をつくる時に大切です。これからずっと考え続けなければいけないことだと思います。でも、これはすごく重要なプロジェクトですよ。

審査員コメント＠公開審査

連：インパクトのある提案は好きなのですが、提案の軸がどこにあるのかが最後まで分からなかった。増改築を繰り返すストラクチャーとインフィルの関係をつくったということは分かるのですが、それをどう増改築していくのでしょうか。この場所の人たちが、どういう方法でコミュニティスペースや共有スペースを使うのでしょうか。この提案の軸が、場所の使われ方や空間のつくられ方の話をしようとしているのか、単純にこういうかたちをつくりたかったということなのかが分かりません。どの部分が住人の増改築で、どの部分が自分の設計なのか、その線引きも曖昧だと思います。使い手が自立的に空間を改変して場所ができるというより、あなたが作家として恣意的に場所をつくったという計画的な提案なのではないかと思ってしまう。

喬：この建築の梁は、まわりの建物を全部通すようなかたちになっています。これは今の技術だと実現できませんが、今後20–30年経ったら、こういうことができるのではないかと考えています。今はまず技術的にできる部分でスケルトンを建てて、あとは住民たちが自由自在にスケルトンを増やしたり、利用したりして、面白いオープンスペースをつくることを考えています。

連：やはり、「こうなってほしい」という理想的な話に聞こえます。実際にこういう場所がどうやったらできるのでしょうか。その仕組み、あるいは使う人たちの慣習的な振る舞いが考えられていない。こういうものをつくるためのシステムやコミュニティスペースのつくり方が見えないために、こうなれば良いという提案に見えてしまうのがもったいないと思いました。

設計展

Topological Structure

伸縮膜を用いたトポロジー構造体による建築空間の設計

楠目晃大

Akihiro Kusume

神戸大学大学院

工学研究科　建築学専攻

槻橋修研究室

トポロジー構造体は張力が導入された伸縮筒状膜、またはその連続体である。実物大モデルの制作を通した検証および新たな構造モデルの解釈を交えることでトポロジー構造体を普遍的な言葉で定義し、その構成要素を集約、そして体系化する。

さらにトポロジー構造体の有する特異性を「閉鎖系と開放系の二種類の釣り合い」という観点から説明し、その釣り合い状態による分類（閉鎖モード）でトポロジー構造体の本質に迫る。

以上の知見と空間の実体験を手掛かりに、トポロジー構造体の持つ可能性を構造・形態・素材など多様な角度から、想像力をもって、新たな建築空間に展開する。

木造密集市街地の微視的環境を記述する ひとつとして同じものは描けない 認識の地図

トポロジー構造体

単位となる伸縮筒状膜

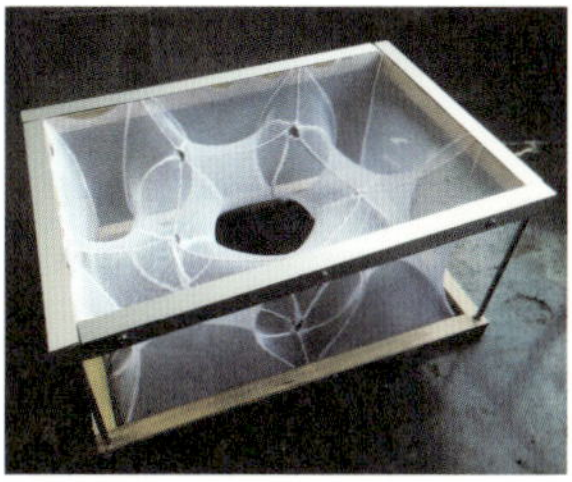

基本モデル

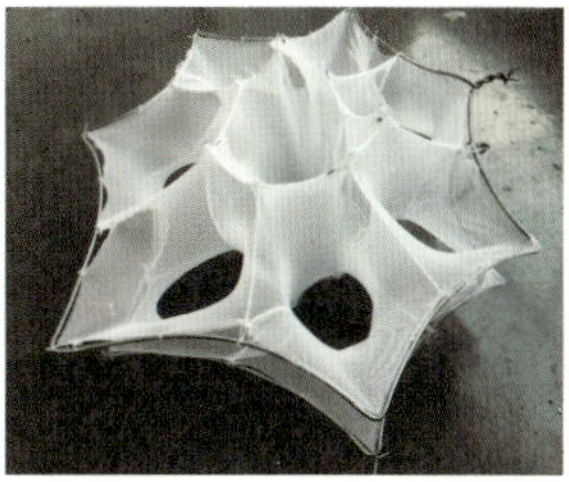

発展モデル

コンテナモデル検証

完成した空間を体験し、各レイヤーに設けた変数をはじめ様々な観点からの検証を行い空間の可能性を抽出した。

標準レイヤー
径と奥行きのバランスが良く、綺麗に張力が行き渡っている。開口部も計算通りに実現している。

長尺レイヤー
径と奥行きのバランスが悪く、シワが発生する。また膜同士の接合部が強調され尖った印象を与える。

展開レイヤー
筒状膜はシワなくつながり、滑らかな曲面を描く。しかし長くなったストラットにはたわみが発生する。

高張力レイヤー
それぞれの筒状膜が大きく広がり、少ない個数でコンテナを充填する。膜面と接合部が最も滑らかである。

構成要素の一般化

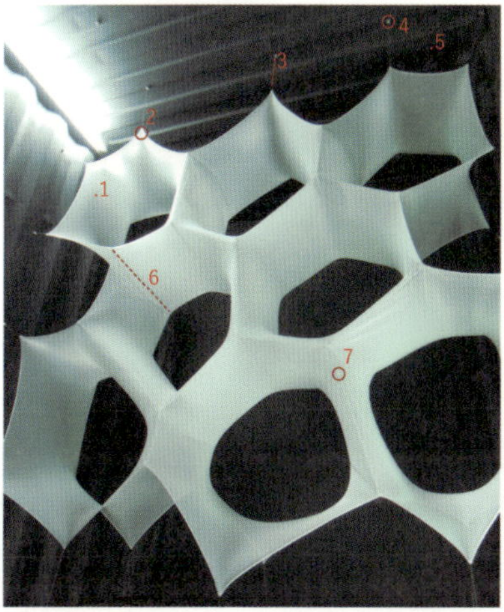

コンテナモデル			一般化
1 丸編みの布			筒状膜
2 クイックリブ			張力を膜面に導入する点
3 糸			張力を伝達する部材
4 磁石と自在クリート	張力の調整	設置後に膜のたわみを除去する	外周材への加力点
5 コンテナ内壁			径方向圧縮材（外周材）
6 フレキシブルストラット	圧縮応力の調整		筒方向圧縮材（束材）
7 ミシンによる縫合			膜同士の接合部

自立型モデル検証

ストラット 700mm | ストラット 600mm

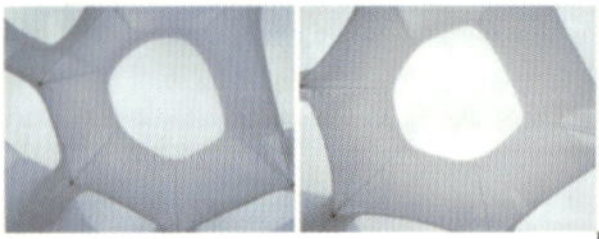

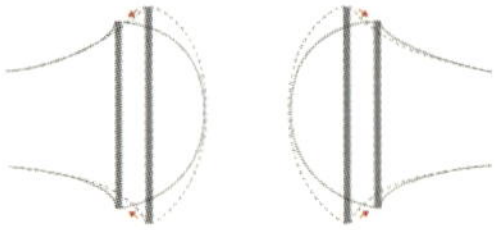

膜径の拡大

ストラットを短くすると軸方向張力に対し径方向張力が優勢になり筒状膜の径が大きくなる。

筒状膜外側の広がり

筒部分の曲率が大きくなり、トポロジー構造体内部の空間は広がる。

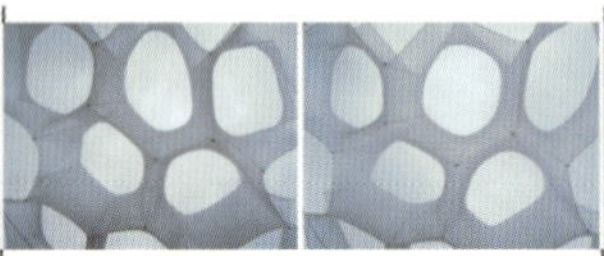

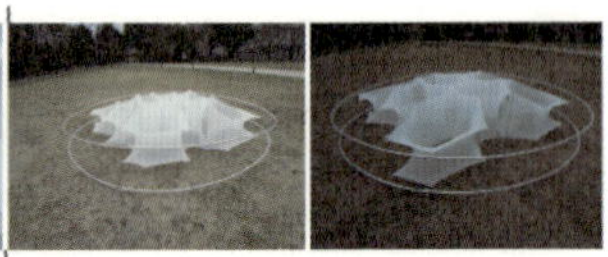

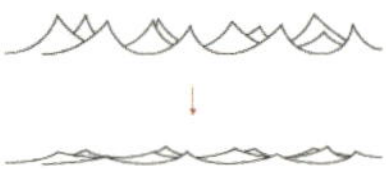

特異点の変化

ストラットが長いと突き出るような荒々しい印象を与える。ストラットが短くなると、なだらかになり落ち着いた表情をみせる。

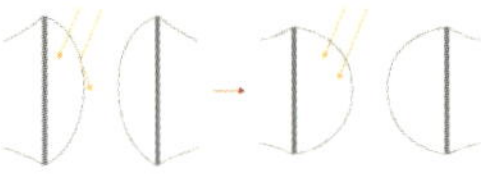

透過光の増大

曲率の変化にともなって光の透過率が上がる。

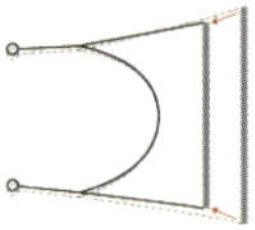

外周材の移動

ストラットは短くなるが、同時に径方向に広がるので外周材に近づく。この２要素が相関するため、外周材の挙動は複雑である。

落ちる影

屋根の下でくつろぐ

たわみにくい外周材

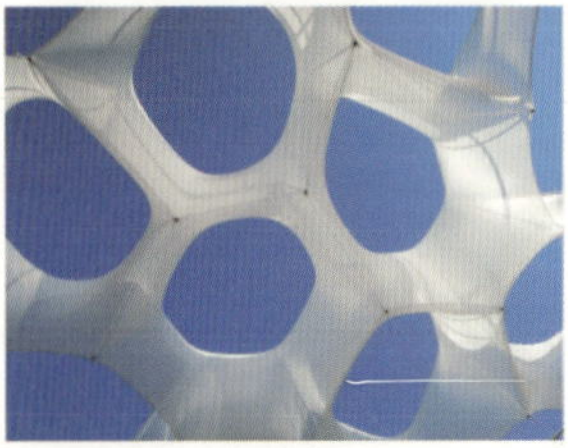

青空を見る

空にしみ込む布

アーチの生む空間

分析——張力分布

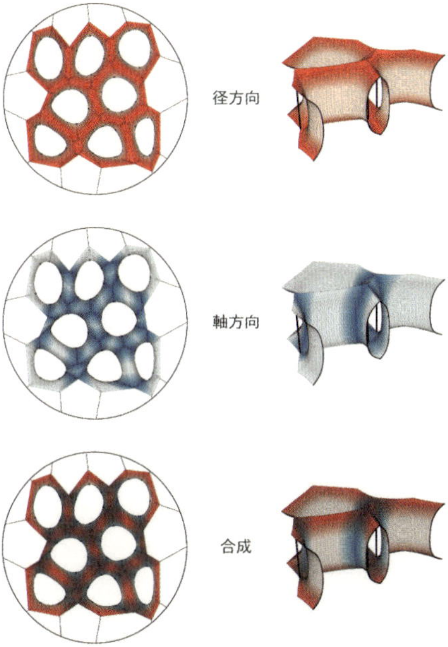

筒状膜に働く張力について、径方向の分布を赤色、軸方向の分布を青色で表した。両方の張力が加わることによって弛みのない滑らかな曲面をつくり出す。

体系化

- 前提 -

単位筒状膜に対し、軸方向を Z 軸と規定する。

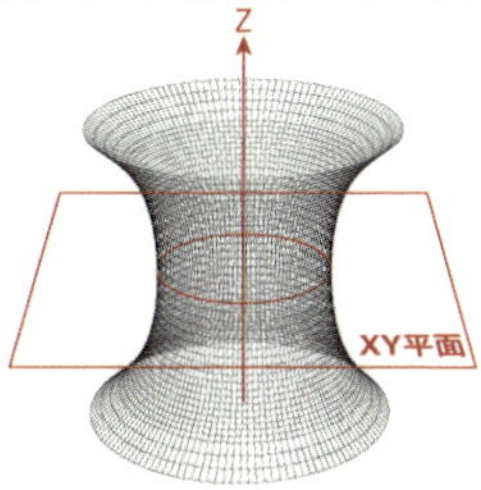

- 定義 -

X,Y,Z 軸方向に張力が導入された伸縮筒状膜の連続構造体

- 要素 -

① 筒状膜
② 単位筒状膜における X 軸方向張力の加力点
③ 単位筒状膜における Y 軸方向張力の加力点
④ 単位筒状膜における Z 軸方向張力の加力点
⑤ 膜同士の接合部

様々な形態を有するトポロジー構造体を単位からの考察によって普遍的に定義づけた。また、その構成要素を分解し、5つの要素に集約した。

閉鎖モード

トポロジー構造体の占有する空間内に位置する圧縮材によって釣り合う軸の数をモードとして表す。各モデルをモードごとに分類した。

	基本モデル Basic Model	平面モデル Plane Model	管状モデル Tubular Model	球体モデル Spherical Model
モデルの一例			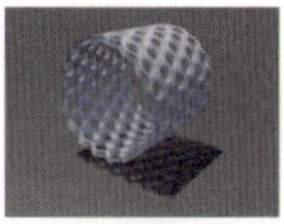	
外部に依存する 張力の軸数	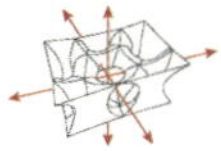 3	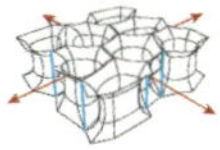 2	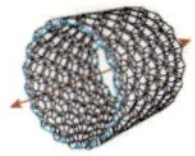 1	 0
条件を満たす 圧縮材の位置		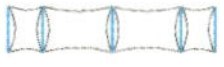		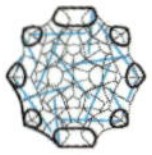
構造的に閉じている 軸の方向と数	 釣り合いなし mode-0	 1 軸の釣り合い mode-1	 2 軸の釣り合い mode-2	 3 軸の釣り合い mode-3

不定形ドームシェード。端部からの張力によって長大なスパンを飛ばす。高さを確保するためいくつかのストラットと地面をつなぐ補助ストラットを挿入している。加力点以外の端部が張力のみで描ける曲線に配慮し拡張する。

揺らぐ遊歩道。スケールアップさせた自立型モデルのストラット下部をピン支持した。
伸縮膜の張力を増し、人の荷重では変形しないが、風荷重によって景色が揺らぐ。

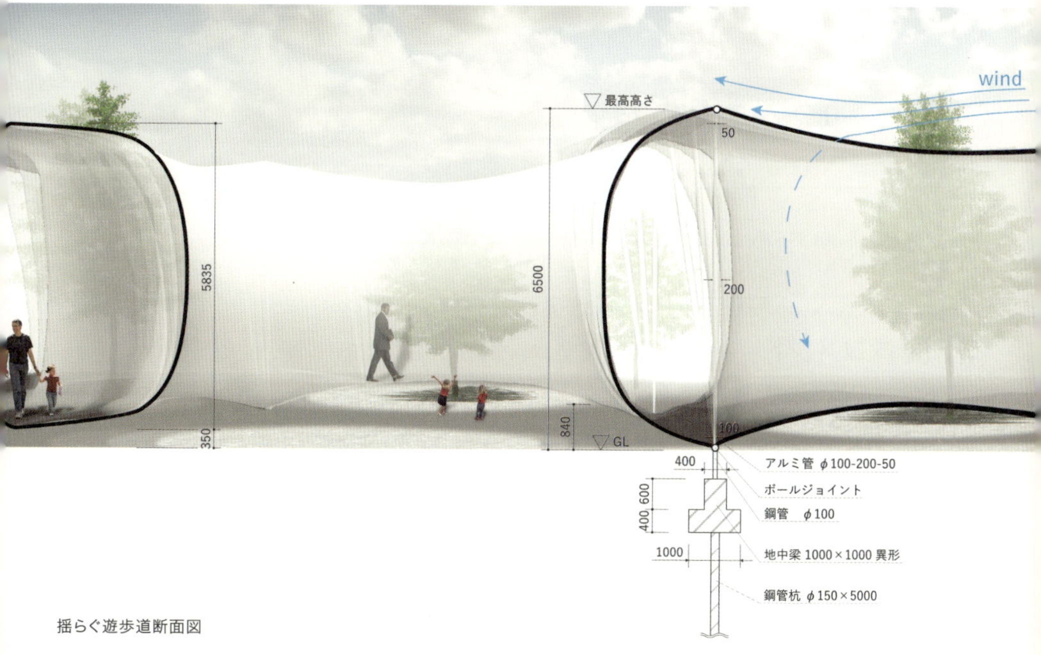
wind
最高高さ
50
5835
6500
200
350
840
GL
100
400
アルミ管 φ100-200-50
ボールジョイント
鋼管 φ100
600
400
1000
地中梁 1000×1000 異形
鋼管杭 φ150×5000

揺らぐ遊歩道断面図

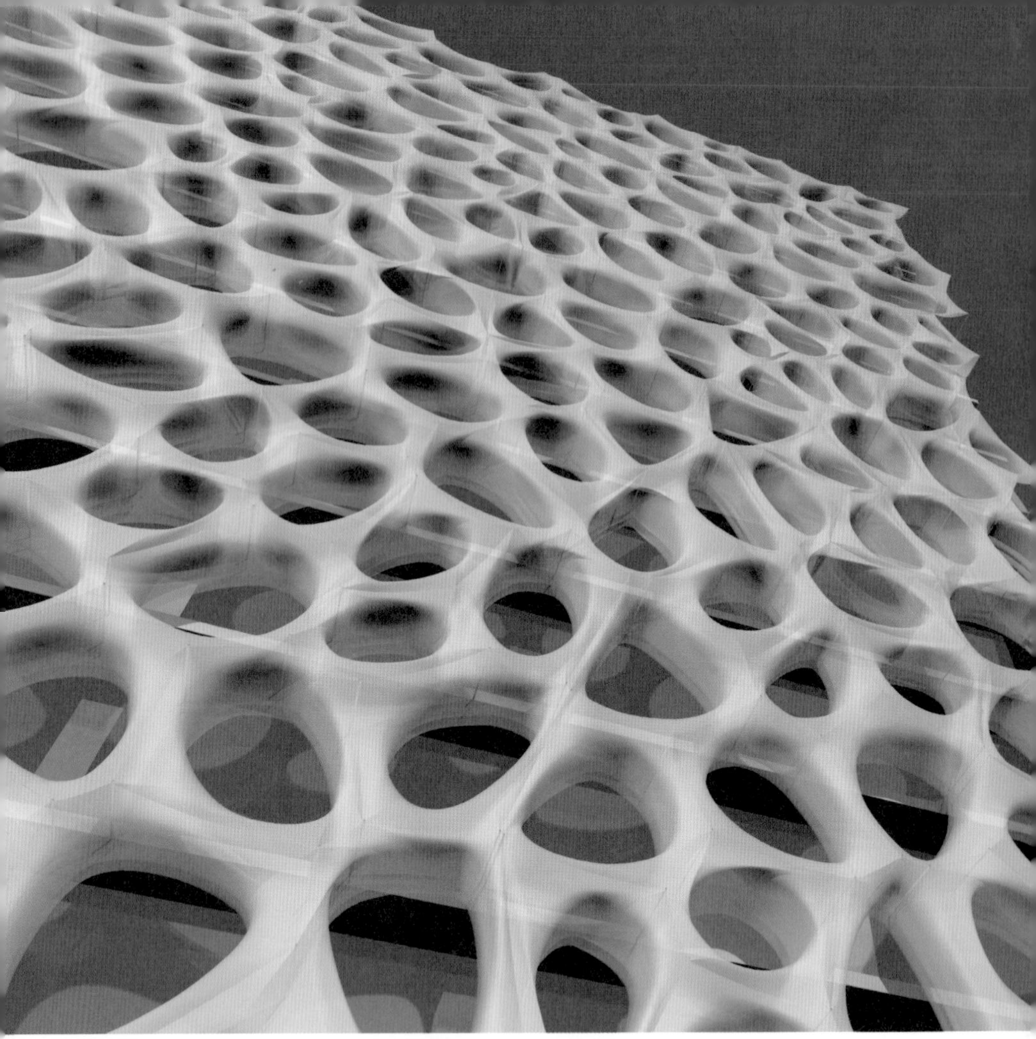

揺らぐファサード。風に揺らぎ、生物のようにうごめく。外周材を持たず最外周のストラットの曲げ剛性で径方向の張力を負担する。内部のストラットも適宜保持することによって自重での垂れを防いでいる。

出展者コメント —— トウキョウ建築コレクションを終えて

Q 修士設計を通して得たこと

問いと向き合い長く考える力が身につき、自分の作品に通底する何かがぼんやりと見えてきました。そしてなによりトウキョウ建築コレクションに出展して出会った人や作品から多くの刺激を受けました。

Q 修士修了後の進路と10年後の展望

ティーハウス建築設計事務所で働いています。10年後は独立し、建築から家具やプロダクトまで様々なデザインを手がけていたいです。

審査員コメント

審査員コメント＠巡回審査

青木：雨が穴から入ってしまうから、基本的には環境を緩く制御するというような効果になりますよね。普通の膜構造と比べて、プラスとなるのは何ですか?

楠目：光の表情が多様であるということです。また、テンセグリティの良いところが応用されているので、とても軽くて、広くカバーできます。雨はしのげませんが、木陰のような空間をつくることができ、ハレの場を演出できます。

青木：ある領域を覆う時に、ある程度スカスカでも良いとした場合、これが相当軽い構造の屋根になるわけだ。これでできることも多そうですね。かなり面白いと思います。

内藤：きれいな構造体だね。うまいけれど、伊東豊雄さん、佐々木睦朗さんの建築をイメージしてしまうかな。

楠目：どうしても位相幾何学的な形状は似たかたちになってしまいます。ただ、新たなかたちもありますし、同じ空間でも張力系でできているということが違います。コンクリートとはまったく異なるものであるという考えです。

内藤:これはあくまでも膜構造だと。コンクリートシェルは重力場で圧縮と曲げが出てくるので、すごく複雑化するという宿命を負っているわけだけれど、膜だとすると、重力はほとんど利いてこないからね。どっちでいくの?

楠目：膜でいくつもりです。この新しい膜構造は斎藤公男先生のテンセグリック膜構造をさらに発展させるモデルとして位置づけられるのではないかと考えています。

内藤：膜構造の欠点を知ってる?　膜構造は全体で完結しているので、カッターでピッと切ると部分破壊が全体破壊につながるんです。これはモダニティのある種矛盾なんだよね。モダニティは完全無欠で、矛盾のない構造体や論理を求めるわけ。そうすると冗長性が減って、部分破壊が全体破壊につながる。分かりやすい話で言うと、立体トラスは一本抜くと全部壊れちゃう。こうした膜構造もそういう問題が生じる可能性がある。

楠目：でもこのモデルだと、径方向と軸方向の釣り合いが分離できるので大丈夫です。

内藤：そうかな?　一番張力がかかっている致命的なところを切ってみようか(笑)。

福島：すごく面白い提案だと思います。ただし、建築の本質は内と外を区切ることだと思うので、穴が開いてても良いと言ってしまうと、建築の難易度が下がってしまう。その方が純粋なものができるけれど、泥臭くてもより難易度の高い課題に頑張った人を評価したい。もっと積極的に大きな課題を設定していった方がいいんじゃないかな。これでは空気や水を通してしまう。内外を区切る新しいあり方を考えてほしいと思います。

楠目：多孔質なものの可能性を考えました。

福島：これをただのサンシェードのようなものではなく、もっと普遍的な建築の内外問題にチャレンジしていると言った方がタフになると思う。人間は自然が嫌で建築をつくったわけですよね。太陽の光が厳しくて、風が冷たいから屋根と壁をつくった。そこに穴を開けるのは、そもそも矛盾がある。その問題に対して、開口部とガラスという素材でしか現代は対応できていない。建築家はみんな「閉じつつ開く」というようなことを言いますが、所詮はガラスで区切ることしかできない。でも、これは何か不思議な可能性を秘めてるような気がしています。

設計展

Learning from Barracks

バラックの生成過程における三層性および環境に対する一問一答性を生かした住宅の提案

齋藤 弦
Gen Saito

千葉大学大学院
工学研究科　建築学専攻
岡田哲史研究室

私は「バラック」と呼ばれる環境に興味がある。

これまで、自身のゆかりの地である神奈川県子安という漁村集落を敷地とした卒業設計から一貫して、首都圏に存在するバラック街を巡り、そのカタログを作成することをライフワークとしてきた。

そして、その分析から、「バラック」と呼ばれる環境の「社会や環境の変動に対する自律性・柔軟性」と「住まい手の個性の空間への発露」という２つの点に、私が考える今日の住宅の問題点である、「住環境形成における主体性の喪失」「住居に押しつけられたキャラクター」という２つを解くための新たな住居モデルとしての可能性を見出し、現代を生きる匿名的な人々のための住宅として提案する。

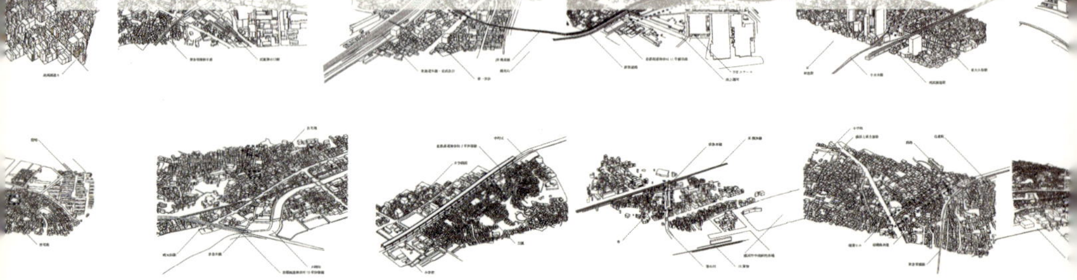

安価な材や廃棄物を寄せ集め、環境を再生産する場を「バラック」と定義し、24の地域に対して実地調査を行った。

バラックを構成する三要素の現代の住宅への翻訳

バラックの主要な構成要素　　翻訳

1. 種々の要素への寄生

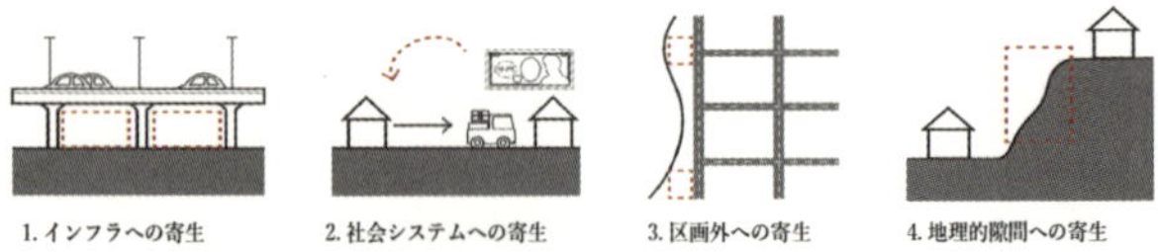

2. 三種類の構造と増築適正

	自分でつくる	業者に頼む	モノを置く	既製品の設置
1. 木造和小屋	○	○	○	○
2. 単管パイプ	◎	×	△	△
3. RC	×	◎	△	△

3. 生成の三段階性・一問一答性

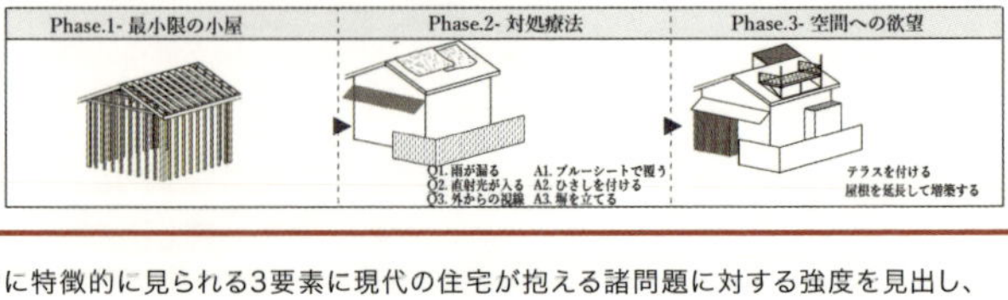

バラックに特徴的に見られる3要素に現代の住宅が抱える諸問題に対する強度を見出し、匿名的な現代人のための住宅として3つのプログラムに翻訳する。

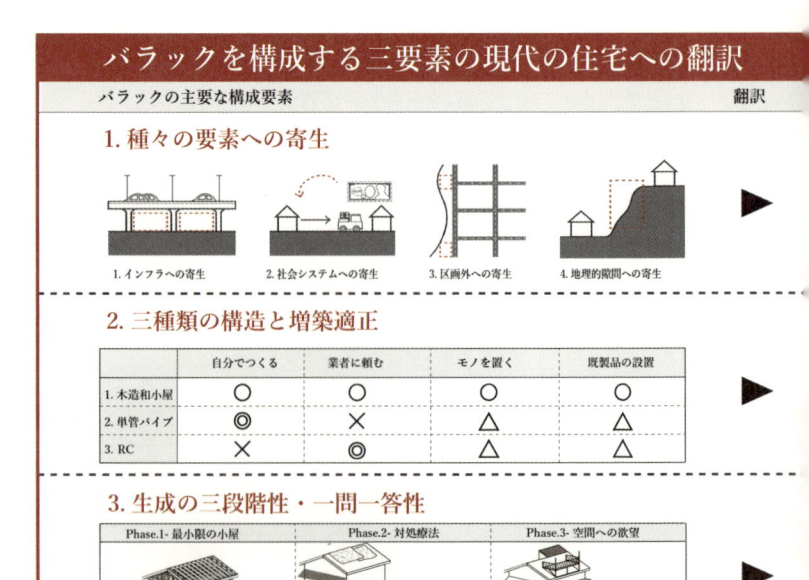

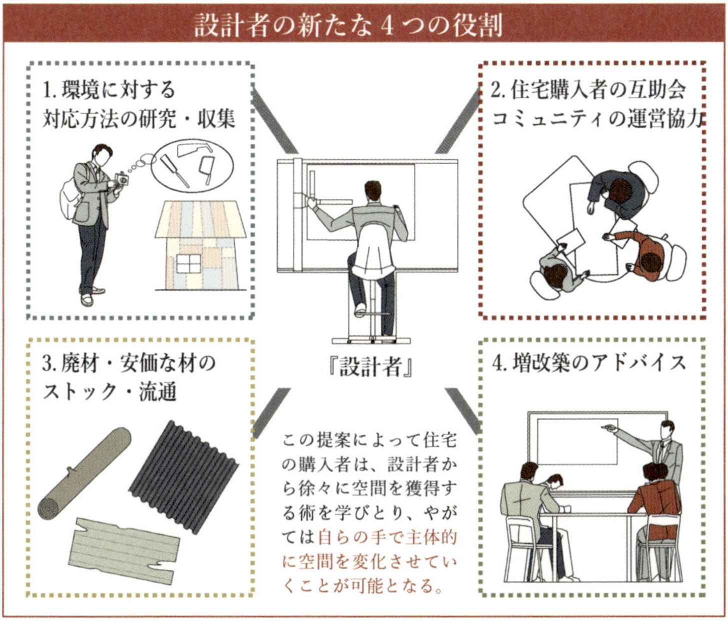

器用仕事の術を持たない現代人が、自らの手で空間を獲得する術を学び取るためのシステム

提案

1. 設計者の新たな役割

器用仕事の術を持たない現代人が、自らの手で空間を獲得する手法を学ぶために、寄生対象（拠り所）となりうるコミュニティを提案する。

2. 単管・木・RC の独立したフレーム

三種類の構造体が独立して更新できる住宅の素体を提案する。
さらに種々の増改築を許容し個性を空間へと発露する。

3. 三段階にわたる成長プロセス

フレームのみを購入し、住まいながら漸次的に環境に適応させていくことで、様々な一問一答が重層的に合さることで、多様な空間を生み出す。

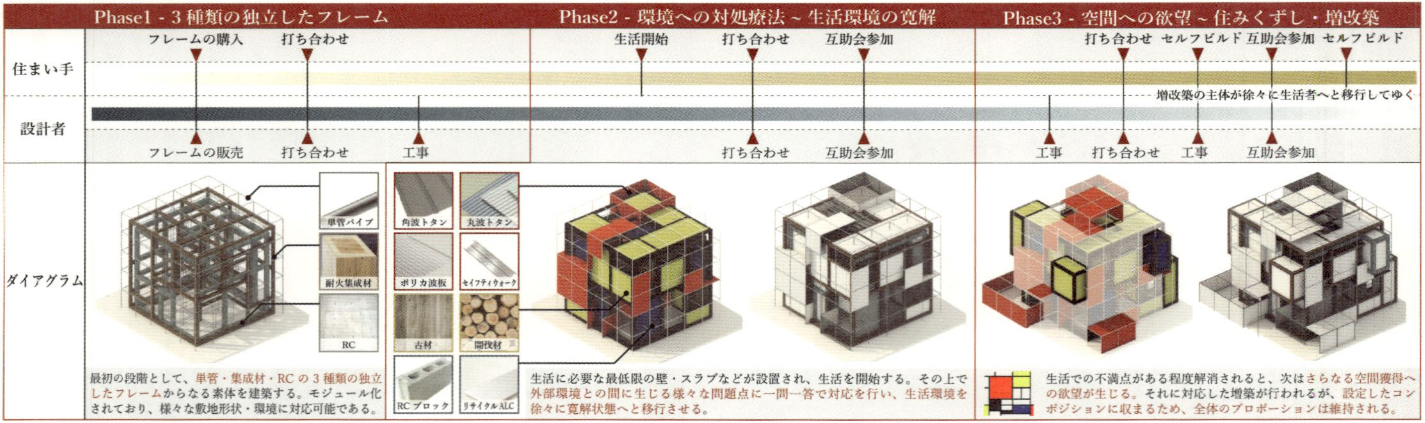

3段階の生成過程。段階的に住民が主体的に空間を形成していく。

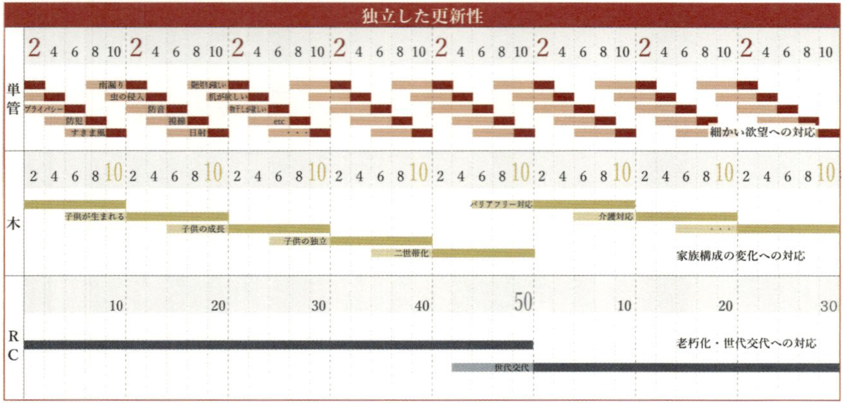

調査分析で得た単管パイプ・木・RCの増築適正を基に、3種の構造が噛み合わさるフレームを提案する。

外観変化。住まい手の個性が表出した住宅は、匿名的な住宅地にインパクトを与える。

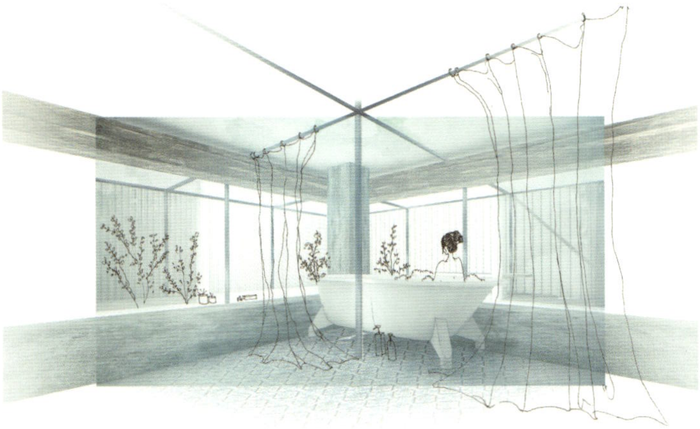

風呂

居間

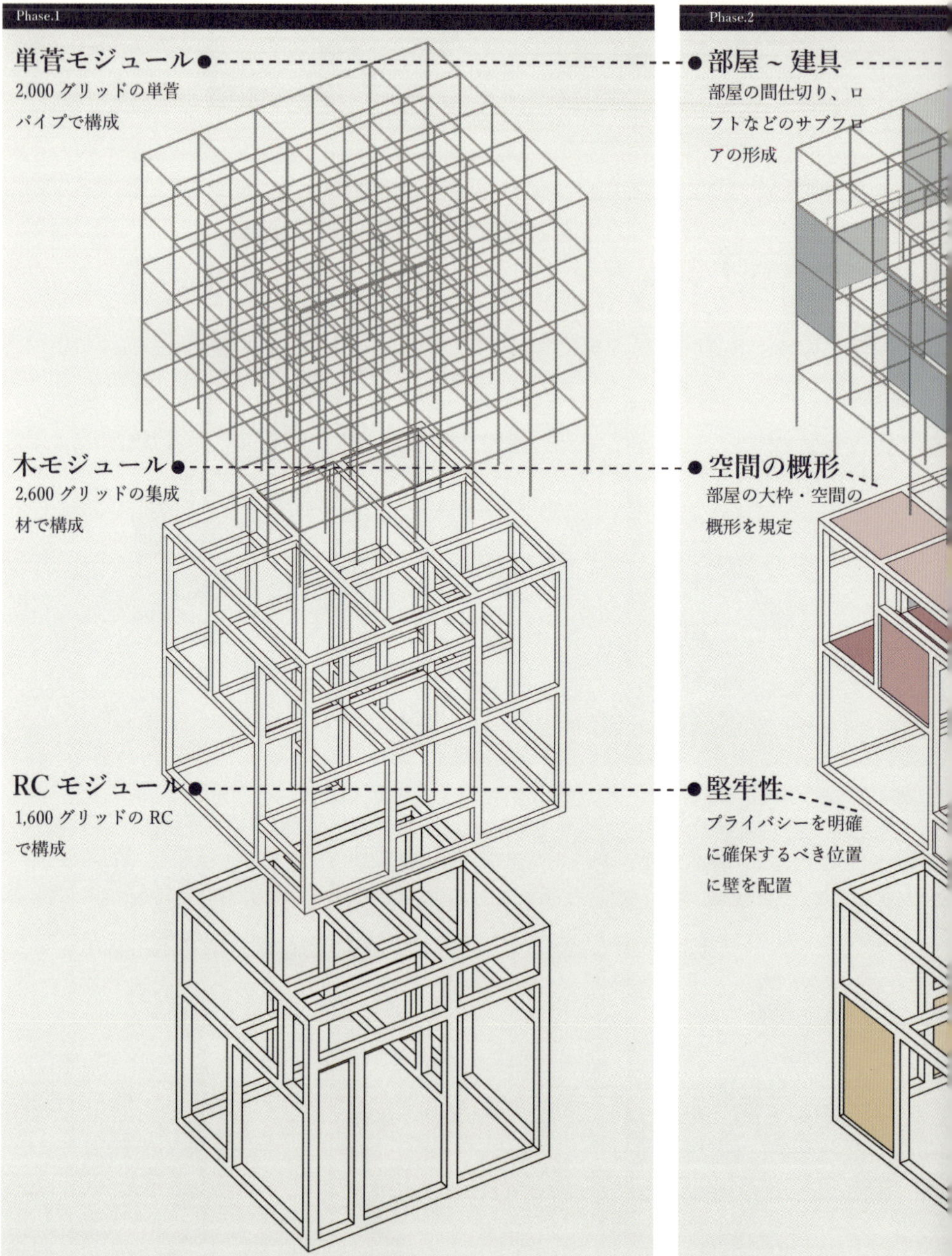

躯体変化。単管：住民がカスタマイズ、木：コミュニティで施工（増築ワークショップなど）、RC：専門的な増築に対応。

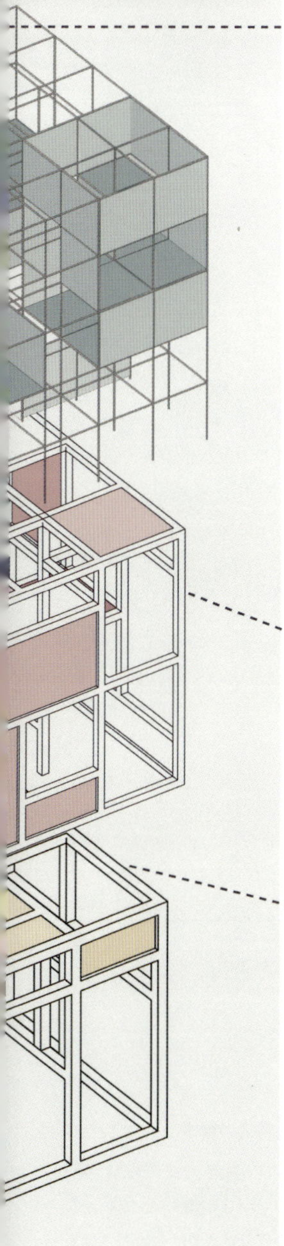

Phase.3

セルフビルド

単管の高いユニット性を生かし、個々人が空間をカスタマイズする

みんなで施工

購入者で構成する互助コミュニティや近隣の人と協力して施工する

業者が施工

堅牢性を生かして、専門性の高い機能・設備の設置を許容する

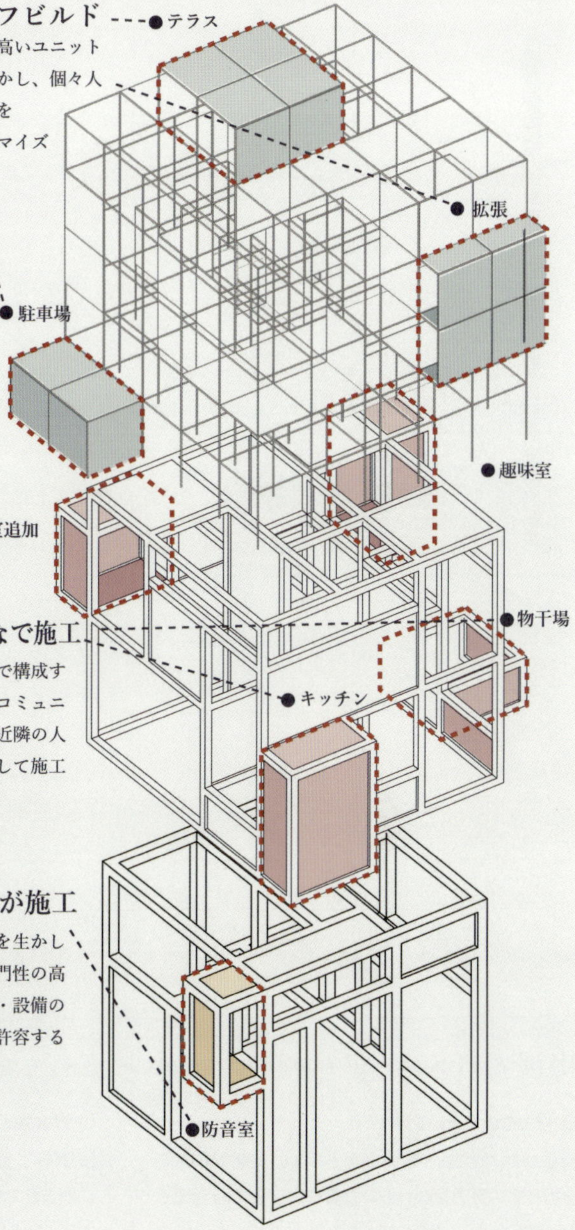

寝室。単管モジュールを用いて空間をカスタマイズしたり、構造同士の隙間を家具や建て具に読み替え、生活する。

出展者コメント ── トウキョウ建築コレクションを終えて

Q 修士設計を通して得たこと

極限の精神状態・環境が味方しない状態でも、心を折らずに努力を続けられたことが一番の収穫でした。忙しい中、手伝ってくれた後輩たち、本当にありがとうございました。

Q 修士修了後の進路と10年後の展望

修士修了後は竹中工務店の設計部で素敵な同期に囲まれて修行しています。10年後の社会がどのようになっているかは分かりませんが、今は一つずつ着実に勉強していきたいと思っています。

審査員コメント

審査員コメント＠巡回審査

青木：初期状態をどうつくるかはかなり重要になってきますよね。実際に使う人の動きをコントロールしないのがバラックのはずだから、一番強いコントロールが利いてるのは初期状態です。だから、初期条件のフレームがとても気になります。こんなに閉じている必要があるかな。

内藤：バラックは良い着眼点だと思うけれど、このグリッドは間違っていると思う。チャレンジとしては面白いけれど、バラックと言われると、こちらもバラックに対する思い入れがあるから。バラックの定義は知ってる?

齋藤（弦）：バラックは、廃材や都市によって廃棄されたものをもう一度再生産する場所として定義しています。

内藤：それは君のバラックでしょう。バラックというものが何かを突き詰めてくと、近代建築や建築のきわめて本質的な部分に行き当たるはず。その言葉を捨てないで、ずっと抱えてこれからやっていくと良い。そうすると面白い発見があると思います。スラム・クリアランスをやっていた同級生がいるのだけれど、彼が「スラムは快適なんだ」と言うわけ。つまり、スラムは最低限の材料で、君の言う安価な材料、使い古された材料で、快適な環境をつくる。見てくれは悪いけれど、実はスラムは快適なんだ。そこにはバラックの問題が入っている。

長谷川：バラックの生成過程を研究して、分析して、その空間や素材を現代建築化するとこういうかたちができるんですかね。そこのギャップが私には非常に気になる。バラックは自由に変えられるイメージがあるけれど、こんなキッチンや浴室をつくってしまうと、これを変換するのは難しい。バラックが持つ人の身体性や振る舞いを入れて、新しい組み換えをしてくれないと。どんなに説明されても、こんなにボックスを組み立てた最終案を見ると、バラックを研究した人がつくった現代住宅だと感じることはできなかった。

連：バラックの生成原理を発見して、それを自分なりの新築設計に取り入れているのかもしれませんが、ガチガチのフレームからスタートするのはあまりバラックっぽくないと思うんです。バラックの繊細な研究に対して、提案しているストラクチャーが提案をシステマティックなものにしていると感じます。

審査員コメント＠公開審査

齋藤（弦）：僕はバラックをつくったわけではなく、バラックのサーベイから発見した現代の社会に適応可能な合理性を新しい住宅として変換しています。この住宅がターゲットとしているのは、決してバラックを形成してきた労働者や貧困層ではなく、僕と同じような中産階級の人間を想定しています。最終成果物としては、人がちゃんと住めるものとして住宅をつくりました。

内藤：半世紀くらい前に、ピーター・アイゼンマンや藤井博巳が、カルテジアングリッドをベースにどういうふうに空間がつくれるかということをやっていた。こういうものを見ると、どうしてもその子どものような見え方がしてしまう。でも、これを突き詰めていったら、結構面白い世界に行きそうな気がします。

長谷川：私たちの世代からすると、こういうものが新鮮に見えないところがある。こういう歴史を見てきたから。ただ、これはバラックを丁寧に調査して、密度高く作業をしている。バラックはアノニマスやバナキュラーがもっているすごく良いところで、私たちの振る舞いにとって、快適なものなんですね。コンクリートでがっちりできている現代的な商品住宅よりも、日本の風土の中では居心地の良いものだと思います。そういうバラックの良さを取り出して、体系化すると、決してこうはならないと思う。こんなに均質感のあるものではなく、ルシアン・クロールの建築のように、自由に構成する建築ができるはずです。

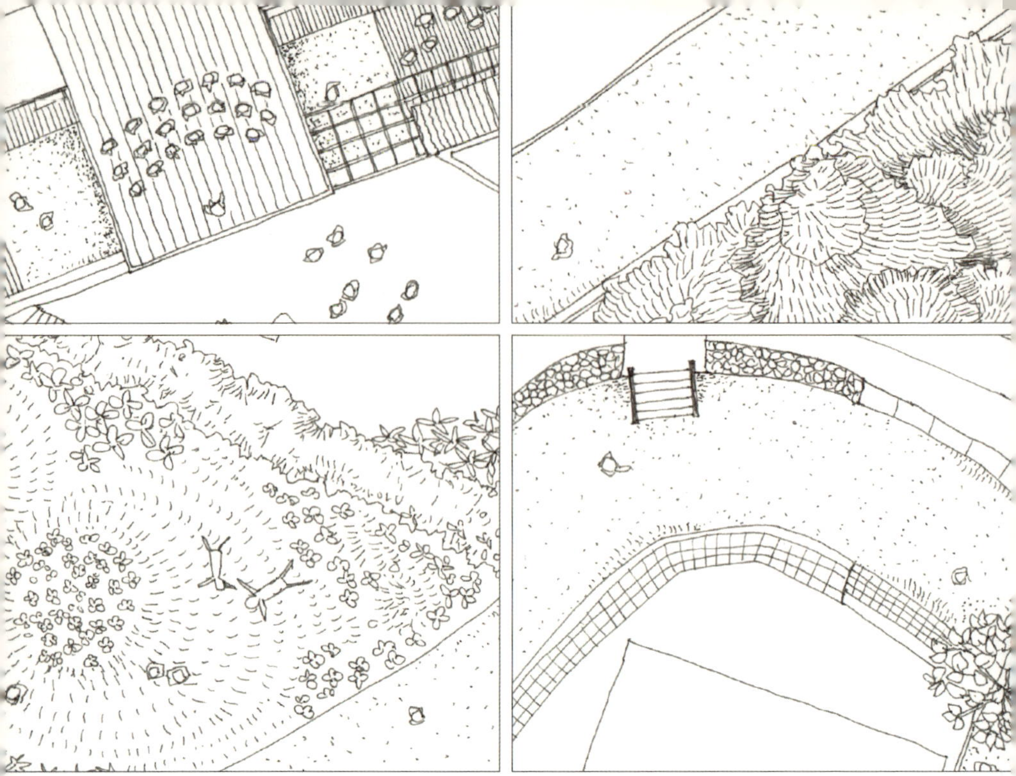

設計展

眼差しの写実

町を歩いて見つけた場所と
その観察によって考えられる
建築のあり方

齋藤直紀
Naoki Saito

東京理科大学大学院
理工学研究科　建築学専攻
安原幹研究室

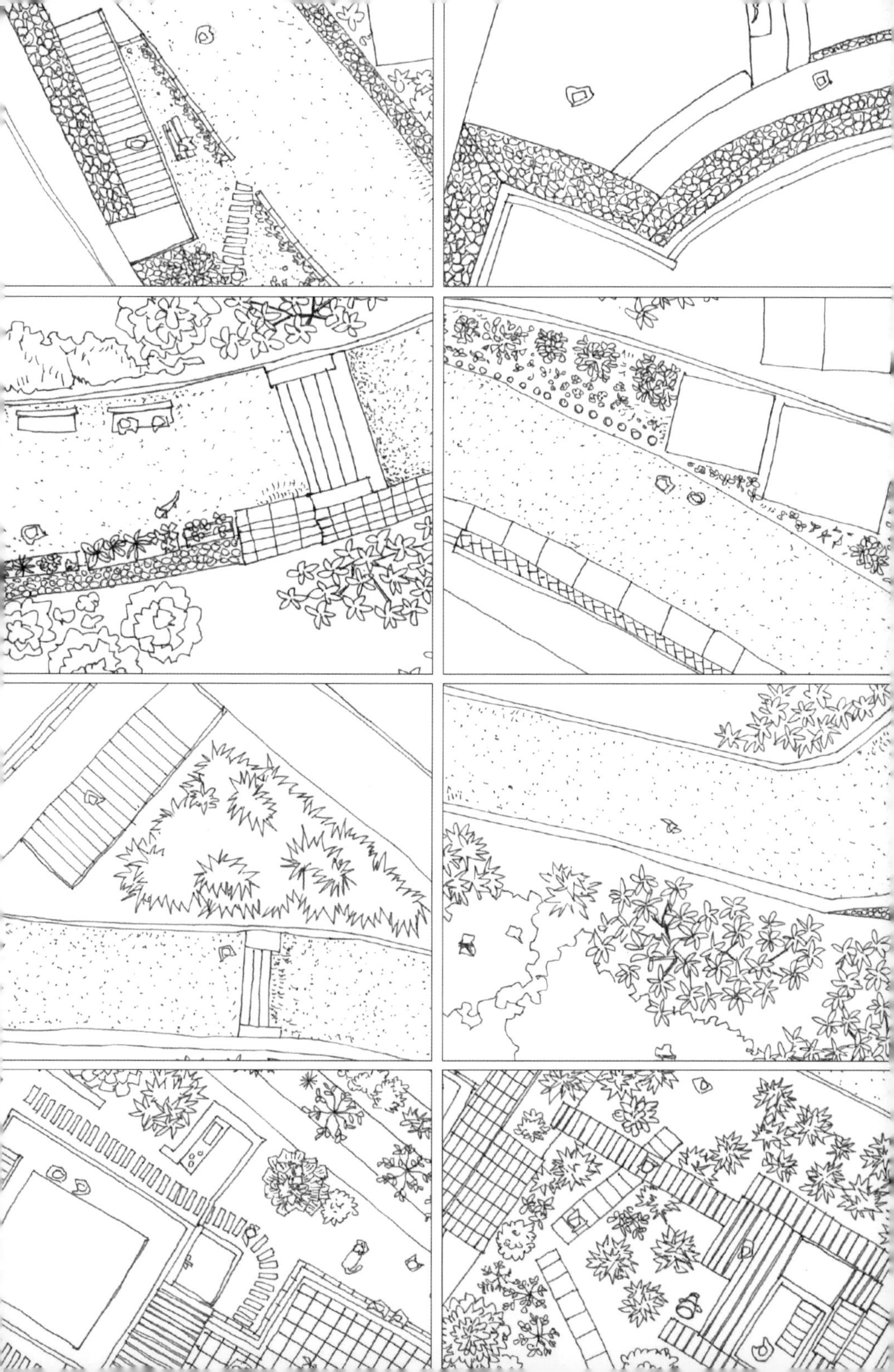

ありふれた風景の広がる郊外の住宅地で、住民の生活の延長にあるような公共空間を目指した。

そのために何度も観察をして、この場所を構成する資源を採集し、巨視的な計画ではなく、微視的な視点を持つ計画を、この道全体を公民館として計画するための7つのささやかな操作と、道をつなげる4つの場所の建築的操作によって行った。

設計で考えたのは、住民たちの目となって採集した要素に生命力を与えていくこと。つまり、何の脈絡もないこれらのものをこの場所の資源として読み替えて、公共空間に転換していくことで、この道と生活が接続されるのではないかと考えた。

この道を形づくる要素たちに新鮮な眼差しが向けられることで、既存のものたちとの新たな関わり方が生まれる。

そうすると背を向けていた住宅たちがこちらを向き始め、人々の生活が840mの道に接続され、この道が生活のすぐそばにある公民館として徐々に公共性を帯びていく。

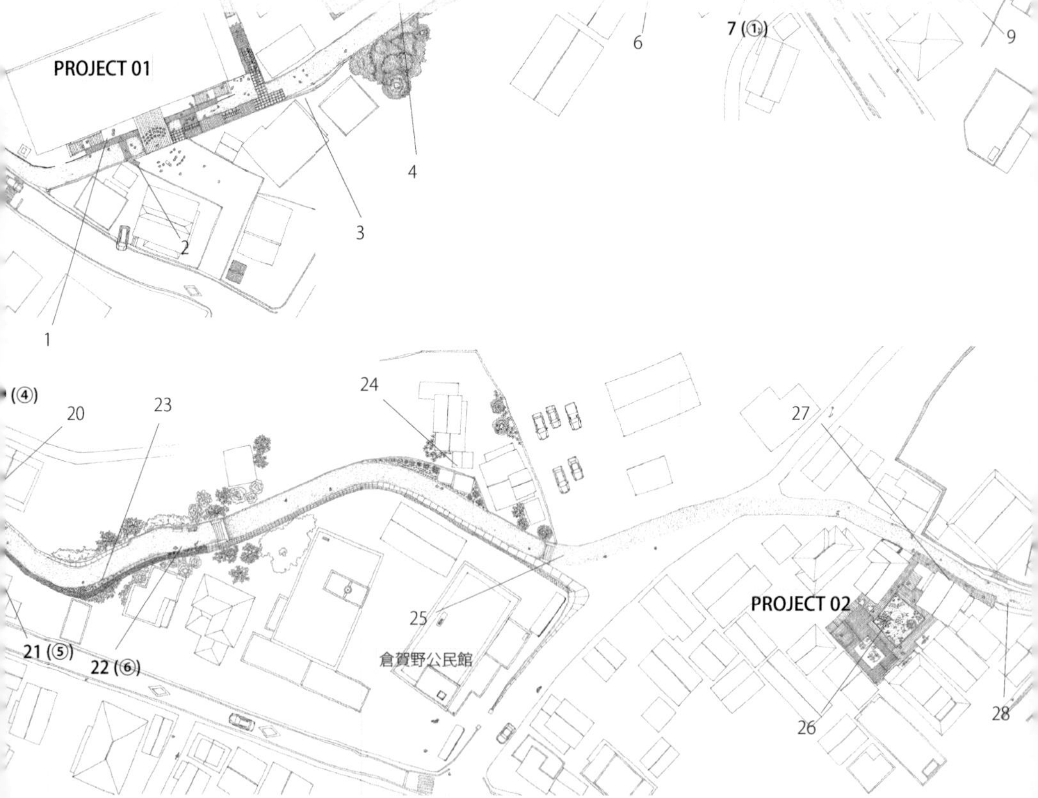

840mの道の全体図

25. たくさんの穴
26. 空き家と空き地
27. お稲荷さん
28. 空き家のベランダの下
29. 空き家の向かいの家
30. 急な扉
31. 南のトンネル
32. バス停の階段
33. 柵と階段
34. 神社からの坂道
35. 無くなった空き家
36. 神社の階段
37. 神社
38. 神社の脇の階段
39. ゴミ袋
40. たき火
41. 擁壁の上の空き地
42. 擁壁と植物
43. 擁壁の向かいの小階段
44. 擁壁とパイプ
45. 竹藪の金柑
46. 竹藪の椿
47. 竹藪
48. 竹藪の階段

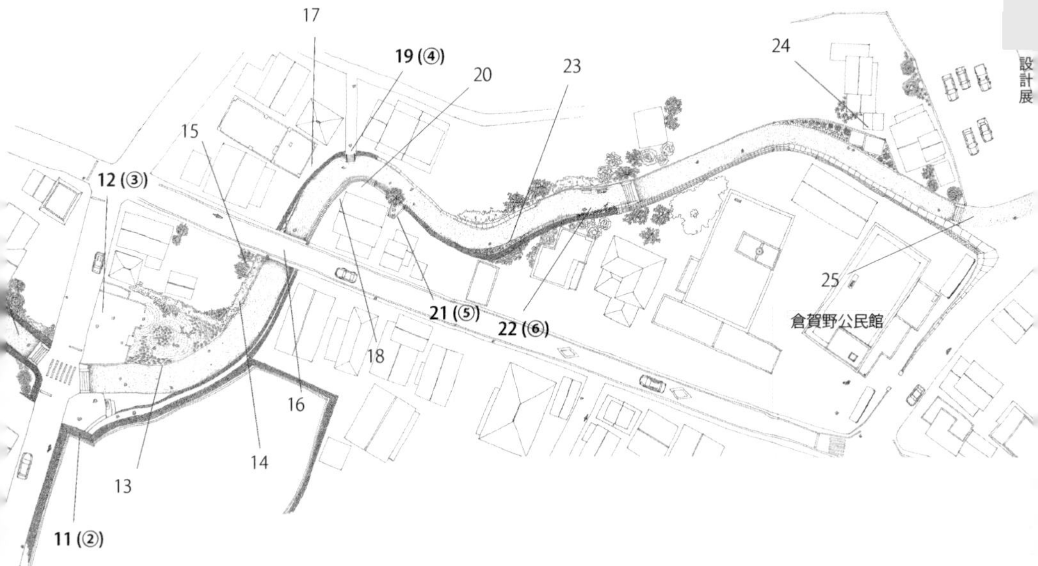

1. 体育館裏の階段
2. 体育館の向かいの階段
3. プールの向かいの階段
4. プールの壁
5. 鳥かごと柵
6. 北のトンネルの擁壁
7. **石段と階段**
8. フェンスとトタン
9. 箒の柵
10. 真ん中の穴
11. **お墓の壁**
12. **駐車場**
13. 駐車場の網
14. 青い裏口
15. 柿の木
16. 真ん中のトンネル
17. 黄色い家の花壇
18. 青いトタンの壁
19. **緑のフェンス**
20. カーブの擁壁
21. **青いトタン扉**
22. **公民館の擁壁**
23. 公民館の下の緑
24. 公民館の下の花壇

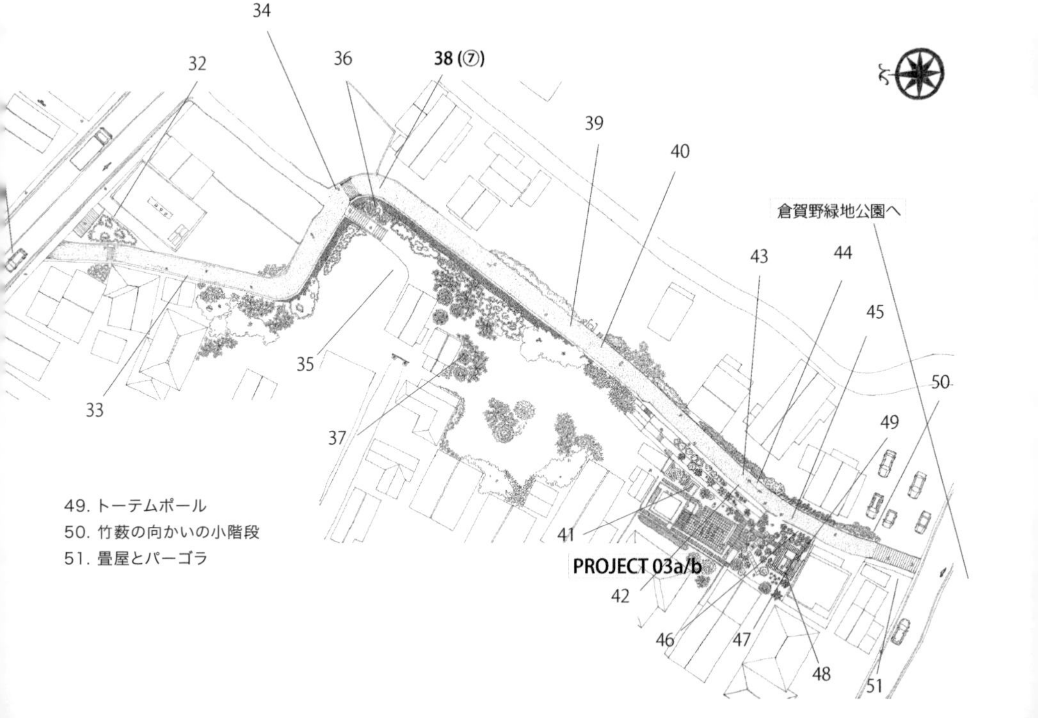

49. トーテムポール
50. 竹薮の向かいの小階段
51. 畳屋とパーゴラ

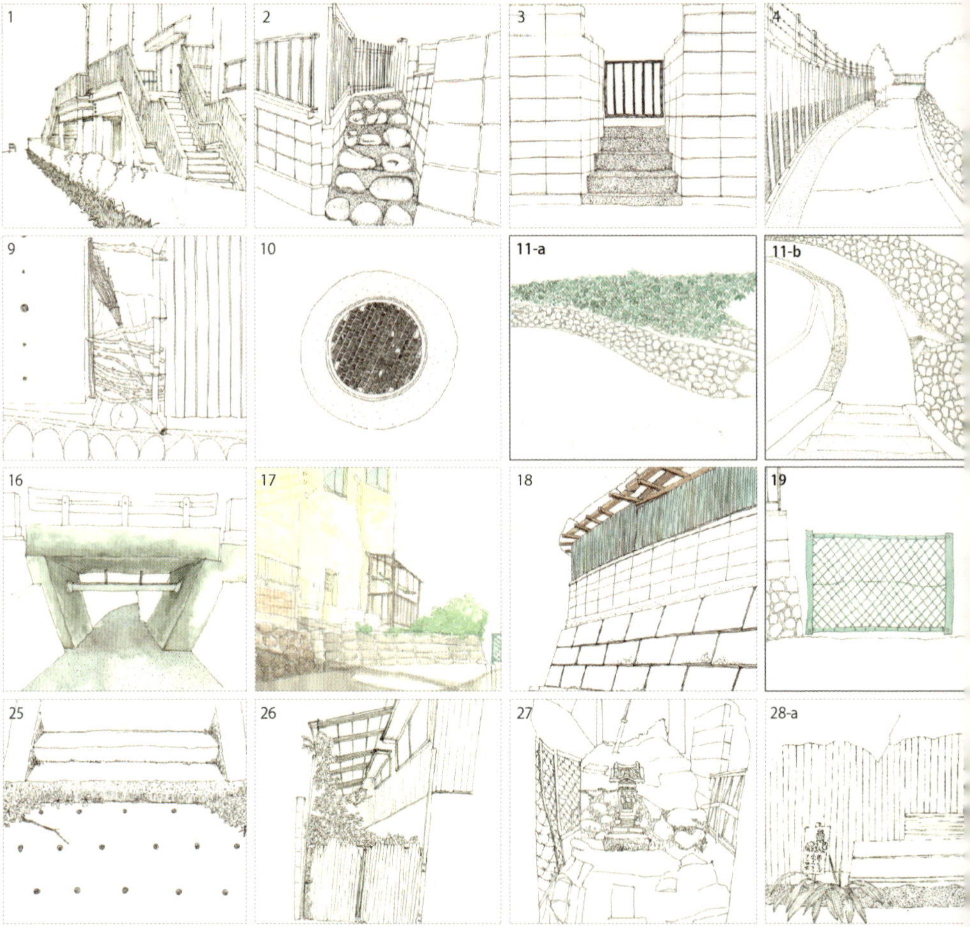

前頁の840mの道を観察をすることでこの場所を構成する要素を採集した（太枠の部分は操作をした部分にあたる）。

6
7
8
13
14
15
21
22
23
29
30
31
37
38
39
47
48,49
51

Project01：今まで道に背を向けていた小学校の裏側が、地域の人にとっての小学校の入り口になる。

Project02：中庭に接するベランダがつながり、ひとつの大きなバルコニーになる。

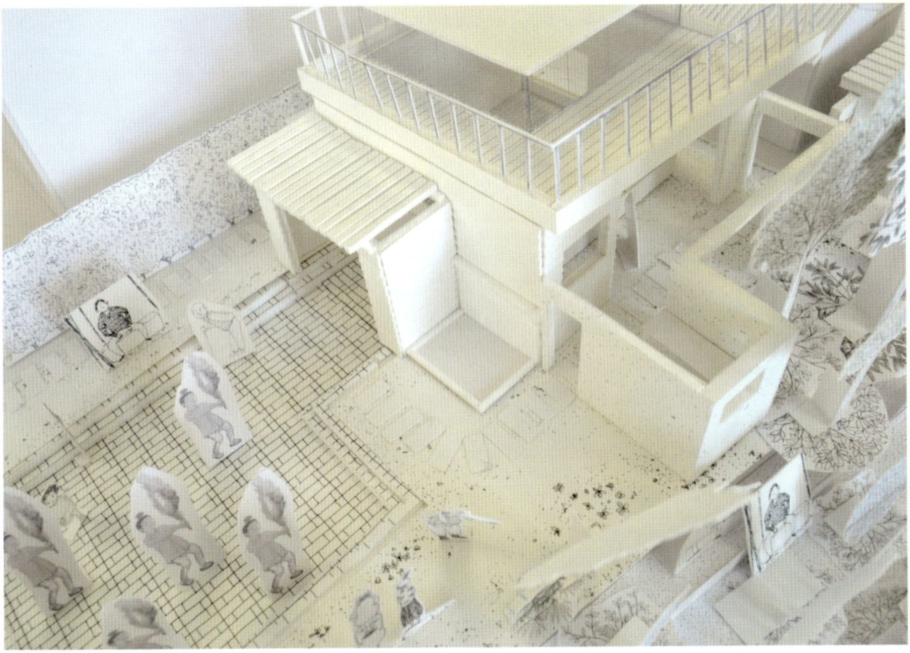

Project03-a：地面との連続感を持ち、立ち寄りやすい作業室とレンガ敷の外の講座室がある。

Project03-b：住宅と住宅の間から風が吹き抜ける。訪れるたびに環境の変化を新たに発見できる櫓のような展示場をもつ。

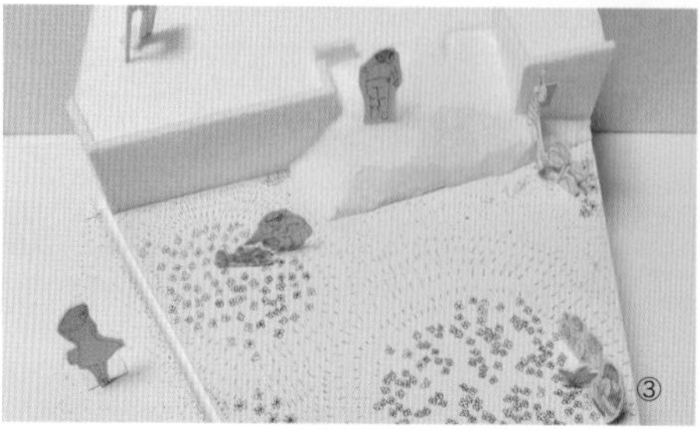

7つのささやかな操作
①石段と階段
②お墓の壁
③駐車場
④緑のフェンス
⑤青いトタン扉
⑥公民館の擁壁
⑦神社の脇の階段

出展者コメント ── トウキョウ建築コレクションを終えて

Q 修士設計を通して得たこと

奇をてらったことはせず、自分にとってのリアリティを模索していく中で、改めて故郷に眼差しを向け、スケッチを描いて手掛かりを探し、最終的になんとか形にしました。

この計画はここで終わったのではなく、ここからやっと始まるのかという実感は得られました。

Q 修士修了後の進路と10年後の展望

修士設計の敷地でもある高崎で修行に勤しんでいます。

10年後は、その時にやりたいと思ったことを仕事にできていれば嬉しいです。

審査員コメント

審査員コメント＠巡回審査

内藤：川を復活することは考えなかった?

齋藤（直）：今、川はこの下に流れていてそれを埋め立てた状態になっています。工場排水なども流れています。地元のおばあちゃんに話を聞くと、臭いから背を向けて、蓋をしたということでした。

内藤：静岡県三島市の源兵衛川はここと同じような感じだったんですよね。もともと臭いドブ川だったのをNPOが10年かけて改修して、川を復活させた。もう今、見違えるようになっています。似た計画だから源兵衛川を見たらいいと思うけれども、これはこれで良い計画だと思います。小さな要素を集めて、大きな計画につなげていくというのは、心のあり方として悪くない。

長谷川：生活と密着していて、地域の人にとっては、何かそこに根づいた場所を発掘してもらうような感覚ですよね。地域の歴史と延長上にある新しい公民館というのは面白い考え方だと思います。行政は建築をつくる前に、もっとこういうあり方を研究したらいいのに。町に持っていって、こういうふうに公共の場をつくりませんかとプレゼンテーションしたらどうかしら。地域を発掘して、そこに眠っている古い歴史や生活、そういうものが見えるようになってきて初めて公共空間ですものね。非常に面白い公共性だと思います。

福島：今回はこういうタイプの作品が多いですね。自分の身体、気づきみたいなものを積み重ねて、全体像がないままにつくって、私的な作業の積み重ねを公共空間にする。「私」からスタートして、みんなが面白いと思えるものや、ここだったら集まろうと思えるような「公」なものをつくる。それにはある種のジャンプが必要なのだけれど、それが何なのかが分からない。

連：スケッチで、ある種の言語を発見していくという作業と、この実際の設計のプロセスがあまり結びついてるように見えない。この敷地でスケッチをして、この4つと7つの操作をしたと。スケッチの場所以外との結びつきがあるのか、スケッチによって身体化したということなのか。全部離散的すぎて、敷地の提案の話と、場所の発見と、空間言語の発見とのつながりが最後まで分からなかったけれども、おそらくこの敷地の発見がこの提案のすごく良いところなのだと思います。

審査員コメント＠公開審査

青木：もともと川だったところが道になって、まわりの魅力的な場所を使うというのは、僕が大好きなテーマだし、すごく良いと思うんです。でも、それをどう利用するかというときに、できたものが公民館では、イメージとしてぴんとこない。公共性は分かるけれども、公民館や保育園など、すべて知っているプログラムでできてしまっているのが気になりました。でも、良いプロジェクトだと思います。

齋藤（直）：敷地は群馬県高崎市の郊外の住宅地で、公共と私有の中間にあるような、公共空間となる可能性をもっている場所だと思いました。840mの暗渠の道沿いに、2年ほどで建て替えになる既存の公民館があったので、住民のための公共空間と、この道が持つポテンシャルが合致すると思い、公民館の機能を展開していきました。

青木：公共性を考える時は、今の公民館が持っている既得性のある活動ではなく、それ以外の新しいものをどう誘発できるかという方が重要だと思うのです。まだ名前が付いていないプログラムがあり得るので、せっかくこういう場所を使うのであれば、今、実際には存在していないけれども、新しい活動や人のつきあい方などが生まれるはずなんです。そのクリエーションやイマジネーションがほしい。今ある公民館のような既存のものを当てはめてしまったところがもったいないと思いました。

設計展

無電機構

立石直敬

Naotaka Tateishi

東京都市大学大学院
工学研究科　建築学専攻
手塚貴晴研究室

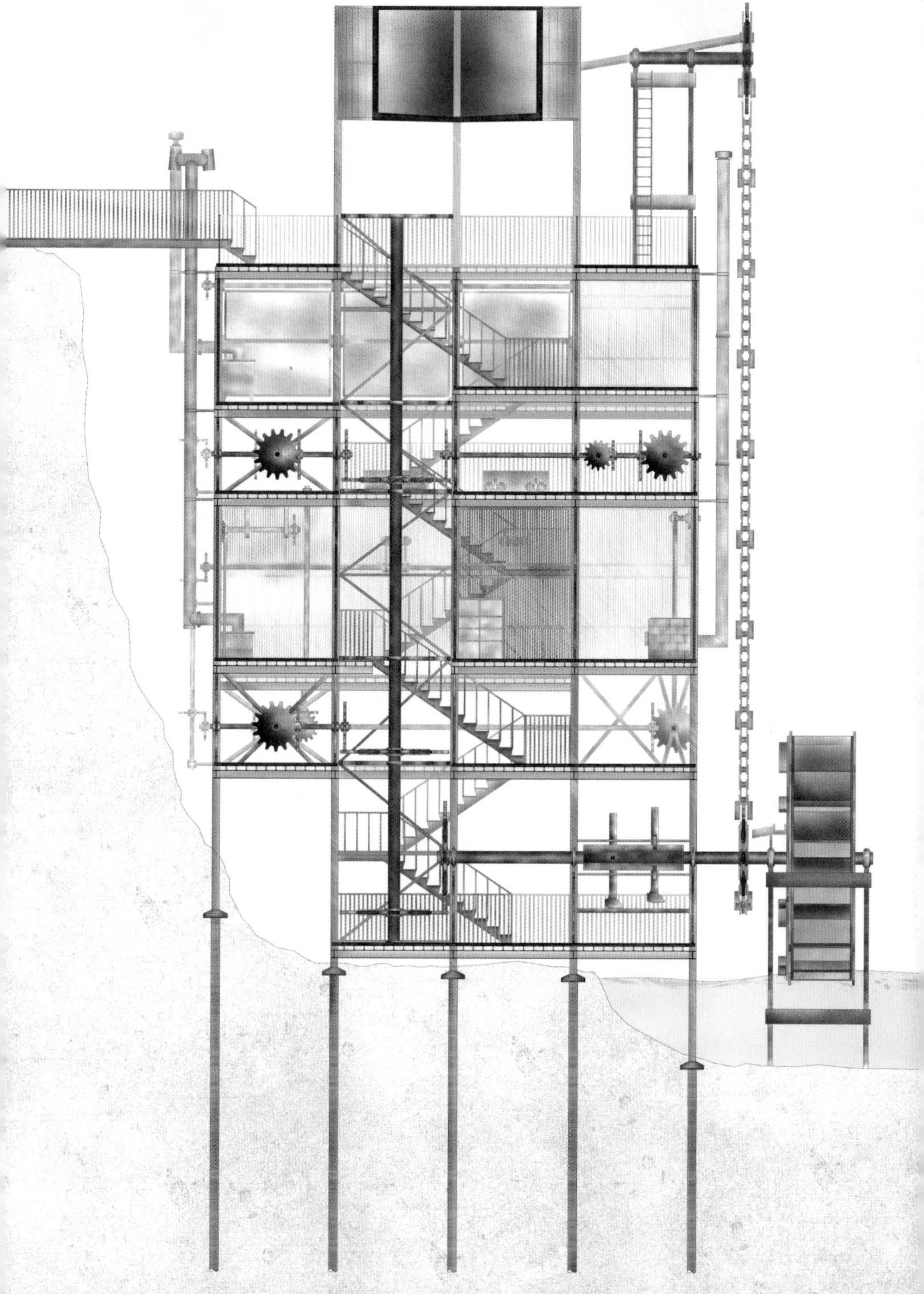

都市を埋め尽くすように増殖する高層建築は土地や環境を無視し、多くのエネルギーを消費している。都心部では経済と技術の発展により、様々なエネルギーが利用されることとなり、電力がないと生活が成り立たない社会となってしまった。

何不自由ない生活に満足していた私たちがエネルギーや自然に対して改めて考え直すきっかけとなったのが 3.11 である。福島第一原発事故のニュースが世界中を駆け巡ってから約５年の月日が流れ、今では当たり前の日常が取り戻され、ボタン一つで明かりを灯し、床が温まり、お湯が沸く。つまり日々電力というエネルギーを消費し続けているのである。

そこで自然エネルギーに着目し、人と建築と環境が対等な関係となるような環境共生のあり方を考える。

これは四万十川沿いにつくる体験型宿泊施設。ここでは水車というきわめて原始的なからくりが実は人が住まうに必要十分な力を提供してくれるということを体験できる。水車は水力発電とは違い、自然環境に悪影響を及ぼすことがない。これは自然とともに生きる建築である。

敷地

計画地は四万十川支流で一番清流度の高い黒尊川の上流域。渓谷のすみきった河面に紅葉が映える様が素晴らしく、ヤイロチョウの生息地、アメゴの渓谷としても知られている。河面の近くに計画することで紅葉により近づける配置計画とする。

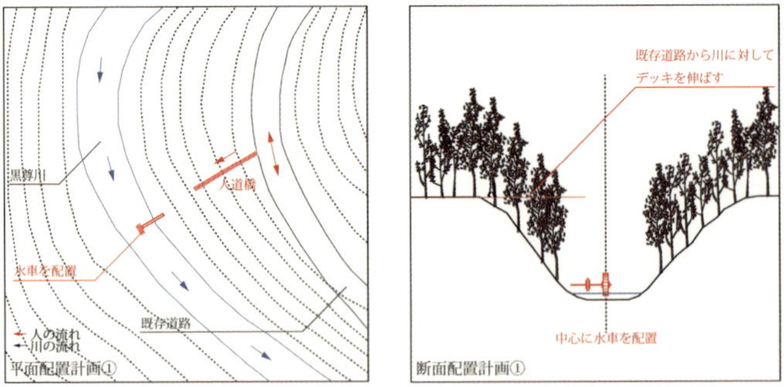

配置計画1：
計画地は川と歩道が平行に流れる。動線計画としては川に向かって人道橋を直交に設ける。川の流れに沿うように、川の中心に水車を配置する。

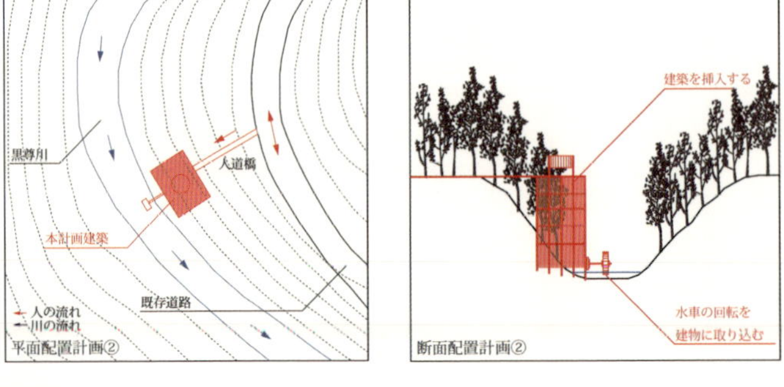

配置計画2：
川に飛び出すデッキと、河川の水車との間に建築を挿入する。水車は川の流れに沿うように回転し、力を建築内部へと取り込む。

水を取り込む手法

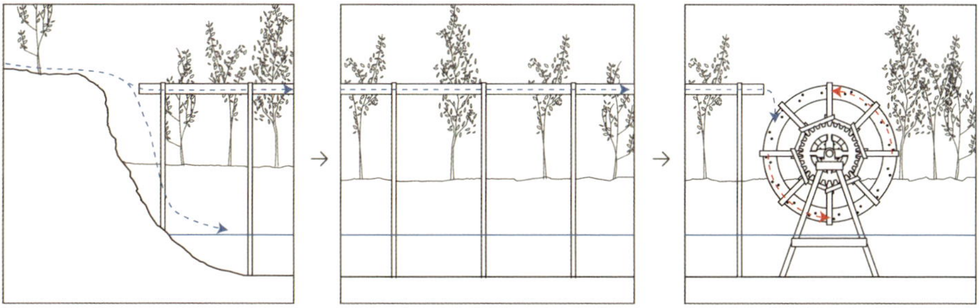

計画地付近の渓谷の高低差を利用して計画建物まで水を引く。

水路によって計画地まで水を運ぶ。

水路から水を落とし、水車を廻す。

抽出・転用スタディモデル

からくり要素を手掛かりに、からくりの基本要素をモデル化し、立体的に動力の転換を考察し、建築建具への転用をスタディする。

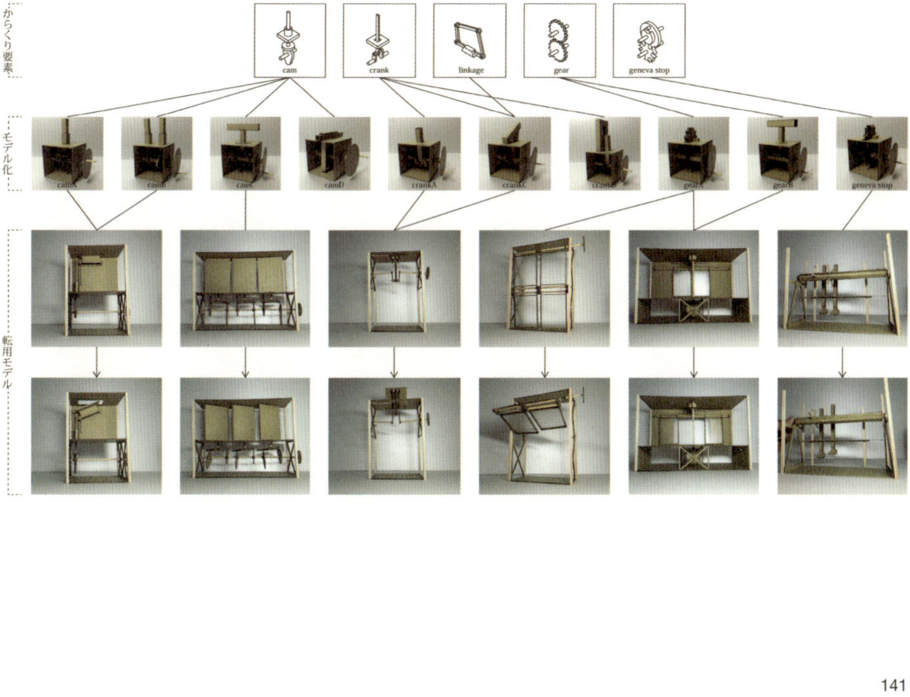

渓谷を感じる宿泊施設

構成：転用モデルを利用し、水車の力によって空間を変化させることで、人・建築・環境が相互作用することによって成り立つ空間を創出する。水車の力をハイテクにするのではなく、直接建具へ伝えることで、内部にいながらも水の流れを感じることが可能となる。

浴場
宿泊者は薪で沸かした釜風呂で湯に浸かる。建具が揺れ動くことで、水の流れを感じながら遷う景色を楽しむ。

客室
建具のからくりによって渓谷の自然を一望できる。

貯水タンク
汲み上げた水をタンクに貯める。タンク内の水は生活水として各階で利用される。

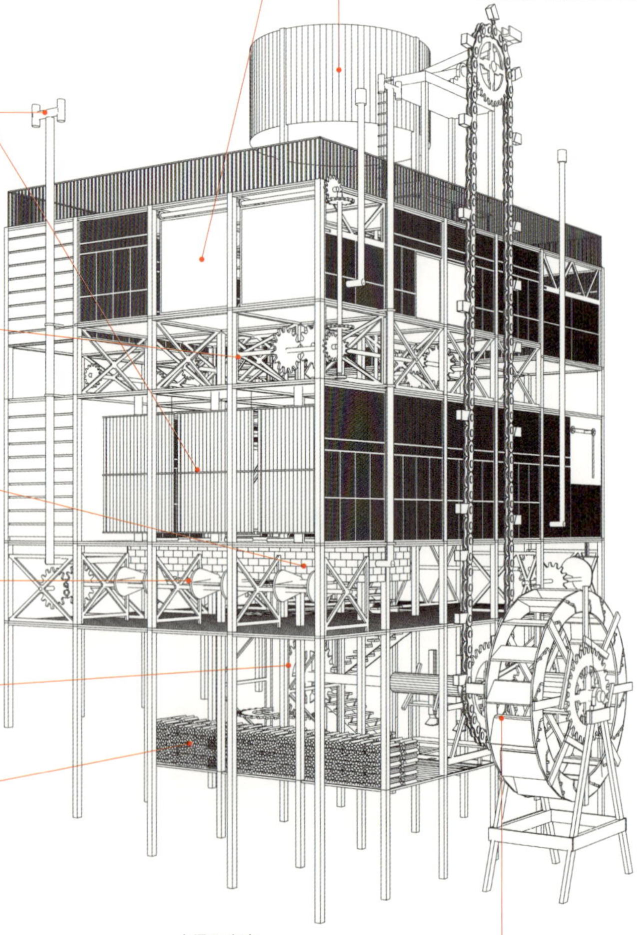

煙突
釜場からでる薪の煙を上部へ逃す。

設備階
客室のパーテーションを動かす仕組み。宿泊者の用途によって空間を仕切ることができる。

窯場
宿泊者は薪を焼べて湯加減を調節する。

設備階
上階の浴場の建具を動かす仕組み。

大歯車
水車による回転の力を上部へと伝える。

薪乾燥場
生活源となる薪を乾燥させる空間。薪は裏山の間伐材を利用することで周辺の森を健康に保つ。

水汲み水車
車輪に括りつけられたバケツが生活水を汲み上げて貯水タンクへと運ぶ。流れる川の水力は各階のからくりへと伝わる。

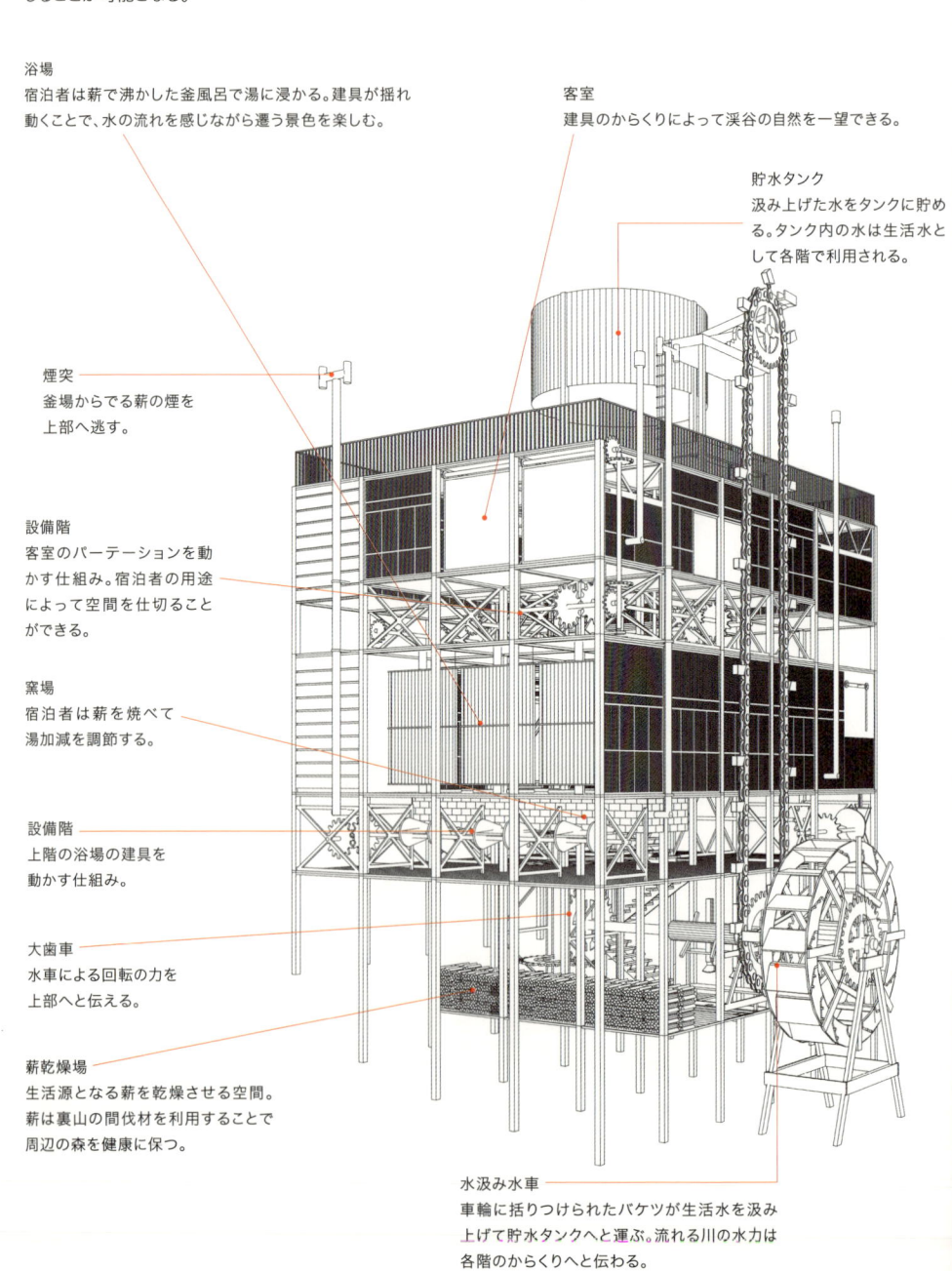

食堂
クランクの仕掛けにより食堂のからくり天井が開閉する。
外気を取り込むことで自然を感じながら食事を行う。

寝室
宿泊者は自由に場所を選び寝袋などで眠りにつく。建具のからくりによって渓谷を眺めることができる。

展望台
目の前の渓谷を一望できる。汲み上げ水車の支えとなる展望台は渓谷から30mの位置にしながらも水を間近で感じることができる。

人道橋
渓谷の歩道につながるブリッジ。展望デッキへのエントランスとなる。

展望デッキ
川に寄り添うように建つ展望デッキでは川の上に立ったような体験ができる。

調理場
薪を焼べ、食卓釜で調理を行う。天井のからくりにより適度な換気を行う。

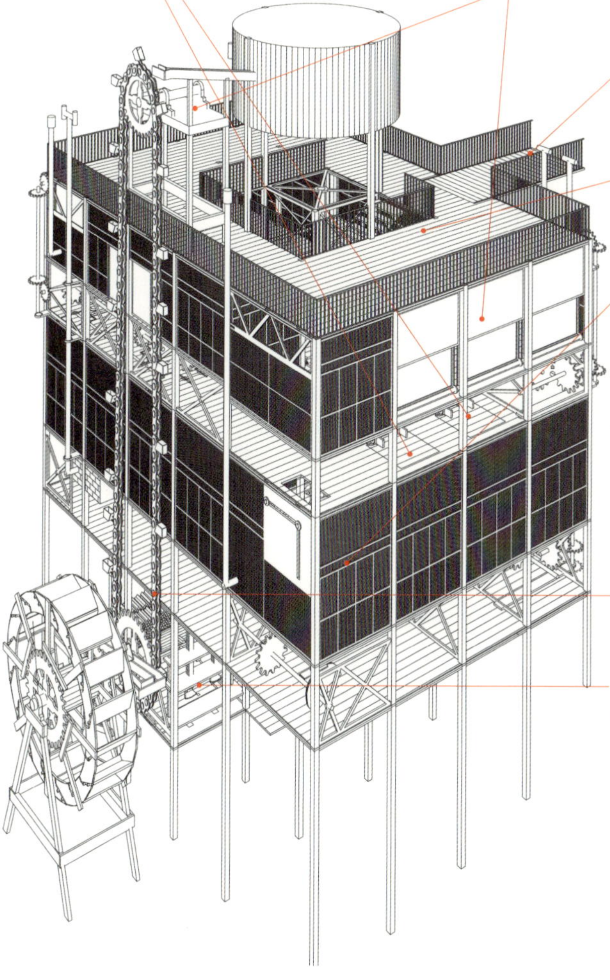

汲み上げチェーン
チェーンに付属したバケツで、水汲み水車で汲み上げた水を貯水タンクへと運ぶ。

薪割場
宿泊者は必要な分だけ薪を割り、各階へと運ぶ。

6階平面図

5階平面図

4階平面図

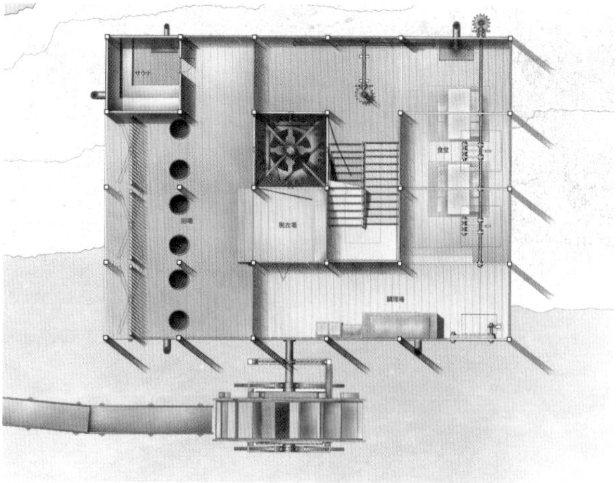

3階平面図

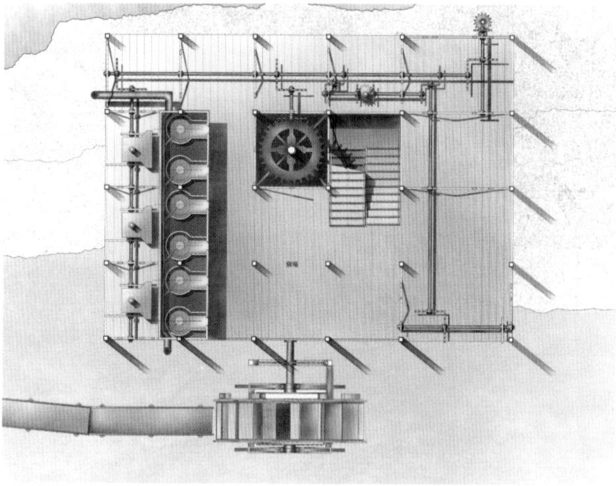

2階平面図

1階平面図

浴場のからくり

客室のからくり

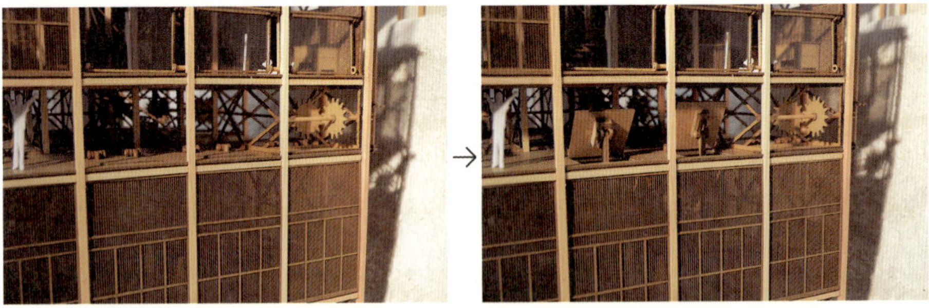
食堂のからくり

出展者コメント ── トウキョウ建築コレクションを終えて

Q 修士設計を通して得たこと

建築を思考すること、つくることの楽しさ。

Q 修士修了後の進路と10年後の展望

都内の組織設計事務所で働いています。
修士設計では先生に役に立たないと言われ続けたので、10年後には自分が考えた建築が社会の役に立つものになっているように日々精進します。

審査員コメント

審査員コメント＠巡回審査

内藤：この模型、よくつくったね。これは実際にできそうですか?

立石：自分ではできると思っています。

内藤：発電はどうするの?

立石：発電は一切考えていません。今回、電力を使わずに、水車を使って水を取り込み、人々が自然を感じられる仕掛けを考えました。

内藤：トイレは川に流すの?

立石：トイレは一応置いていますが……。

内藤：人間の便をさばくのはすごくエネルギーを使うんですよ。電気を使わないのなら、その問題をどうするのかなと。

立石：便のことまでは考えていませんでした。

内藤：東南アジアなどでは、川の上に2枚の板を置いてその間から用を足したりしますが、その20～30メートル下流で魚を釣っていたりするから、そういう問題が気になって……。でも、まあよくこれだけの模型をつくったと思います。執念は認めます。

長谷川：模型が動くんだ。こういう仕組みはすごい音が出るので、四万十川の静かな場所に音が響き渡るかもしれませんよね。

立石：その音も楽しむ場所にしたいです。

長谷川：人の手で開けばいいようなものまで、全部からくりにしているところが、一番引っかかりました。わざわざこんなにエネルギーを使わなくても良いのでは。ドイツなどには感知器を使って、温度や湿度、風など、外の環境と連動して窓を開け閉めするような仕組みがありますよね。新潟市民芸術文化会館や山梨フルーツミュージアムでは、そうした感知器をつけたのですが、そういうものをつければ良いだけではないかと。環境をテーマにしているのに、こんなに大きなエネルギーを使って開けることはないのではないでしょうか。

立石：空間として魅力的になると考えました。

長谷川：こうやって自動的にすることの必然性があるのかどうかは良く分からないけれども、これはすごいスタディだと思います。一生懸命考えましたね。

立石：からくりの基本的な動きをスタディして、建具がどう動くかを自分で考えました。それを全部転用させています。

長谷川：なるほど。このからくりで扉が動く仕掛けになっているわけだ。水車だけではなく、いろいろな仕掛けの原理を勉強して、応用したということですね。これは大変な学習ですね。

福島：この情熱を高く評価しますが、提案はからくりにとどまっています。その次のステップとして、建築空間の設計を詰めていく必要があります。水車と宿泊施設部分の設計を比べると、明らかに水車の方がエネルギーをかけていますね。ここは建築を考える機会なのです。

連：こうしたからくりが、いわゆる設備ではなくて、形態と連動しているところが面白い。けれども、これは人のためにある建築には見えない。

立石：人の生活があって、そこに空間をたてて、電力が要らない場所をつくりました。ここでは、自然を感じる仕掛けが重要だと考えています。

連：この建物の目的がミステリアスな感じが良いと思います。だから、人の生活が大事というよりは純粋にエネルギーと建物の関係を扱っていると言い切ってしまった方が良いのではないかと思いました。

クリストファー・アレグザンダーにおける「15の幾何学的特性」を応用した建築設計の提案

ポストヒューマニズムの建築

牟田龍二
Ryuji Muta

千葉工業大学大学院
工学研究科　建築都市環境学専攻
遠藤政樹研究室

3095
15000
7500
6501
4044
2037

「デザインの最終の目的は形である」

クリストファー・アレグザンダーはこれまで、生き生きとした建築や空間に感じられる「名づけ得ぬ質」を実現するため、様々な理論を提唱し実践してきた。「都市はツリーではない」では、生き生きとした質が失われた原因をデザイナーのツリー状の思考パタンのためとし、『パタン・ランゲージ』では、局所的ルールを共有することによりこの質を実現しようとした。2002 年に出版された『The Nature of Order』ではこの質を、多くの「センター」が相互作用し生まれる「全体性」からもたらされるとし、この時の「センター」の構造を「15 の幾何学的特性」として提示した。

本研究は、「15 の幾何学的特性」を応用し、建築が「名づけ得ぬ質」を獲得するための「形」の研究である。「センター」は複雑な再帰構造であるため、複雑系で用いられるマルチエージェントシステムを参考にシミュレーションを行う。「センター」を認識可能な最小単位であり、自律的な行動主体と仮定し空間内に並置する。相互作用の結果、全体として「15 の幾何学的性質」が現れる振る舞いをアルゴリズムとして記述する。無意識的な相互作用から生成される幾何学を、建築として機能性と全体性を与え成長させていくプロセスを提案する。

ダイアグラム

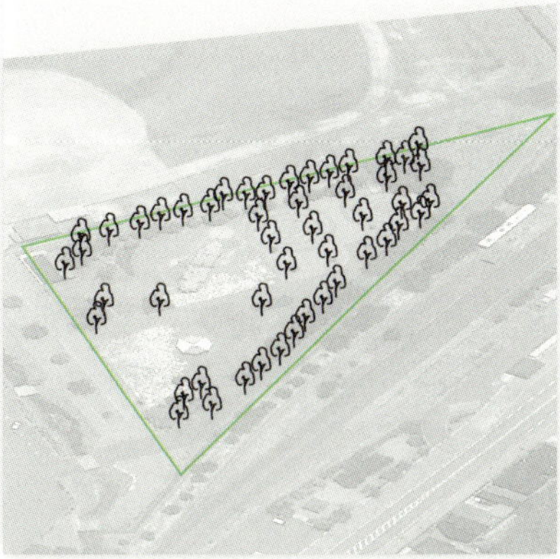

1. 敷地を設定
2. 既存のセンターを設定

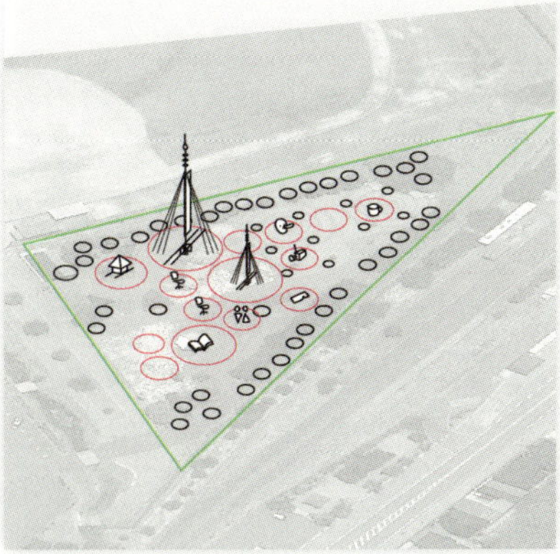

3. センターを設定

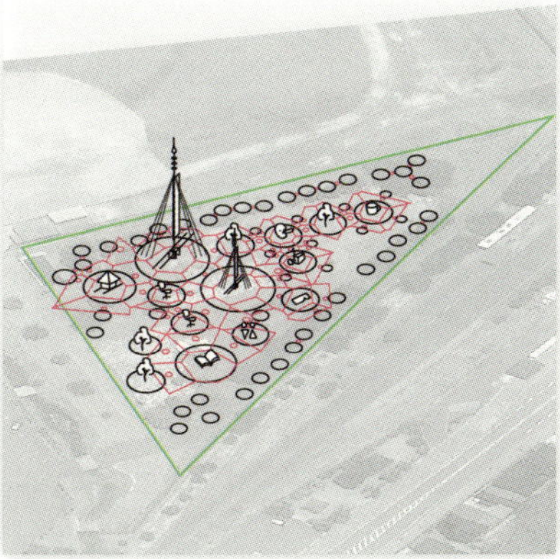

4. シミュレーション

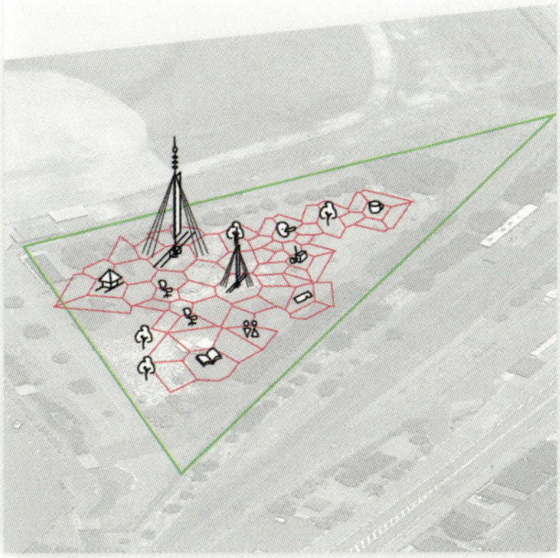

5. 生成されたセンターに機能性を与える

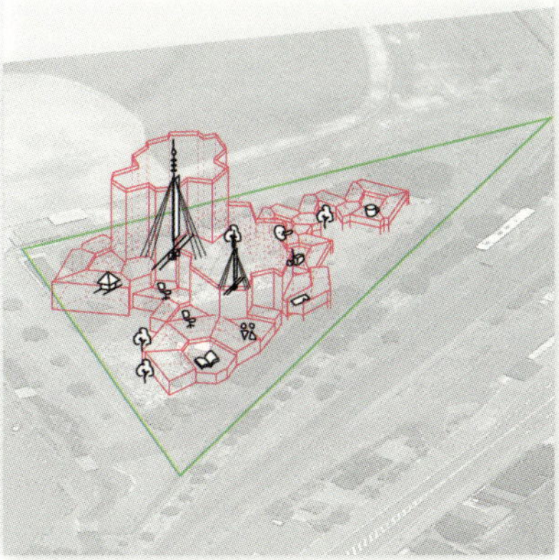

6. ヴォリュームを与える

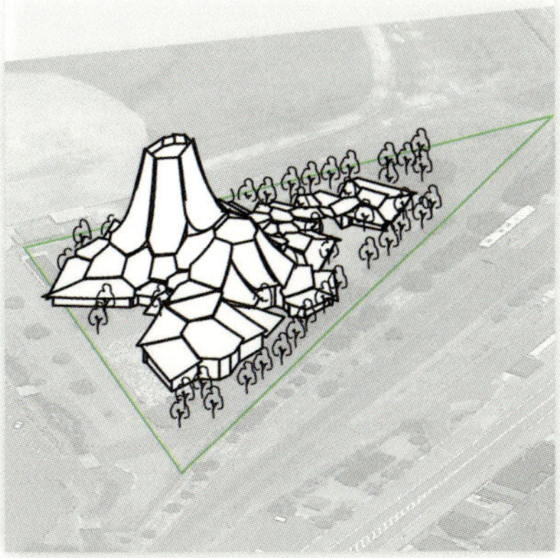

7. 全体性を与える

10153
27839
3466
87617

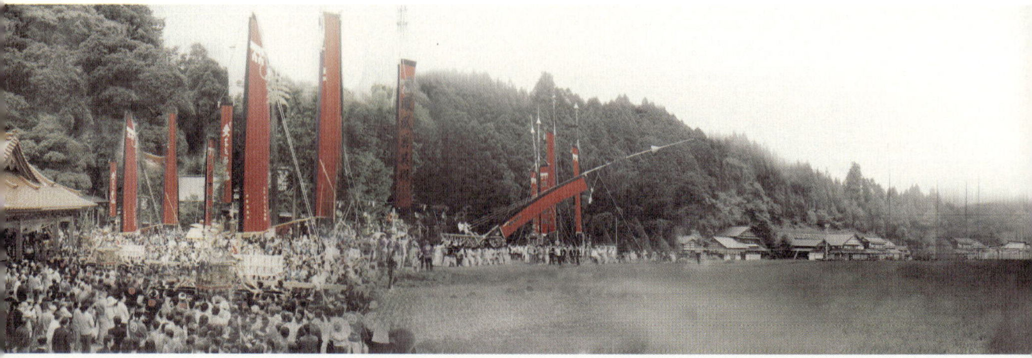

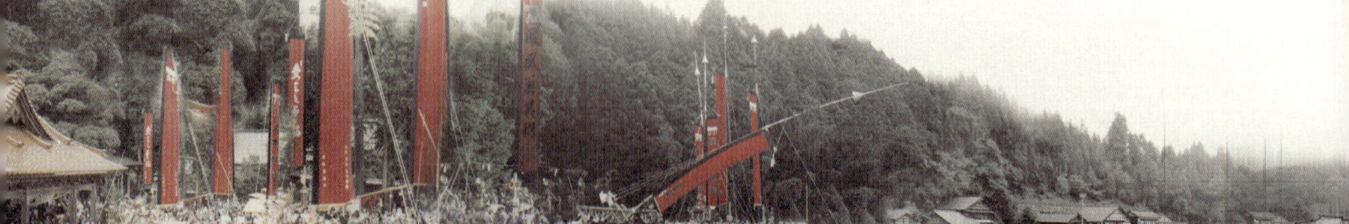

立面図

断面図

24716
11119
2164
16093
10236
10534
14015
98918
2374
16289
7150
3912
12563
9210
4946
56405
29293
10153
27839
3466
16022
87817
2555
11415
13969

平面図

熊甲二十日祭伝承館内観

駅前物産館「のとちゃん」内観

出展者コメント ── トウキョウ建築コレクションを終えて

Q 修士設計を通して得たこと

かたちは難しいということです。

Q 修士修了後の進路と10年後の展望

シカゴに行きます。

審査員コメント

審査員コメント@巡回審査

青木：初期状態は細胞みたいなもので、基本的には消えない。全体のかたちがどうなるかは分からないけれど、大体こういう方向になっていくという目処をつけてプログラムができていると感じます。まわりの街並みとの関係はどう考えてますか?

牟田：少し意識的に異物のようなものをつくろうとしている部分はあります。

青木：でも、このプログラムから考えると、異物というより、むしろ街並みと合ってる感じすらします。それは瓦屋根のイメージが入っていて、屋根のかたちが分節されているからだと思いますよ。

長谷川：アレグザンダーを継承するとみんなロジスティックな、かたちに表れないシステムだけになったりする。だから、形態を求めるというところでアレグザンダーのシステムを導入するのはなかなかのものですね。あのシステムを勉強してここまで昇華していくのは面白い。アレグザンダー本人も実物をつくるとうまくいかないように、形態に結びつけるのは難しいですよね。初めからそこまで目標があると、結果はこういう建築になるわけだ。

福島：すごく面白い。アレグザンダーの既往研究をもとに君が発展させているわけですよね。

牟田：アレグザンダーの理論を読み込むと、主張がすごく宗教的で、感覚的だった。せっかくかたちのことを言っているので、具体的なかたちのルールとして書き出せば、みんなが納得するようなものができるのではないかと。

福島：オブジェみたいなものではなく、きちんと建築空間に落とし込んでいるし、建築の機能もしっかり考えてるというところに好感を持ちました。ただし、手法が前面に出過ぎてて、手法ありきという印象が残りました。確信犯だと思いますが。

連：最終的にこれがどうやって最適解になったのかが分からなかった。6個のプログラムをつくって、その生成原理をつくるところまでは理解したのですが、そのかたちを評価する指標はどう考えているのですか。

牟田：それはプログラムでできることではなくて、建築家が判断してかたちをつくっていくという考え方なので、その部分は恣意的です。

連：結局、最後はかたちの与え方が屋根になっている。最後は恣意的に決めるわけだから、これは基本的にはプランニング手法をつくったということになる。プログラムの最適な配置をつくって、あとは自分でつくるということですね。

審査員コメント@公開審査

内藤：最初に自動生成するのが面白いと思ったが、できあがったものは、妹島和世の建築に似ている。好きなのかと聞いたら、やはり好きだと。もっと違うかたちになるかと期待したのですが、そこが物足りなかった。この次は3次元で自動生成できるかどうか。さらに、4次元のセンターをつくるとしたらどうなるかをやってもらえると、ラジカルだと思いました。アレグザンダーは古い。ラティスもセミラティスもあまり使えていないような気がします。現代はもっと複雑になっているので、アレグザンダーを参照で出さなくてもいいと思います。我々の身近にあるネット社会のつくられ方、リンクの貼り方、情報のネットワークの組み上げ方はアレグザンダーを超えて、はるかに先を行っていると思う。だから、参照しなくても良いかなと思います。

連：僕も同意見です。内藤さんの言った4次元目があるとすると、それは評価システムだと思います。数学的にもいろんなネットワークのモデルがあって、ネットワークの質そのものを評価するアルゴリズムやプログラムがある。この建築は、プログラムを一回走らせただけで、恣意的にかたちを選んでいる。そうしてできたものをどうやって評価するのかは、別でプログラムをつくることができるともっと批評性のある提案になると思います。

全国修士設計展
公開審査会

審査員：
長谷川逸子（審査委員長）／青木 淳／内藤 廣／
福島加津也（コーディネーター）／連 勇太朗

かたちがない

福島：トウキョウ建築コレクション2016設計展のテーマは「Form」です。この言葉には「かたち」だけでなく、実は「形式」という意味もあります。つながっているようで大きく違う二つの意味を持つ言葉をテーマにしたのは、大変興味深いと思いました。まず、各審査員に出展作品全体の印象を聞きたいと思います。

青木：「かたちがない」というのが全体のイメージです。今回のテーマであるはずのフォルムはどこに行ってしまったのか。つまり、建築はどこに行ってしまったのか。おそらく、建築が信じられなくなったということが、今の傾向なのかなと。少なくとも近代的な意味の建築は横に置かれているという感じがします。近代的建築というものが、目指すべき世界や社会へのビジョンを実現するためにつくられてきたとすると、そこには必ずビジョンとかたちがあった。今や大きな物語はなくなってきているので、どれが正しいという議論をしてもしょうがなくて、その間のバランスをとって、何とか生き延びるしかない。だから、今はビジョンを持ち得ない。さらにビジョンがなくなってかたちだけが残り、建築はアトラクションになってしまった。かたちをかたちとして消費せざるを得ないわけです。そうしてできた、アトラクションとしての建築のかたちというものも、そろそろ皆さんにとってはしんどい。今回の出展作品はそういう建築が嫌だという表明なのだろうと思いました。そうすると、まさに建築がどこに行ってしまうのかという話に戻る。今日皆さんの話を聞いていて、そういう考え方があるのかなと思う場面がいくつかあって、それが面白かったです。

内藤：一週間前に京都の卒業設計展を見てきたのですが、この修士設計展とはずいぶん様相が違うという印象を受けました。卒業設計と修士設計、京都と東京という違いがあるので、二重にずれているのかもしれませんが、こちらは修士設計なので、やはり多少論理的じゃないといけないのかもしれません。共通しているのは、心の中から出てきた訴えのようなものがあまり感じられなかったことです。君たちが提出するかたちを支えている強い根拠が、他者に依存していて、他者から自分の正当性を説明するという構図が目立つ。まちがこうだからこうしましたとか、こういう外部的な事情がかたちの根拠になっていますとか。そうやってうまく説明できたものが立派な修士設計なのだという思い込みがある。私はこうだと言い切ることができない困難な時代なのかもしれない。君たちが悪いとか、君たちが足りないと言うつもりはなくて、これは君たちの時代のひとつの諸相なのかもしれません。全体的に、いろいろ考えてまとまりきらない頭の中で修士設計をまとめているような印象が強かったです。安易に答えを出すよりは、出し切らないというのが今のあり方なのかもしれない。それはそれで僕は良いのではないかと思いました。

長谷川：ほとんどのものは調査が熱心で、プロセスの作業の密度があって、すごいと思って見ていました。でも、結論を出すところ、まさにテーマであるフォルムをつくるところで賛同できないものが出てくる。それは、さきほどから言われているように、この社会に建築家としてビジョンが持てないからかもしれません。フォルムにまとめることがとても難しい。今、自分自身でもフォルムをつくることが昔よりもずっと難しいと感じています。社会が何を要求しているかを考えてもかたちが出てこないんです。最終的にプレゼンテーションをする時の難しさといったらない。今日見た修士設計では、市民の公共性というレベルで、市民や生活者に対して、建築家としてどう振る舞ったら良いかということがちゃんと捉えられているものの中に、良い提案があったように思います。そこが建築家として何かやっていける視点かなと自分自身でも思っています。今日、私は皆さんの作品の中で、そういう視点を持って、深く研究しているものを評価しています。

連：学生の皆さんとほとんど年齢が変わらないので、今日は審査をしに来たというより、同志を探しに来たという感じです。修士設計は自分の個人的な興味を客観的なかたちで扱えるかどうかが重要なことだと思っています。自分の興味から始まって、建築的な問いや社会に対する問題意識にまで思考の抽象度を上げられたかどうか。そこをポイントとして評価しました。どれも面白いとは思ったのですが、自分の「問い」を突き詰めてオリジナリティのあるものに昇華させている提案が少なかったという印象です。それから、かたちをつくろうという努力やそこにストラグルがあるかどうかも重要だと思います。そういう意味では、今日は皆さんの提案からは熱い思いが伝わってきましたし、建築や社会に対する問題意識はとても共有できました。また、皆さん手を動かしてプロジェクトに取り組んでいるので、僕はそこもすごく共感しました。今後、今考えていることをどうやってかたちにしていくのか、その力を使ってどうやって建築家として社会を変えていくのか。そこにポジティブな展望を持てるかどうかが重要だと思っています。

時代を映し出す鏡

福島：4人の審査員たちの話には共通点があるように思います。出展作品には設計展のテーマであるフォルムが見受けられない。それは学生だけのせいではなく、もっと大きな意味で何か原因があるのではないか。そして、学生のプレゼンテーションを聞くと言っていることにも共感できる。これらのことは、議論を始める前の共通認識となるでしょう。僕自身も同じような感想を持ちました。現代の日本社

会にはこんなに問題があるのかと驚くほど、多様な課題設定がなされています。それは学生たちの誠実さを物語っている。同時に、多様という言葉と矛盾するのですが、みんな言っていることが同じですごく並列的だなという印象も持ちました。リサーチをして、マトリックスを抽出して、物語に落とし込んで、小さなシーンを積み重ねていく。それは時代を映し出す鏡のように見えます。このような時代にグランプリを決めることがどのような意味を持つのか、考えてしまいます。

審査員にそれぞれ3作品に投票してもらいましたので、結果を開票したいと思います。1票が、齋藤直紀君、齋藤弦君、喬龍盛君、佐野勇太君、佐野優さん、牟田龍二君、吉川崇裕君の7名、2票が庄野航平君、荻野翔馬君の2名、4票が石原愛美さんです。今のところ石原さんが最多得票です。では、審査員の方々になぜ票を入れたのかを説明してもらいましょう。

連：まず、佐野勇太君の「形而下的記憶」(p.68)に票を入れました。記憶をどうやって形式化するのかということと、形式化したことで他者がどうやって作品に介入していくのかという点がクリアだった。どうやって個人の思いから建築や都市をつくっていくのか。それをちゃんと手法として作品をつくっています。建築や都市を実現しようとしている問題意識と、それをちゃんと手法化しようとしている手つきが良いなと思いました。

次は、石原愛美さんの「空間文体練習」(p.18)です。ホームレスとそれ以外の生活者の空間に対して、分けるところはしっかり分けたり、接点をつくったりしていて、そこにこのプロジェクトの面白さがある。今、世界では様々なバックグラウンドを持った人が都市に集まる中で、どうやって、異なる振る舞いや文化や慣習をもった人たちを空間的に調停するのかが問題になっています。それを建築でやってみようというテーマが、現代を考える上で非常に重要な問いを含んでいるのではないかと思い、票を入れました。

荻野翔馬君の「E.L.ブレー『ニュートン記念堂』の建設設計論・試論」(p.28)は、フィクションとしてすごく楽しめました。プレゼンの印象だと、資本主義的な合理性で建物をつくっていくということに対するアンチに見えてしまっていた。本人に話を聞くと、時間を織り交ぜながら組み立てていくような姿勢を感じたので、フィクションとしてすごく良くできているなと思いました。単純につくることの時間軸を延ばして、工事中の間に使うということを超えて、空間やものとして組み立てていくという発想はとても構築的で面白かったです。

長谷川：庄野航平君の「郷里の模索」(p.48)はとてもよく時間をかけてアイヌの調査をして、厚みのあるバックボーンの上にできている感じがします。ナチュラルなグラウンドに、軽い木造的な建築が置かれている。それは原っぱに合う建築で、その裏に長い歴史の考察がよく見えるようなプレゼンテーションでした。一番評価しています。

二つ目は、喬龍盛君の「趣味から市井文化の復興図る」(p.98) で、上海で失われていくものを盛り込んだ共生空間の提案です。私も上海で仕事をしていますが、共生やコミュニティという言葉は中国では通じない。そういう中国の社会の中では、日本で考えるほど、共生が成り立たないんです。そこで、上海にこういった芸能や文化を盛り込んだ計画をすることに私はリアリティがあると思います。日本でもやるべきだと思うところがあって、評価をしました。

三つ目は、牟田龍二君の「クリストファー・アレグザンダーにおける『15の幾何学的特性』を応用した建築設計の提案」(p.148) です。アレグザンダーを勉強して、このように建築の形態をつくるというところまで読み込んでいくことは難しい。アレグザンダーの論理は仏教に通じるような、人の振る舞いのことまで入っているのですが、本人が実現しようとすると、そういうものを全部放棄して、非常につまらないシステマティックな建築になる。彼はそこを読み込んでいるという印象を受けました。

縄文と現代

内藤：最近、縄文について考える機会があったので、この混迷の時代の生活文化を考えるのに弥生以前が面白いかなと思い、そういう視点でピックアップしてみました。石原愛美さんの「空間文体練習」(p.18) で描かれているのは、僕らの原初的な生活文化のような気がするんですよね。法律やルールで縛り始めたのが弥生文化なので、それ以前の価値基準で票を入れてみようと。でも、多少抵抗がありました。非常に優れているので、入れなければと思ったけれども、疑問点もある。ここには、「分かり得ないものに向き合って、分かろうと努力しなければならないけれども、結果として分からないということに向き合わなければならない」という難しいテーマがある。そこにプロジェクトの厚みが出てくるはずが、それを鮮やかに解いてしまっているところに不安を感じます。

庄野航平君の「郷里の模索」(p.48) は、これまで誰も向き合っていなかったアイヌの問題に向き合っている。そこにあるのは、弥生以前の我々の生活文化の問題なので、それは興味がありました。アイヌの世界観はコスモロジーだから、そこが浮かび上がると、説得力があったけれども、広がりを持つ前に、建築的手法に落とし込みすぎていて、軽い建築をつくっているところに難があると思いました。

佐野優さんの「都市と自然の再構築」(p.38) はカエルがかわいかったのが、良かった。昔の人は身近にあるものを食べて生きていたわけですが、そういうものが社会制度の中で衰退している。もう一度そこに戻ってみようというのは、きわめてナチュラルだと思いました。生態系のどこかをつまんで、それが成り立つようにすると、結局生態系全部を論じなくてはいけなくなるので、カエルでも虫でも鳥でも何でも良いと思います。建築としてどうかと言われると、模型はもう少し頑張った方がいいかな。

青木：どれもさほど差がなく、圧倒的にすごいというものはなくて、どれも面白かったというのが、正直なところです。かたちのないものが多いと言いましたが、齋藤弦君の「Learning from Barracks」(p.118)はシステムのかたちをつくっているタイプです。外側の単管足場と内側のRC、その2つが別々のレイヤーになっているということを出発点にして、それをつないで変化させていくためのストラクチャーが木造になっています。そういう仕組みを見つけたことが面白いと思いました。

今回、社会的問題と現況調査がかみ合ったプロジェクトが少なかったですが、石原愛美さんの「空間文体練習」(p.18)は、それがかみ合っているのですばらしいと思いました。ホームレスのサーベイをして、その一方で、一般の人たちと共存できる状況をつくった。ここに出てくるのは世界中で起きているジェントリフィケーションの問題です。土地の値段が上がって貧しい人たちは追い出されてしまう。あるものがそこに入れば、あるものは出て行かざるを得ない。そういうものに対して共存というテーマを持ってきたのは面白いと思います。でも、その2つで全部が解けているわけではない。本来的には、その2つがあってもかたちの問題は残る。それは当然だし、その残ったかたちの問題が何なのかというところに意識的だと良いなと思いました。

荻野翔馬君の「E.L.ブレー『ニュートン記念堂』の建設設計論・試論」(p.28)も面白かった。今の建物はアトラクション的になっていて、ある意味消費されていくわけです。その点でいうと、これはアトラクションです。ただし、つくっていくということ自体がアトラクションになっている。今の建築のあり方と、ある意味同じなんだけれども、見ている場所が違うというところがすごく面白い。アイデアとして、他と比べても、ダントツに面白いと思いました。

福島：僕は、多様で並列という時代の空気を強く反映している3つの案を選びました。石原愛美さんの「空間文体練習」(p.18)は、丁寧なリサーチがオブジェクティブな空き缶回収の異物によって、空間までしっかりと落とし込まれている。リサーチから空間を作る手際が良く、彼女の実力の高さを物語っています。そこが評価ポイントでもありますが、シンボリックなオブジェによる強い表現は、今の時代性から考えると恣意的に過ぎるという指摘もできる。これが今の時代を一番純粋に表し、トウキョウ建築

コレクションのグランプリにふさわしいか。そう言われると一抹の疑問を持たざるを得ないというのが、今の正直な気持ちです。

それに比べて、齋藤直紀君「眼差しの写実」（p.128）と吉川崇裕君の「自家像」（p.58）は、石原さんほどのパワーやプレゼンテーションの密度はないのですが、ある種の弱さが今の時代をよく表しているように思います。吉川君は自分の家の使われ方を執拗に分析して、そのリサーチを応用して地域に開かれた新しい家をつくることに成功している。彼が提案しているのは、決して空間の力強さみたいなものではなく、小さな家具や建具のようなものなのですが、その使われ方までしっかり考えています。

齋藤（直）君の「眼差しの写実」は、微視的な視点を積み重ねて、私的な物語から始まりながら、それを最後にぐるっと反転して、まちの中に離散配置される公民館をつくろうとしている。このささやかな提案は、大きなビジョンを持つことが気恥ずかしいという時代精神を良く表しているような気がします。

社会問題を許容する

福島：今のところ、石原さんの案に4票入っているわけですが、長谷川さんだけが石原さんに入れていません。その理由を教えてください。

長谷川：この頃の自分の仕事のテーマは共生なのですが、できるだけいろんなレベルの人が共存できるような場づくりを2つぐらいの街でやっているので、その難しさを感じています。親子連れとホームレスを共存させたいと思って描いているのですが、私にはなかなかリアリティがつかめない。あと、ホームレスは高齢者が多いので、スロープを延々と運んでいくような廃品回収所の装置は不親切だと思いました。私は皆さんが評価する共存の部分にリアリティを感じないんです。表現と絵のうまさは一番だと思います。本当に上手ですが、その裏にある共生が何か絵空事のようにしか見えない。

内藤：長谷川さんの意見には共感します。でも、そこに向き合おうとする姿勢を私は評価したい。修士設計ということで考えれば、レベルが高くて良いのではないか。これが、次の段階で、このプロジェクトが実現するという話になった時には、僕はかなり

反発するかもしれない。若者が直感で捉えたものをできるだけ論理化しようと努力して、できるだけそれをかたちにしようとしている結果は評価してあげなければいけないと僕は思いました。

石原：街の人とホームレスの間に心的距離があって、必ずしも彼らはシェアすることを望んでいません。同じ場所を使うのだけれども、もう少し違う共生、違うシェアの仕方があるのではないかと考えています。廃品回収所のバケツの大きさは恣意的に決めているのではなく、ホームレスが自分たちの収入の手立てとして集める空き缶の物的大きさを反映するかたちとして可視化しました。自分でもかたちをつくることに躊躇する場面があったのですが、そこは勇気をもって、可視化していくということに意義があると思ったので、このような成果物となりました。

福島：今回の中で、この作品が最もエネルギーがある提案だということに疑う余地はないでしょう。気になるのは、青木さんが話したビジョンという言葉です。今は分からなくても、5年後に「ああ、なるほど」とみんなが気がつくかどうか。青木さんは君の作品にビジョンを見たと言うのだけれども、僕はビジョンを見ることができなかった。これは今の問題に対応しているだけの問題解決型なのではないでしょうか。最終的にホームレスがいなくなってほしいのか、ホームレスと街の人が一緒に同じ空間を共有するようになってほしいのか、どちらのビジョンなのですか。

石原：私はこの修士設計で問題を解決できるとは思っていません。問題解決というより、問題を許容すると言った方が良いような気がして、それが新しい目の向け方かなと思っています。私はホームレスの更正施設をつくりたかったのではなくて、たくさんの人を許容できる、様々な選択肢をもった場所をつくりたかったんです。

連：問題解決としてやっていないとするならば、何をしようとしているのでしょうか、急に見えなくなってきました。この提案には空間的な欲望が感じられるわけでもなく、こういうものがつくりたいという主張もない。とするとこの提案は、真の問題を巧みに隠して、きれいにプレゼンして、あたかも建築家が社会の問題に対して向き合ったように振る舞っているだけになってしまうのではないでしょうか。

石原：この問題の大枠を捉えて、私はホームレスを更正させようとしているわけではないので、問題解決ではないと言いました。彼らを無理やり更正させようとするのではなく、両者の暮らしにくさを緩和したいということです。それは結果的に問題を解決するということにつながるかもしれませんが、ホームレスという大きな社会問題を一問一答のようにこのかたちで答えるということではなく、いろいろな小さな問題を許容し、それをつくりかえて、手を加えていくということをしようと思いました。

ランドスケープとしての建築

福島：次に2票入っている庄野君。長谷川先生と内藤先生が票を入れていますが、推薦したいポイントはどこですか。

長谷川：家族を通して、長い調査と考察の後に、修士設計にもってきた。内藤さんが、結果として広い荒野にできてる建築が、コスモロジーの表現になっていないという話をしていましたが、私はコンテンポラリーに思える軽い建築で、つくっているのが逆にいいと思いました。

内藤：確かにそうかもしれません(笑)。アイヌの話は突っ込むとすごい世界です。背景が広く、彼らが自然をどう考えていたのかを突き詰めていったら、建築は消滅する世界かもしれない。修士設計なので、かたちを出さなければならないのが苦しくて、ちょっと落差があるかなと。コスモロジーの話は、その気分を言ったまでです。スケッチの感じは良いのではないかと思います。へんちくりんなピラミッドみたいなかたちはデザインなのかと思ったら、そうじゃなくて、深い意味があるという話だった。それだったらありかなと思いましたね。

庄野：この三脚構造は、ケトゥンニと呼ばれる構造です。アイヌの建築は日の出の方向を向いた窓だけが注目されがちなのですが、むしろケトゥンニの方が重要で、空間を自然から守る意味で、重要な構造体です。この三脚が二組で屋根を支えているのですが、この三脚を象徴的に空間に落とし込むことで、この空間自体をアイヌのものであると示しました。

福島：僕もこれが恣意的なシンボルなのかと思っていたのですが、しっかりとアイヌ文化のコンテクストを読み込んで作品をつくっているということに大変共感を持ちました。しかし、これはグランプリを決める議論なのです。その時に古典的なコスモロジーというテーマがグランプリにふさわしいのか。または、アイヌという特殊なシチュエーションを取り上げることに、どれだけの影響力があるのか。そこに疑問があるというのが、正直なところです。

青木：これはランドスケープに近くて、自然の森を意味づけるために建築的な要素が置かれている。建物をつくっているというより、場所の意味をつけてあげるためのものになっている。そうやって建築の概念を変えているところが面白くて、それはとても評価すべきことだと思います。ただ、僕はむしろ建物過ぎるのではないかと思っていて、もっとランドスケープに近くて、仮設性があってもいい。でも、すばらしいプロジェクトだと思います。

庄野：僕はこのプロジェクトで自然そのものを空間化することに重きを置いています。建築も必要最小限でなるべく軽いもので、かつ象徴性だけは残しながら、秩序が垣間見えるような空間を目指しました。アイヌの名前をつけることで空間が持っている風景を想起できるものになっています。風景と建築が一体となったものを目指してこういうかたちにしています。

福島：荻野翔馬君の「E.L.ブレー『ニュートン記念

堂』の建設設計論・試論」(p.28)には青木さんと連さんが票を入れています。その前に、会場から質問が来ているので、それに答えてもらいましょう。「建設途中を見せることによってサグラダファミリアのようなアトラクションになり得るし、新しくて面白いと思うが、建築としてどこにアイデンティティがあるのか」というものです。つまり、設計自体はブレーのもので、施工も自分がやるわけではなく、施工のための計画を立てているだけではないか。建築家としてのアイデンティティは一体どこにあるのか。

荻野：建築家としてのアイデンティティ……。僕は意匠系の研究室なのですが、4月から社会人として施工の仕事に就きます。建設過程を勉強して、実際に自分で建設できるようになってから、将来のことを考えたいと思っています。今、建築はできあがってからしか使うことができません。建設中は仮囲いによってシャットアウトされています。そこで建設過程を見せることで、建築の概念自体を拡張したかった。そうすることによって、建築の可能性が引き出されるのではないかと思っています。

連：いや、そのステージで議論してはダメだと思うんです。この質問者の設定したステージで受け答えをしたら、この案はすごくつまらなくなってしまう。それより、この建築は何のためにつくるのか分からないところが面白いと思うんです。「ニュートン記念堂」というすごくフィクショナルなものを建設するという物語をあなたはつくったわけです。単純にできるまでのプロセスを見せて、そこでいろんな人も使えて、観光地化できるというアトラクションとしてこの建築を語ると全然面白くない。なぜ荻野君がこの建築をつくろうと思ったのかが分からないようになっているところがミソで、今の説明の仕方はつまらない。そういう発想では建築家の職能は広がらないし、建築の概念も広がらないと思います。

青木：ニュートン記念堂という完成形をつくっているように見えるけれども、これは100年かかってつくるわけだから、100年後には最初に打設したコンクリートはボロボロになっていく。つまり、100年たってもこれは完成しない。朽ちていくところが出てくるか、直していくかしかない。完成しない建築のようなものなんです。それは建築の概念を変えていると思う。完成形が建築ではなくて、それをずっとつくっていく時間やプロセスを含めて建築であるというのは、面白い概念。見世物的な意味ではなく、

良い意味でこれはアトラクションだと思います。

情報をかたちにする手法

福島：続いて、1票だった佐野勇太君の「形而下的記憶」(p.68) です。圧倒的なエネルギー量だったと思います。長谷川さん、佐野(勇)君を選ばなかった理由を教えてください。

長谷川：誰のための建築をつくろうとしているのか、記憶を組み立てたら何ができるのかが私には分からなかった。安易なオブジェにしか見えないんです。

佐野(勇)：この建築は僕のための建築でもあって、展覧会を見に来てくれた人たちの建築にもなり得る存在だと考えています。これは建築の手法論の提案です。この手法論を使うことによって、僕の主観的な記憶を他者が、各々の記憶をもとにかたちづくられるかたちの提案を可能にする手法であると考えています。自分の記憶とある記憶を組み合わせて、新しいものをつくる。それは僕の記憶でもあって、それは他者に語りかけるかたちにもなり得る手法論ではないかと考えています。

長谷川：記憶を組み立てた結果のドローイングを見ると、やはり、建築とはほど遠いものにしか見えない。こういうものを組み立ててできる建築的な空間が快適には見えないんです。組み立てた結果、できたものを共有できない。多くの人が共有できるのだろうか。アートではなく都市の装置として、建築化するのだろうかという疑問があります。

内藤：僕は可能性があると思う。彼はオートマティズムに寄ろうとしているけれども、彼はかたちをつくっていく能力が非常に高いと僕は思っています。したたかだなと。基本的にはゲームの世界です。そのことは面白いと思ったけれども、そこで提示される世界観は僕はもっと刺激的でアナーキーであるべきだと思う。

連：彼はちゃんと、手法や技術として、これを提案している。それが他の人と圧倒的に違う部分です。曖昧なものに対して、きちんとした手続きでものをつくろうという姿勢は評価するべきだと思う。今回の修士設計で、ある種のプロトタイプができたと思うんです。このかたちが共有可能かどうかについては、僕はこれを突き詰めていけばいずれ洗練されていくと思います。

長谷川：こういう集積するような方法論は荒川修作が話していましたが、彼の理論にはもっと身体や振る舞い学が入っていて、建築的なる要素がある。これは機械みたいに寄せ集められていて、建築的なるものを訴えるように私には読めない。

内藤：僕は全員が建築家になる必要はないと思っているんです。アンビルトでこういうドローイングを描く人になるのも良い。この世界を突き詰めていくとかなり面白いビジョンが提示できると思います。デジタル社会、現在の情報革命のひとつのものの提示の仕方としてはありだと思います。ただ、建築という土俵に乗るのかは疑問です。

連：佐野(勇)君の作品は、一人の建築家が一つのものをつくるという方程式を崩している。他の人が彼の手法を進化させていったり、いろんな方向に発展させていくことができる豊かな可能性を持っている。後続のいろんな流れが起こるような、それくらいちゃんとしたプロトタイプになっていると思います。このプロトタイプの強さは、すさまじい勢いで情報が増えていく現代社会の中で、圧倒的情報量をかたちに変換していくということを実現しているところにあると思います。他の人たちとはそういう意味で違うレベルで建築を実践しようとしているので、僕は他の人と比べてダントツの1位で票を入れました。それくらいインパクトがあって、提案の先にいろんな可能性が見えた案だったと思います。

福島：では、内藤さんが票を入れた佐野優さんの「都市と自然の再構築」(p.38)について、長谷川さんはどうですか。

長谷川：内藤さんは鳥でも虫でも良いと言っていたけれども、彼女が言うようにカエルじゃないとランドスケープのイメージをつくることにはならない。鳥は飛べるからそんなに緑地や湿度がなくてもいいけれども、カエルはちょっとしか動けないし、大変なんです。新しい都市の環境、ランドスケープづくりとして、私は共感を得ている作品です。

佐野(優)：今の時代を反映する案というより、もっと未来をみたいと言うことで提案しています。今、東京の23区でも13%しか緑地がなく、明らかにこの先、自然との関係を取り戻すということがこれからの絶対的なテーマだと思います。その時に、鳥を指標にしていては、点在した緑地でもやっていけるので、そうではなくて、最も環境変化に弱い両生類であるカエルを指標にすること、かつ、ヒキガエルが昔から人の生活に近しい生き物であったということも含めて、カエルを指標にした都市を描かなければ、生態系のつながりのある本当の自然は取り戻せないということを今回、強く訴えたく、この提案をしました。

連：そういう都市的な提案をした上で、また建築の提案に戻っていることが偉いなと思って評価しています。ただ、それが住宅になってしまっているところが引っかかってしまうんです。カエルから都市を新しくつくれるのであれば、我々の生活も今の住宅というモデルではなく、何か違う可能性があり得ると思うんです。ここから新しい都市や人間の住む場

所がカエルの視点によって構想できるところがまさしくビジョンの部分だと思うので、それが単純に住宅をつくりましたというふうに終わってしまうのはもったいないと思って聞いていました。

長谷川：都市の中の自然共生空間をつくるには、最終的に住宅が良いと思う。住宅を通して考えるのが、一番リアルで良いと思うよ。集合住宅を考えるのはとっても難しい問題がたくさんあって、環境問題まで持っていくのは難しいんだから。連さんは何を提案してほしいと思ったの？

連：プログラムとしての住宅に戻ってしまうのはもったいないと思います。プログラムそのものを新しく発明する可能性が彼女の提案にはあったんじゃないかと思うんです。

かたちは必要か

福島：では最後に吉川崇裕「自家像」(p.58)について話したいと思います。青木さん、投票していない理由を教えてください。

青木：真面目な計画だし、いろんな場合のシミュレーションをしていて、同じひとつの空間を読み替えていく提案はとても丁寧で良いものだと思います。ただ、やはりかたちがない。確かに、単にアトラクションとしてのかたちは要らないのかもしれないけれども、建築家というのは素人じゃないわけです。普通の人が今まで自分が体験したことがあるプログラムや実際にある建築空間でしか考えられないのに対して、建築家はそうじゃないものを考えられる能力を持っていなければいけない。その能力を発揮するのが、かたちということだと思うんです。今ある既存の状態じゃなくて、変えていく芯の部分が必要だと思いました。

吉川：かたちから振る舞いが生まれる場合もあると思います。ただ、僕がやりたかったのは、人がいて、ものがあって、家具があって、什器があって、建築のエレメントが等価にあり、それらが一本の糸で引かれている状態があるということです。そのような状態は、いろんな振る舞いを受け入れることができるのではないか。それが吉川家住宅だと思います。なので、振る舞いが複層する状態一つひとつをデザインパターンとして保存し、コンテクストがある卸町に適応しました。かたちの方もスタディすれば良かったかもしれません。

福島：結局、かたちがほしいと思っているのか、実はかたちなんて必要ないと思っているのか？

吉川：どちらかというとかたちは必要ないと思っています。

福島：おそらく、この会場の雰囲気として、彼が正直に話してくれた気持ちが通底してあるように思います。

　では、個々の議論は尽くされたと思いますので、これから最優秀を決める議論をしたいと思います。一人一作品ずつ選んで、その理由を話してください。

連：僕は佐野(勇)君の作品が面白いと思っています。きちんとプロトタイプとして手法がつくり込まれていて、その先にいろいろな展開の可能性があるという点で他の人たちとも毛色が違いますし、勝負しているステージが自分なりの問題意識で設定できているという意味で、グランプリにふさわしいのではないかと思います。

長谷川：私はグランプリを選ぶのは難しい気分ですが、あえて選ぶとすれば、庄野君のアイヌのランドスケープですかね。長い時間をかけて考察をしている内容は深いものがあって、結果としてコンテンポラリーな軽い建築をつくっているけれども、それもランドスケープの一部だと考えると、あのようなデザインでいいのではないか。そう読めば、変わっていく軽い建築で良いし、フィールドが全部建築だと考えることもできる。そういう部分で、歴史あるところに新しい博物館のあり方を提示していると考えることもできると思います。

内藤：本当に迷っています。4つの中でどれにしようか迷っていて、石原さん、佐野（勇）君、庄野君、佐野（優）さん、この中のどれかだと思っています。1個だけ挙げるとすると、長谷川さんと同じ庄野君かな。理由は、建築がどん詰まりになってきていて、その中で違う文脈を見せてくれているような気がするので、話を聞いていて気分が楽なんですよね。彼自身の問題意識や生きていることともつながっているようだし、そこでリアリティも獲得しているのではないかと思って。

青木：僕も迷うのですが、石原さんかな。すごく難しい問題に突っ込んでいるところがあって、彼女自身はかたちを消したいのかもしれないけれども、かたちを持ったものとしてしか提案できていないというところが、僕は逆に意味があると思っています。こういうテーマを使っていても、結果的に建築家ができることはかたちでしかないということです。その状況をつくり出すところまでたどり着いているのではないかと思うので、石原さんかな。

福島：僕も石原さんを推したいと思います。最後に吉川君が正直に言ってくれたように、建築家はかたちと言うけれども、かたちをつくることに情熱を持

てないというのが、学生たちの意見なのだろうと思います。実は僕もその意見に共感していて、建築のデザインはかたちではないと告白します。もちろん彼女には造形をつくる才能がしっかりあるのですが、だからこそあのようなオブジェクトのようなものを挿入してきて、説明不可能な状況になっている。その未完成感を含めて、高く評価したいと思っています。

というわけで、石原さん2票、庄野君2票、佐野（勇）君1票です。審査委員長の長谷川さん、どうしましょう。

長谷川：一番若い連さんに決めてもらいましょう。

連：僕は最初に石原さんに票を入れていますので、石原さんを推したいと思います。

福島：では、グランプリは石原愛美さんの「空間文体練習」に決まりました。石原さん、おめでとうございます。

では、個人賞を決めたいと思います。

連：連賞は佐野勇太君の「形而下的記憶」です。

内藤：僕はカエルの人にしようかな。佐野優さんの「都市と自然の再構築」に内藤賞をあげます。

長谷川：アイヌの庄野航平君の「郷里の模索」に長谷川賞を差し上げます。

青木：青木賞は荻野翔馬君の「E.L.ブレー『ニュートン記念堂』の建設設計論・試論」にします。

福島：最後に、自分の気持ちを正直に話してくれた吉川崇裕君の「自家像」に福島賞をあげたいと思います。皆さん、おめでとうございました。

全国修士論文展

「全国修士論文展」開催概要

全国から集められた建築分野の修士論文の中から、審査員による一次審査（非公開）で選ばれた10点の論文について、展示および公開討論会を行いました。

3月1日(火)～3月6日(日)は、ヒルサイドフォーラムにて一次審査を通過した論文のパネル展示を行いました。また、3月4日（金）にヒルサイドプラザにて開催した公開討論会では、建築分野の第一線で専門家として活躍されている方々を審査員としてお招きして公開討論会を行いました。

審査では、今年度のテーマに沿って革新的であり、将来への可能性を秘めている論文を選定しました。学術的な枠組みに捉われることなく、広く学生の立場から建築に対する問題提起を行うと同時に、建築を学ぶ後輩たちに刺激を与える討論会を目指しました。

論文とは書き上げて終わるものではなく、自分の中にある思考や価値を見つける手掛かりであり、またそれを社会に問いかける手段でもあります。発表者と異なる専門分野の先生方や出展者との活発な議論を通して、大学や分野ごとに完結してしまいがちな論文の可能性、社会での展開価値について考えることを目指しました。

トウキョウ建築コレクション2016実行委員会

全国修士論文展コメンテーター

※本人希望による略歴を掲載

八束はじめ　Hajime Yatsuka

○審査委員長

トウキョウ建築コレクションでは、修士論文審査が加わった第一回に審査委員長を務めました。今年はその時の精神に戻ると言うことで、責任感を新たにしています。私は建築家・建築批評家をしています。実作（美里町文化交流センター「ひびき」や白石市情報センター「アテネ」）や著作（『思想としての日本近代建築』や『メタボリズム・ネクサス』）などがありますが、今では設計実務、教職から離れ、建築の周辺を中心として自由に思索をめぐらせています。興味があるのは、ある種の思想や方法論で、これは今の建築界に不足しているように思っています。その「渇き」が今回の企画で幾分なりと満たされることを望む次第です。

青井哲人　Akihito Aoi

○コーディネーター

明治大学准教授。1970年生まれ。京都大学大学院博士課程中退後、神戸芸術工科大学助手、人間環境大学准教授を経て、明治大学理工学部准教授。主な著書に『彰化一九〇六年一市区改正が都市を動かす』（編集出版組織体アセテート）、『植民地神社と帝国日本』（吉川弘文館）『「シェア」の思想/または愛と制度と空間の関係』（共著、LIXIL出版）、『明治神宮以前・以後』（共著、鹿島出版会）、『3.11After記憶と再生へのプロセス』（共著、LIXIL出版）、『ja YEAR BOOK 2014』（新建築社）、『SD 2013』（共著、鹿島出版会）、『アジア都市建築史』（共著、昭和堂）など。

新谷眞人　Masato Araya

構造家／早稲田大学名誉教授。1943年生まれ。70年早稲田大学大学院修了後、95年にオーク構造設計設立。主な著作に『構造デザインマップ』（共著及び編集、総合資格学院）、『魅せる力学』（共著、建築画報社）、『ファサード・エンジニアリング』（共著、建築画報社）、『挑戦する構造』（共著及び監修、建築画報社）主な作品に「宇土市立宇土小学校」（シーラカンスアンドアソシエイツ設計、第26回村野藤吾賞、第21回AACA賞受賞）、「真壁伝承館」（ADH設計、2012年日本建築家協会賞、2012年日本建築学会賞受賞）、「小布施町図書館 まちとしょテラソ」（古谷誠章設計、2012年日本建築学会作品選奨受賞）など。

石川 初　Hajime Ishikawa

慶應義塾大学大学院政策・メディア研究科教授。1964年生まれ。東京農業大学農学部造園学科卒業後、鹿島建設建築設計本部、アメリカHOKプランニンググループ、株式会社ランドスケープデザインを経て2015年4月より現職。主な著書に『ランドスケール・ブック地上へのまなざし』（LIXIL出版）『今和次郎「日本の民家」再訪』（共著、平凡社、2013年建築学会著作賞）など。

一ノ瀬雅之　Masayuki Ichinose

首都大学東京准教授。1975年生まれ。東京都立大学博士課程修了後、東京理科大学助教、東京大学特任助教等を経て2013年から現職。建築環境・設備、高層ビルのファサードエンジニアリング、コミッショニング、ヒートアイランド、アジア蒸暑地域の大規模都市建築の実態を専門とする。主な作品に「日建設計東京ビル」、「明治安田生命ビル」、「丸の内パークビルディング」（窓廻り計画・検証、空調検証、2012年空気調和・衛生工学会学会賞技術賞）、「YKK80ビル」など。

森田芳朗　Yoshirou Morita

東京工芸大学工学部准教授／博士（工学）。1973年生まれ。東京大学大学院博士課程修了後、東京大学国際都市再生研究センター特任研究員、東京大学大学院新領域創成科学研究科客員共同研究員、千葉大学大学院工学研究科助教を経て、2010年から現職。専門はハウジング、建築構法。主な著書に『箱の産業 プレハブ住宅技術者たちの証言』（共著、彰国社）、『世界のSSD100：都市持続 再生のツボ』（共著、彰国社）など。

バイオテクニカル・モダニズム

1920年代を中心とした建築と生物学の関係の諸相

印牧岳彦
Takahiko Kanemaki

東京大学大学院
工学系研究科　建築学専攻
加藤耕一研究室

序章　建築と生物学

本研究の主題は、1920年代とその前後の時代における、建築に対する生物学の影響である。その中でもとくに、植物学者のラウル・H・フランセ(Raoul H. Francé, 1874–1943)が考案した概念「生技術(Biotechnik)」が、建築家たちに与えた影響を中心的なテーマとする。

序論では、建築と生物学という主題がこれまでどのように扱われてきたのかを振り返ることで、本研究の歴史的な位置づけを明らかにすると同時に、その現代的意義を示したい。

1-1 モダニズムと生物学

モダニズムと生物学の関係を扱った代表的な研究として、ピーター・コリンズ(Peter Collins, 1920–1981)が1959年に発表した論文「生物学的アナロジー」(*Biological Analogy*)が挙げられる[Collins, 2007](1)。同論文においてコリンズは、モダニズムの建築における生物学的なアナロジーのルーツを18世紀にまでさかのぼっているが、とくに具体的に取り上げられているモダニズムの概念として、ルイス・サリヴァン(Louis Sullivan, 1856–1924)の「機能(function)」、そしてフランク・ロイド・ライト(Frank Lloyd Wright, 1867–1959)の「有機的建築(organic architecture)」というふたつが挙げられる。コリンズはこの両者について、その内実の曖昧性を指摘しているが、ここでは両者について、それぞれをより詳しくみていきたい。

エイドリアン・フォーティー(Adrian Forty, 1948–)は「機能」の概念について、時代にしたがってその意味が変遷することを指摘している[フォーティー, 2006, pp.258–291](2)。フォーティーによれば、もともとサリヴァンの「機能」概念は、「有機的な本質の表現」を意味する生物学的な隠喩であったが、20世紀のあいだにそうした含意は失われ、主に建物の「用途」を意味する社会学的な隠喩へと変質していったとされる。こうした「機能」概念の曖昧性は、第二次世界大戦後のモダニズム批判においてもしばしば指摘される。例えばレイナー・バンハム(Reyner Banham, 1922–1988)は『第一機械時代の理論とデザイン』において、「機能」を中心としてモダニズムを捉えることを批判し、機械の象徴としての幾何学的な「定型(type)」こそがモダニズムの本質だと主張した[バンハム, 1976, pp.469–489](3)。

一方「有機的建築」に関しては、ライトをある種の例外としつつ、もっぱら幾何学的なモダニズムの主流と対置される非幾何学的な形態の建築と結びつけられてきた。その例としては、フーゴー・ヘーリング(Hugo Häring, 1882–1958)、ハンス・シャロウン(Hans Scharoun, 1893–1972)、あるいはアントニ・ガウディ(Antoni Gaudí, 1852–1926)などの建築が挙げられることが多い。モダニズムを幾何学的形態と非幾何学的形態の対比として捉えるこのような理解は、早いものでは1941年に出版されたジークフリート・ギーディオン(Sigfried Giedion, 1888–1968)の『空間 時間 建築』(*Space, Time and Architecture*)、また近年ではピーター・ブランデル・ジョーンズ(Peter Blundell Jones, 1949–)の著作『モダニズム建築』にその例をみることができる[ブランデル・ジョーンズ, 2006] (4)。

さらに、1950年代から1960年代にかけては、モダニズムを乗り越えるための道具として生物学的なアナロジーが使われるようにもなる。先述した著作でバンハムは、同時代の状況を「環境の絶え間なき更新、絶えず加速する変化への傾向」[バンハム, op. cit., p.488]と描写し、モダニズムの幾何学的定型によってはそうした状況に対処できないと考えた。こうした認識を背景として、チームXやメタボリズムといった運動が現れてくることとなるが、これらの運動においては変化や流動性を表すモチーフとして、生物学的なアナロジーが使われている。

1-2 現代建築と生物学

上述したような1960年代以降の状況を受け、フィリップ・ステッドマン(Philip Steadman, 1942–)は1979年に建築における生物学的アナロジーを扱った著作『デザインの進化』(*The Evolution of Designs*)を発表した。この著作は2008年にその増補新版が出版されているが、新版序文においてステッドマンは、近年建築において再び生物学を用いた理論が盛り上がりをみせていることを指摘している。その理由としてステッドマンが挙げるのは、「環境危機」と「コンピュータの普及」のふたつである[Steadman, 2008, p.xv] (5)。とくに後者について、1990年代以降には遺伝的アルゴリズムなどを用いた形態生成がひとつの潮流となったとされる。

2003年にはポンピドゥー・センターにおいて、こうしたコンピュータによる建築を集めた展覧会「非-標準的建築(Architectures Non Standard)」展が開催されたが、そのキュレーターのひとりであるゼイネップ・メナン(Zeynep Mennan)は、展覧会のカタログに寄せた論文「非-標準的形態への問い」(*The Question of Non Standard Form*)において、こうした近年の動きとモダニズムとの比較を行っている[Mennan, 2008] (6)。同論文においてメナンは、現在建築にみられる複雑でダイナミックなデザインと、モダニズムの時代における「有機的伝統」とのつながりを指摘する一方で、モダニズムの時代には「機械的パラダイム」と「有機的パラダイム」が対立関係にあったが、現代ではコンピュータによる有機的な形態の合理化によって両者のあいだに和解がもたらされたとして、ふたつの時代を対比させている。

1-3 近年におけるモダニズムの見直し

こうした近年の潮流をひとつの刺激として、モダニズムと生物学の関係についても見直しが始まっている。ひとつの例として、デトレフ・マーティンス(Detlef Mertins, 1954–2011)が2004年に発表した論文「バイオコンストラクティヴィズムス」(*Bioconstructivisms*)が挙げられる[Mertins, 2004] (7)。同論文においてマーティンスは、ルートヴィヒ・ミース・ファン・デル・ローエ(Ludwig Mies van der Rohe, 1886–1969)やラースロー・モホリ=ナジ(László Moholy-Nagy, 1895–1946)といった、1920年代におけるコンストラクティヴィズムの建築家、芸術家に対する生物学の影響を指摘し、彼らを「バイオコンストラクティヴィスト」と呼ぶことを提案している。従来、主に「機械的パラダイム」の側に位置づけられてきたこれらの作家たちに対する、このような生物学の影響は、これまでの「機械的」と「有機的」の対立関係では捉え切ることができないように思われる。そして、これらの作家たちに影響を与えた存在として再発見されつつある人物のひとりが、冒頭に挙げたフランセである。そこで、こうした近年の研究成果を踏まえ、「生技術」という概念をキーワードとしてモダニズムの新たな側面を明らかにすることを本研究の目標としたい。

2章　背景としての「生命中心主義」

フランセの著作が建築家たちに対し影響を与えたのは、1920年代のことである。しかしその背景には19世紀末から20世紀初頭にかけてのドイツにおいて、生物学という学問が持っていた広範な影響力がある。

美術史家のオリヴァー・A・I・ボーター(Oliver A. I. Botar, 1957–)は2011年の論文「生命中心主義を定義する」(*Defining Biocentrism*)において、こうした潮流を「生命中心主義(Biocentrism)」と呼ぶことを提案している[Botar, 2011](8)。ボーターは「生命中心主義」について、19世紀科学における実証主義、唯物論に対する反発から生じた「生物学的新ロマン主義」と定義している。また、そこに含まれる主張や運動として「新生気論、有機体論／全体論、一元論同盟、生の哲学、新ラマルク主義、新自然哲学、生物学主義、生活改善運動」といったものを挙げている。そして、これら様々な要素に共通する特徴として、「文化」よりも「自然」や「生命」といった概念の重視、反-人間中心的な世界観、自然における流動と可変性の強調、部分に還元されない「全体性」への関心といったものを指摘している[Ibid., p.31]。

こうした「生命中心主義」の中心人物のひとりとして、動物学者のエルンスト・ヘッケル(Ernst Haeckel, 1834–1919)が挙げられる。ヘッケルはボーターが「生命中心主義」の一要素として挙げていた「一元論同盟」を1906年に創設し、「一元論」と呼ばれる彼の思想を、既存の宗教に代わる新たな世界観として普及させることを目指した。また、1899年から1904年にかけて出版された『生物の驚異的な形』(*Kunstformen der Natur*)を始めとするヘッケルのドローイングは、アール・ヌーヴォーやユーゲントシュティールの作家たちに影響を与えたことが知られている。

しかし、こうしたヘッケルの広範な影響力は第一次世界大戦の勃発を背景として衰えていき、1910年代中頃にはヘッケルに代わって、生物学者のヤーコプ・フォン・ユクスキュル(Jakob von Uexküll, 1864–1944)の著作が影響力を持つようになった[Botar, 2001](9)。ボーターは、ユクスキュルの影響がみられる例として、建築家のテオ・ファン・ドゥースブルフ(Theo van Doesburg, 1883–1931)や批評家のアドルフ・ベーネ(Adolf Behne, 1885–1948)といった人物を挙げている。

以上のように、19世紀末から20世紀初頭のドイツにおいて、生物学者の著作は専門領域を超えた大きな影響力を持っており、建築家たちに対しても造形的なインスピレーションに加え、理論的な基礎をも与えていた。フランセは一元論同盟の創立に関わるなど、ヘッケルの強い影響下にある人物であり[Botar, op.cit, 2011, p.21]、1920年代におけるその著作の受容は、第一次世界大戦前から継続する「生命中心主義」の新たな局面と捉えることができるだろう。

3章　1920年代におけるフランセの影響

1920年代においてフランセが影響力を持つようになった背景として、第一次世界大戦の終結に加え、1919年のヘッケルの死去という出来事が挙げられる。1920年に開かれたショーペンハウアー協会での会合において、フランセは戦前、すなわちヘッケルの一元論よりも「実用的、生物学的、機能的」な自身の思想を発表した[Ibid., p.33]。こうした特徴を持った彼の議論は、機械やテクノロジーの問題を無視しえなくなった1920年代の建築家たちに対しても、強く訴えかけることができた。

3-1 フランセと「生技術」

ウィーン生まれの植物学者であるフランセは、1901年にミュンヘンへと招聘されたのち微生物の研究者として活躍したが、第一次世界大戦中に「生技術」のアイデアを考案すると、1920年代にはそれをもとに一般向けの著作を多く出版した。とくに「コスモス」(*Kosmos*)と題されたシリーズの著作は、総計300万部の売り上げを記録したとされる[Bud, 1994, p.62](10)。

フランセによって「生技術」のアイデアが生まれたのは1916年のこととされ、その後1919年の『植物の技術的達成』(*Die technischen Leistungen der Pflanzen*)(図1)、1920年の『発明家としての植物』(*Die Pflanze als Erfinder*)(図2)といった著作において、まとまったかたちで発表された。「生技術」のアイデアの内容は、自然の形態を機能的に最適化されたものと考え、その仕組みを工学技術へと応用するというもので、その一例としてはケシの実が種を散布する仕組みを、香辛料などを入れるシェーカーへと利用したものがある(図3)。またフランセは、同じ機能的要求は同じ形態を生み出すという想定から、あらゆる自然の形態は7つの基本形態(棒、帯、螺旋、平面、球、円錐、結晶)へと還元できると考えた。こうした「生技術」のアイデアは、のちの「生体工学(Bionics)」や「生体模倣技術(Biomimetics)」の先駆的な存在として位置づけられることもある[Roth, 1983, p.241][11]。

科学史家のロバート・バッド(Robert Bud, 生没年不明)は、1910年代にフランセも含めた複数の人物によって「生技術」という概念が考案されたことを指摘し、その理由として「生物学と工学技術の統合」というアイデアが人類文明の新たな段階と結びつけられ、第一次世界大戦後の世界における「新たな産業革命」あるいは「新たな世紀の技術的表現」と考えられたことを挙げている[Bud Op. cit., p.63]。新世紀を代表する技術としての「生技術」の概念は、新たな時代の始まりという考えを共有していた建築家たちにとっても、魅力のあるものだったといえるだろう。次に、その具体的な影響をみていきたい。

3-2 フランセの影響圏

ベルリンの美術雑誌『芸術雑誌』(*Das Kunstblatt*)の1923年1月の号に、『発明家としての植物』からの抜粋として「7つの自然の技術的基本形態」(*Dir sieben technischen Grundformen der Natur*)という記事が掲載されたことをひとつのきっかけとして、フランセの著作は建築家や芸術家に受容されるようになった。影響先のひとつは、ベルリンの雑誌『G』を中心としたものである。例として、『G』3号(1924年)に掲載されたラウル・ハウスマン(Raoul Hausmann, 1886–1971)のエッセイが挙げられる[Hausmann, 2010][12]。ハウスマンは同エッセイにおいて、フランセの「生技術」や7つの基本形態に言及し、「宇宙-生技術的(cosmo-biotechnical)な認識」によって機械論を乗り越えられることを主張している。

また、『G』の編集メンバーのひとりでもあるエル・リシツキー(El Lissitzky, 1890–1941)が、1924年にクルト・シュヴィッタース(Kurt Schwitters, 1887–1948)と共同編集で出版した雑誌『メルツ』(*Merz*)8/9号(図4)においては、フランセがさらに大々的に取り上げられた。この号にはラテン語で「自然」を意味する“Nasci”という特集名がつけられたが、そのマニフェストの冒頭においてリシツキーは「近代の芸術生産に関して、**機械、機械、機械、機械**という言葉を絶え間なく聞くのはもう**十分**だ」といい、それに続けて「機械はわたしたちを自然から引き離しはしない。機械を通してわたしたちは、予想もしなかった新たな自然を発見するのだ」と述べている。機械と自然の融和というヴィジョンからリシツキーは、「**あらゆる形態は、プロセスにおける凍結した一時的な像である。それゆえ、作品は生成の道における停留所に過ぎず、固定された目的地ではない**」[Lissitzky, 1968, p.351][13]という結論に到達する。芸術作品の創造と自然の生成プロセスを同一視するこうした文脈において、フランセの「生技術」が創造のための方法として紹介される(図5)。それに続くページでは、ミースの《ガラスのスカイスクレーパー》(1922)を始めとする様々な芸術作品が紹介されているが、それと並べて骨や植物といった自然物の図版が掲載された。

フランセの影響はバウハウス周辺にもみられる。1929年に出版された『材料から建築へ』(*Von Material zu Architektur*)、その翌年出版されたその英訳『ザ・ニュー・ヴィジョン』(*The New Vision*)においてモホリ=ナジは、生物学にもとづく芸術の創造、そして生物学的な観点の導入による現在の機械文明の乗り越えを主張している[Moholy-Nagy, 1947, p.13 ; p.18][14]。そ

図1『植物の技術的達成』表紙
(Raoul Francé, *Die technischen Leistungen der Pflanzen*, Velt & Co., 1919より)

図2『発明家としての植物』表紙
(Raoul Francé, *Die Pflanze als Erfinder*, Kosmos, 1920より)

して、それに役立つものとして、第2章ではフランセの『発明家としての植物』からの引用、そして第3章では生技術における7つの基本形態を取り上げている。段階的に進むモホリ=ナジの議論は最終的に空間論へといたるが、そこでも「空間創造における最も基本的な段階は……生物学的観点からみたその重要性である」[Ibid., p.63]と述べられ、生物学がその基礎とされている。

3-3 ジークフリート・エベリングの「生物学的建築」

最後に、1920年代に「生物学的建築」という概念を提唱したジークフリート・エベリング(Siegfried Ebeling, 1894–1963)という人物を取り上げたい。エベリングは1922年から1925年にかけてバウハウスに在校したが、そののち1926年から1927年にかけて、デッサウに存在した航空機製造会社ユンカースにて、金属住宅の開発に携わった。その経験をもとに、1926年に主著とされる『膜としての空間』(*Der Raum als Membran*)を発表した。この著作の存在は長らく忘れられてきたが、フリッツ・ノイマイヤー(Fritz Neumeyer, 1946–)によるミースの蔵書調査によって再発見され、1986年に発表された著作『飾りのない言葉』(*Das Kunstlose Wort*、英訳1991)において、そのミースへの影響が指摘された[Neumeyer, 1991, pp.171–179](15)。

『膜としての空間』の表紙には、中に人物のいる立方体が描かれているが、そこには上空から光線のようなものが降り注ぎ、その下の地面は波打っているようにみえる(図6)。同書においてエベリングは住宅を、地表からの放射、大気からの放射、住人という3つの要素の相互作用の場として捉えているが[Ebeling, 2010, p.8](16)、これを表紙の絵についての説明と考えることができるだろう。また、こう

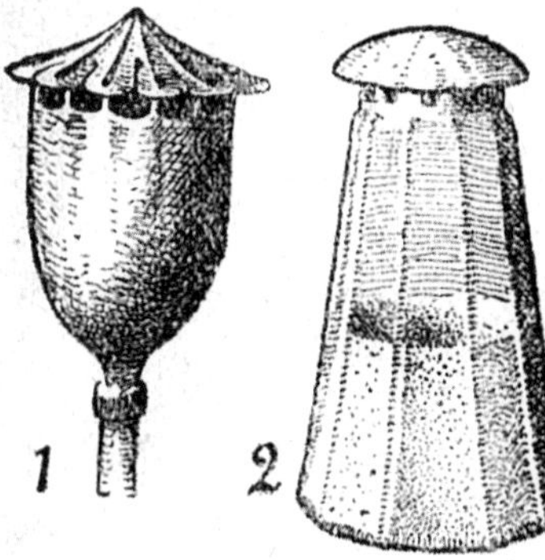

Abb. 1. Eine biotechniſche „Erfindung" und ihr Vorbild.
Der neue Streuer für Haushalt und mediz. Zwecke RGM. Nr. 723730 (2) und ein reifer Mohnkopf (1), der ſeinen Inhalt ebenſo organiſch ausſtreut.

図3『発明家としての植物』より、植物の形態のシェーカーへの応用
(Raoul Francé, *Die Pflanze als Erfinder*, Kosmos, 1920より)

した住宅に関する考え方の変化に伴い、「空間」の概念も改めて定義される。エベリングによれば、空間はそれ自体として実体を持つものではなく、上述の相互作用の起こる媒体にすぎないとされ、彼はそれを「空間はより否定的なものとして考えられる必要がある」[Ibid., p.10]と表現している。こうした考えに基づき、エベリングは住宅について、そうした放射を受け入れる「それ自身のエネルギー源として理解し、デザインすること」[Ibid., p.13]を主張する。

住宅に関する以上のような考察は、最終的に「生物学的建築」という概念の提唱へとつながっていく。そこでは物理学的な「三次元の空間」から、生物学的な「三次元の膜」への転換が主張され、その象徴として「生きた植物」が挙げられている[Ibid., p.16; p.18]。こうした文脈において、同書の後半においてエベリングはフランセの『植物の技術的達成』に言及し、「未来の建築科学から、より大きな関心を集めるに違いない」[Ibid., p.25]と評価している。

4章　1930年代における「生技術」の展開

第4章では、前章で取り上げた「生技術」が、その後1930年代においてどのように展開したのかを、ふたつの観点から論じる。ひとつはこの語の英語圏における受容。もうひとつは、そうした英語圏の動きに反応しつつ、独自の「生技術」概念を考案したフレデリック・キースラー(Frederick Kiesler, 1890–1965)の事例である。

(ア) 英語圏における展開

英語圏において初めて「生技術(Biotechnics)」という言葉が使われたのは、1921年におけるパトリック・ゲデス(Patrick Geddes, 1854–1932)からルイス・マンフォード(Lewis Mumford, 1895–1990)へと宛てた手紙の中とされている。ゲデスがフランセの著作から影響を受けていたのかどうかは定かではない。しかし、ゲデスの手紙のタイミングがフランセが「生技術」の理論的な基礎づけを行った著作『ビオス 世界の法則』(*Bios, die Gesetze der Welt*)が出版された数カ月後であること、そしてゲデスがこの語についてのオリジナリティを主張していないことなどから、バッドはそれがドイツ語圏における「生技術」に由来するのではないかと推測している[Bud, op. cit., p.66]。その後、「生技術」という語は1925年にゲデスとジョ

ン・アーサー・トムソン（John Arthur Thomson, 1861–1933）の共著『生物学』（*Biology*）において初めて活字化されると、翌年トムソンによって「生物学的な有機体の、人間に役立つような仕方での使用」というかたちで定義された。続く1920年代後半から1930年代にかけてこの語は普及し、1933年には雑誌『ネイチャー』（*Nature*）において、現在一般に使われる語である「生物工学（Biotechnology）」という題の特集が組まれるにいたった[Ibid., p.69]。

英語圏においても「生技術」という言葉は、来たるべき新たな文明を画す技術として受容された。ゲデスの影響を受けたマンフォードは1938年の著作『都市の文化』（*The Culture of Cities*）において、「生技術文明」を「生物学的な科学が自由にテクノロジーに応用され、テクノロジーそれ自体が生命へと方向づけられるような文明」[Mumford, 1970, pp.495–496][17]と定義し、現代文明の次の段階として位置づけた。

（イ）フレデリック・キースラーの「生技術」

1920年代には雑誌『G』の編集グループの一員でもあったキースラーは、1926年にアメリカに移住したのち、独自の「生技術」概念を展開した。1934年には“Biotechnic”に代えて“Biotechnique”という綴りを使い始め、他の「生技術」との差別化を図っている[Phillips, 2010, p.96][18]。しかし、この語が明確に定義されたのは1939年に雑誌『アーキテクチュラル・レコード』（*Architectural Record*）に発表した論文「コルリアリズムと生技術について」（*On Correalism and Biotechnique*）においてである[Kiesler, 1939][19]。この論文でキースラーは、人間を「力の核」と捉え、核と力の相互作用からなる「コルリアリズム」という世界観を主張したが、その中でゲデスの「生技術」について批判を行っている。そして、そうした力の流れを望ましい方向へと極性づけるデザイン手法として、ゲデスのものとは異なる自らの「生技術」概念を打ち出した。

5章　結論：バイオテクニカル・モダニズムとは何か？

本研究で取り上げた「生技術」に影響を受けたモダニズムの潮流にみられる特徴と、その現代へのつながりを述べることで結論としたい。

まず、そこにみられる特徴として①「機械的」「有機的」という対立の乗り越え、②自然の「形態」ではなく「プロセス」への関心という2点を挙げたい。1点目に関して、「生技術」のアイデアは「自然」の優越という「生命中心主義」の主題を受け継ぎつつも、自然の反対物として機械を位置づけるのではなく、むしろ機械やテクノロジーと自然を結びつけることが考えられ、それによってそれまでの工学技術の乗り越えが目指された。またその過程において重要だったと思われるのが、2点目として挙げた「形態」ではなく「プロセス」への注目である。リシツキーの文章やエベリングの空間論では、固定した形態よりも自然の生成のプロセスに重きが置かれているが、これらの例にみられるように、1920年代に「生技術」の影響を受けた建築家たちにとって重要なのは、自然の形態を直接模倣することよりも、自然が生成する過程や仕組みを模倣することであり、それによって建築自体が一個の自然物となることが目指されている。

こうした特徴から、本研究において取り上げた「生技術」を中心とした動きを、序論で取り上げた現代建築の潮流へとつながるひとつの萌芽とみなすことができるように思われる。またそれによって、モダニズムを18–19世紀の産業革命に対する遅れた反応としてではなく、20–21世紀の生体工学や生物工学の発展を先駆ける動きとして捉える可能性が開かれるのではないだろうか。

[参考文献]

(1) Collins, P. Biological analogy. in Braham, W. W. Hale, J. A.(Eds.) *Rethinking Technology: A Reader in Architectural Theory.* Routledge. 2007. pp.121–129.

(2) エイドリアン・フォーティー、坂牛卓・邉見浩久訳『言葉と建築　語彙体系としてのモダニズム』鹿島出版会、2006年

(3) レイナー・バンハム、石原達二・増成隆士訳『第一機械時代の理論とデザイン』鹿島出版会、1976年

(4) ピーター・ブランデル・ジョーンズ、中村敏男訳『モダニズム建築 その多様な冒険と創造』風土社、2006年

(5) Steadman, P. *The Evolution of Designs: Biological Analogy in Architecture and the Applied Art*. Routledge; Revised edition. 2008.

(6) Mennan, Z. The Question of Non Standard Form. *METU JOURNAL*. METU JFA. 2008. pp.171-183.

(7) Mertins, D. Bioconstructivisms. in Spuybroek, L. *NOX: Machining Architecture*. Thames & Hudson. 2004. pp.360 -369.

(8) Botar, O. Defining biocetrism. in Botar, O. and Wünsche, I.(Eds.). *Biocentrism and Modernism*. Ashgate Publishing. 2011. pp.15-45.

(9) Botar, O. Notes toward a study of Jacob von Uexküll's reception in Early twentieth-century artistic and architectural circles. *Message 1: Semiotica Volume 134-1/4 (2001) Special Issue: Jakob von Uexküll*. De Gruyter. 2001. pp.593-597.

(10) Bud, R. *The Uses of Life: A History of Biotechnology*. Cambridge University Press. 1994.

(11) Roth, R. The foundation of bionics. *Perspectives in Biology and Medicine*. 26.2. 1983. pp.229-241.

(12) Hausmann, R. Prospect. transrated by Lindberg, S. in Mertins, D. and Jennings, M.W.(Eds.). *G: An Avant-Garde Journal of Art, Architecture, Design and Film, 1923-1926*. Getty Research Institute. 2010. pp.116-119.

(13) Lissitzky, E. Nasci. transrated by Aldwinckle, H. in Lissitzky-Küppers, S.(Ed.). *El Lissitzky: Life, Letters, Texts*. Thames & Hudson. 1968. p.351.

(14) Moholy-Nagy, L. *The new vision and abstract of an artist*. Wittenborn, Schultz, Inc; 3rd edition. 1947.

(15) Neumeyer, F. *The Artless Word: Mies van der Rohe on Building Art*. transrated by Jarzombek, M. The MIT Press. 1991.

(16) Ebeling, S. *Space as Membrane*. transrated by Johnston, P. and Schoefert, A.K. AA Publication. 2010.

(17) Mumford, L. *The Culture of Cities*. Harvest Books. 1970.

(18) Phillips, S. Toward a research practice: Frederick Kiesler's design-correlation laboratory. *Grey Room*. 38. The MIT Press. 2010. pp.90-120.

(19) Kiesler, F. On correalism and biotechnique, a definition and test of a new approach to building design. *Architectural Record*. 86.3. F. W. Dodge Corporation. 1939. pp.60-75.

左上／図4『メルツ』8/9号表紙
(*The International Dada Archive at the University of Iowa Libraries*より転載)
左下／図5『メルツ』8/9号より、7つの生技術的要素(同上)
右上／図6『膜としての空間』表紙
(Siegfried Ebeling, *Space as Membrane*, London: AA Publications, 2010より)

出展者コメント ── トウキョウ建築コレクションを終えて

Q 修士論文を通して得たこと

研究を行っていく中で、指導教官や研究室のメンバーを始めとする様々な方からアドバイスやサポートをいただくことができ、修士論文のみならず、今後の進路にもつながる大きな財産になったと思います。

Q 修士修了後の進路と10年後の展望

同研究室の博士課程に進学し、研究を続ける予定です。10年後の展望に関しては、まだはっきりとは分かりませんが、研究者としてのトレーニングをしっかりと積んでいけたらと考えています。

コメンテーターコメント

青井：一次審査でもっとも高い点を入れた論文でした。日本語のみならず、英語、ドイツ語まで、膨大な文献を消化していて、論理も破綻がなく、全体にきれいにまとめられており、とても感心しました。少なくとも日本の文脈では気にも留められていない、生物学から近代建築の運動への影響を明らかにしていた。歴史の見方を変える可能性を示唆していました。教えてほしいのは、ヨーロッパにおける研究状況、そして、自身の論文のオリジナリティについてです。

印牧：ヨーロッパにおけるドイツ語による研究状況は分かりませんが、英語圏では、バイオテクニックやフランセが注目され始めたのは2000年前後です。1998年に博士論文でこの題材を取り上げる研究者がいて、今回、引用したり参考にしています。オリジナリティについては、日本で紹介されていないという面がひとつ。そして、1930年代の展開とともに語られていないので、そのあたりをまとめたことです。

八束：本論を読んで驚愕しました。この射程のすさまじい広がりを、わずか7分間のプレゼンテーションでは到底伝わらないのは仕方ないでしょう。修士でこれだけの情報量を消化しているとは、10年に一度クラスかもね。でも、少し意地悪な質問をすると、Aさんの議論に対して否定する格好でBさんが論を立てる、という議論が結構ある。そうすると、その間での批判的な継承やディベロップメントがなくなってしまうにもかかわらず、全体がひとつの話として続いているのはなぜか？　そしてもう1点は、「要は形ではなくて過程」という話は、まとめ方としてはスマートだけれど、これだけの広い素材を扱うと、最終的には何でもありにならないのかしら？

印牧：ひとつめの質問に対して、例えば、ヘッケルの設立した団体にフランセが関わっているなど、人物のつながりがあり、生物学者という共通点でつなげたのですが、議論の詳細は、もしかしたらあまり詰められていないかもしれません。2点目について、今までモダニズムでは有機的建築というカテゴリーはあるものの、自然との関係性は明確ではありませんでした。自然の形態をそのまま模倣するという形では出ていなくて、ミースにしてもエベリングという人物にしても、それらを空間へと翻訳したり、抽象的な形で行っているという特徴があります。その点で、自然観の移行があったのではないかという仮説を立てました。

八束：論文には出てきませんが、今世紀初頭のロシアにもあなたと似たような関心をもっていた人たちがいて、ひとりはボグダーノフという、政治家でも思想家でも科学者でもあった人ですが、ノーバート・ウィーナーやベルタランフィによるシステム論、組織論の先駆といわれるテクトロジー（組織形態学）というのを唱えた。もう一人はバイオスフェア（生物圏）という言葉をつくり出した鉱物学者、ベルナドスキーですが、彼らも似たような議論をしています。そういうメタ議論を必要とした時代なんですね。彼らのはシステムの話ですが、そうすると、バイオという言葉を使う必要もないのかもしれません。ベルナドスキーも、生物と生物でないものの間に違いはないというわけでね。印牧さんもバイオの専門家としてカテゴライズされると、それがひとり歩きして、ずっとつきまとうことでしょうから、枠組みをもう少し整理するなど、気をつけた方が良いかもしれません。

審査員コメント@公開討論会

八束：建築の実践が歴史にも理論にも関係ないというのはあり得ないと思っています。西洋では、印牧さんのようなタイプの人は結構いる。でも、日本では絶滅危惧種。あなたは非常な知識、情報の吸収能力を持っている。だからこそ、このまま道を外れず育ってほしいと切に思います。

新潟市市街地近郊農地における農小屋の様相

自力建設空間からみた地方都市周縁部の農地利用に関する研究

中島亮二
Ryoji Nakashima

新潟大学大学院
自然科学研究科　環境科学専攻
黒野弘靖研究室

1章　研究背景・目的

都市中心部で生じる市街地開発やインフラ整備などの変化による影響は周縁部にも及ぶ。とくに、人口減少期における都市部の拡大と縮退の混在は、その周縁部の位置づけや役割の変化を引き起こしていると考えられる。

一方、新潟市は政令指定都市中で最大の農地を持つ地方都市であり、その農地は市街地中心部にほど近い場所から分布が始まっている。そのような新潟市市街地近郊の農地において、利用者の創意によって造設された農小屋が散見される（図1、2)。これらの農小屋は、作物の生産・加工ではなく、生活・営農の用途で利用されていることに加え、地域や用途に固有の造設方法を持たない。よって、農小屋は周辺地域で生活する利用者の要求を鋭敏に反映していると考えられる。

農地が広がる都市周縁部において多様な形で表出する要求の様相を見ることは、都市の変化とその影響をより詳細に把握できる可能性がある。これまでに、住宅地内における農地の共同的価値についての研究[(1)]や離れ田と農小屋についての研究[(2)]がある。しかし、農小屋から市街地近郊の農業地域の利用について着目した研究はまだない。そこで、本研究では市街地近郊の農地において造設された

図1 高速道路インターチェンジ横の農小屋

図2 幹線道路沿いの農小屋

農小屋による農地利用の実態から、地方都市の市街地近郊における農小屋の役割と農地の位置づけを明らかにすることを目的とする。

2章　調査内容

調査は、2015年6月から12月にかけて、18回に分けて行った。新潟市内の用途地域周辺の農業地域を対象とした目視調査により101事例の農小屋を確認した（図3）。また各事例に対して実測調査を行い、そのうち33事例（23名）の利用者への聞き取り調査を実施した。

3章　農小屋が発生する場所

3-1 農地の形状と接道から見た立地形態

農小屋が立地する農地の形態から、農小屋が発生する場所の特徴を述べる。農地の形状から見ると、整形の農地は49事例（48.51%）で、不整形の農地は52事例(51.49%)であった。一般的な農地が方形に整地される一方で、農小屋は不整形な農地に造設されていることが分かる。

また、接道は幅員4m以上の道路に接している道路の本数によって分類した。接道のない農地に造設されたものは44事例(43.57%)で、一方路のものは43事例（42.57%）、二方路のものは14事例（13.86%）であった。農小屋は不整形な農地に造設され、大規模農業には適さない交通量の多い道路付近の農地において造設される傾向にあると言える。

3-2 農小屋の集合と所有

農小屋の分布には、まとまりが見られた。農小屋の集合と所有の関係から農小屋が造設される要因について述べる。所有形態は、立地の周辺農地に他の農小屋がない〈単独型〉、個人が複数棟を並べて造設した〈連棟型〉、複数人の利用者が各々で造設した〈林立型〉、ひとつの農小屋を複数人の利用者が共有する〈拠点型〉の4つに分けられる(図4)。

〈連棟型〉は不整形な敷地に多い。各棟ごとに異なる利用方法がなされており、要求の発生に伴い栽培に不向きな農地を利用して増設されていると考えられる。また〈林立型〉は、聞き取りから農業技術だけでなく、造設技術の交流が行われている実状が明らかになった。農小屋の造設行為自体が周辺の営農者に波及していると考えられる。一方で〈拠点型〉は整形農地に多い。専業農家所有の農地が小規模な区画に分割され、そこに入園した複数の営農者によって造設されている。

4章　農小屋の利用と周囲との関係

4-1 退職世代の新規就農者による利用

聞き取り調査を実施した33事例の利用者23名のうち、20名が60歳以上の退職世代の新規就農者であった。また、すべての利用者が10km圏内に自宅を所有し、主に自家用車によって農地と自宅間を移動している。農小屋の利用者は、都市中心部にある職場を退職した世代の新規就農者であることが分かる。

4-2 市民農園の位置づけ

新潟市では市内14カ所で市民農園が開設されており、物品の共用や小規模な区画割りから就農への敷居が低い場として人気が高い。一方で、「入園時の抽選で落選した」や、「畑面積の拡大」などの理由で、専門農家所有の農地への入園利用を選択する人が見られる。市民農園の利用は初期就農期には適しているが、営農技術が向上する中で利用対象から洩れる人がいる。市街地から周縁地域に広がる専業農家の農地での営農を求めて移行する際に、農小屋が造設されていることが指摘できる(図5)。

4-3〈拠点型〉の農小屋の役割

市提供の市民農園と同様の型である〈拠点型〉の農小屋について見ると、管理人を設け、独自に入会費を設定するなどして共同で利用している。また、経験者を中心とした農小屋の修理・造設や休憩時の交流などが盛んに行われている(図6)。市民農園と異なり貸付期間に上限はない一方で、畑から田圃への変更や大型店舗への開発などの可能性が共有された上で利用していることが明らかになった。〈拠点型〉の農小屋には、小作により細分化する農地において、各入園者の志向を束ねておく役割があることが推察される。

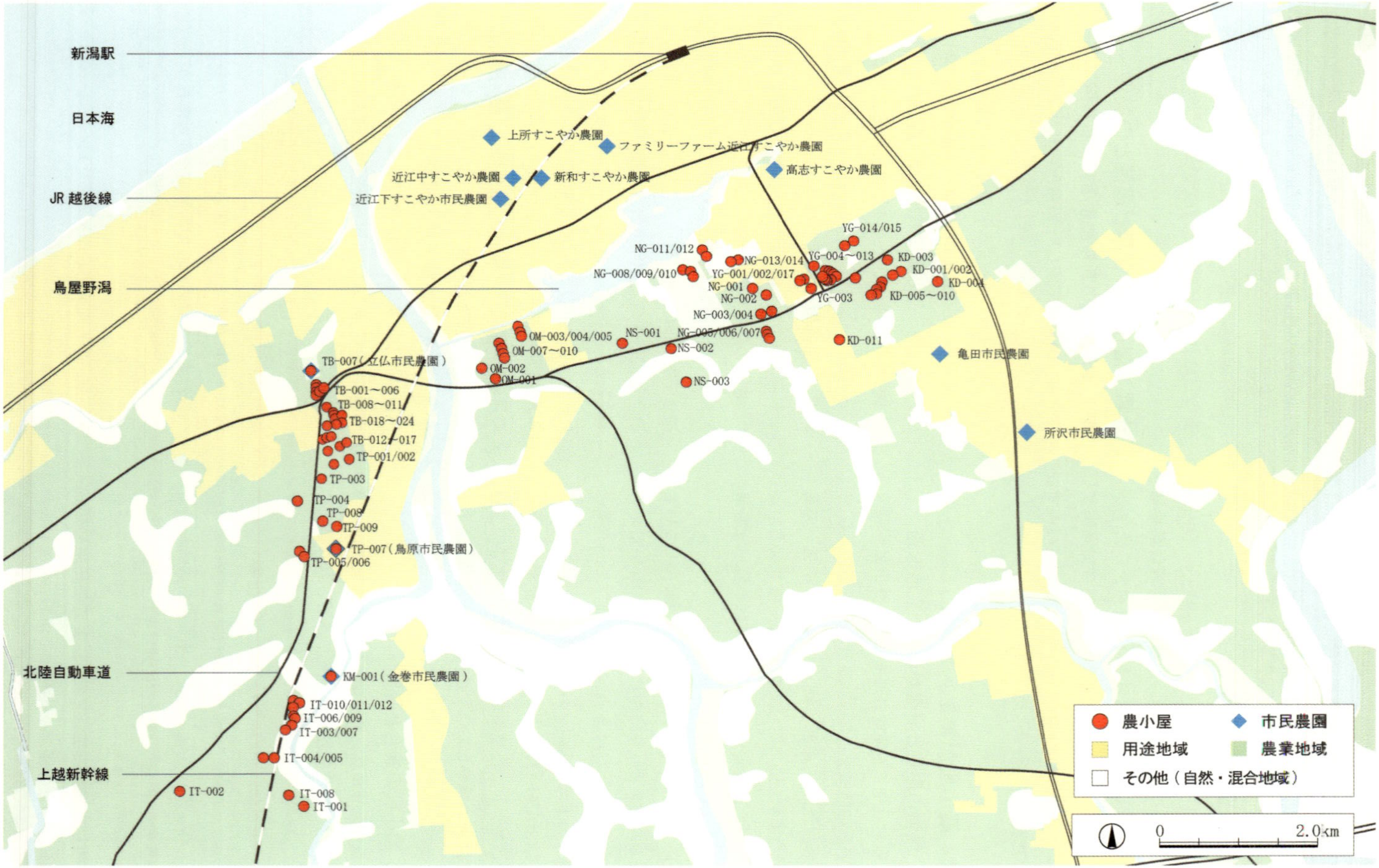

図3 農小屋と市民農園の分布

5章　利用者による自力建設

5-1 農小屋で用いられる素材

利用者が資材の取得や部材の組み立てを行ったものは82事例（81.19%）で、多くの農小屋が既製品を使用せず、独自の方法で造設されている。なかでも使用素材を見ると、壁面では、最も多いものが「トタン」で49事例（48.51%）で、ついで「波板」で37事例（36.63%）が確認できた。また、屋根素材では、最も多いものが「トタン」で58事例（57.43%）で、ついで「波板」で23事例（22.77%）で使用されている。さらに、壁面素材では48事例（47.52%）での複合利用が見られた。とくに、〈連棟型〉の事例TB-001 〜 006を見ると、棟毎に異なる素材を用いていることが分かる。

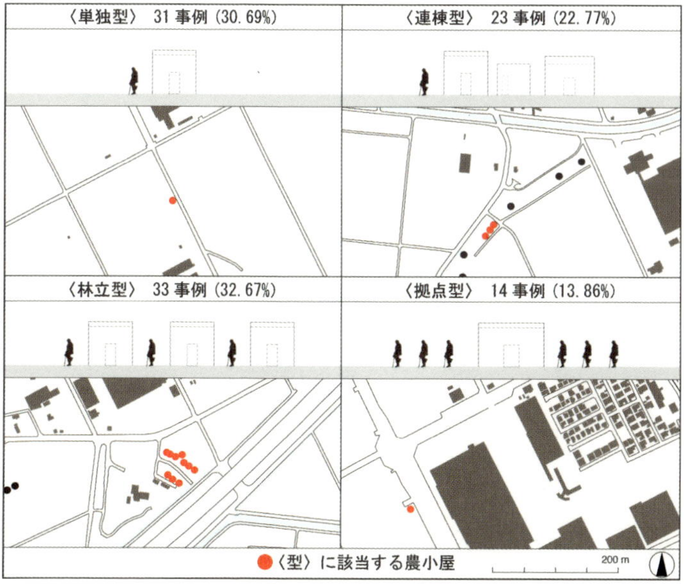

図4 立地から見た所有形態の分類

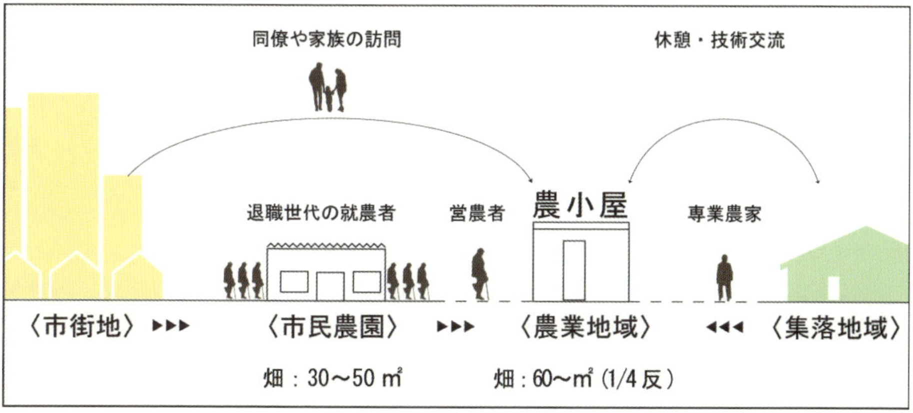

図5 都市部からの移行と農小屋の造設

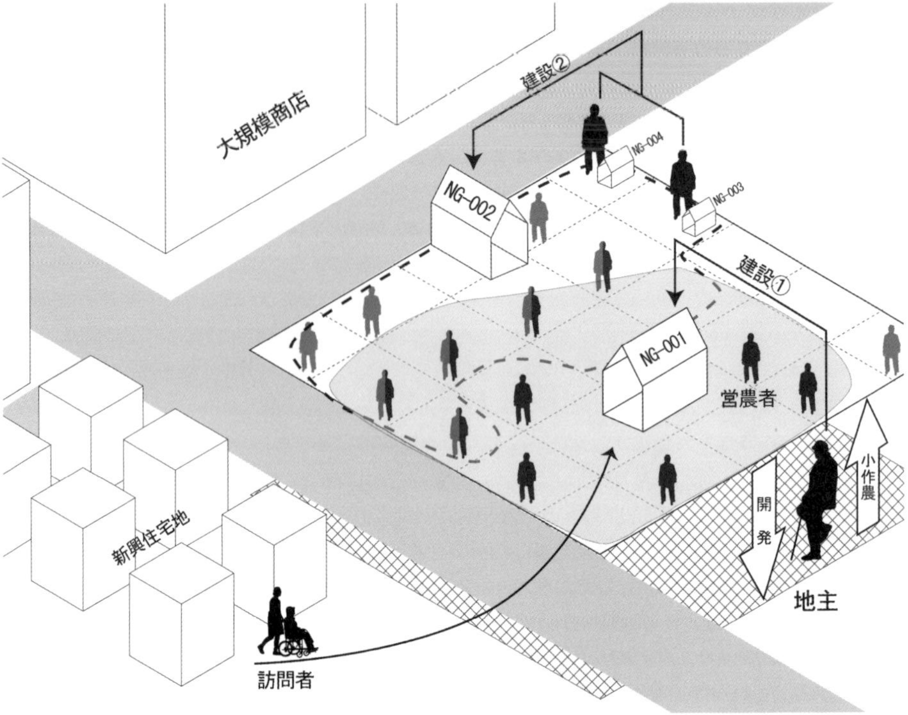

図6 共同利用によって束ねられる農地利用の志向

各資材の取得場所は、自宅の廃材や職場で取得した資材などである。農小屋の造設時期に取得が可能であった、周囲のありものの資材を寄せ集めることによって造設していることが分かる(図7)。

5-2 要求に伴う増改築

造設に要する日数は、最長でも6日程で初期の造設には時間をかけず、利用していく中で随時増改築や修理を施すことが分かった。さらに、複数の室を増築することで季節や気候によって室利用を変えている事例が見られた。とくに、5室構成の事例IT-002を詳しく見ると「冬期休憩所」を取り巻くように室が構成されている(図7)。風雨にさらされる農地において滞在しやすい環境をつくり出している。造設年で見ると徐々に拡大していることが分かり、営農技術の修得や滞在時間の増加に伴う要求の変遷によって、造設されていることが分かる。

また、農小屋の構造には5つの種別が見られる。最も多いものが「木造」で37事例(36.63%)で、ついで「鋼管」で33事例(32.67%)であった。加工のしやすい材や組み立て解体が可能な材を用い、必要に合わせて補修することで利用していることが分かる。地権者の意向によって農地利用の変更を余儀なくされることもある農地における特徴であると言える。

5-3 周辺環境との関係

内部利用だけでなく、周囲を有効活用している事例が見られた。周囲の利用は大きく、「テラス」「駐車スペース」「貯蔵庫」「貯水タンク」の4つが見られる。とく農小屋から軒をのばすことで、半屋外空間として利用している「テラス」が設置されている事例は5事例(4.95%)で見られた。日常の飲食や休憩といった利用に加え、バーベキューや食事会などのレクリエーションにも使用しており、利用者にとって主要な構成要素であることが分かる。また、利用者間の交流の場となっているだけでなく、近隣の専業農家の方が訪れることで、技術交流を促す側面を持っていることが、聞き取りにより分かった。

また、浴槽やドラム缶などに雨水を貯めておく「貯水槽」が設置されたものは27事例（26.7%）であった。立地する農地は、取水が容易な場所ばかりではない。そのため、農業用水の取得は農地利用の課題のひとつと言える。屋根をつたう雨水の貯水を当初の目的として造設された農小屋も見られ、造設には複数の動機があることが分かる。農小屋は造設された場所に応じて、造設・修復方法を変えることで環境に適応させている現状が明らかになった。

6章　類型からみた農地利用の実態

6-1［閉鎖–開放］軸と［流用–造作］軸

確認された101事例を類型にまとめ、その農地利用の傾向と特徴を把握する。「立地」「用途」「形態」の3つの観点から13項目における19のカテゴリーを設定した（表1）。数量化3類によりカテゴリースコアを基にした分類軸として2軸を導出した（図8）。

第一軸を見ると、プラスには「8-iii-b.床仕上げなし」「2-a.農地接道なし」「13-ii-b.駐車場なし」などがある。一方で、マイナスには「13-iii-a.テラスあり」「9-a,b.家具机・椅子あり」「12-a.電源あり」などがある。これらより、農小屋の周囲に対する開放の度合いを表す軸と解釈できるため、［閉鎖-開放軸］とした。

第二軸を見ると、プラスには「6-b.造作型製品利用」「11-c.構造鉄骨」「8-i-b.壁面素材単数」などがある。一方で、マイナスには「13-i-a.トラックコンテナあり」「7-b.室構成複室」「8-i-a.壁素材複数」などがある。これらより、既製品の流用や独自の方法による造設に関する度合いを表す軸と解釈できるため、［流用–造作］軸とした。農小屋は周囲への開放性と農小屋への改造具合のふたつの度合いによって分類できることが分かった。

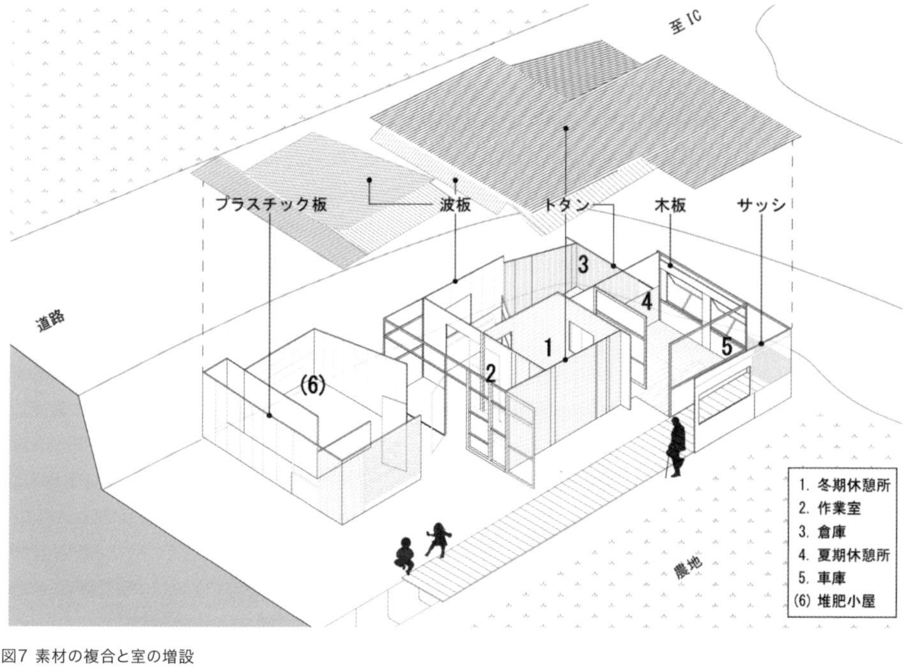

図7 素材の複合と室の増設

6-2 二軸による類型化

サンプルスコアを基にクラスター分析（群平均法）を用いて4つの類型を導出した（図9）。導出された類型は、それぞれ「閉鎖型」「開放／造作型」「開放／流用型」「閉鎖／流用型」である。

「閉鎖型」は最も多く、72事例（71.29%）が該当する。農小屋における主流の型と言えるが、開放的な増改築を施すことで市街地と農村地域の接続拠点となる可能性がある。「開放／造作型」は11事例（10.89%）が該当する。すでに開放的な利用や形状がされており、市街地近郊の農地において都市部の生活を展開するだけでなく、農村集落と

「立地」	1. 農地形状	a. 整形　b. 不整形	
	2. 農地接道	a. なし　b. 一方路　c. 二方路	
	3. 集合	a. 集合　b. 単独	
「用途」	4. 営農用途	a. 複合　b. 単一	
	5. 付加用途	a. 複合　b. 単一	
「形態」	6. 造作型	a. 自力建設　b. 製品利用	
	7. 室構成	a. 単室　b. 複室	
	8. 素材	ⅰ. 壁面素材	a. 複合　b. 単一
		ⅱ. 屋根素材	a. 複合　b. 単一
		ⅲ. 床仕上げ	a. あり　b. なし
	9. 家具	a. 机　b. 椅子　c. 棚	
	10. 寸法	ⅰ高さ	a. 2500（mm）未満　b. 2500（mm）以上
		ⅱ. 造設面積	a. 15（㎡）未満　b. 15（㎡）以上
	11. 構造	a. ビニルハウス　b. 鋼管　c. 鉄骨　d. 木造　e. 車両	
	12. 電源	a. あり　b. なし	
	13. 屋外利用	ⅰ. トラックコンテナ	a. あり　b. なし
		ⅱ. 駐車スペース	a. あり　b. なし
		ⅲ. テラス	a. あり　b. なし
		ⅳ. 貯水	

表1 数量化3類に用いたカテゴリー

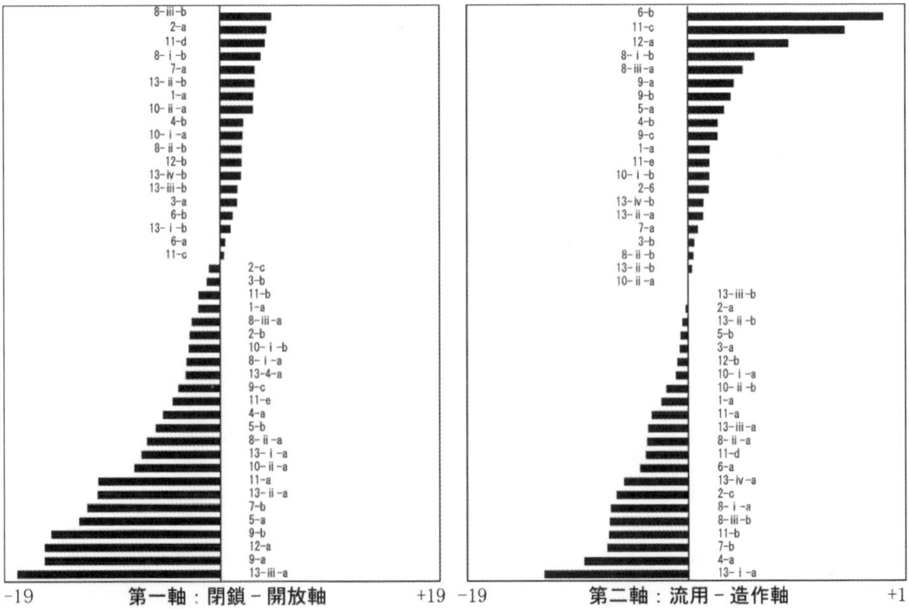

図8 導出された二軸

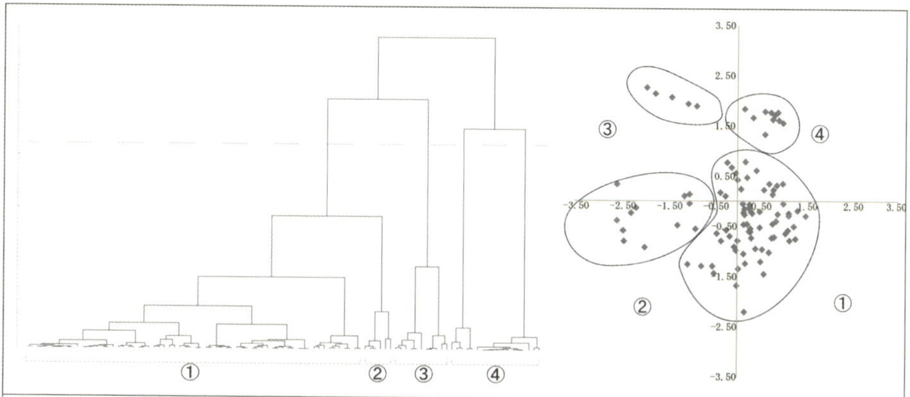

①「閉鎖型」72 事例（71.29%）
構造や素材を流用することで、比較的、簡易的に農小屋を造設している型。多数の事例が該当するが、増築や改造によって接続拠点となる可能性がある。

②「開放／造作型」11 事例（10.89%）
利用者独自の方法で造設され、周囲に開かれて利用されている型。農地において遠距離での拠点となり、都市部と農村集落地域の接点となることが期待できる。

③「開放／流用型」5 事例（4.95%）
既製品の流用によって構築され、市街地周縁地域で農地との接点となっている型。区提供の市民農園はこの型に入る。

④「閉鎖／流用型」13 事例（12.87%）
製品をそのまま流用して農小屋としている型。個人利用が多く、周囲との接点は少ない。営農目的での用途以外の用途はほとんど見られない。

図9 固有値をもとにした農小屋の4類型

の関係性を強める場所となることができる可能性を持っている。「開放／流用型」は5事例（4.95%）が該当する。最も少ないこの型の農小屋のほとんどが製品利用によって造設されており、市提供の市民農園はこの型に該当する。「閉鎖／流用型」は13事例（12.87%）が該当する。製品の流用によって農小屋を造設しており、個人の利用に限定され、周囲との接点は少ない型である。

7章　新潟市における農地利用の可能性

7-1 農小屋による農地利用の実態

農小屋の立地は、住宅や大規模商店の開発、農業従事者の高齢化や減少を背景とした影響を受け、数多く発生した大規模農業に適さない農地である。これらの農小屋は、都市中心部で働き、退職した新規就農者らによって利用されている。市民農園を経由した利用者らが営農水準の向上を求めて近隣の農地へと移行する中で、農小屋が造設される実状が明らかとなった。また、農業技術の向上や資材確保の状況に応じて、手を加えることで自身の要求や立地の環境に対応しており、市街地近郊において発生した要求を鋭敏に反映していると言える。

7-2 農小屋の果たす役割と可能性

〈拠点型〉の農小屋は共同利用されることで、小作農や開発の影響を受けて細分化する農地において、入園した複数の利用者の志向を緩やかにまとめる役割を持っている。また、「開放／造作型」の農小屋は、農地の集約化に伴う市街地と農村集落の関係の希薄化を抑制する接点としての役割があると推察される。

一方、農小屋が周囲からは見えづらい場所で放置されやすく、環境や治安の悪化が懸念されるため、各々の農小屋を持続的に利用・管理することが今後の課題と言える。今後、都市中心部の変化に応じて周縁農地の細分・集約化が進む中で、自力建設された農小屋による農地利用は、市街地との関係の中で農業地域に新たな役割を持たせた都市の形成と把握に寄与できる可能性があると推察される。

[参考文献]

（1）吉岡優一・貝島桃代『埼玉県北本市市街化区域における住宅地と農地からみた空間的特徴　既存住宅地における農地の共同的価値に関する基礎的研究（1）』日本建築学会大会学術梗概集、pp.521-522、2012年1月

（2）野畑拓臣・菊地成朋『「離れ田」と「農小屋」に関する考察-新川・田篭地区における民家の地域資源化のための基礎的研究　その9』日本建築学会大会学術梗概集、pp.597-59、2010年9月

出展者コメント ── トウキョウ建築コレクションを終えて

Q 修士論文を通して得たこと

まずは足で稼ぐこと、ピントを調節して観察することです。

Q 修士修了後の進路と10年後の展望

オランダに行きます。建築に軸足を置きながら、農に携わっていたいです。

コメンテーターコメント

青井：着眼点がとても面白い研究だと思いました。ひとつ気になったのは、地主さんや営農者にロングインタビューをすれば、都市の農村の関係構造の変化が分析できて、研究の近道になったのではないでしょうか？　つまり、どういうキャリアを経て、今農業を営もうとしているのか、なぜ地主が農地を貸す形になったのか、その話を積み重ねていくと、構造的な分析につながった気がします。プレゼンでは、そのあたりの活き活きした情報が伝わってきませんでした。

中島：101事例中の33事例、23名の方には聞き取り調査をしました。就農者の前職も分かっていて、大工さんや都市部でタクシー運転手をしていた方、医療関係の仕事に就いていた方もいて、新潟市で働いていた人が郊外に出てきている状況を把握できました。

石川：中島さんの一推しの小屋はありますか？

中島：ものすごく面白い方がいました。以前に歯科で用いる資材を扱う仕事をしていた72歳の方で、ひとつ目の小屋を建てる時には、その職場で得た資材でつくっていました。その後、郊外にあったおしゃれな古着屋さんで使っていた陳列棚や床材を持ち込んで増築したそうです。ここには何度も通ったほど面白かったです。

石川：歯科で用いる材料って、例えばどんなものですか？

中島：鋼管という呼び名が正しいかは分かりませんが、照明器具を支えるためのパイプ状のものなど、余った商品を使っていると説明していました。

森田：僕もすごく面白いと思いました。こういった暮らし方が組織化されているようなことはあるんでしょうか？　また地主さんとのマッチングについても知りたいですね。

中島：今回の調査で、農地の区画内で集団化している状況は把握できました。農地は簡単に貸し借りできなくて、入園利用方式で人を集めてから農地を細分化して、だいたい1反を4分割する形で貸し出す。借り主4人でひとつの小屋を建てる場合もあれば、個々に建てることもあります。一方で、新潟市には市民農園があるのですが、それとは別に個人で経営している農園がいくつかあります。そこでは独自にポスターなどを貼って周知しようとしているようですが、基本的には人づてで情報を得て人が集まってくる形です。

審査員コメント＠公開討論会

一ノ瀬：丁寧に調査されていて好感を持ちました。今、これから衰退していくであろう農業を見直そうという動きがありますが、放っておけば地上げがあってショッピングセンターが建設されてしまうようなところに小屋が建つことで、都市と農業が共存できるビジョンがあったのでしょうか？

中島：はい、そうです。

一ノ瀬：農小屋は建築なのでしょうか？　もしかして違法にあたるのかな。これを合法的に展開していくためにはどうすればいいか、その結論も出した方が良いのでは？

中島：建築基準法には則っていませんが、農地法では、農地内に農業に資するものであれば建てても問題ないということになっています。ちょっと境界が曖昧になっているかとは思いますが……。

八束：卒業後はどうされるのです？

中島：オランダの大学で設計を学びながら、こういった研究もしたいと思っています。

石川：ぜひオランダの農小屋を研究してほしいですね。

八束：オランダはポルダー（干拓でつくり出した土地）の国。ランドスケープやエコロジーと建築をリサーチしてデザインする建築家のチームもあるので、面白いかもしれません。

論文展　**新谷眞人賞**

スリット入りサーフェイスの 3次元展開形態シミュレーションの研究

モバイル・パヴィリオン設計への応用を通して

島田 潤
Jun Shimada

東京大学大学院
工学系研究科　建築学専攻
隈研吾研究室

1章　序

1-1 研究の背景

パラメトリック・デザインは複雑な形態のデザインを可能にするが、同時に現実世界の形態生成のルールをモデル化して疑似体験することも可能にする。紙に切り込みを入れ、広げた時に思わぬ複雑な形状になる、といった体験をモデル化してデザインに利用することができる。デザイン向けの3次元CADがパラメトリック・デザインや数値解析を一貫して扱えるようになった今、形態生成のルールのモデル化から、コンセプトデザイン、実施設計、さらに構造解析までを同一システムで扱い、設計を行う方法論を構築することが必要である。

1-2 2次元で設計し3次元に展開する優位性

本研究では形態シミュレーションを利用し、2次元の設計・加工によって3次元躯体をデザインするシステムを考案する。ゆえに設計・加工は2次元の設備さえあれば可能で、3次元の場合に比べて短時間かつローコストで済む。さらにレーザーカットによる板材の加工は、3Dプリンタなどに比べ、多くの既存の素材を利用することができる。また、2次元パターンによって3次元の形態が定義、または拘束されることをデザインに利用することで、3次元の形態をつくる際に必要な型枠や足場などの資材を削減できる。加えて、3次元への展開を現場で行うと輸送コストを削減できる。こうした合理性や資材削減の可能性が、2次元で設計・加工することの優位性である。

1-3 既往の研究と本論の位置づけ

薄い金属などを引き延ばした形状について、形態シミュレーションを用いずに、変形した後の形状をコンピューター上でジオメトリによって近似的に現した例は、Uta Pottgiesser、Holger Straußß編『Product Development and Architecture: Visions, Methods, Innovations』[(1)]などに掲載がある。また、サーフェイスに対してメッシュ化のシミュレーションを行った例は、Grasshopper のkangaroo グループページ[*1]に無数の例がある。また、構造的観点からであるが、エキスパンドメタルの挙動を定性的に解析した研究として、浜田大蔵、山本泰稔らの『エキスパンドメタルを用いたRC構造の研究』[(2)]が挙げられ、3次元に展開した金属についての定性的解析がある。

本論では、連続的に細いスリットの入った2次元サーフェイスの特定部分に外力を加えた際の形態シミュレーションを行う。細かいスリットは、メッシュ・エッジの長さがそろえにくく、メッシュ化やシミュレーションがしにくい形状のひとつであり、メッシュ化の方法論などを定性的に扱った研究は見当たらない。また、本論では2次元のサーフェイスの形状に対してスリットの入れ方を一意に定めることで、メッシュ化やシミュレーション、実験において、細かな挙動を定性的に扱うことができた。さらに、本論はシミュレーション・システムを形態デザインの手段として扱い、3章で実施プロジェクトを引用し、シミュレーションと現実問題とのすり合わせについても多く検討している。

1-4 研究の目的

本研究は、スリット入りサーフェイスを2次元から3次元に形態変化させることに関して、

(1) 任意の図形に対して、3次元展開可能なスリット入りサーフェイスをモデリングし、

(2) 形態変化のシミュレーションを行うシステムを提案し、

(3) その結果をペーパー・モデルでの変形と比較して、その有効性を検討し、

(4) そのシステムをパヴィリオン設計プロジェクトに応用しつつ、実施設計における有用性を確かめることを目的とする。

1-5 論文の構成

本研究では、2章にて、任意の図形に対してスリット入りサーフェイスを作成して、3次元展開をシミュレーションするシステムを提案し、3章にて、そのシステムの実施パヴィリオンの設計フェーズにおける活用について記述している。

2章　スリット入り2次元サーフェイスの3次元変形シミュレーション・システム

2-1 序

この章では、任意の図形に対して3次元展開可能なスリット入りサーフェイスを作成し、その3次元変形をシミュレーションするモデル化システムを提案する。

2-2 サーフェイス外形のモデル化

同一平面上に存在するふたつの曲線A、Bと、ふたつの直線C_1、C_2からなる閉曲線A、C_1、B、C_2

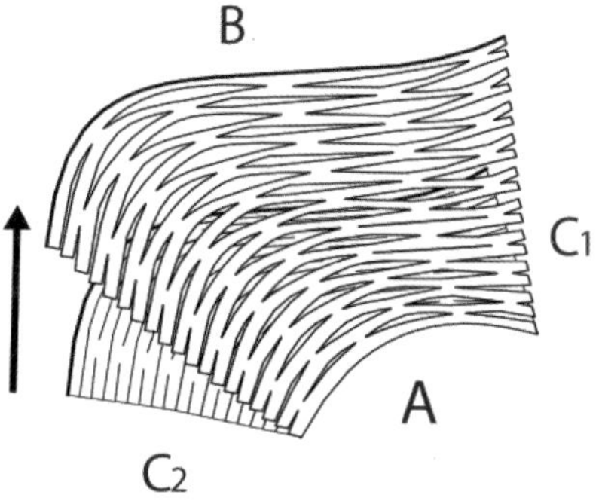

図1 シミュレーションの方針

に対して、Aを固定する辺、Bを外力を受け、移動する辺として設定する。AとBはスプラインもポリラインも入力できる(図1)。3次元展開可能な図形には多角形型とドーナツ型の二通りが考えられるが、図2のように辺を扱うことで、双方をひとつの一般モデルに集約する。これによって、図3で例に挙げる大きさ2m程度の図形a～fを同一のジオメトリとして扱い、メッシュ化・シミュレーションを行うことが可能になる。

2-3 スリット入りサーフェイスのモデル化

図4のように、閉曲線A、C_1、B、C_2に、m行n列のスリットを配置する。T_iの長さのうち、最小値をT_{min}、図5 のようにスリット同士の行方向の距離dのうち最小のものをd_{min}、スリット自身の列方向の長さのLのうち最小のものをL_{min}とする。さらに列方向のスリットとスリット間の長さの比をα、スリット自身の線幅をwとしてスリット配置の条件として設定する。

この条件を満たす最大のm、nは床関数floorを用いて図6中式(01)および図6中式(02)により一意に決定し、これらを用いてスリットの数と配置を決定する。以上の操作により、スリットモデル化したサーフェイスFは、図6中式 (03) に示す変数を用いて一意に決定する。

2-4 サーフェイスのメッシュ化

シミュレーションではメッシュ・エッジに従って変形するので、メッシュ割り付けは重要である (図7)。

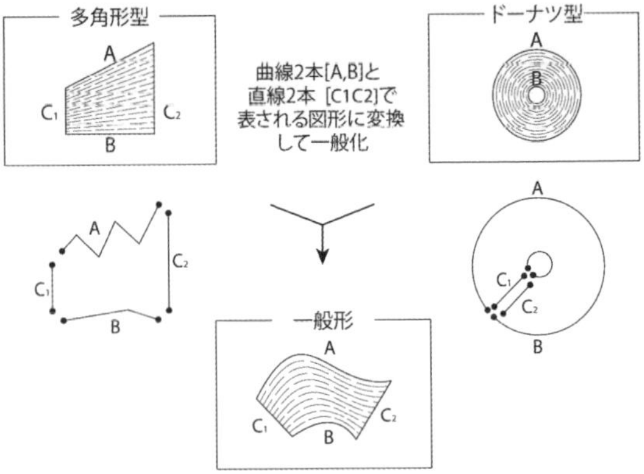

図2 多角形型とドーナツ型を一般系モデルに結合

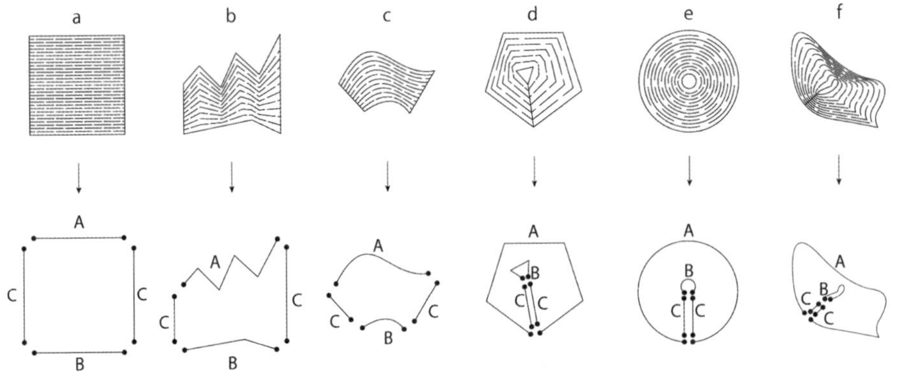

図3 モデル化の検証のためa〜fの図形例を使用

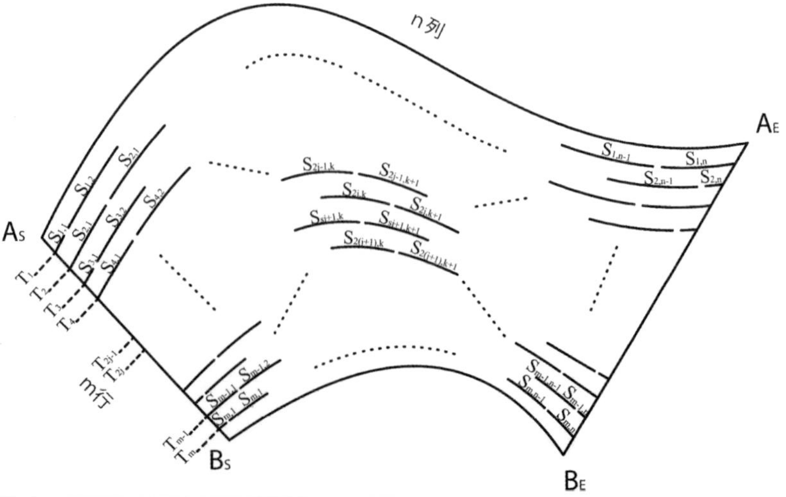

図4 サーフェイスに対するスリットの割り付け

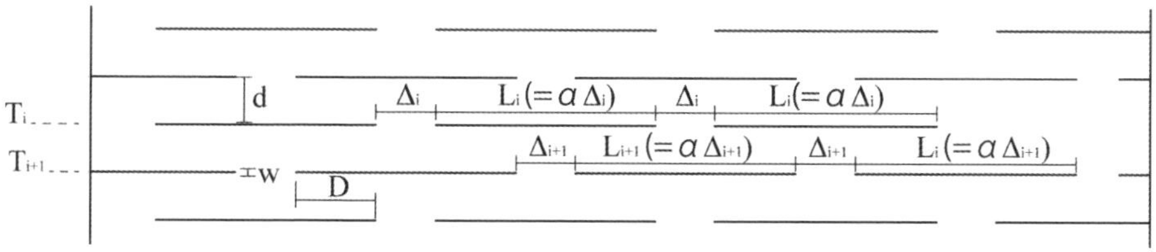

図5 スリットパターンの定義

$$m = \mathrm{floor}\left(\left[\frac{\mathrm{Dist}\,[A, B]}{d_{\min}}\right] - 1\right)$$

$$n = \mathrm{floor}\left(\frac{T_{\min}}{\Delta + L_{\min}}\right)$$

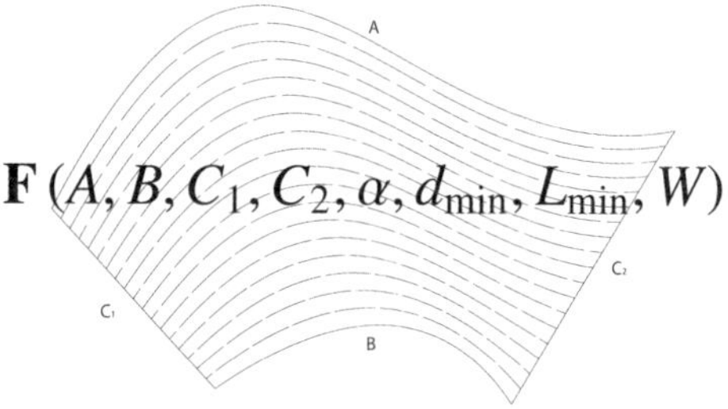

図6 左上:式(01)、左下:式(02)、右:式(03)

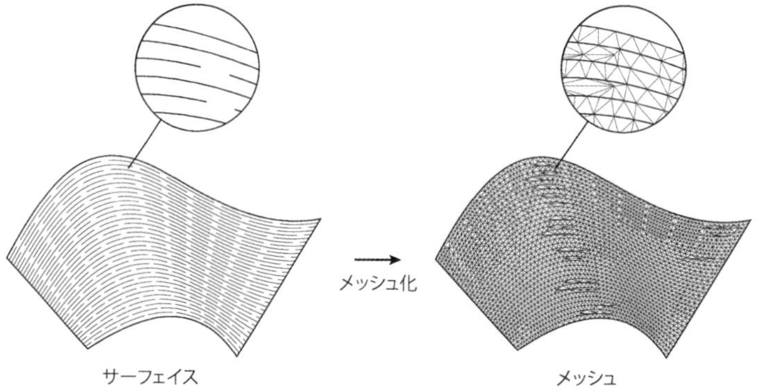

図7 メッシュ化の例

同一長さのスリットが一定間隔で入るという特殊な形状のため、メッシュ数は最大許容エッジ長さによって大きく変化した。図8、図9のように生成されるメッシュ数を分析し、メッシュ化は四角(クアッド)メッシュなしとし、最大エッジ長さをグラフ極小値より、決定した。

2-5 シミュレーション

ここまでのモデル化定義に従い、Rhinocerosのプラグインである Grasshopperを用いて、実際に図形a〜fのサーフェイスのメッシュを作成した。これをパーティクル・スプリング・システムのエンジンを搭載したKangarooを用いて解析する。図10のように、辺B上のメッシュ頂点を真上に引き上げた際の形状をシミュレートする。すべてのメッシュ・エッジをばねシステムと仮定し、図11中式(4)のように弾性エネルギーの総和を求める。

次の計算ステップ(Iteration)では、弾性エネルギーの総和を少なくするメッシュ頂点の再配置を行い、再び弾性エネルギーの総和を計算する。この計算を繰り返すことで、漸次的に弾性エネルギーの総和を最小にする形態を導き出す方法でシミュレーションを行う。今回、Iterationは形態の収束まで

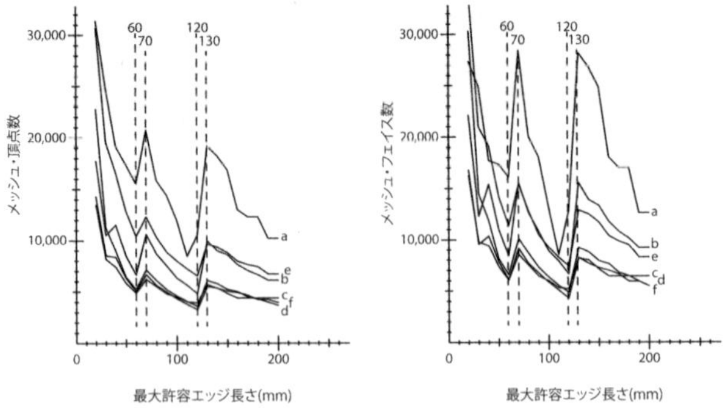

図8 クアッド・メッシュありの時のメッシュ作成数

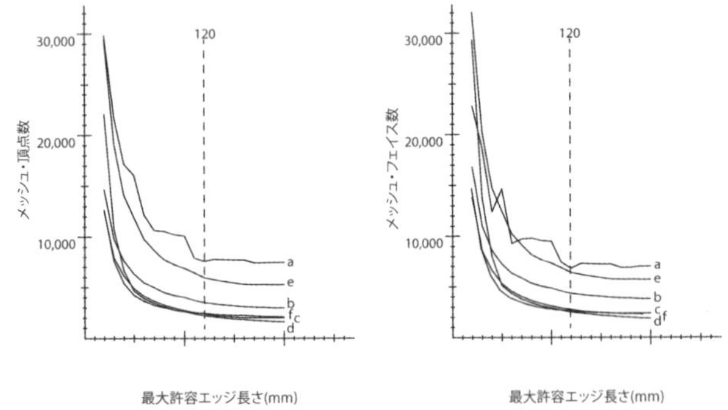

図9 クアッド・メッシュなしの時のメッシュ作成数

に5,000～50,000回程度を要した(図12)。

2-6 模型との変形比較

レーザーカッターを用いて1/5スケールの紙模型を作成し、シミュレーション結果の検証を行った。両者の変形結果は図形a～fのほとんどにおいて、図13が示すように、十分に近い結果を示した。

2-7 まとめ

本章では、閉曲線を入力するだけで自動的にスリットを作成し、3次元の形態変化をシミュレーションできるシステムを提案した。紙模型の変形との比較では、意匠設計上、十分な精度で形態シミュレーションが行えることが分かった。2次元のデザイン（閉曲線）の入力からシミュレーション（3次元形状のモデリング）までを、コンピューター内で一瞬のうちに行うことができ、最終形態をヴィジュアライズできることは、設計者にとって大きなメリットである。

3章　シミュレーション・システムを利用した実施パヴィリオンの設計

3-1 序

この章では、前章のシステムをパヴィリオンの実施プロジェクトにて利用し、有用性を評価する。

3-2 デザイン概要

厚さ1mm程度の鉄板4枚で30㎡の空間をつくる。図14のように、薄板に切り込みを入れて引き延ばすだけで、瞬時に想像以上の大きな空間が現れるところが魅力のひとつだが、それは想像しがたい3次元形態を予測しながら2次元のカットパターンの設計を強いられることでもあった。こうした状況に対し、シミュレーションでのスタディは有効だ。

3-3 デザインと構法

スリットをひとつの方向に入れ、それを引き延ばした金属板は、3軸方向についてまったく違う力学的

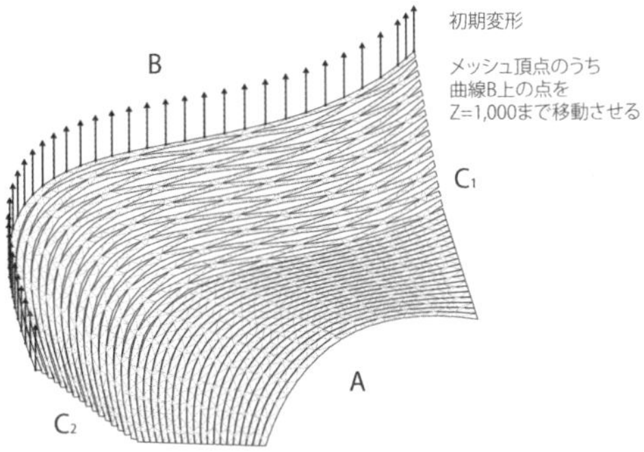

図10 シミュレーションの設定

$$E=\sum_i \underbrace{\frac{1}{2}}_{\text{ばね係数}}\mathrm{k}\underbrace{(L_i-L_{i0})^2}_{\text{変形量}}$$

ばね係数　変形量

弾性エネルギー

図11 式(4)

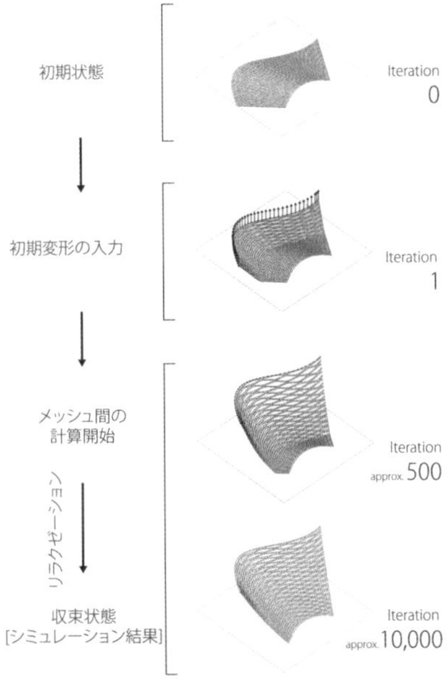

図12 シミュレーションのフロー

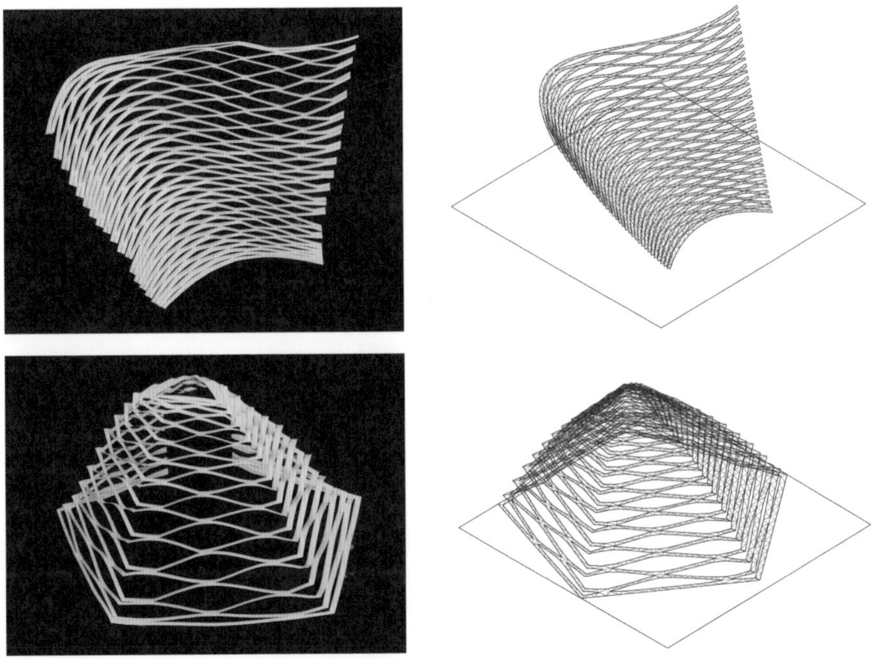

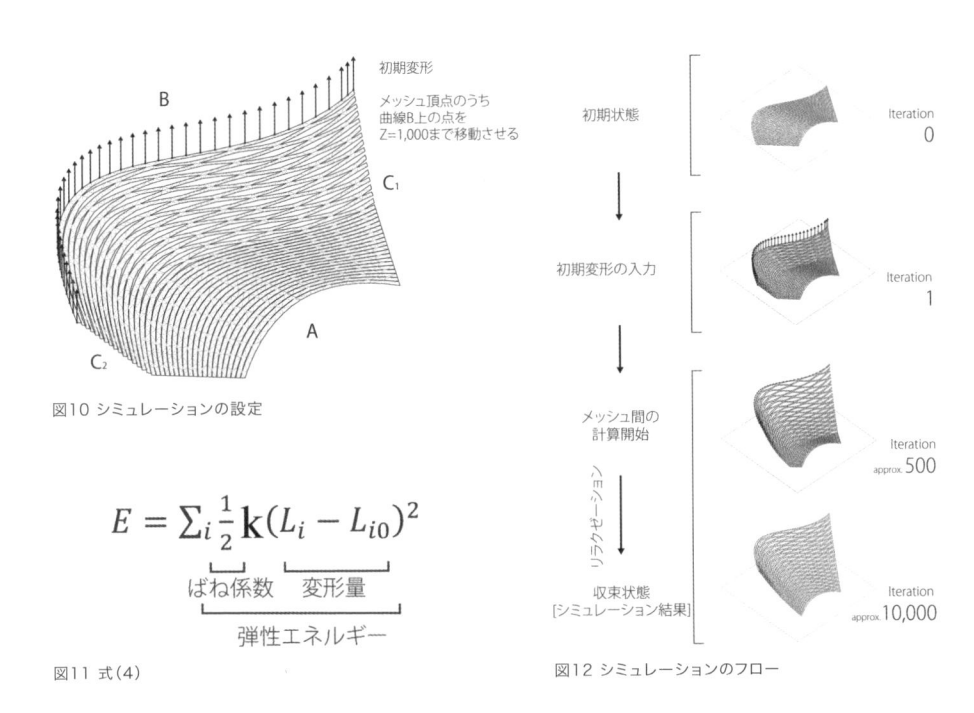

図13 上:模型cとそのシミュレーション図形　下:模型dとそのシミュレーション図形

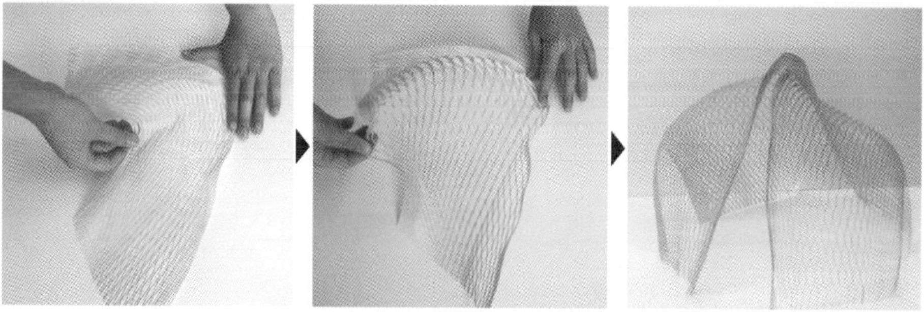

図14 コンセプト「一枚の板から空間をつくる」

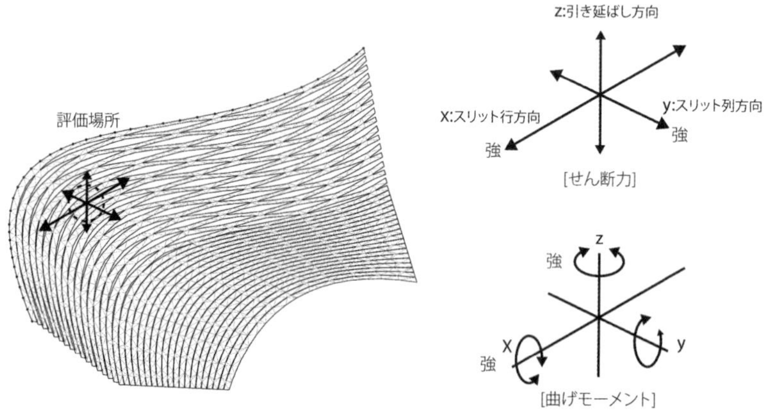

図15 力学特性を利用した設計

特性を持つ。さらに展開後の全体形状によるシェル効果も発生する。本デザインでは、支配的である鉛直荷重が、力学的に強いスリット列方向に流れ、また重力方向のシェル効果も期待できる形状なので、構法の力学特性を良く生かした設計であると言える(図15)。

3-4 物理的制限について

実施の設計をするにあたり、シミュレーションでモデル化されない様々な課題が発生する。金属シートは、薄板の場合、1,500mm程度が流通する最大サイズである。さらに金属板のレーザーカット機の最大サイズは約2×4mであり、国際コンテナの内寸は約2.4×5.9mである。これらのサイズ制約から、本プロジェクトでは金属板を継ぎ合わせ、レーザーカットを一体で行える2,000×4,000mmを設計寸法とした。

3-5 基礎の設計

意匠的な形状の検討は紙模型でも可能であるが、パヴィリオンが地面と接する基礎回りは、寸法精度が必要である。板一枚あたり50以上の脚を地面に落とすことになるが、その基礎部との取り合いの設計にあたり、変形後の金属の座標位置を出すことのできるシミュレーションの結果は、設計時間を大幅に短縮することに役立った。同様に全体を覆う防水シートの立体縫合の展開図の作成も、3次元モデルがあるおかげで容易である。

3-6 構造計算

構造計算の際のモデル化には様々な手法がある。建

図17 金属板の展開によって生まれるパヴィリオン外観（1/8スケールの模型写真）

築設計の場合は、その規模や複雑性から各部材を線モデルに置換することが多いが、構造計算のために設計物を再モデル化する手間がかかり、さらに設計モデルと解析モデルという分断が生じる。加えて、本プロジェクトのような形状の場合は、場所ごとにすべて異なる部材特性値を線モデルに与えることが非常に困難である。しかし、今回は形状シミュレーションのためにメッシュ化したモデルを、そのままメッシュ方式の有限要素解析に利用することができた（図16、204ページ掲載）。4本の曲線の入力から、3次元形態、構造解析までが一体のワークフローとなった意義は大きい。

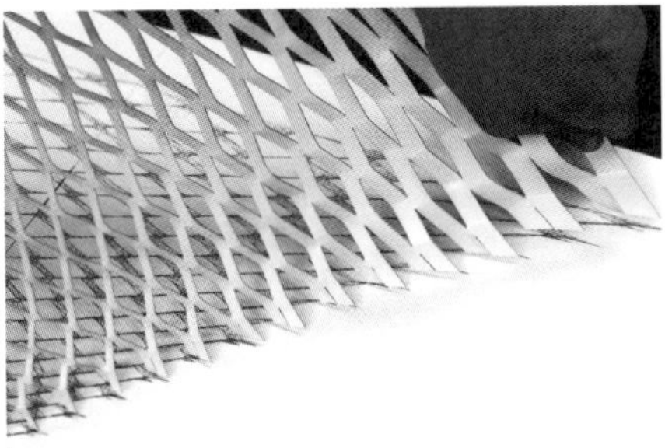

図18 1/8スケールの紙模型の変形と、シミュレーション結果の比較

3-7 金属製モックアップ（S＝1/2.5）を用いた検証

鉄板（0.5mm厚）のモックアップを1/2.5スケールにて作成した。金属板はシミュレーション結果に近い挙動を示し（最大誤差30mm程度）、基礎の設計にシミュレーション結果を利用できることを確認した（図17、18）。

3-8 まとめ

金属の塑性変形かつ大変形の領域を扱う、本来非常に解析が複雑な変形を、メッシュ化されたサーフェイスにおけるパーティクル・スプリング・システムに近似させつつ、模型での検証のレベルでは良好な精

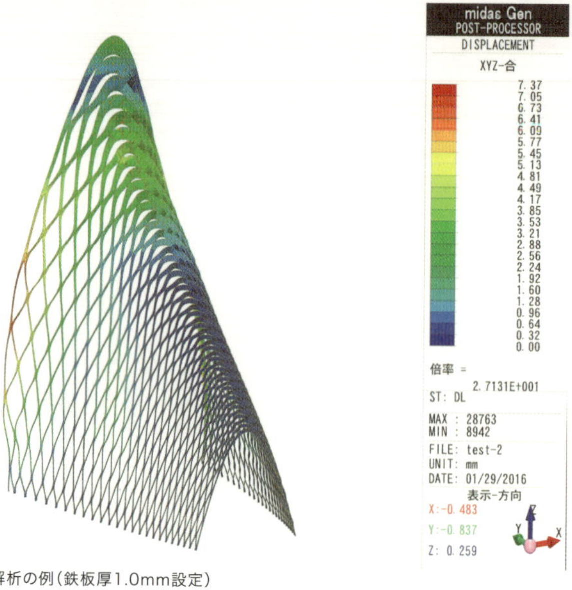

図16 FEMによる応力解析の例（鉄板厚1.0mm設定）

度を得ることができた。また、3次元CAD上で高速に展開できたおかげで、とくにスタディフェーズでの利用価値は非常に高かった。さらに、実施設計段階においてもシミュレーション結果を有益に利用することができた。今後、精度を上げるためには、金属の厚み・曲げ剛性のモデル化を行うことなどが挙げられる。

本研究で扱ったスリット入りサーフェイスの3次元展開にとどまらず、現実世界の形態生成のモデル化を行い、シミュレーションをデザインに応用することは、これからのコンピューテーショナル世代の建築デザインにおいて、ますます重要になるだろう。

［参考文献］
(1) Uta Pottgiesser、Holger Strauß, *Product Development and Architecture: Visions, Methods, Innovations*. BIRKHÄUSER, 2013
(2) 浜田大蔵・山本泰稔・丹波秀彬「エキスパンドメタルを用いたRC 構造の研究（フレーム付き耐力壁のせん断実験その1）」研究報告集、構造系、1973年

［註］
*1 http://www.grasshopper3d.com/group/kangaroo

出展者コメント ── トウキョウ建築コレクションを終えて

Q 修士論文を通して得たこと

本論は、普段行っている建築デザインの一部の技術的な内容を論文にまとめました。デザインは主観的・非体系的に行いがちなものですが、それを学術的なパッケージにまとめ、他人と共有することの良い練習になりました。

Q 修士修了後の進路と10年後の展望

修了後は竹中工務店にて建築設計を行います。そこでは建築において最も複雑系の事象である実施設計と施工を扱いますが、常に客観性と体系化を意識し、大学院での研究成果を現実世界に応用していきたいと考えています。

コメンテーターコメント

八束：論文、プレゼンともに非常にブリリアントで面白かったです。基本的にはジオメトリーの話ですよね。金属メッシュ自体の荷重条件がかぶってくるとジオメトリーだけでは決まらないことが出てくるのでしょうか?

島田：今回の金属変形は、塑性変形かつ大変形を扱う非常に複雑なもので、現代のシミュレーション方法ではすべての挙動を扱い切れていません。すでに確立している構造計算の手法でも、モデル化して理想化することで設計や実施に必要な数値を取り出すという方法を用いていると思います。今回も、例えば面の厚さ、金属の剛性やヤング率など、一見重要と思われる数値を無視しつつ、全体をメッシュ化してパーティクル・スプリング・システムを適用することで、情報を削ぎ落としながら形態シミュレーションをしています。 その結果の形状と、2.5分の1程度の金属モックアップとの変形の比較によってシミュレーションの妥当性を評価しました。それにより、今まで扱いにくかった複雑な金属の塑性変形や大変形でも、実施設計に差し障りのない高い精度で、高速に形態をシミュレーションすることを達成しています。

八束：この形を見て連想するのは、膜構造を多用したフライ・オットーの「マンハイムの多目的ホール」やミュンヘンの「オリンピック競技場」の屋根。また、今川憲英さんはオットーの木の二重格子を型枠代わりにコンクリートの曲面をつくりました。島田さんは、透過性の高いメッシュに限らず、このシステムを使えば、将来的に建築空間として展開できる可能性はあると考えるのでしょうか? あるいは、薄いから成り立つというレベルですか?

島田：建築として成り立つと信じています。この構造体は一見薄く軽いですが、力を受けるウェブ面は地面に対して垂直となる構成をしているので構造的な強度はある。さらに全体形状によるシェル構造を期待できます。紙の模型は手で押してもびくともしません。また、防水膜をつけて室内空間にすることも想定しています。その際には、シミュレーションで作成した3次元データから2次元の展開図を作成してプラスチックによる透明の膜を製作し、構造体の内側にハンガーで固定します。

新谷：バネ係数について詳しく聞かせてください。

島田：サーフェイスを三角形の要素に分解し、その一辺一辺をバネと考え、それぞれのバネに宿る仮想的な弾性エネルギーの総和を最小化する形態を漸次的に導くという方法でシミュレーションしています。

新谷：バネとみなしているから、実際に使うとなるとヤング係数やねじれ剛性が影響してきますが、実際の解析で、それは考慮されていますか?

島田：まず2次元のサーフェイスがどのような3次元形態に変形するかをシミュレーションし、変形後の形状に対してFEM解析を行うために厚みとヤング係数を与えています。2次元から3次元に変化する間だけ、純粋な厚みのないサーフェイスとして扱うことで計算量を大幅に削減しました。

新谷：形をつくることには納得しましたが、完成した形態の力学的な解析は、プロセスとしては間違っていると思うんです。少しずつ変形させているから、初期状態から徐々に荷重は増分する。応力や歪みは蓄積されていくんです。それを考慮していないから、保ちます、というのは早計かなと。

島田：変形後の形状は、完全な塑性変形を行い、元の形に戻ろうとする応力は持っていません。ただ、金属が変形する時に発生する応力は現状では無視していて、この変形後の形状が成り立つかどうかを判断するところにとどまっています。

新谷：無視したという点が問題。ねじり剛性もねじり応力も、複雑な応力があるので、まずはねじり応力のチェック、そして局部的な応力のチェックをする。それも変形過程の中で累積していった応力を使わないと評価はできないと思いますよ。

LRTを通じた都市体験に関する研究

パブリックスペースとの関係に見る祝祭性と映像性

石井孝典
Takanori Ishii

東京大学大学院
工学系研究科　建築学専攻
千葉学研究室

1章　研究の背景と目的

LRT（Light Rail Transit：次世代型路面電車）が都市再生のための重要なツールのひとつと見なされるようになって久しい。始めは都市交通機能を強化するための車に代わる手段として用いられていたLRTだったが、1994年のストラスブールなどを端緒に、LRTの導入とともに都市空間の再整備を行うことで都市構造そのものの改善に寄与できるということが次第に認識され始め、2000年代以降まちづくりの手段としてのLRTの導入が急速に増加している。日本でも、2006年に富山で日本初の次世代型LRTが導入されて以降、札幌市電の環状線化とともに新型車両が導入され、宇都宮では2019年の開業を目指して、市を東西に横断するLRTが計画されるなど、今まさにLRT導入の過渡期にあると言える。

LRTに関する研究に目を向けると、都市交通計画の視点からの実証的な評価や導入に向けた政策的取り組みについての議論は活発であるが、LRTが都市にもたらす体験的な魅力に関してはほとんどの場合自明なものとして扱われ、あまり語られることはなかった。

本研究ではLRTの持つ体験的な魅力に着目し、街からの視点と乗車時の視点の両方向から、LRTがもたらす新しい都市体験の正体を明らかにする。とくに、先に述べたように、LRTが公共空間の再整備とともに導入される事例が増加していることから、都市のパブリックスペースとの関係に着目して分析を行うことで、今後も増加するであろう都市再生の一環としてのLRTの導入において、都市に新たな体験的魅力を付与するための視座を得ることを目的とする。

研究対象として、2000年以降に都市空間の再整備とともに新しくLRTが導入されたパブリックスペースから1万平米程度の、各都市における中心的なパブリックスペースを10カ所選定した（図1、2）。

次章ではまず写真共有サイト上のデータを分析、以降の考察のための客観的な指標を導き出す。3、4章ではそれぞれ、パブリックスペースからみたLRT通過時の体験、及びLRTの車窓からみた都市体験について考察し、祝祭性及び映像性というキーワードを導出、考察をもとに各事例での祝祭性／映像性の現れ方を記述・分析し、5章でふたつの視点から導かれた結論を述べる。

図1 Korenmarkt, Gent

No.	Name	City	Country	Renovated year	Total Area (㎡)	LRT length (m)
01	Korenmarkt	Gent	Belgium	2010	11616.2	605.5
02	Dam	Amsterdam	Holland	2001	16105.8	484.3
03	Place de la Comedi	Montpellier	France	2000	13485.1	302.6
04	Place Massena	Nice	France	2007	17906.1	450.2
05	Flageyplein	Brussels	Belgium	2006	21321.1	733.1
06	Place Kleber	Strasbourg	France	2006	12165.8	204.8
07	Place de la Bourse	Bordeaux	France	2003	21321.6	322.7
08	Groenplaats	Antwerpen	Belgium	2002	13148.3	566.8
09	Piccadilly Gardens	Manchester	England	2002	33971.5	908.7
10	Lijnbaan	Rotterdam	Holland	2003	7839.3	404.7

図2 分析対象：10のパブリックスペース

2章　写真データを用いたパブリックスペースにおけるLRTの捉えられ方の分析

写真共有サイトであるFlickrにアップロードされた写真を通じて、人々がパブリックスペースの空間とLRTの関係性にどのように着目しているかを把握し、またそれぞれのパブリックスペースにおける風景を構成する一要素としてのLRTの存在感を浮かび上がらせることで、次章以降の分析のための客観的指標を得る。

Flickr上にアップロードされている膨大な数の写真データの中から、それぞれの場所でLRTの導入とともに都市空間の再整備が行われて以降に撮影された写真を取得。その内、パブリックスペースの風景を撮影しているものを取り出し、その中からLRTを撮影しているもの、及び#LRT・#tramのタグとともにアップロードされたものをさらに抽出、カウントし、パブリックスペース全体の枚数に占める割合を算出した。写真の取得にはFlickr上のコンテンツにプログラムからアクセスするためのインターフェースであるFlickr APIを用い、グラフィック機能に特化したプログラミング言語Processingでデータをインポートするためのプログラムを作成、それを用いてデータを処理し地図上に可視化した(図3)。

得られた割合を、パブリックスペース全体の面積に占めるLRTの領域の面積に時刻表から算出したLRTの運行頻度をかけた値、つまりLRTの物理的占有度と比較した結果を図4に示す。両者は必ずしも相関せず、LRTを撮影した写真の割合が相対的に多いパブリックスペースでは、その空間においてLRTの存在感を高める要因が物理的な占有度の他にも存在していることを示している。

3章　パブリックスペースから見たLRT

3-1 LRTが広場空間にもたらす"祝祭性"

3-1-1 歩行者との関係から

歩行者の領域であるパブリックスペースにLRTが入り込んでくること、それは歩行者の領域が他者によって侵されるということである。

図5で表した劇場空間において、観客と演者は基本的に見る／見られるという互いに交わらない関係にあるが、ひとたび演者が客席に向かって突き出した花道に出てくると演者と観客の間にあったヒエラルキーが崩れ、そこに緊張感が生まれる。図6はパブリックスペースを通過するLRTを模式的に表したものであり、LRTが通っていない時歩行者の領域と車両の領域ははっきりと分離されているが、そこをLRTが通過すると、劇場において演者が花道へと出てきた時のように歩行者の領域と車両の領域の対立的な関係性が崩れることで、パブリックスペースの空間全体に緊張感が生まれるのである。

LRTの通過が空間に緊張感をもたらす一方で、歩行者とLRTの日常的な共存を可能にしているひとつの理由は、LRTの動きが「予測可能」であるということだ。LRTの速度は約15~20km/hと低速であり、加えて軌道が地面の上のラインとして視認できること、通過頻度があらかじめ決まっていることも併せて、歩行者にとってLRTの動きは予測可能であり、他の交通と異なり恐怖感を感じる対象にはならない。

もうひとつは、歩行者とLRTとの共存が人と人とのコミュニケーションのみにおいて成り立っているということだ。通常の交通空間では、歩行者と車両の関係は信号機や白線、地面の素材の違いなどの様々な記号的システムで制御されている。対してLRTが通過するパブリックスペースの空間では、運転手と歩行者のそれぞれの判断、コミュニケーションのみが両者を共存させており、そこにシステムによる制御は介在しない。従来の危険を回避するためにつくられた交通を制御する記号的なシステムがないことが、人と人とのコミュニケーションによって可能となる柔らかい関係性を産み、歩行者に自らの判断で移動できる安心感を与えるという逆説的な状況が、LRT が通るパブリックスペースでは起きているのだ。

3-1-2 場のコンテクストとの関係から

次に風景を構成する要素の一部としてのLRTについて、場のコンテクストとの比較から考察する。LRTの車体は、都市によって様々なカラーリングが施され、風景に対して同系色でなじませることを意図したもの、反対に鮮やかなカラーリングや模様をつけることで、車体を目立たせることで広場の中での存在感を発揮しているもの、様々な広告でラッピングされているものなど多様であるが、その金属とガラスで構築された車体が地面の上を、風景を反射しながら等速でなめらかに動いていく姿は表面的なカラーリングによらず未来的で、背景となる広場の空間の中で異質感が際立っている。

一方で、LRTの持つスケール感や窓の並び、低床であるがゆえに地面と車体との隙間がほとんどなく、地面にどっしりと接地している様から受ける印象は、車というよりは建築物のようであり、まわりの建築物を背景に見た時に不思議となじんでいるようにも見える。とくに、LRTの特徴である大きな窓が、細長い車体の側面を何両にもわたって連続していることで、周囲の建築物との類似性を獲得しているように思われる。実際にLRTがパブリックスペースを通過する様子をおさめた写真からLRTと周囲の建築物の窓のみを取り出してみると、その類似性がよく分かる(図7)。

ここで思い出されるのは、アルド・ロッシの世界劇場だ。背景となるヴェネチアの街並みと同じく古

図3 FlickrAPIによるデータの取得

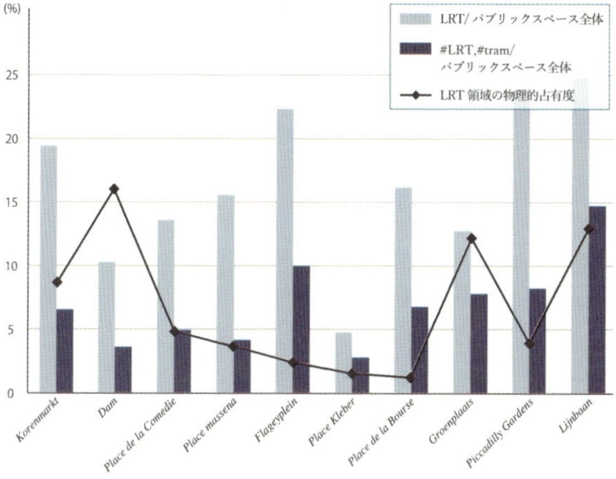

図4 各事例における取得写真枚数の分析

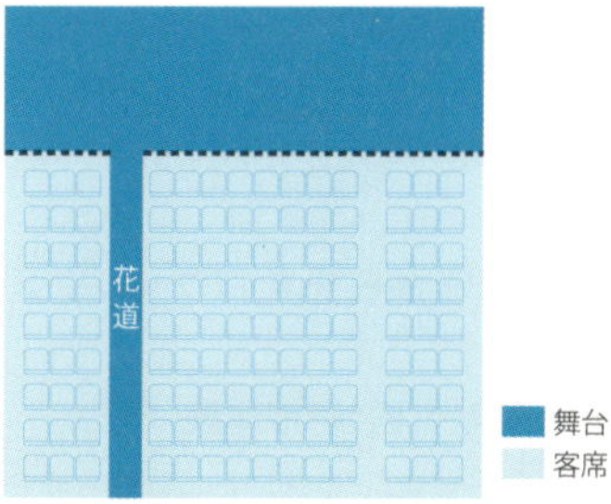

図5 劇場空間

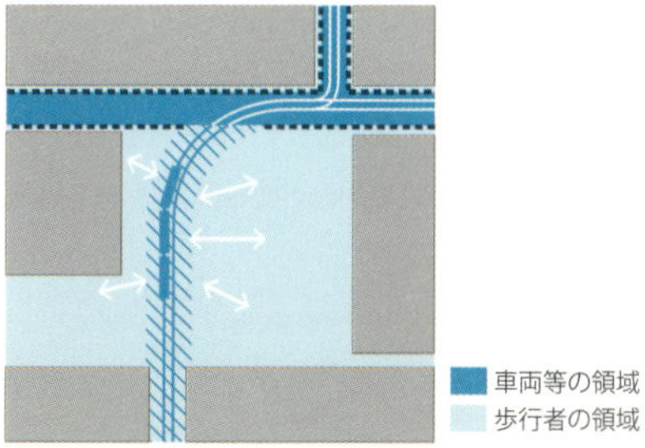

図6 パブリックスペースを通過するLRT

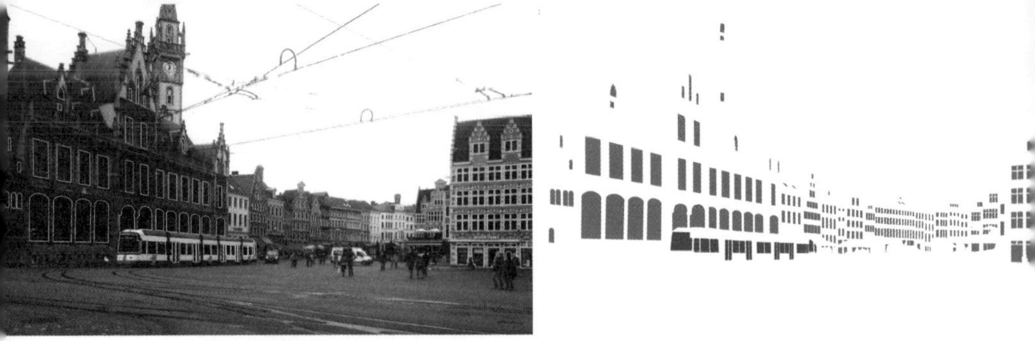

図7 LRTが通過する風景から窓の要素を抽出(Korenmarkt, Gent)

典主義的なオーダーを用いた構成でありながら、仮設的でフィクショナルな雰囲気も持ち合わせており、それがヴェネチアの海に浮かんでいてゆらゆらと移動している様子には祝祭感が漂う。 ヴェネチアの街並みというコンテクストに対して、類似性と異質性の両方を持ち合わせていることが祝祭感を生んでいる要因であり、パブリックスペースの性質に対して対比的な質感や動きを持ちながら、スケール感や接地性、そして平面的に連なった窓の並びなど、背景となる周囲の建築物と類似した特徴も兼ね備えたLRTの姿と重ね合わせることができる。

3-2 歩行者と車両の関係性からの類型化

歩行者と車両の対立的な関係性がLRTによって変化することが空間に祝祭性をもたらす。ここでは10のパブリックスペースから、歩行者の領域と車両などの領域、そしてそれらの対立的な関係性を崩すLRTの軌道の3つを抽出、それらの関係性に着目することで、図8のように類型化した。

A：貫入型のコメディ広場では、ひと続きの広がりをもった歩行者領域がLRTの通過により、一時的に二分される。その境目近くにはベンチやカフェの座席などが配されており、LRTの通過をダイナミックに感じることができるそれらの場所から撮影された写真が多く見られた。

B：バッファー型のボルス広場では、LRTの軌道上の空間が歩行者と車両の領域を分けるバッファーゾーンとなっている。撮影枚数の最も多かった東側の大きな水盤越しの視点からはLRTが水盤に反射して見え、LRTの空間全体へ与える影響が増幅されている。

C：囲い込み型のフラゲイ広場では、LRTが細い路地から広場の境界をなぞるように現れ、LRTに囲まれる領域が一時的に生まれている。囲われた領域付近から東側にのびる公園を背景に撮影された写真が多く見られた。

D：貫入型と囲い込み型の両方の特徴を持ったコーレンマルクト広場では、大聖堂の脇から出現するLRTがまず緩くカーブすることで、大聖堂の前に囲まれた空間を生み、北側のカフェエリアを二分するように奥へと消えていく(図9)。

3-3 小結

歩行者に対して与える緊張感と安心感、場のコンテクストに対しての異質性と類似性、これらの対比的な性質を併せ持っていることがLRTを体験的側面から見た時の特徴であり、その両義性が空間に祝祭性をもたらしているということを考察から明らかにした。また各事例について、歩行者と車両、そしてLRTの三者の領域の関係性に着目し類型化を行うことで、それぞれのパブリックスペースにおける様々な祝祭性の表れ方を確認することができた。

4章　LRTの車窓から見たパブリックスペース

4-1 車窓からの"映像的"都市体験

LRTの大きな窓から見た、等速でどこまでも滑らかに流れていく街並みとそこで活動する人々の風景

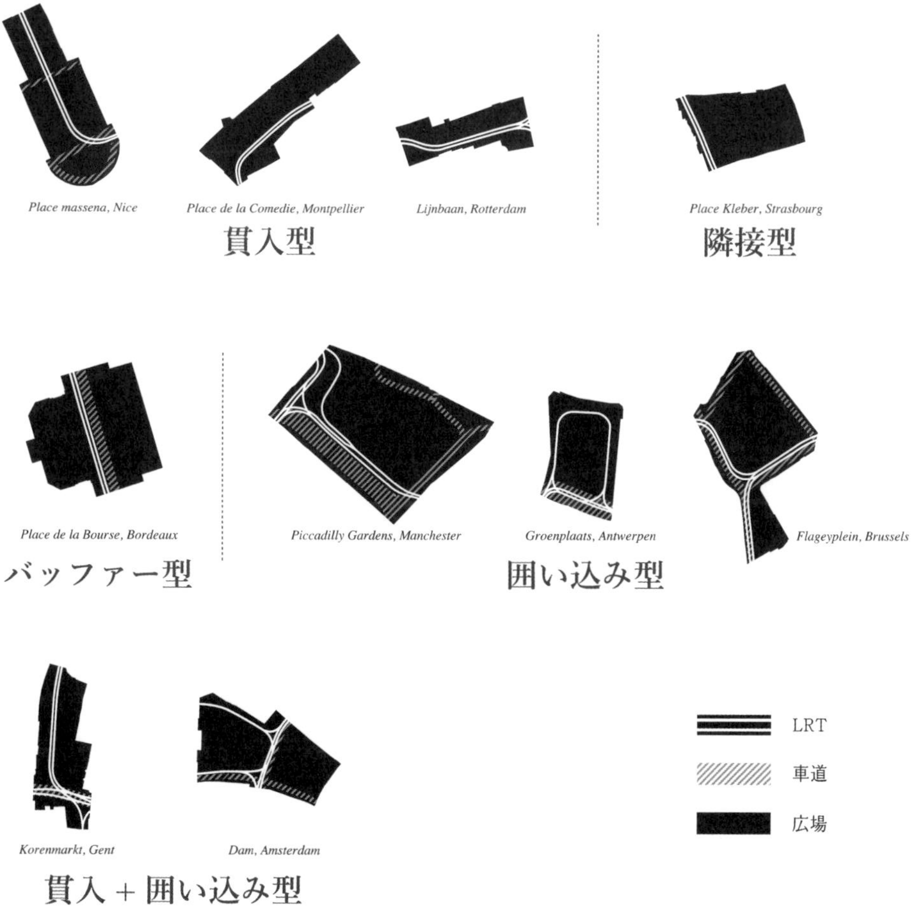

図8 歩行者・LRT・車両の領域の関係に着目した類型化

は、映画のワンシーンのように乗客にその街を印象づける。車窓からの一連の都市体験の中で、クライマックスと言えるのが広場を通過する時だ。奥行きが急激に変化することで流れるように動いて見えていた街並みは、急にスローモーションになる。広場を取り囲む建築物は細部まではっきりと認識できるほどのゆっくりとしたスピードで眼前を流れ、それを背景に、広場の至るところで歩き、憩い、たたずむ人々の活動が、LRTとの距離感によって様々な速度で目の前を現れては消えていく様は、きわめて映像的である(図10)。

　また、多くの都市でバリアフリーのために車軸のない独立回転台車を用いた床高300mmほどの超低床車両が採用されているため、乗車時の目線の高さは歩行者よりわずかに高くパブリックスペースの人々のにぎわいを俯瞰的に、広がりを持って知覚できることも、車窓からの風景に映像性を与える一助となっている(図11、12)。

4-2 映像的体験の可視化と分析

車窓から見る一連のパブリックスペースの体験を、移動による可視領域の変化に着目して可視化する。図13は、Korenmarkt（図2：01)の図示した軌道上を、側面方向を見ながら移動した際の背景の奥行きの変化を示している。軌道上に1mおきにポ

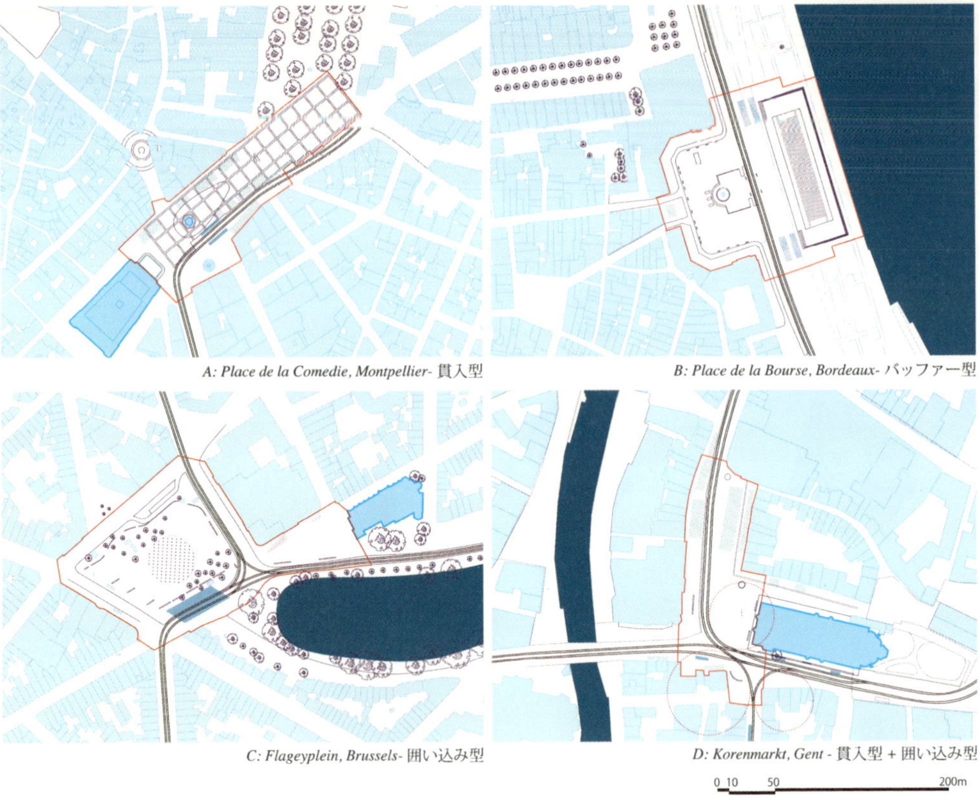

A: Place de la Comedie, Montpellier- 貫入型
B: Place de la Bourse, Bordeaux- バッファー型
C: Flageyplein, Brussels- 囲い込み型
D: Korenmarkt, Gent - 貫入型 + 囲い込み型

図9 各類型の事例（隣類型を除く）

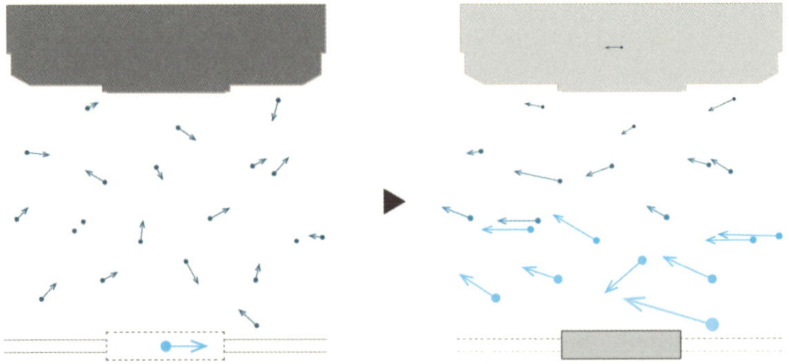

図10 動く視点から見ることで人々の活動の向きやスピードが強調される

図11 超低床車両を採用したLRTの断面図

図12 歩行者よりわずかに高い視点から人々の様々な活動が広がりを持って知覚される

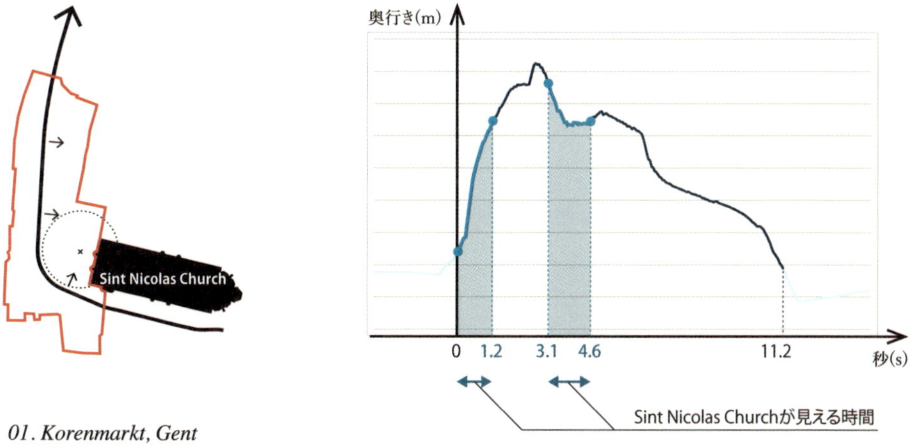

図13 Korenmarktにおける LRTから見た奥行きの変化

イントを定め、各ポイントの接線に垂直な線分の両側60°の範囲で1°ごとに障害物までの距離を測定、その平均値を算出し、グラフ化することで、赤枠で図示したパブリックスペースにLRTが侵入してから出るまでの11秒間の奥行きの連続的な変化を記述した。グラフの太線の部分は、このパブリックスペースのランドマークである聖ニコラ教会が正面に見えている時間を示しており、軌道がカーブしているため一旦視線が外れた後、少し距離が離れた状態で再び目に入ることが分かる。

4-3 小結

LRTの車窓から見た通常の視点とは異なる風景を、「映像性」をキーワードに考察、LRTの動きや高さなどの様々な特徴が総合して独自の都市体験を生み出していることを明らかにした。また映像的な体験の重要な要素である背景の可視領域の変化について可視化、10のパブリックスペースごとに分析し、各パブリックスペースで様々な特徴ある体験が生まれていることを読み取った。

5章　結

LRTはその様々な特徴により、都市空間に祝祭性をもたらし、乗車時には映像的な都市体験を提供するという二面性をもって都市に新たな体験的魅力を付加していることが明らかとなった。本研究で得られた知見は、従来のスタティックな公共空間の設計手法に代わる、動的な視点／視対象を念頭に置いた設計手法へとフィードバックすることも可能である。

かつて自動車や鉄道がそうであったように、それまでにない動きや速度を持った交通による新しい移動体験は、常に人々の都市に対する想像力を様々なかたちで喚起してきた。スピードに対する欲望に後押しされるかたちで発展してきた近代交通の歴史の中で、都市の中に再び挿入されつつあるLRTによるゆったりとした移動は、祝祭性と映像性をもって都市の魅力を増幅し、人々と都市とを再び緊密に結びつけるだけの力があるように思われる。

出展者コメント —— トウキョウ建築コレクションを終えて

Q 修士論文を通して得たこと

感覚的なものを論理的に伝えることの難しさ。自分の興味、直感を貫くことの大切さ。研修室で悩みに悩んだ日々は、今思えばとても貴重な経験でした。

Q 修士修了後の進路と10年後の展望

ゼネコン意匠設計部にて、建築とそれをとりまく社会についてゼロから総合的に学んでいます。10年後、どんな形であれ自分の作品と呼べるものが実現できていたら嬉しいです。

コメンテーターコメント

石川：梗概の時から注目をしていたのですが、非常に冴えた発表で、楽しく聞きました。素朴な質問ですが、個人的にLRTを見出したきっかけは何だったのですか？　それとおすすめのLRTのコースで、この瞬間が良いというところがあれば教えてください。

石井：個人的なきっかけは、ベルギーのブリュッセルに1年間留学していた時に、いろいろな都市でLRTを見たことです。一番印象に残っているのは、ベルギーのゲントという都市の、コーレンマルクトという広場を走るLRTです。車両が通ることで、場の空気感がすごく華やいだんです。それ以降は、いろいろな都市を訪れる度にLRTに乗って移動するように心がけていました。ただし、この時点ではまだ論文としてまとめるというところまでは考えていませんでした。

石川：細かい質問ですが、Flickr（フリッカー）のジオタグ（位置情報タグ付け）がついているものを拾った画像がありましたが、あれは石井さんが作成したんですか？

石井：研究室でジオタグをマッピングするプログラムができていて、それを改良して、例えばキーワード検索ができるようにしたり、細かく範囲を区切って、その中で捉えた写真です。

石川：Flickrをカスタマイズして使ったんですね。

審査員コメント＠公開討論会

石川：日本にもLRTは導入されていますね。

石井：富山と札幌に見に行きました。

石川：例えば富山のLRTの印象はどうですか？

石井：リサーチした上で期待して行ったのは、堀端の角地にある公園を回り込むようにLRTが通る場所です。でもLRT、歩道、車道の位置関係から、空間ががらりと変わるような、またLRTと人との一体感は感じられませんでした。

八束：あまり気が進まない質問をしますね。20年ほど前に、ランドスケープとタウンスケープをテーマに、東京で催された国際シンポジウムに参加したのですが、招聘された外国人のパネラーでLRTに乗った時の視線について、石井さんは車両の外から捉えていましたが、そうではなくて車両の中から都市を巡る風景を撮影した動画を発表したことがありました。それは日本語で本にもなっていますが、ご存じでしたか？

石井：知りませんでした。

八束：だからどう、ということはないのですが、そういう事実があるために、着眼点としては新鮮とは言いづらいんですよね。ただ、一次審査の時に梗概を読んで、センスの良いまとめ方をする人だなと印象に残っていました。でも本論を読んでみて、ちょっとスマートすぎるかな、とも同時に思いました。

青井：LRTが導入されることで、都市や建築のデザインのあり様、視点が変わると述べていましたが、実際にどういった可能性があるのでしょうか？

石井：LRT独自の速さや動き、車窓から見える都市の風景、それらは都市にこれまでにない豊かな体験を人々にもたらしています。またLRTの路線は大抵街の一番おいしいところを巡っているので、LRTに乗ることで人々が街を把握しやすくなるという利点もあり、LRTには街の魅力を増幅して伝える力があると思っています。実は定量的な分析も試みましたが、LRTがパブリックスペースに入ってくるという現象自体の本質的なおもしろさからは離れていってしまうように感じ、断念しました。今後、得られた知見をより一般化することで、実際に設計する時にも使えるものにできるのではないかと思っています。

木質面材を粘弾性テープと釘により接着した制振壁の力学的挙動に関する実験研究

溝呂木 健
Takeru Mizorogi

東京工業大学大学院
総合理工学研究科　環境理工学創造専攻
坂田弘安研究室

1章　研究背景と目的

木質住宅の耐震性が飛躍的に向上した昨今、倒壊防止による人命保護だけでなく、地震後の損傷軽減により財産保持性を高めるべく、建物の制振化の研究も盛んに行われている。木質住宅の制振化には、もっぱら耐震壁内にエネルギー吸収装置を設けて制振壁とする場合が多い。槙田ら[1]は、枠組壁工法において枠材の接合部付近に枠材同士を剛減衰ゴムを用いたダンパーで接続した制振壁を研究した。また、長野ら[2]は粘弾性体を用いた間柱型・シアリンク型双方のダンパーによる制振壁について研究している。一方、鈴木ら[3]は在来軸組工法の住宅においてテープ状の粘弾性体（ブチルゴム系）を用いた制振壁を研究した。本研究では枠組壁工法において、おなじく粘弾性テープを組み込んだ制振壁に関して動的載荷実験を行った。

一般に、粘弾性ダンパーを用いた制振壁は振動数や最大変形、温度などによってその性能が変わるため、モデル化は非常に複雑である。本研究では既往のモデル化手法[4]を用いて、制振壁の挙動を簡単なバネモデルによって再現することを目指す。また、粘弾性体に特有の温度・速度依存性を利用して、任意の気温下における制振壁性能を評価することを試みる。

2章　粘弾性体の材料値

制振壁実験に先立ち、粘弾性体の材料値を得るために材料実験を行った。試験体概要を図1に示す。試験は恒温槽内で表1に示す試験パラメータの通り、

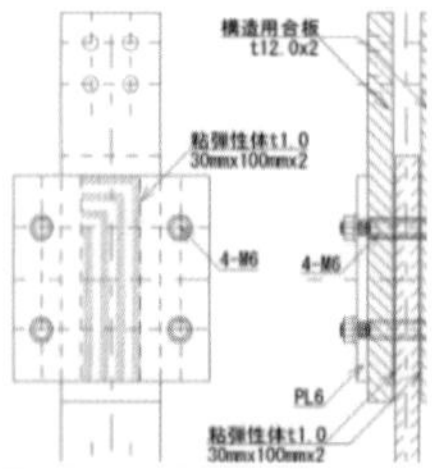

図1 材料試験概要

振動数 Hz	振幅 mm						
1.0	0.50	1.0	2.0	3.0	4.0	7.0	10
1.5	0.50	1.0	2.0	3.0	4.0	–	–
3.0	0.50	1.0	2.0	–	–	–	–
6.0	0.50	1.0	–	–	–	–	–

表1 試験パラメータ

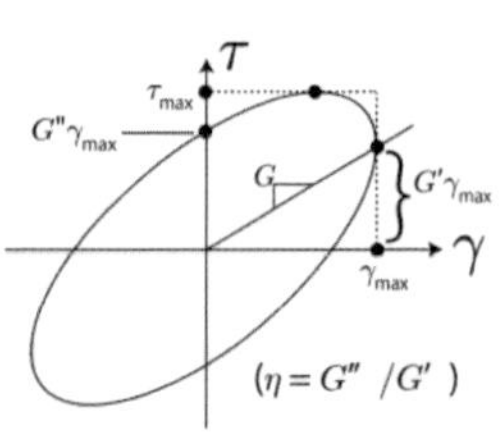

図2 履歴曲線

強制変位を与えた。

一般に、粘弾性体の応力ーひずみ曲線は、図2のような楕円形となる。ランダムな外力に対する笠井らの分数微分法構成則[5]は式(1)のように表される。

$$\square\tau(t) + aD^{\alpha}(t) = G[\gamma(t) + bD^{\alpha}\gamma(t)] \qquad (1)$$

ここで $D^{\alpha}(= d^{\alpha}/dt^{\alpha})$ は分数微分演算子で、a、b、G、αの4パラメータが振動数依存性を表す。また、a、b、は以下の式(2)、(3)で温度依存性を表す。

$$a = a_{ref}\lambda^{\alpha}, \qquad b = b_{ref}\lambda^{\alpha} \qquad (2a,b)$$

$$\lambda = \exp\left[-p_1(\theta - \theta_{ref})/(p_2 + \theta - \theta_{ref})\right] \qquad (3)$$

ここでθは粘弾性体の温度（℃）、θ_{ref}は基準温度（20℃）、a_{ref}とb_{ref}は基準温度におけるa、bの値である。実験値から構成則に基いて得られた貯蔵剛性G'mおよび損失係数ηを図3に示す。図中の実線は、実験結果から回帰的に求めた20℃におけるそれぞれのモデル曲線である。

3章　制振壁の動的載荷実験

3-1 試験体概要

表2に試験体一覧を、表3に試験体諸元を示す。また、図4に構造用合板を除いた試験体の立面図を示す。下枠と加力用土台および上枠と頭つなぎは、1-CN90@500、下枠とたて枠は2-CN90、構造用合板はCN50@100で釘打ちされている。

3-2 載荷計画

試験体のセットアップを図5に示す。載荷方法は柱脚固定式とし、動的アクチュエータによって、3サイクルの正弦波加振を行った。載荷スケジュールを表4に示す。また、柱脚部のホールダウン金物に10kNの初期張力を導入している。

3-3 計測計画

動的アクチュエータ内蔵のロードセルによって、制振壁に働く層せん断力を計測し、上枠材と下枠材それぞれの絶対水平変位の差分を取って、制振壁の見かけの層間変位とした。また、直接得られた結果からノイズを除去するため、25Hz以上の成分をローパスフィルタで除去した。

3-4 実験結果

図6に、層せん断力Fと、見かけのせん断変形uの関係を示す。R=1/120radから剛性が低下し始めた。VW、VSともに、R=1/30radの1サイクル目で正載荷・負載荷ともに約35kNとなり、以降のサイクルで低下する傾向が見られた。また、R=1/30radでは、ホールダウン金物で強度が不足し、脚・土台部分で破壊を生じたものも見られた。R=1/60rad以降でサイクルごとに耐力が低下しているが、釘が繰り返し載荷により引き抜か

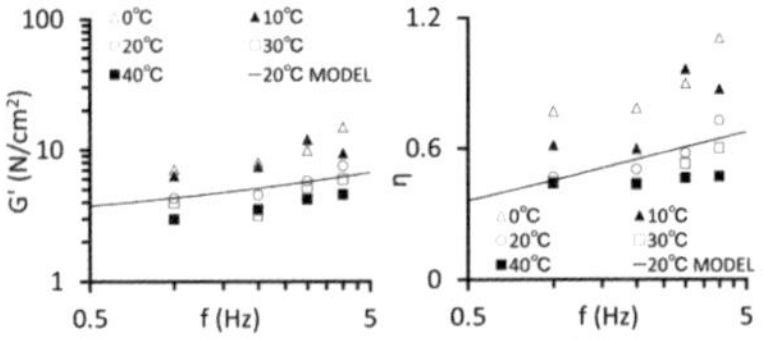

図3 左:貯蔵剛性／右:損失係数

種類	番号	粘弾性体	構造用合板	気温 ℃
	1			11.4
	2			16.1
VW	3	○	○	16.3
	4			19.7
	5			11.6
	1			34.3
VS	2	○	○	31.2
	3			29.7
	4			24.8
	1			20.0
NV	2	×	○	24.1
	3			22.0
	4			24.3
	1			34.0
NP	2	×	×	33.9
	3			30.8
	4			27.4
	1			13.8
EF	2	○	○	14.0
	3			11.8

表2 試験体一覧

部位	樹種	寸法 [mm³]
加力用土台	Hem-Fir	89 × 89 × 2420
加力用桁	DFir-L	89 × 140 × 2420
上枠	S-P-F	38 × 89 × 1858
下枠	S-P-F	38 × 89 × 2420
頭つなぎ	S-P-F	38 × 89 × 2346
たて枠	S-P-F	38 × 89 × 2346
構造用合板	（針葉樹） 特類 2級	910 × 2420 × 9.0

表3 試験体諸元

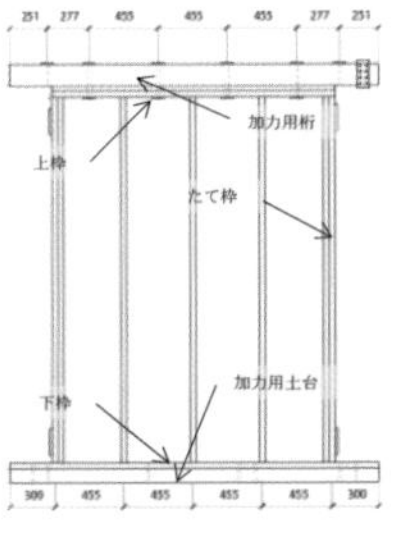

図4 試験体立面図

れたことや、粘弾性テープの温度上昇による剛性低下によるものと考えられる（R=1/30radでは、どの試験体も 4℃ほど温度上昇した）。NV試験体では、粘弾性体を含む試験体に比 べて最大荷重が2/3倍ほどになり、1サイクル当たりの吸収エネルギーも減少した。後述の解析上必要となるNP試験体は、枠組壁工法の枠材のみの試験体で、粘弾性体や構造用合板、合板に打ちつける釘がないため、耐力は他の種類の試験体と比べると大幅に低下している。

4章　制振壁の簡易解析モデル化と性能評価

制振壁のモデル化に当たっては、架構部とダンパー部を分けて評価できると有用であるが、この試験体では、エネルギー吸収部材のみを架構からダンパーとして切り離すことが困難である。そこで、山崎らが提唱した簡易解析モデル化手法[4、6]に則って評価を試みる。

制振壁は図7のように、それぞれK'_{ds}、η_{ds}、K_{bs}、K_{fs}の特性値を持つ「擬似ダンパー」、「擬似ブレース」、「擬似フレーム」の3要素からなる、水平バネ系に集約される。

VW、VS試験体では、擬似ダンパーはさらに釘と粘弾性体を並列につないだものに表現される。バネ定数は図8のようにダンパーを除去した「状態 N」と、ダンパーを剛にした「状態R」から得る、4種の骨組特性値で表される。

ここで実験から簡単に得られる3種の特性値K_N、K_R、$\hat{\alpha}_N$を考える。K_N、K_Rは状態N、Rの架構剛性であり、$K_N = K_{fs}$となるので、NP試験体が状態Nに相当する。$\hat{\alpha}_N$は状態Nでの層間変形に対するダンパー部変形の比である。その他の特性値を求めるため、図7に示すバネ系における変形の適合条件を考慮して、以下の式を考える。

$$F_{(i)} = \hat{\alpha}_N \hat{F}_{d(i)} + K_{fs} u_{(i)} \tag{4}$$

$$\hat{\alpha}_N \hat{F}_{d(i)} = K_{bs}\left[u_{(i)} - \frac{\hat{u}_{d(i)}}{\hat{\alpha}_N}\right] \tag{5}$$

ここの添え字の(i)はiステップ目の計測値を意味する。$\hat{F}_{d(i)}$、$\hat{u}_{d(i)}$はダンパー部の力と変形を表すが、本制振壁の場合、粘弾性体の位置により、力と変形が異なり、さらにそれを直接計測することも困難である。そこで、粘弾性体の合力は合板を介して伝達されることに着目し、合板中央のせん断ひずみの計測

図5 セットアップ

層間変形角 R [rad]	振幅D [mm]	振動数 f [Hz]
1/480	5.2	6.0
1/240	10.5	4.2
1/120	20.9	3.0
1/60	41.9	2.1
1/45	55.8	1.8
1/30	83.7	1.5

表4 載荷スケジュール

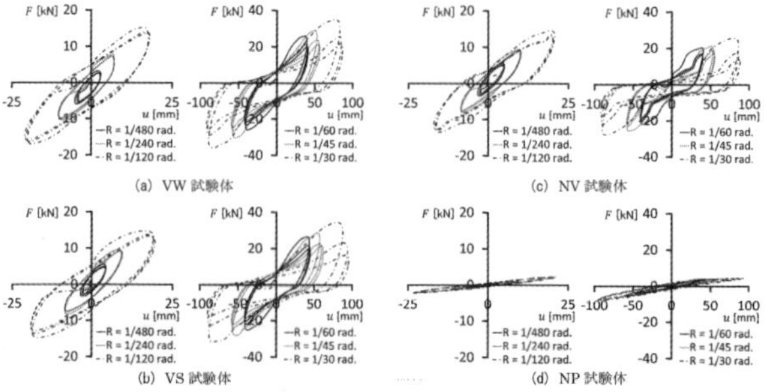

図6 F－u関係

値$\gamma_{b(i)}$から$\hat{F}_{d(i)}$の位相を推定することを試みる。また、$\hat{u}_{d(i)}$は枠材と合板の相対回転角の計測値$\theta_{b(i)}$で代表させることを考える。すなわち、

$$\hat{F}_{d(i)} = a\gamma_{b(i)} \tag{6}$$

$$\hat{u}_{d(i)} = H\theta_{b(i)} \tag{7}$$

と表す。ここで式（6）の比例定数aは、物理的には合板のせん断弾性係数と水平断面積の積を表す。式（7）のHは壁高さであり、H$\theta_{b(i)}$は枠材と合板の相対ずれによる壁のせん断変形成分と理解できる。Hは試験体形状から明らかであるが、aは一般に材料実験を行わないと正確な値は求まらない。よって、式（4）～（7）に対し、$\hat{\alpha}_N$、K_{bs}、K_{fs}、aを4変数とした最小二乗法を適用し、これらを同定する。

こうして求められた骨組特性値（VS試験体）を図9に示す。図9左が擬似ブレースと擬似フレームの荷重－変形関係で（F_{bs}－u_{bs}関係、F_{fs}－u_{fs}関係）、図9右が$\hat{\alpha}_N$である。同定法で求まるK_{bs}やK_{fs}をその加振での経験最大変形における等価剛性と考えた。ここで擬似フレームの最大変形はmax（$u_{(i)}$）とし、層間変形と一致する。擬似ブレースの最大変形はダンパーの最大力と$\hat{\alpha}_N$の積（max($\hat{F}_{d(i)}$) $\hat{\alpha}_N$）をK_{bs}で除すことで求めている。

これらの特性値をもとに性能評価を行う。ダンパー部の力と変形は、実験データに対し、式（6）、（7）を適用して評価し、$\hat{K}'_d$、η_dを求めた。擬似ダンパーの貯蔵剛性K'_{ds}、疑似付加系の貯蔵剛性K'_{as}および損失係数η_{as}を次の式(8)～(10)で求める。

$$K'_{ds} = \hat{\alpha}_N{}^2 \hat{K}'_d \tag{8}$$

$$K'_{as} = \frac{K'_{ds}K_{bs}}{K'_{ds}+K_{bs}/\Gamma_b},\ \Gamma_b = 1+\frac{\eta_d{}^2}{1+K_{bs}/K'_{ds}} \tag{9a,b}$$

$$\eta_{as} = \frac{\eta_d}{1+(1+\eta_d{}^2)K'_{ds}/K_{bs}} \tag{10}$$

制振壁（＝バネ系全体）の貯蔵剛性K'_s、損失剛性K''_s、等価減衰h_{eqs}、最大力F_0を次式から得る。

$$K'_s = K'_{as}+K_{fs},\ K''_s = 2h_{eq}K'_s \tag{11a,b}$$

$$h_{eqs} = \eta_{as}K'_{as}/2K'_s, \tag{11c}$$

$$F_0 = \sqrt{1+4h_{eqs}{}^2}K'_s u_0 \tag{11d}$$

ただし、u_0は制振壁の最大変形である。図10にVS試験体のR=1/240、1/60radの定常載荷を行った時の実験結果と、バネ系による解析結果の比較を示す。小振幅（R=1/120rad以下）においては実験結果を高い精度で模擬することができる。R=1/60rad以上においては、1サイクル目は実験値と解析値がほぼ同じである一方、2サイクル目以降ではズレが目立つ結果となったが、これは載荷時の粘弾性体における発熱による軟化や、釘の損傷を再現し切れていないためと考えられる。

5章　制振壁の等価振動数の検証実験

要素試験で得られた粘弾性体の特性値から、振動数と温度をパラメータとした等価振動数が、表5のように得られる。この振動数をもとに加振を

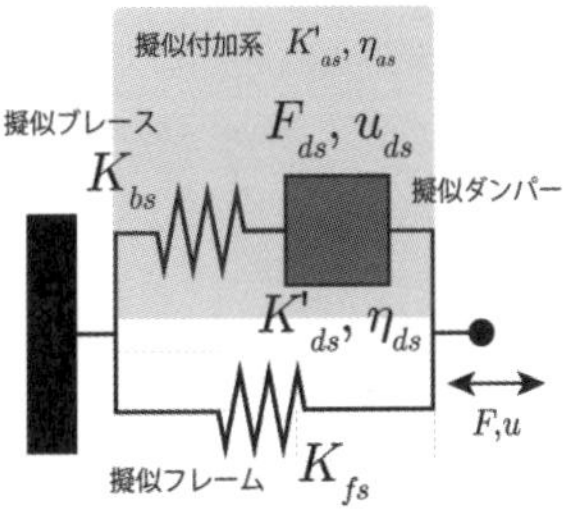

図7 制振構造を示す水平バネ系

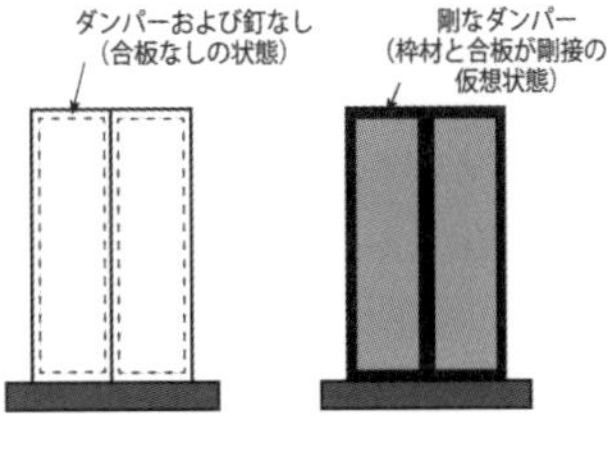

図8 本制振壁の状態N、Rの定義

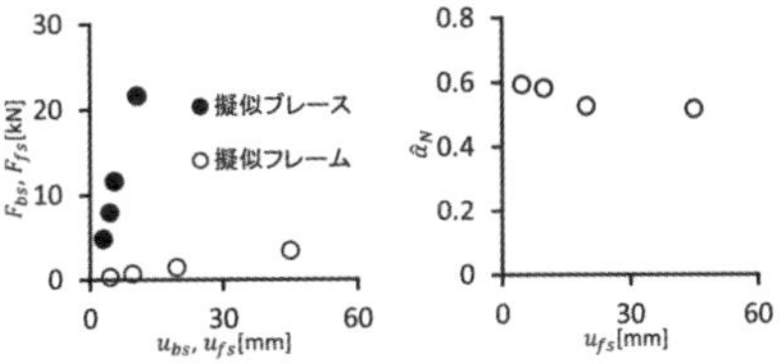

図9 骨組特性値

行ったEF試験体の荷重F－変形関数uを図11に示す。また、EF試験体とともにVW（低気温時）、VS(高気温時)の等価減衰定数heqを図12に示す。

低気温時に振動数を低くして加振することで、等価剛性に大きな変化は見られないものの、損失係数が上昇し、等価減衰定数(図13で算出)は高気温時の 実験(=VS 試験体)と近い結果を示した。

ただし、周辺温度の影響で実験時の粘弾性体自体の温度が低く、加振による発熱でも高気温時の温度には届かなかったため、高気温時の実験を高い精度で再現するには至らなかった。

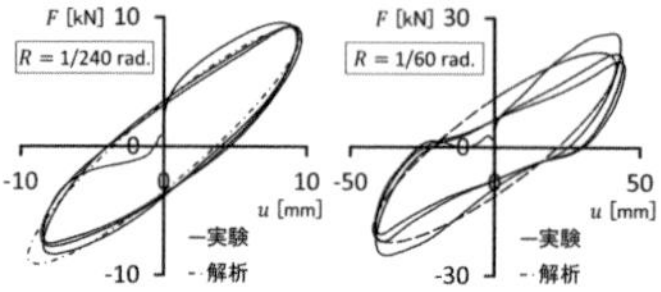

図10 線形近似した水平バネ系による定常履歴の解析結果

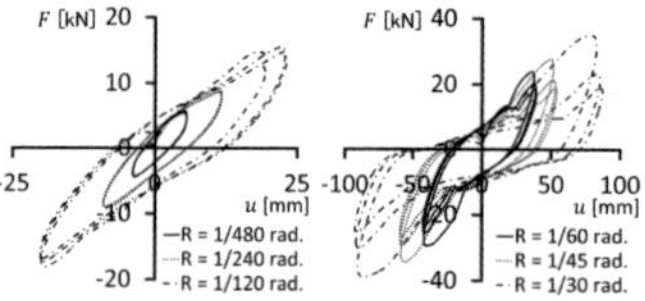

図11 EF試験体のF－u関係

試験体	気温 ℃	模擬気温 ℃	目標変形角 rad.	振動数 Hz
			1/480	1.7
			1/240	1.2
EF-3	11.8	20.0	1/120	0.86
			1/60	0.61
			1/45	0.53
			1/30	0.43

表5 等価振動数

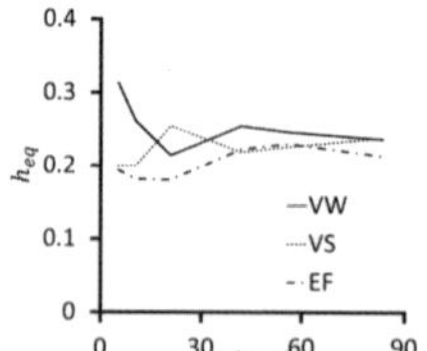

図12 VS・VW・EF試験体のh_{eq}

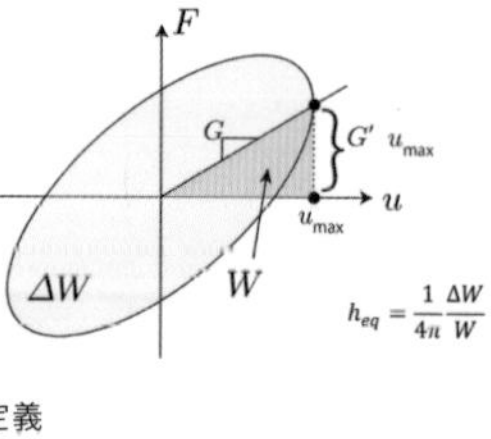

図13 h_{eq}の定義

6章　結論

本論文は、枠組壁工法に粘弾性体を組み込んだ制振壁について、動的載荷実験を行い、力学的挙動を研究した。まず、動的載荷実験では、制振壁の温度依存性を確認し、また粘弾性体の制振壁の耐力剛性への寄与を確認した。

次に、既往の制振壁を簡易なバネモデルに変換する手法を、ダンパー部のみを独立して計測できない本制振壁にも展開できることを示した。定常履歴の評価結果は、正弦波加振に対して概ね良好な精度を有していることを確認したが、擬似ダンパーの履歴をモデル化すれば、地震応答解析にも応用できる。

また、温度・速度依存性を有する制振部材について、温度をパラメータとした等価振動数を算出することで、任意の温度条件下での制振壁実験を模擬できることを示した。

[参考文献]

(1) 槙田剛、川本聖一、杉本文義『枠組壁工法受託用の制振壁の開発および実験研究』日本建築学会大会学術講演梗概集(北海道)、2013年

(2) 長野みなみ、五十田博、篠原昌寿、服部学『粘弾性ダンパーを用いた制振壁の繰り返し実験と性能評価』日本建築学会大会学術講演梗概集(東北)、2009年

(3) 鈴木利哉、佐藤孝典、御子柴正、寺井雅和『粘弾性体テープを用いた木造制振住宅に関する実験的研究 その1・2 木造軸組壁の動的載荷実験』日本建築学会大会学術講演梗概集(東海)、2012年

(4) 山崎義弘、坂田弘安、笠井和彦『木質制振壁の簡易解析モデル化』構造工学論文集Vol.60B、2014年、pp.347-355

(5) 笠井和彦、寺本道彦、大熊潔、所健『粘弾性体の温度・振動数・振幅依存を考慮した構成則』日本建築学会構造系論文集(第543号)、2001年、pp.77-86

(6) 笠井和彦、山崎義弘、大木洋司、坂田弘安『方杖型ダ ンパーを持つ木質架構の動的挙動と簡易評価法』日本建築学会構造系論文集(第76巻 第664号)、2011年、pp.1109-1118

コメンテーターコメント

新谷：木造の建物において、パネルの中に制振部材を組み込む研究は日本中の大学でなされていますが、この研究で驚いたのは、テープを利用していること。制振部材としてのキャパシティは十分なのでしょうか？　例えば、100㎡の2階建ての住宅があったとして、このパネルを何枚使えば良いのでしょう？

溝呂木：今回は、壁1枚の単体での実験しか行っていませんので、架構全体や家全体についてのコストパフォーマンスなどは、正直なところ検討していませんでした。実際に実験用のパネルをつくる時には、枠材と面材の間にテープをかませるだけなので、極端な話でいうと、全部の壁に挟み込んでもいいかな、ということは考えていました。これは制振構造の特徴かもしれませんが、要求される性能にしたがって自由にデザインできるので、臨機応変につくり変えられるのではないかと思います。

新谷：制振バネを含む制振装置の研究でありがちなのは、小さなモデルで実験や検証をしていることが多くて、そのレベルで実験がうまくいっても、現実にあてはめるとなると、たくさんのパネルが必要になって、部屋中がパネルで埋められてしまって息が詰まる、というケースです。溝呂木さんの研究では、最後の実験結果が分からないのですが、ゴムにこれだけの力をかけて、パネルを変形させているわけですから、ゴムを取りつけるための釘穴のまわりはどうなっているのかということ。プレゼンでは履歴曲線が示されていましたが、この曲線はゴムによる結果なのか、それによって剛性はどうなるのか、制振効果を発揮しているのはゴムのおかげなのか、釘穴のおかげなのか、実験が終わってからの様子、パネルを開いたところも見たかったですね。

審査員コメント@公開討論会

青井：僕は専門分野が違うので、技術的なところは分かりませんが、大きな枠組みで見た時に、どういう位置づけになるのか、現実にどのように使われるのか、住宅になった時の展開などが見えづらいので、もう少し説明してください。

溝呂木：木質の面材で、わざわざ2×4構法のような堅いものに制振テープを組み込むなんて、と実務で設計をされている方にはよく鼻で笑われました（笑）。木質住宅の制振化自体は、地震による損傷制御や、また次に大きな地震が発生した時に、その接合部の損傷やスリップを防いで、新たな地震に対応できるように、応答低減や損傷軽減ができれば、という思いがありました。それから、財産としての住宅の価値の保存、いかに長く保たせられるかを目的としていました。

森田：すでに在来構法で適用されている制震装置を2×4構法でも展開してみたということですよね。

溝呂木：はい、そうです。

森田：この実験によって、在来軸組構法と枠組2×4壁構法、両者の違いが別の角度から見えてくると面白いと思ったのですが、何かそういうことはありませんでしたか？

溝呂木：在来軸組構法と枠組壁構法の違いまでは、正直なところ深く研究できていませんでした。実際に載荷する時の振動数も、すべて在来軸組工法と同じ振動数の決定法でやっているので、もっときちんと比較ができればよかったのですが、そこまでは考えがおよびませんでした。

可動テンセグリティ構造の建築利用に関する研究

畑中快規
Yoshinori Hatanaka

千葉大学大学院
工学研究科　建築・都市科学専攻
建築学コース　平沢岳人研究室

1章　はじめに

1-1 建築における可動機構とデザイン

建築デザインにおいて可動機構はデザインの要として扱われる。例えば大規模なものでは屋根がスライド機構により開閉するスタジアムや、特殊な変形例としてAl Bahr Towersでは日射調節のために展開するファサードが実作されている。

一方で、建築の可動化には以下のような制約が挙げられ、実施例が少ないことも事実である。

① 生産・維持にかかるコストが大きいこと。
② 可動機構が大型化し取り入れづらいこと。
③ 可動機構が十分な強度を有すること。
④ 多様な変形の操作・管理が難しいこと。

それらの制約を踏まえた上でも可動機構の多様なデザイン性は魅力的であり、日射調整やファサードデザインを目的として様々に研究されている。

自由度の高い可動機構が提案されれば、これまでにないデザインや新しい機能の考案が期待できると考えられる。

1-2 テンセグリティとは

テンセグリティ構造は、Tension（張力）とIntegrity（統合）の造語であり、バックミンスター・フラーによって考案された。圧縮材と引張材によって構成され、圧縮材は互いに接せず曲げ応力が生じない。少ない材積で大きな空間を構成できることや、浮遊感のある独特なデザイン性を持ち味とする。しかし、初期張力の導入まで形状が安定せず、施工が困難である。そのため建築での利用例はあまり見られず、モニュメントなどの芸術作品での利用が大半となっている[1]。

他方、生体において、骨格と筋肉はテンセグリティ構造に類似した均衡状態をとっており、さらに細胞では一つひとつの細胞骨格がテンセグリティに近い構造をとることが指摘されている。生体はこれらの細胞テンセグリティが無数に相互依存的に変形しながら支え合うことで伸縮を行う。

1-3 既往研究

テンセグリティ構造の研究は、その形状に関するものや、応力状態の解析に関するものなど様々になされている。

建築分野での課題として、設計生産においては、初期張力の導入まで形状が安定しない点や、設計形状との施工誤差の検証の難しい点が挙げられる。また自由曲面などの形状を設計する際、圧縮材への引張材の入射方向が固有となり、特殊部材が多くなる点も課題である。

これらに対し、既往研究では、ユニットに分割して生産することで比較的安定した状態での施工を可能とする手法、AR技術を利用して施工誤差の教示を行う手法、設計情報を生産・管理に紐づけすることで、設計生産を一連のワークフローとする手法が報告されている[2]。

他方、生体に見られるテンセグリティの柔らかな変形性質は、主に医療分野、とくに義手などの製作について研究されている。また宇宙開発で有名なNASAでは細胞の変形動作を模倣した駆動機構を持つ惑星探査ロボットの開発が進められている[3]。

2章　研究目的

生体に見られるようなテンセグリティ構造は、張力管理によって能動的に変形することが可能である。単一種類のユニットから柔軟に多くの変形形状を表現することができる構造は他には見られない。例えば、テンセグリティユニットによって構成された面を自由に変形させることができれば、収縮時には日射遮蔽の役割を担い、広がれば開口を生成し得ると考えられる。軽量である性質を生かして宇宙建築に適用することや、センサを内蔵することで外力や音・温度・光などの外部環境の刺激を感知し、自己学習的に対応反応をするファサードなど、これまでに見たことのない構造物が生み出されるかもしれない。

本研究では、柔軟な変形域を持つテンセグリティを建築に適用することで、建築にこれまでにない新たな動作やデザイン性を与えることを目的とする。その初期段階として、可動テンセグリティの試作を通して、動作を検証し、その構成要件の考察を行う。

3章　形状決定システムの構成

本章では可動テンセグリティの製作に当たり、情報管理体系の考察を行う。模型による実験的な手法では膨大な変形パラメータの操作が不可能であると考えられる。そこで形状決定や変形を扱うシステム(以下、形状決定システムとする)をC言語で独自に開発した[*1]。

3-1 情報構造

テンセグリティ構造はその形状と連結情報、応力状態により、安定形状の設計が可能となる。これらの情報を包括的に管理することで、各部材情報や頂点座標を物理演算エンジンでの解析やディテールの設計に利用することができる。

3-2 物理演算エンジンを用いた形状決定

本研究では形状決定における収束計算に物理演算エンジンを用いた。物理演算エンジンは質量、速度といった力学法則のシミュレーションを行うコンピュータライブラリであり、剛体に衝突判定や拘束条件を与えることでテンセグリティ構造を再現する。リアルタイムでの描画性能に優れるため、連続的な変形挙動を直感的に把握することができる。

本研究ではとくに、可動テンセグリティの変形挙動の観察や形状設計を対象とするため、リアルタイムでの形状変形が重視される。構造解析による安全担保は複雑な計算を微小変形ごとに繰り返す必要があり、今回の試行には適さないと考えた。

4章　実機の構成

4-1 伸縮機構の考察

テンセグリティを変形させる手法として、圧縮材を伸縮させる方法と、引張材を伸縮させる方法が考えられる（図1）。テンセグリティ構造は圧縮材が引張材より少ないため、圧縮材を伸縮させる場合、駆動機構数を削減することができる。しかし、引張材は受動的に伸縮され、テンセグリティ系として形状を維持するためには常に張力を保持できる仕組みが必要となる。そのため意図的な形状に変形させることは難しい。

引張材を伸縮させる場合、駆動機構数が増加するが、全ての引張材に適切な応力を発生させることができるため、変形の自由度が上がり、意図した形状に変形させることができると考えられる。本研究では意図的な変形を目的とするため、引張材を伸縮させる方法が適する。

引張材を伸縮させる機構の種類として、以下が考えられる。

① ウインチのような巻き込み機構。

② リニアに動く引き込み機構。

③ 引張材を送り込む押し出し機構。

④ リニアアクチュエータ機構。

表1は、これらについて伸縮量、変形長さの計算の難度、伸縮方向の自由度、機構の強度に関して比較したものである。

またこれらの機構は電力が供給されない時にも、建築物としての自立し、安全を保障できるような構造でなければならない。

4-2 ユニバーサル部品

テンセグリティ構造の自由曲面を生産する際、圧縮材には引張材の入射方向に応じて、接続のディテールを設計する必要がある。その結果、生産部材の多様化に伴いコストは増大し、個体の識別管理も負担が大きくなる。

可動テンセグリティでは引張材の入射方向が動的に変化する。そのため、圧縮材にそれらの変化に柔軟に対応できる仕組みを設けることで、単一なユニットで様々な変形に対応できるユニバーサル部品を実現できる。少ない種類の部材で構成することができれば、生産管理にかかるコストを削減し得る。

5章　プロジェクトを通した考察

本研究では、建築分野における可動テンセグリティの実現性に関して、

① 細胞型テンセグリティ

② 肘関節型テンセグリティ

のふたつの構造物の実作を通して要件を検証し、考察する。

細胞型テンセグリティは、細胞の変形性質を模倣し、個々の微小な変形を相互依存に重ね合わせることで全体として大きな変形を構築する。肘関節型テンセグリティは、肘関節の変形性質を模倣し、少ない変形機構により大きな変形をする。

5-1 ワークフロー

駆動システムのワークフローを図2に示す。

最初に、設計者はテンセグリティの初期形状を三次元CADなどで設計する。次にテンセグリティ形状の頂点座標と連結情報を、形状決定システム

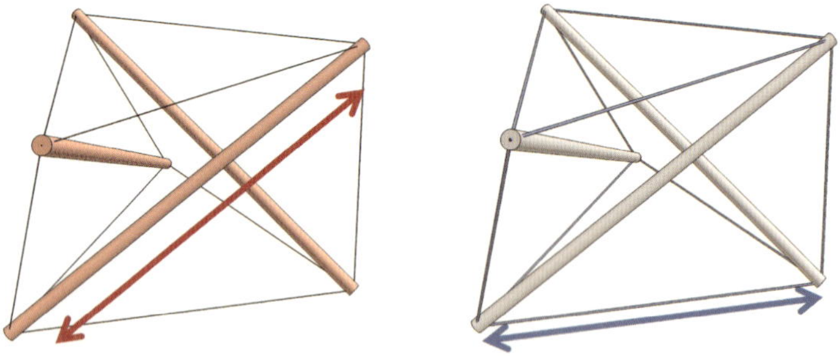

図1 伸縮材の比較

	伸縮量	計算	方向	強度
巻き込み	○	△	△	○
引き込み	×	○	○	△
押し出し	○	○	○	×
リニアアクチュエータ	×	○	○	○

表1 伸縮方式

に入力する。システム内で、物理演算エンジン上で成立するように質量や張力などの初期パラメータなどを加えた解析用データに変換する。

形状変形は物理演算エンジンでのシミュレーションによる。バネに相当するジョイントにより剛体を拘束して、テンセグリティ構造を再現する。バネの自然長を調整することで応力状態を推移させ、形状を変化させる。連続的に応力状態が推移するためテンセグリティ系では変形前後だけでなく、変形中においても自己釣り合いが成立する。それにより少なくともある程度の剛性を持ち、短時間の外力に対し弾性変位的に抵抗することができると見なす。

シミュレーション結果から、引張材の伸縮量を算出し、回転数や速度といった電動部品の制御パラメータへ変換する。実機に内蔵されたマイクロコントローラは信号を受け取り、駆動機構を動作することで変形を行う。

5-2 細胞型テンセグリティの試行

細胞型テンセグリティは相互依存に微小な変形を重ねる性質を模倣する。

個々の細胞を模倣した躯体は、それぞれ連結可能な端部ディテールを有することでユニット管理を可能とし、建築への応用性が高くなる。製作する基準ユニットにはtriangular-prism（t-prism）を用いる。t-prismは三角柱の上下面をねじった形状で、対称性や連結性を持つため、様々なプロトタ

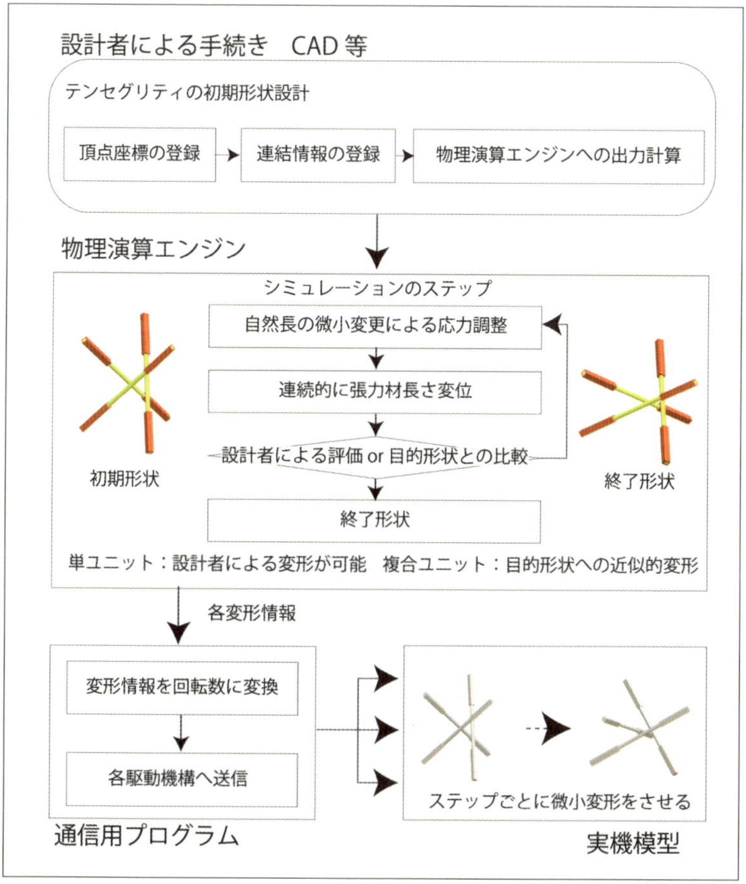

図2 ワークフロー

イプデザインに用いられる(図3 上)。

t-prismは、最少で9本の引張材により構成される。しかし連結時の駆動性を加味すると、隣接ユニットとの結合箇所では両端からの伸縮が必要となる。縦材には結合箇所が存在しないため、一方向からの伸縮で十分であると考えた。ゆえに伸縮機構数は合計で15個とした(図3 下)。

形状決定システムにおいて、単一ユニットでは変形パラメータ数が少ないため、設計者の入力操作により形状を変形させることができる。しかし、複数のユニットが結合された場合、変形パラメータは膨大となり設計者による制御は不可能になる。そのため、初期形状に目的となる形状を入力して変形させる手法が合理的であると考えた。シミュレーション結果は図4のようになり、目的形状に必ずしも一致しないが、おおむね近しい形状と、制御パラメータを導出することができた。

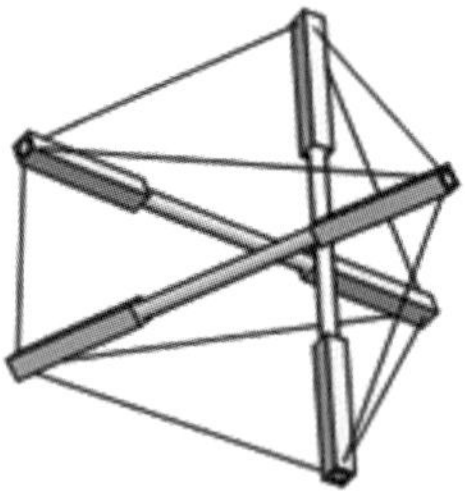

次に実機模型において、駆動機構をユニバーサルな部品とすると、生産の画一化による特殊部材の削減や、修繕や管理の合理化を可能としコストの削減につながる。ユニバーサル駆動モジュールは小型化と軽量化を重視し、駆動部と制御部により構成される。また本機構は建築利用を想定するため、外力に対し崩壊してはならない。そのため駆動部はギアボックスを自作し、電力が存在しない時にも形状を維持できるものとした。伸縮方式は、伸縮量の大きな巻き込み型を採用した。躯体には軽量化のためにアルミニウムを、先端部と引張材には強度を考慮し、ステンレス材を用いた。電動部品にはステッピングモータを選定し、回転数から引張材の実長を調整する。本ユニットは引張材が多く、有線での信号通信では著しくデザイン性を損なうと考えたため、制御部は無線通信とした(図5)。

図6では実機ユニットの結合実験を行った。自由に変形する曲面はこれまでにない空間演出性を持ち得る(図7)。

5-3 肘関節型テンセグリティの試行

肘関節型テンセグリティは骨格と筋肉、靭帯が成す運動構造を模倣し、少ない機構で大きな変形を生む例とする。

形状決定システムは細胞型と同様に、物理演算エンジンで応力状態を推移し、形状を変化させる。

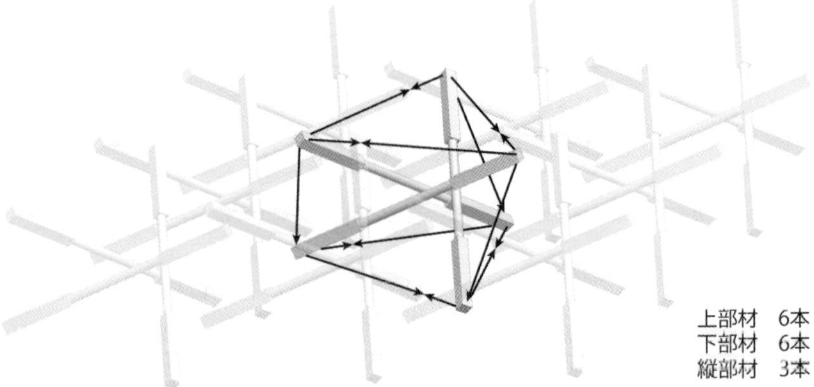

図3 t-prism(上)と連結関係(下)

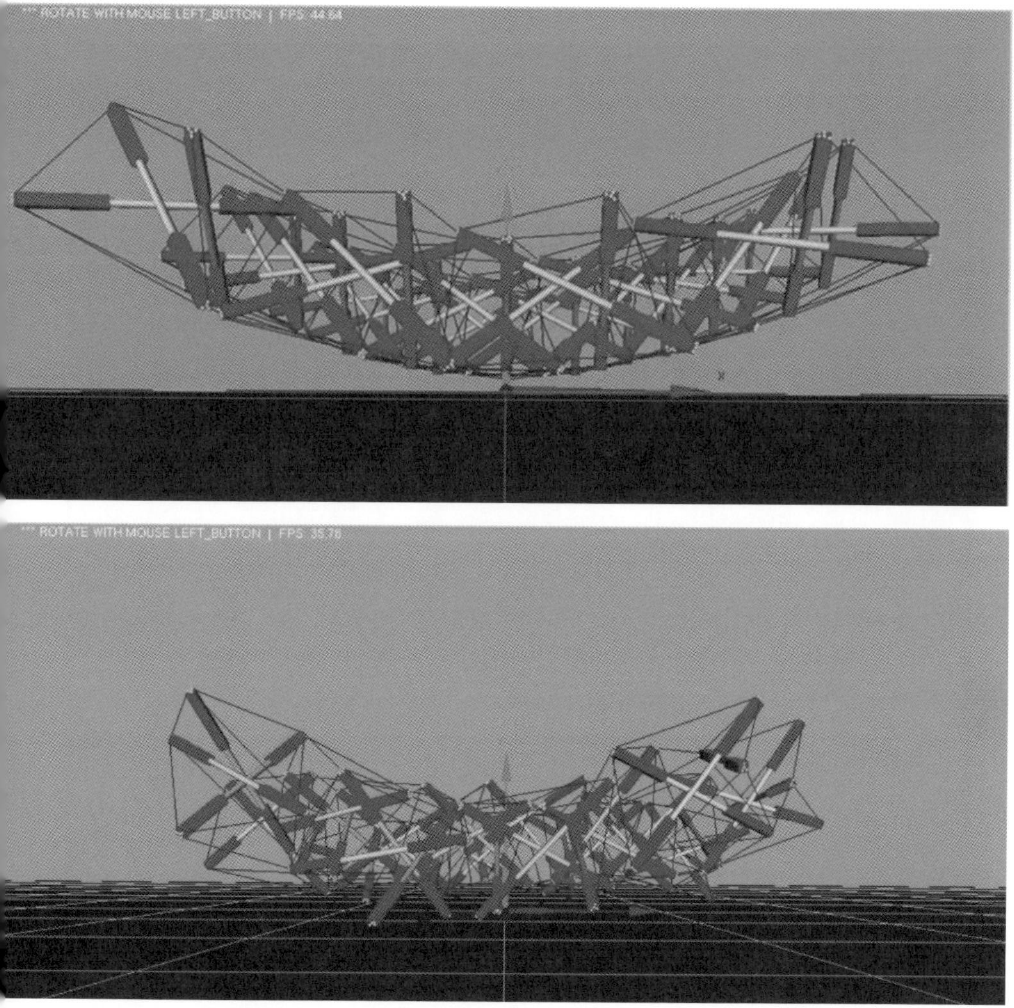

図4 目的形状(上)への近似形状(下)

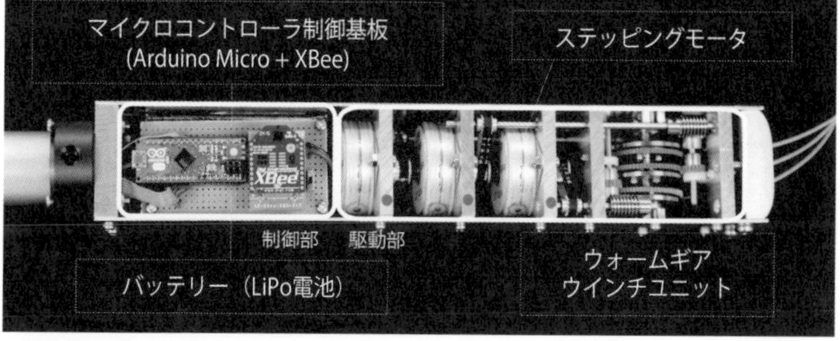

図5 駆動簿ジュールの構成

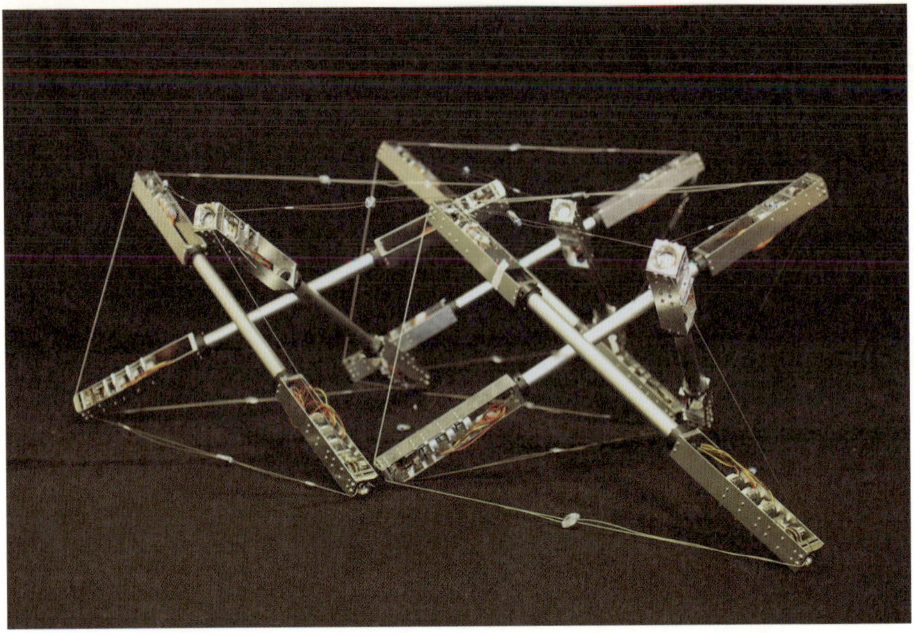

図6 細胞型テンセグリティ模型

図7 曲面テンセグリティの利用

駆動機構は軸力を負担可能なアクチュエータを自作した。引張材を駆動モジュールとすることで、細胞型とは異なるユニバーサル部品によるテンセグリティ構造の提案となる。

駆動機構は、図8の筋肉にあたる箇所に設けた。駆動部を独立に駆動させることで捻転など様々な運動を再現できるが、今回は前後をそれぞれ一組と見なし、簡易な展開運動を対象とした。

比較的簡易な構成となるため、パビリオンなどのテンポラリな利用やスタジアムの可動屋根など様々な利用が想定される(図9、10)。

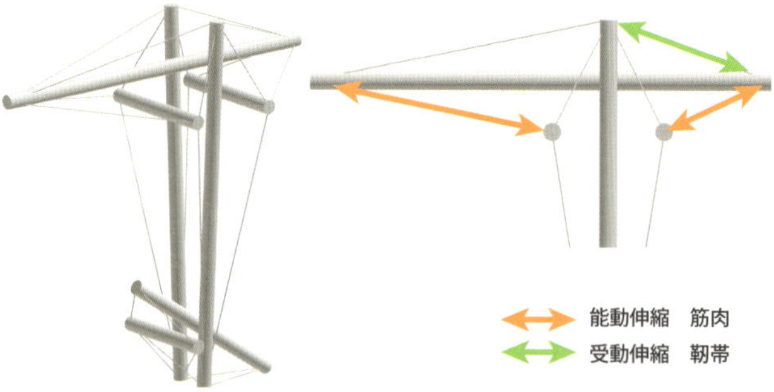

図8 伸縮機構の
抽出と適用

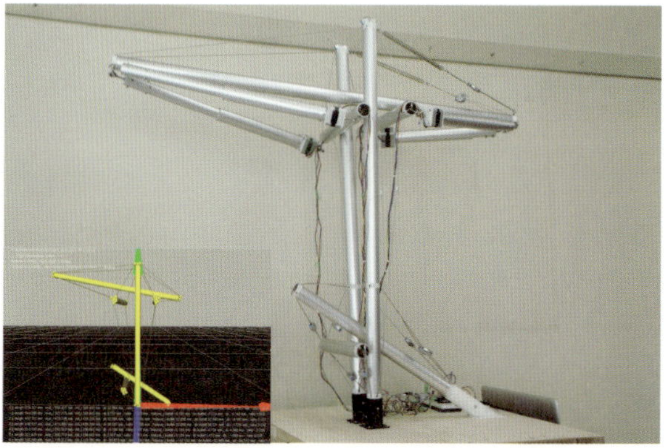

図9 肘関節型テンセ
グリティ模型とシミュ
レータ

図10 肘関節型テンセグリティの利用

6章　まとめ・考察

本研究では、可動テンセグリティを建築設計の新たなデザインボキャブラリに加えることを目的とした。その初期的な試行として、その構成を検討し、模型の製作を通して検証した。

システムに関して、物理演算エンジンはリアルタイム性を重視したライブラリのため、計算精度に誤差がある。したがって、構造解析により応力状態を補助的に求め、より安定し得る形状をたどって、連続的に変形することが望ましいと思われる。

変形パラメータに関して、今回は目的形状を基に変形を行った。大規模な複合テンセグリティ面では引張材が無数となり、変形バリエーションも無数に存在するが、設計者が意図的にデザインすることは非常に難しくなる。そこで変形形状の生成に機械学習アルゴリズムを適用し、変形パラメータの組み合わせを自己学習させることで、形状の入力による変形ではなく、目的の入力による変形を行い得る。結果、設計者の負担は軽減され、建築デザインに可動機構を取り入れやすくなると考えられる。

実機の構成に関して、伸縮機構の負荷を軽減するため、軽量で硬質な炭素繊維の使用や、駆動力の強化により、より小型なユニバーサル駆動モジュールが設計提案されれば、デザインやその構成の幅が広がる。

また今後、様々なセンサを内蔵することで、感知した外部刺激に対する動作を能動的に判断するロボット建築のようなものの出現も想像に難くない。可動建築にはこれまでにないまったく新しい可能性が広がっていると思う。

[参考文献]

(1) Heartney, E. *Kenneth Snelson: Forces Made Visible*. Hudson Hills Press. 2009.

(2) 飯村健司「構法計画におけるアルゴリズミックデザインの実践的考察」千葉大学学位論文、2015年1月

(3) Bruce, J. *Design and evolution of a modular tensegrity robot platform*. ICRA, 2014.

[駐]

＊1 物理演算エンジンにBulletを用い、OpenGLにより描画を行った。開発環境はVisualstudio2012。

出展者コメント ―― トウキョウ建築コレクションを終えて

Q 修士論文を通して得たこと

プログラミングによる情報管理やモータ操作などの機械制御、建築に限らない様々な知識を習得しました。

Q 修士修了後の進路と10年後の展望

組織設計事務所でデジタルデザインに関する開発業務を行っています。近年、建築分野は情報化が進んでいます。その第一線で技術開発に携わることを目標とします。

コメンテーターコメント

新谷：プレゼンの最後に、人の頭上に屋根がかかっている画像がありましたが、テンセグリティのメカニズムそのものに重量があるはずです。空間をつくるのに耐えられる仕様になっているのでしょうか?

畑中：今回は重量に耐えられる、耐えられないという話ではなく、動くかどうかの実験をしたので、実際に建築化するとなるとディテールが変わると思います。より重量に耐えられる機構で、高電圧にしたり、ギアをかませてもっと強くするなど。完全にこれでなくてはいけないという仕様ではなく、とにかく自分でつくれる範囲で制作しました。

新谷：油圧を使うという手もありますよね。建設用の重機も大型のものはだいたいが油圧。おそらくコストも低いし、パワーもすごく出る。畑中さんが提案した複雑なものより、油圧ポンプと弁を使えばもっと小型で軽くできると思います。

畑中：確かに腕型テンセグリティで、リニアアクチュエータを油圧化すればあり得るかもしれません。油圧では長さを正確にできるのでしょうか?

新谷：油圧は制振装置に用いられるくらいですから精度も高いですよ。だから油圧機械にすれば、コントロールも自由に利くはず。ただし、油が漏れるなど扱いが難しいので、そこを解決できればより良くなるでしょうね。

一ノ瀬：テンセグリティの構造について、いろいろと試していることは面白いと思ったのですが、そもそもこれはどこに使用するのでしょうか?　ファサードですか?　それともテンセグリティによって新しい空間ができるのでしょうか?

畑中：ファサードに用いた場合、これが動くことによって、例えば日射に反応して、自動的に縮んで日射を遮蔽したり、気温によって開口部が開閉したりという利用が考えられます。腕型は簡易なつくりなので、パビリオン的にアーケードに使ったり。初期張力を自ら調整できるということは、形態をつくる上で施工が難しかった部分も解決可能なのではないかと思っています。

一ノ瀬：環境を考慮して、日射の調整をするなど、あまり大ごとにしなくてもいいとは思いますよ。もうちょっと軽い構造で、新しい空間を提案する方が、筋としては良いでしょうね。

八束：タイプに細胞型と腕関節型があって、それぞれを実験、分析したんですよね。スケールについて言うと、ロンドンの動物園でセドリック・プライスが設計したバードケージという、いわゆる鳥小屋はかなり大きなものですが、畑中さんの2つのテンセグリティタイプで、もっと大きなものまで対応できる可能性はありますか?

畑中：大型化できそうなのは、駆動機構が少なくて力を調整しやすい腕関節型です。細胞型は、連結部分が力学的に弱くなるので、そのまま大きくするのは難しいかもしれません。肘関節で、それぞれの引っ張り材をリニアアクチュエータで代用する、もしくは引っ張り材が自ら動けるものにする手法の方が望ましいかなと思います。

審査員コメント@公開討論会

新谷：空気バネや形状記憶合金をテンセグリティに利用するアイデアが出ましたが、空気バネは空気の力が弱いため、あまり大きなものはできないんです。それと形状記憶は、低温だと剛性が低くなる。例えば、電気を通して発熱させて剛性を上げるという手があるかもしれませんけれど。

畑中：熱で縮むバネは実際に検討したのですが、やはりコストが高くなってしまうのと、触れる可能性のある建築で使うにはリスクを伴うので、結局使いませんでした。装置がエレガントではないという指摘もありましたが、今後はもっと美しいものをつくりたいと思っています。

6軸ロボットアームの導入による建築デザインの展開

木工切削加工の可能性の検証

笠井 洸
Ko Kasai

豊橋技術科学大学大学院
工学研究科　建築・都市システム学専攻
松島史朗研究室

1章　序

1-1 研究背景

現在、多くの産業において産業用ロボット（以下ロボットアーム）が導入され、すでに主要な産業技術として確立している。日本では主に建材加工において利用されているものの、ロボットアームを用いた建築デザインを主眼として導入する建築系研究機関は少なく、その可能性はほとんど探求されていない。それゆえ本研究では、日本人が慣れ親しむ建築材料である木材に着目し、多様なスケールで6軸ロボットアームが実現する木工切削加工の可能性を探った。本研究の成果をもとに、日本の建築デザイン領域においてロボットアームを組み込んだ新しい建築デザインが切り開かれることを期待したい。

1-2 研究目的と方法

本研究は、製作検証を通して6軸ロボットアームの導入による建築デザインの新たな可能性を示すことを目的とした。6軸ロボットアームの有効性を明らかにすることで、建築デザインの可能性を示すことができると考える。加えて、製作検証の過程で加工プロセスの観点から考察を行い、理論だけではない導入に向けた課題と知見を得た。

方法としては、まずロボットアームと建築の関係性、製造手法の変遷について整理し、デザイン領域に導入する際の要素、技術などを明確にした。その上でロボットアームの導入で実現すると考えられる作業仮説を設定した。その後、取り上げた事例の製作検証を通して作業仮説の立証を行い、デザイン領域に対する6軸ロボットアームの有効性を明らかにした。

図１本研究で使用したロボットアーム

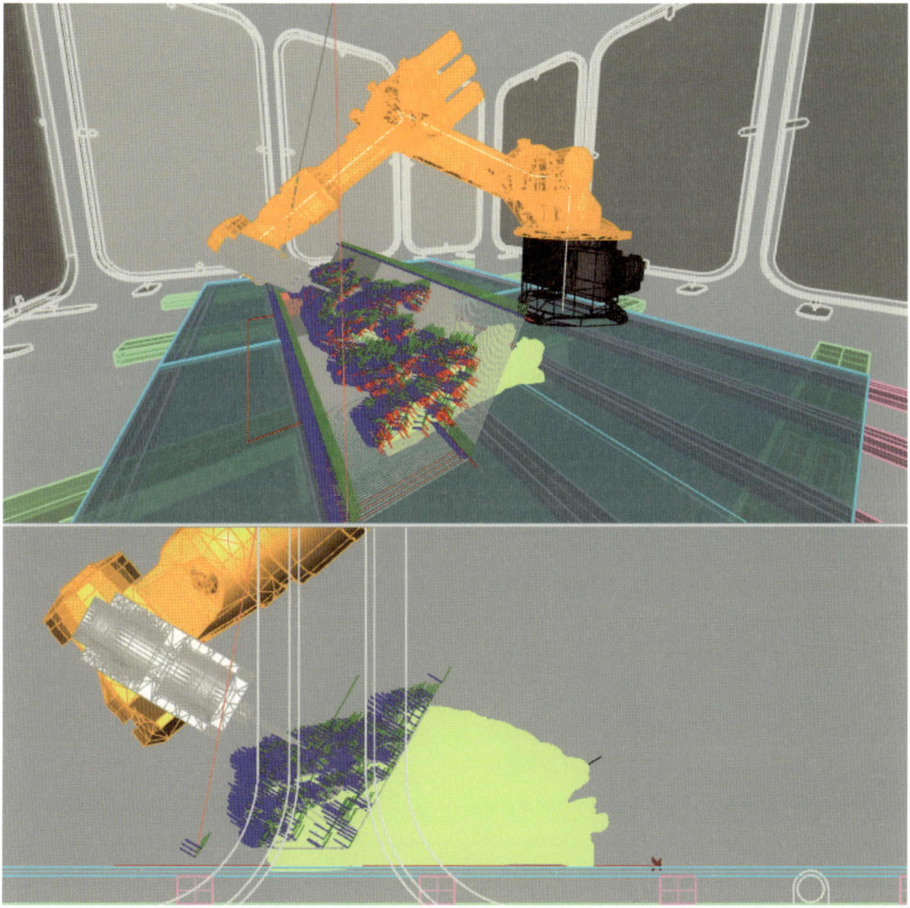

図 2 Rhinoceros によるシミュレーション

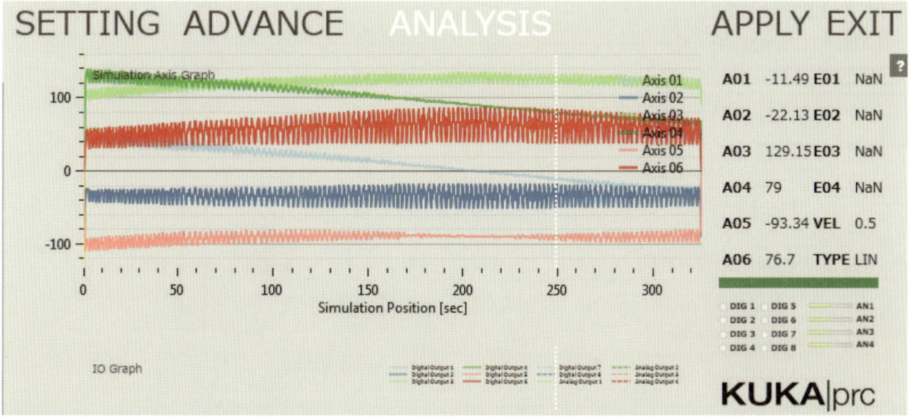

図3 Grasshopper（KUKA|prc）による検討

2章　ロボットアームと建築の関係性・加工手段の変遷

人に代わり過酷な環境で作業を行うためにロボットアームは生み出され、今日では製造業のみならず医療現場や映像業界など幅広い分野で活躍している。それに伴ってロボットアームに対する社会的認識は変化し、情報空間と現実空間をつなぐ媒介としての認識が普及しつつある。海外ではその可能性にいち早く着目して実践的な研究が多くなされている。プロジェクトに応じてロボットアームをカスタマイズし、新たな建築デザインおよび建築技術へと展開している。こうした背景にはデザイン、機械、構造、マテリアルをそれぞれ専門職によって構成された集団による他分野と協働した研究体制が挙げられる。

一方で日本の製造手段は、寺社仏閣に代表される木造建築物を中心に一般住宅へと展開、発展してきた。それらを支えたのはかつての大工たちである。木造建築物の架構は卓越した大工技術により継承されたのである。ところが近年は、プレカット技術の開発によって機械化が加速し、ロボットアームがかつての大工たちのように多様な道具を使い分けることで、継手や仕口の加工を行っている。しかし、ロボットアームの導入で手作業による加工水準を超えた精度と作業効率を実現しているものの、装飾意匠へは適用されていない。

3章　開発環境

本研究はKUKA（クーカ）社製KR16というモデルを使用し、エンドエフェクタ固定治《じ》具《ぐ》、土台を設計・製作、開発環境を整備した（図1）。開発は三次元モデリングツールのRhinocerosをプラットフォームとし、そのプラグインのGrasshopper、KUKA|prcおよびPythonを活用することでロボットアームをコントロールした(図2、図3)。

プログラムは、コンピュータ上での加工シミュレーションと実践を重ね、ビジュアルと数値の両面から確認することで衝突などの危険性を未然に防ぎ、かつ繊細なコントロールを実現した(図4)。

加えて、エンドエフェクタをカスタマイズすることで、ロボットアームは多様な加工が可能となる。このことから、切削加工だけではない多角的な加工方法も将来的な展開として視野に入れ、衝突回避を含めた軌道生成と姿勢制御を自ら行って研究を進めた。

4章　嵌合造作家具

4-1 概要

デジタル工作機械を集めたものづくりの施設「メイカーズ・ラボとよはし」におけるスペースデザインプロジェクトにおいて、筆者が設計および3軸加工機を用いて製作した軽作業用の椅子を検証事例として取り上げた。

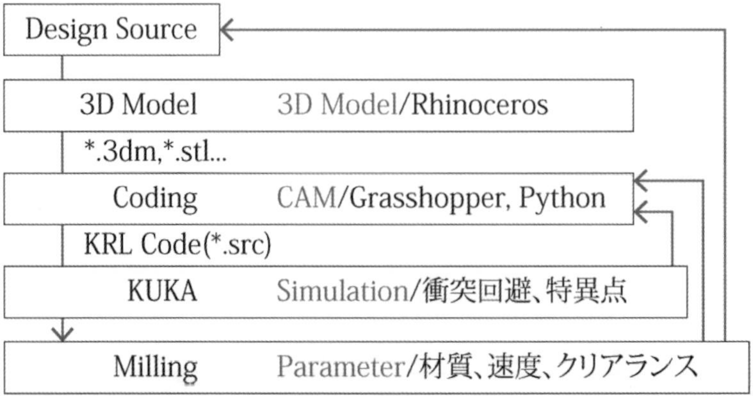

図4 開発フロー

地元企業の協力を得て、同施設に納入予定であった3軸加工機を用いてプロトタイプの製作を行った。3軸加工機は水平垂直の加工のみという機構的特性を持つ。そのため立体的な切削が求められるデザイン形態に対しては、形態に応じた治具を製作する必要がある。治具は基本的には単一のデザインにのみ適用可能であり、多様な形態に対応することは困難である(図5、図6)。本検証では、3軸加工機の加工上の制約がそのままデザインの制約となっていることから、6軸ロボットアームの導入により加工機による制約を緩和できるのではないかという作業仮説を設定した。6軸ロボットアームであれば対象のデザイン形態に対応した作業環境を整えることが可能となる(図7、図8、図9)。

4-2 考察

製作結果をまとめ、加工プロセスの観点から考察を行った。

＜切削＞

・3軸加工機と6軸ロボットアームによる切削面を比較すると刃物や設備の違いはあるものの、仕上がりに明らかな違いが見られた。これは、ツールや刃物あるいは土台の安定性欠如が要因となった剛性不足が考えられる。

・切削が途中で停止すると切削面が大きくなった。これは、切削反力の影響で理論上の刃物位置と実際の刃物位置に差異が生じていると考えられる。

＜制御＞

・ロボットアームは逆運動学を解くことで各関節の回転角を導いている。そのため、ロボットアームは最適な動きをしようと、意図しない姿勢を取ることがある。これにより被切削材との衝突や刃物破損の危険性がある。

・姿勢変化が連続した軌道生成では単位時間あたりの切削量に偏りが生じ、刃物への負荷がかかって危険性が増すと考えられる。そのため姿勢を細かく分割する制御を行った。

＜機構・設備＞

・現在ロボットアームを活用している産業では、塗装や溶接など反力の影響が少ない作業が多い。そのため、切削のように反力の影響を避けられない作業には不向きであると考えらえる。しかし建築デザイン領域に求められている精度のボーダーや、プレカットでの活用状況からデザイン領域では問題ないと判断できる。

・ロボットアームは特異姿勢を除き可動性に制約は少ないものの、土台への材の固定方法により可動領域に制限が生じる。そのため土台などの設備環境の整備が必要であると考える。

5章　モノコック型建築モジュール

5-1 概要

6軸ロボットアームはデザイン制約の緩和だけでなく、その可能性を敷衍することで新たな建築技術への発展が期待できる。そのツールと成り得るのではないかという作業仮説を設定し、製作検証を行った。

竹中司と岡部文(AnS Studio)がACADIA(コンピュータ支援による建築設計に従事する研究者や専門家のための国際的な協会)2011に発表した「Networked Coding Method for Digital Timber Fabrication」という論文がある。その中で製作されたニューロ・ファブリクスを検証の事例として取り上げた。ニューロ・ファブリクスとは、建築デザインと構造・環境設計におけるモノコック型建築モジュールであり、人間とロボットが共生する環境と空間の創出を目標としている。さらにはロボットハウス(図10)としての応用も目指しており、空間自体が人間の感覚器官のように機能する未来の建築技術に成り得ると考えられる。

将来的には多軸加工により複雑な曲面形状に対応していくとされたニューロ・ファブリクスについて、その部分モックアップ(図11)を仮定し製作検証を行った。3軸加工機のみでは実現に至っていない形状を製作することで作業仮説の立証を目指した(図12)。

5-2 考察

製作結果をまとめ、加工プロセスの観点から考察を行った。

＜切削＞

・被切削材を動かすことなく固定面以外の加工が可能であるため、3軸加工で発生していた両面加工時

図5 3軸加工機での製作品詳細

図6 3軸加工機での製作品

図7 6軸ロボットアームでの製作品詳細

図8 6軸ロボットアームでの製作品

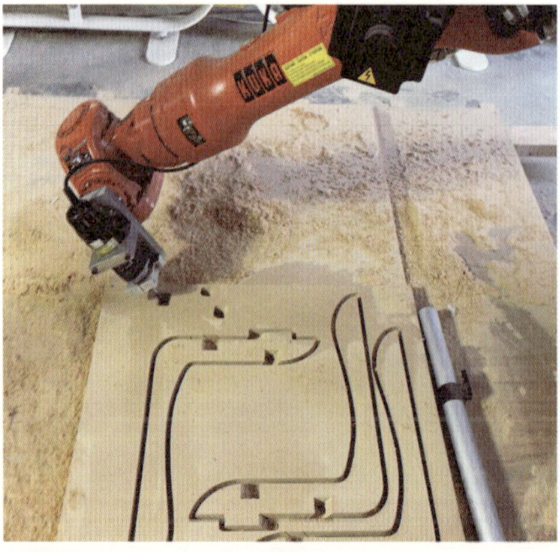

図9 6軸ロボットアームでの製作風景

図10 ロボットハウス[*1]

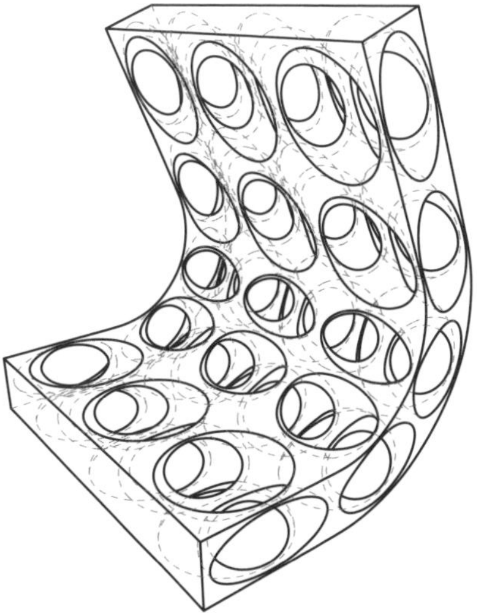

図11 部分モックアップの試作

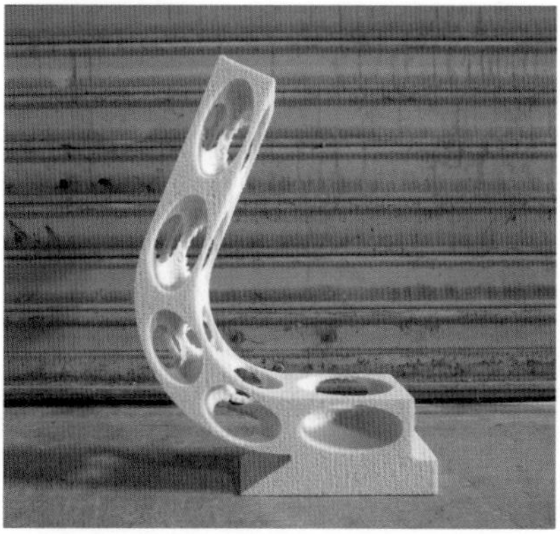

図12 6軸ロボットアームによる製作品

の人為的な取り付け誤差をなくすことにつながった。

・加工が進むにつれ被切削材の有効断面積が小さくなり、切削時の振動によるブレに耐えることができず切削面が荒れた。

・切削には膨大な時間がかかったため、複数の刃物の導入が必要。

・姿勢制御のみでは切削不可能な形状があると考えられる。

＜制御＞

・ロボットアームが回り込んだ姿勢での加工はいくらか可能であるものの、材との衝突回避を考慮すると可動域の制限は大きくなる(図13)。

・被切削材形状が複雑ゆえに、被切削材、土台などとの衝突回避を考慮した軌道生成の完全自動化は現状の環境では難しい(図14)。

・曲面形状では曲率の変化が大きい箇所で切削量に3次元的な偏りが考えられるため、切削速度を落とすなどの制御面でコントロールする必要性があると考える。

・本研究環境であれば、ロボットアームに対して角度をつけた状態で材を固定することで姿勢制御と衝突回避の問題を解消できる可能性がある。

＜機構・設備＞

・現在使用している3軸加工を前提としたルーターでは集塵機などの設備がない環境では故障につながるおそれがある。

・加工中のロボットアームは様々な姿勢を取るため、関節は絶え間なく回転する。そのため、電源コードの取り回しを解決するためのロボットの装備を検討する必要がある。

6章　実践的な検証

ロボットアームの導入について、新たなデザインを実現する技術としての可能性の追求だけでなく、寺社仏閣に代表される高度な装飾意匠などに対しての有効性も探った。

岐阜県養老町が文化財の保存のために行った3Dスキャンモデルを町から提供してもらい、実在する木の彫刻を対象として製作検証を行った（図15、図16)。

現状は再現性が低いものの、今後の継続的な研究により有効性を発揮することが示唆された。既存の装飾意匠は、万が一災害や劣化で失われた場合に再現する術は残された資料と職人の技術頼りであるため、職人の技術力の低下など、今後その復元が困難になることも考えられる。ロボットアームが装飾意匠に対しても有効なツールであることが明らかとなれば、紙媒体の資料と職人による復元作業よりも精密かつ短期間での復元が可能となる。加えて、劣化した部分のみを修繕するなど人を超えた仕事をこなすことや、荒削りはロボットアームが行い仕上げ工程を職人が担うといった人機融合し

図13 ロボットアーム特有の加工

図14 衝突回避を考慮した姿勢制御

た未来も考えられる。

7章　結論

7-1 作業仮説

＜嵌合造作家具＞

思い描いたデザインを実現し、モデル作成から加工データ生成・製作までを一貫したファイルで柔軟に対応することで、ロボットアームの導入で実現すると考えられる作業仮説を立証できた。

＜モノコック型建築モジュール＞

ロボットアーム特有の加工特性を活かし、3軸加工機では実現し得なかったモノコック型建築モジュールの部分模型を再現できたことから同様の仮説を立証できた。

以上のことから6軸ロボットアームの導入によって、建築デザインの可能性は拡大し、さらに、6軸ロボットアームは新たな建築技術の発展に資するツールと成り得る可能性が明らかとなった。ゆえに、6軸ロボットアームは建築デザイン領域に対する有効性があり、新たな建築デザインを切り開く可能性を秘めている。

7-2 課題

本研究を通して得た課題は以下の3点である。

(1)技術の言語化と適切なツール探求の必要性

(2)ロボットアームと環境構築の必要性

(3)建築・機械・情報の総合的知識の必要性

とくに(1)に関しては、本研究ではルーターを用いた切削加工を行ったが、大工や職人のように加工に応じて工具を使い分けるという概念をロボットに適用することが、ふさわしいかどうか検討する必要があると考える。人のように抽象度の高い作業を得意としないロボットでは、単一ツールで複数の加工プロセスを経た方が、加工精度、切削面の仕上がりなどが良好である場合も考えられる。そのため、ツールと加工特性および仕上がりの関係性についても、今後の継続的な研究で明らかにしていく必要があると考える。

[註]

*1 人間・ロボット共生リサーチセンターHP(http://robot.tut.ac.jp/project.html)より転載。

*2 高田祭曳軸猩々軸木彫、松鷺3Dモデル作製風景(養老町教育委員会より提供)。

図15 文化財の保存を目的とした3Dスキャン[*2]

図16 ロボットアームによる切削風景

出展者コメント —— トウキョウ建築コレクションを終えて

Q 修士論文を通して得たこと

今後は建築設計が主軸となるが、修士論文で得た事を基盤に、デザイナーとしての視野をさらにに広げていきたいと感じる。

Q 修士修了後の進路と10年後の展望

デザインとエンジニアリングの間で生きていきたい。

コメンテーターコメント

新谷：内容そのものは分かりやすかったのですが、この研究の目的がどこになるのかを知りたいと思いました。ひとかたの職人でなければできないことをロボットアームでは実現可能になるということですよね？　それは、人間では実現困難なものをロボットアームが大量生産をすること。つまり、人を排除するという危険性をはらんでいるような気もします。ロボットアームを使って、新しいコンセプトや新しい建築デザインを実現したい、という思いもあるのでしょうけれど……。誰かが考えたユニークなものが大量生産されることを主張、もしくは目的にしてるのでしょうか。

笠井：日本の建築デザイン領域にロボットアームを組み込みたい、デザインの幅を広げたいと強く思っています。現在の加工機ではワークサイズが限定されるという制約があって、ロボットアームが可動であればワークサイズに制限がなくなるので、スケールの大きな建築には非常に適していると考えました。建築デザインに組み込むことができれば、表現が広がり、豊かな暮らしにつながるのではないかと思いました。

新谷：僕の分野は構造なので、芸術面というより、これを使うことで難しい仕事や手の込んだ仕事がどこでもできるという生産性の問題から捉えていました。とはいっても、今回できあがったものは、ロボットアームによって、人間がまったく考え出せないデザインになっているようには見えないのですよ。人間がやったら難しい仕事、人間が今までやってきた難しい仕事をロボットアームであればできますよという主張なんですよね。最近のCGによるデザインを見ていると、とても人間では考えつかないようなものが表現されている。だから、CGのデザインをロボットアームで実現するという内容であれば面白いと思うんです。研究の方向がそちらに向かっていくべきであって、人間ができることをロボットアームが再現するというのではつまらないわけです。

笠井：最終的には海外のように、デザインプロポーザルまで到達できればよかったのですが、残念ながら、そこまでには至りませんでした。しかし、ロボットアームが人にはできないディテールやスケールの仕事などをできるようになれば、今回の研究をベースにデザインプロポーザルまで展開したいと思っています。例えば、水平垂直が基本となる継手、仕口ですが、より複雑に、ロボットアームにしかできない継手、仕口の形状が実現できるようになれば、パビリオンなどのような、大規模で、かつデザイン的にも面白いものがつくれるのではないか、そんな思いで研究をしました。

八束：コンピュータに入力したデータをもとに、ロボットアームが加工するという話で、一次審査ではわりと高い点数を入れていました。でも、加工の話が大部分を占めていて……。それも面白いのですが、もっとデザインの面でも可能性を追求してほしかった。結局は普通に人間がデザインしているんですよね。「考えるのはデザイナー、機械が職人」という話を超え、コンピュータがデザイン領域にも関わる、というようにコンピュータとファブリケーションの二重性がはっきりしてくるとより可能性のある話になったと思います。

石川：実物の貴重な欄間を3Dスキャンして、そのデータをバックアップしておけば、いつでも再現できるということですよね。その時には、ラフな加工を機械に任せて、職人が仕上げるというように互いに補完できる、そういった設計とは違った可能性に踏み込んでいるのかなと思いました。

笠井：現状の設備や刃物によっては再現可能な形状に限界はありますが、それらも含めて、機械と人の線引きを明らかにしていきたいです。

批判的言語描写における建築の異化様相

建築雑誌『新建築』(1980-2014)を対象として

桂川 大
Dai Katsuragawa

名古屋工業大学大学院
工学研究科　創成シミュレーション工学専攻
北川啓介研究室

1章　はじめに

現状や伝統を批判し、固有性を追究してきた建築は異質な様相をもっている。近代以降、モダニズムへの抵抗から多様な価値観が生まれ、設計者は独自の批判的な解釈や手法を持つようになった。その独自の思考過程において、とくに設計者が建築物を解説する際、「単に自然に回帰するのではなく、より自然のシステムに近付いた幾何学を用いて建築をつくり…」(1)という文章のように、単なる否定ではなく、批判的な事象を用いて自身の建築を強調するものが見られる。これは設計過程上で、設計の原型となる事象に対して異なる概念から建築物を構築することで、新たな様相を見出している。そこで本研究では、建築物の構成部位や様相、概念を批判した上で相異点が明確な状態となることを「異化様相」と定義し、建築物の言語描写における異化様相を明らかにすることを目的とする。

2章　研究対象

本研究では、設計者の言語描写として十分な資料を得ることができ、かつ継続的に建築作品を掲載している点を考慮して建築専門誌『新建築』(2)を研究対象として設定する。1980年から2014年までを対象期間とし、設計者自身の作品解説文の中で、設計の原型となる事象に対して、異なる概念から批判的に建築物を構築する批判的表現が記述された、1447事例を研究対象とする。

3章　研究方法

研究対象とした記述をキーコンテクストとして抽出する(図1)。設計者によって異化され、設計の原型となる事象を「対象」、異化されることで表れる事象を「異化様態」、対象と異化様態の関係を「異化の関係」、異化される過程で設計者によって与えられる概念や事象から受ける影響を「作用」と定義し、「対象」、「異化様態」、「作用」、「異化の関係」をそれぞれ抽出、分類する(表1 ～ 4)。そして、「異化の関係」と「作用」から異化の種類を導出する。また、「対象」と「異化の種類」、「異化の種類」と「異化様態」のそれぞれの組合せをコレスポンデンス分析により、分類同士の相関を整理し、異化の原型、異化操作をそれぞれ導出する。

以上より、異化の原型と異化操作から異化様相の類型を導出し、関係を整理することで、設計過程において、異化される原型から異化された様態までの設計者の一連の思考過程を追うことで、異化と

<table>
<tr><td>『新建築』2009年 4月号 p.98
NOWHERE BUT HAYAMA
吉村靖孝建築設計事務所</td><td>抽出項目</td><td>抽出テキスト</td><td>分類</td></tr>
<tr><td rowspan="4">補強部分は既存の壁と馴染ませるのではなく，独立した小屋のような輪郭を与え，・・・異物であることを隠さなかった．換言するならば，家の中に家を建てた．</td><td>対象</td><td>既存の壁…せる</td><td>〚同化〛</td></tr>
<tr><td>異化の関係</td><td>のではなく</td><td>〈対立〉</td></tr>
<tr><td>作用</td><td>家の中に…建てた</td><td>{内包}</td></tr>
<tr><td>異化様態</td><td>異物であること</td><td>【象徴】</td></tr>
</table>

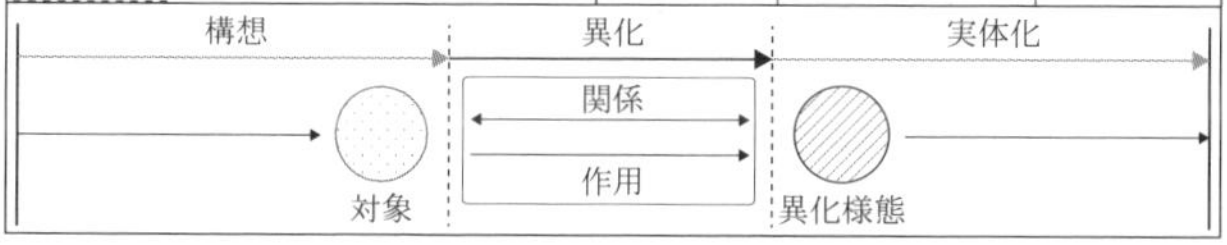

図1 対象・異化の関係・作用・異化様態の抽出例、概念図

分類	箇数	分類	箇数	分類	箇数	分類	箇数	分類	箇数
〚個体化〛	62	〚外部化〛	19	〚虚構〛	14	〚屹立〛	11	〚調度品〛	8
〚完結〛	57	〚広がり〛	19	〚象徴〛	14	〚隠蔽〛	10	〚家〛	8
〚用途〛	55	〚閉塞感〛	19	〚場所〛	14	〚型式化〛	10	〚規模感〛	7
〚単体〛	36	〚残余〛	19	〚境界〛	14	〚建築物〛	10	〚標準化〛	7
〚装置化〛	33	〚緊密化〛	18	〚抽象〛	14	〚室〛	10	〚身体化〛	7
〚合理化〛	30	〚明度〛	18	〚集合体〛	13	〚求心化〛	10	〚動き〛	7
〚構造部〛	29	〚秩序化〛	18	〚審美〛	13	〚専有化〛	9	〚木材〛	6
〚動線〛	27	〚柔軟〛	17	〚単純化〛	13	〚曖昧化〛	9	〚周辺環境〛	6
〚環境性能〛	26	〚内部化〛	17	〚付帯物〛	13	〚希薄化〛	9	〚地形〛	6
〚一体化〛	25	〚奇異〛	17	〚図形〛	13	〚共有部〛	9	〚生活感〛	6
〚均質〛	24	〚創造〛	16	〚明快〛	12	〚彫刻〛	9	〚質感〛	6
〚静寂〛	24	〚外部空間〛	16	〚風景〛	12	〚自然物〛	9	〚感覚〛	6
〚表層的〛	23	〚量塊感〛	16	〚重層化〛	12	〚防御〛	9	〚多孔質〛	5
〚単調〛	23	〚複雑化〛	16	〚既存〛	12	〚形似〛	9	〚日常〛	5
〚建築〛	22	〚自然〛	16	〚離散化〛	11	〚開放〛	9	〚距離感〛	5
〚形態〛	22	〚透明感〛	16	〚居場所〛	11	〚外形〛	9	〚穏和〛	4
〚視線〛	21	〚同化〛	15	〚保存〛	11	〚内部空間〛	8	〚設え〛	3
〚伝統〛	21	〚縮減化〛	15	〚都市基盤〛	11	〚複製〛	8	〚人工物〛	2
〚立体〛	19	〚対峙〛	14	〚呼吸〛	11	〚補修〛	8		

表1 対象の分類

分類	箇数	分類	箇数	分類	箇数	分類	箇数	分類	箇数
【固有化】	58	【伝統】	19	【小宇宙】	14	【存在感】	11	【奥行き】	6
【都市化】	48	【緊密化】	18	【開放】	13	【微細化】	10	【希薄化】	6
【一体化】	38	【地形化】	17	【気配】	13	【距離感】	10	【化身】	6
【自然】	35	【広がり】	17	【構造部】	13	【粗雑】	10	【動的】	6
【場所】	33	【環境】	17	【浮遊感】	13	【伝統】	10	【木材】	6
【秩序化】	33	【求心化】	17	【視線】	13	【抑揚】	10	【輻輳】	5
【外在化】	30	【明度】	16	【離散化】	13	【合理化】	10	【外部空間】	5
【多相化】	29	【周辺環境】	16	【共有部】	13	【規模感】	9	【縮減化】	5
【動き】	28	【穏和】	16	【全体性】	12	【動線】	9	【原景化】	5
【移ろい】	27	【静寂】	16	【蘇生】	12	【媒介】	9	【森】	5
【古雅】	24	【個体化】	15	【主体化】	12	【装置化】	9	【用途】	4
【柔軟】	24	【型式化】	15	【曲空間】	12	【現象】	9	【完結】	4
【日常】	24	【外部化】	14	【曖昧化】	12	【調度品】	8	【身体化】	4
【質感】	22	【活動】	14	【剛強】	12	【皮膜化】	8	【洞窟】	3
【生活感】	21	【透明感】	14	【細分化】	12	【専有化】	8	【錯覚】	3
【内部化】	20	【緩衝】	14	【植物】	12	【潜在物】	7	【面】	3
【象徴化】	20	【立体化】	14	【風景化】	11	【呼吸】	7	【図形】	3
【居場所】	20	【単純化】	14	【感覚】	11	【虚構】	7	【歪形化】	3
【余白化】	20	【都市基盤】	14	【同化】	11	【設え】	7		
【軽快】	19	【環境性能】	13	【流動化】	11	【多孔質】	6		

表2 異化様態の分類

分類	箇数	分類	箇数	分類	箇数	分類	箇数	分類	箇数	分類	箇数
{創出}	124	{表出}	28	{引出}	20	{透過}	16	{投影}	11	{享受}	7
{表現}	63	{取込}	28	{重合}	20	{変化}	16	{切取}	10	{漂浮}	7
{連繋}	50	{許容}	28	{解離}	20	{近接}	15	{断絶}	10	{伝達}	7
{付与}	46	{対応}	27	{受入}	20	{知覚}	15	{潜在}	10	{配列}	6
{形成}	46	{接続}	26	{再編}	19	{演出}	15	{兼備}	11	{穿孔}	5
{解放}	45	{展開}	26	{解明}	17	{積重}	14	{吸収}	9	{増幅}	5
{連続}	41	{活用}	25	{誘導}	17	{被覆}	14	{貫通}	9	{滲出}	4
{制御}	36	{発生}	24	{外包}	17	{調整}	13	{露出}	9	{寄添}	4
{融和}	33	{共存}	23	{溶込}	17	{延長}	13	{遮断}	9	{乱立}	3
{内包}	29	{確保}	23	{適合}	16	{接触}	12	{混合}	8	{充満}	3
{機能}	29	{消去}	23	{変容}	16	{共有}	12	{支持}	7	{積上}	3
{呼応}	28	{継承}	21	{同調}	16	{配置}	12	{包囲}	7		

表3 作用の分類

分類	定義	箇数
〈転換〉	αとβの形態と性質の両方が異なる関係	499
〈変質〉	αとβが同じ形態をもつが，性質が異なる関係	248
〈拡大〉	αからβへと性質が拡大的に変化した関係	225
〈対立〉	αとβの性質が対比的に異なる関係	163
〈共振〉	αとβが存在することで相乗的な性質を生む関係	108
〈付随〉	αに対してβの性質が付属的に変化した関係	102
〈活性〉	αからβへと性質が活性的に変化した関係	102

※図中α，βは対象，異化様態を示す。

表4 異化の関係の分類

いう表現を通した建築の異化様相を明らかにする。

4章　異化の関係と作用からみる異化の種類

異化のされ方を異化の種類と定義し、異化の関係と作用のクロス集計により、両者の分類の相関と意味内容を考慮した結果、異化の種類として47種の類型を導出した（表5）。

（4）：《転換する主張》は〈転換〉と｛表現｝、｛創出｝などと組み合わさり、対象から影響を受けず、自身を主張し、周辺を演出するような異化である。（15）：《活性する活用》は〈活性〉と｛活用｝，｛展開｝、｛付与｝などと組み合わさり、対象の概念を活性させ、積極的に活用していく異化である。（17）：《共振する漂浮》は〈共振〉と｛漂浮｝、｛透過｝などと組み合わさり、対象の概念に対して空間を浮遊、透過させることで軽快さを抱合させる異化である。

5章　対象と異化の種類からみる異化の原型

対象と異化の種類によるコレスポンデンス分析を行い、散布図から両者の分類の相関を整理した（図2）。さらに対象において、異化の種類による共通の概念で近くに布置されることを考慮した結果、12種の類型を導出した（表6）。

ｉ：「機械化」は、建築物やその部位に対し機能的で、かつ汎用性のある事象や、既存の事象に対し保持、保守している。

ⅲ：「消化」は、建築物の構成部位や表層を解体、解放することで、微視的に事物を見つめ、再構築する。

異化の種類と導出した対象の類型を整理した結果、4つの傾向を得た。

（37）：《対立する共存》は静閑と相関を示し、室、建築物など、主たる構築物から対立させ、周辺環境や気候、自然現象を含めて群として様々な状況が共存した集合を体系化していることから、傾向として静閑な状態の新奇化が得られた（図2左上）。（32）：《拡大する活用》は具象化と相関を示し、積極的に建築物、場所に被覆されたものを拡大的に意味を捉え、露出し、活用していることから、傾向として具象化による対峙が得られた（図2右下）。(17)：《共振する漂浮》、(31)：《拡大する投影》は自然環境と相関を示し、自然を建築に受け入れつつも、視線の透過や遮断、自然の移ろいの投影などを形態へと応用し、制御しつつも建築物と輻輳させていることから、傾向として環境的受容の制御が得られた（図2右下）。(24)：《変質する主張》は単純化と相関を示し、単純化された合理性や一体性に対して変質させ、より微細に部分から構築し、それぞれを緊密化し、場を形成していることから、傾向として均一な構成の解放が得られた（図2左下）。

6章　異化の種類と異化様態からみる異化操作

異化の種類と異化様態によるコレスポンデンス分析を行い、散布図から両者の分類の相関を整理した（図3）。さらに異化様態は、異化の種類による共通の概念で近くに布置されることを考慮して、13種の類型を導出した（表7）。

③：土着化は、場所に潜在する日常や形式、隠蔽されてしまった伝統や歴史に対し、空間を媒介として露出させる様態である。④：「動態」は、事物の動きや質感を媒体として空間を構成し、かつその媒体が外部に対して多様な表情を生み出している様態である。⑦：「異次元」は、日常から隔絶されたような異質な状態でありながら、懐かしい体験を人に与える性質を持つ。

異化の種類と導出した対象の類型を整理した結果、5つの傾向を得た。

(27)：《変質する受容》は可変と相関を示し、設計者は環境や用途の変化に逆らう剛強な建築というより、その変化を許容し、受け入れる嫋やかさに

	類型	組合せ例	箇数		類型	組合せ例	箇数
(1)	《転換する再編》	〈転換〉-{呼応},{再編}	48	(25)	《変質する引立》	〈変質〉-{引出},{演出}	41
(2)	《転換する調整》	〈転換〉-{調整},{機能}	27	(26)	《変質する包含》	〈変質〉-{外包},{内包}	16
(3)	《転換する発達》	〈転換〉-{展開},{変容}	52	(27)	《変質する受容》	〈変質〉-{受容},{許容}	34
(4)	《転換する主張》	〈転換〉-{創出},{表現}	104	(28)	《拡大する融和》	〈拡大〉-{融和},{連続}	43
(5)	《転換する融和》	〈転換〉-{融和},{連繋}	58	(29)	《拡大する接続》	〈拡大〉-{接続},{接触}	23
(6)	《転換する近接》	〈転換〉-{接続},{延長}	47	(30)	《拡大する取込》	〈拡大〉-{吸収},{取込}	35
(7)	《転換する受容》	〈転換〉-{許容},{受入}	55	(31)	《拡大する投影》	〈拡大〉-{投影},{透過}	24
(8)	《転換する包含》	〈転換〉-{外包},{包囲}	39	(32)	《拡大する活用》	〈拡大〉-{活用},{解放}	39
(9)	《転換する重合》	〈転換〉-{積重},{重合}	16	(33)	《拡大する調整》	〈拡大〉-{機能},{調整}	31
(10)	《転換する投影》	〈転換〉-{投影},{切取}	17	(34)	《拡大する包含》	〈拡大〉-{内包},{確保}	32
(11)	《活性する調整》	〈活性〉-{調整},{対応}	19	(35)	《拡大する主張》	〈拡大〉-{形成},{創出}	38
(12)	《活性する融和》	〈活性〉-{溶込},{融和}	21	(36)	《対立する融和》	〈対立〉-{連繋},{融和}	36
(13)	《活性する漂浮》	〈活性〉-{漂浮},{消去}	10	(37)	《対立する共存》	〈対立〉-{兼備},{共存}	41
(14)	《活性する主張》	〈活性〉-{創出},{表出}	21	(38)	《対立する主張》	〈対立〉-{表出},{表現}	31
(15)	《活性する活用》	〈活性〉-{活用},{展開}	22	(39)	《対立する引立》	〈対立〉-{引出},{外包}	18
(16)	《活性する増幅》	〈活性〉-{発生},{増幅}	28	(40)	《対立する変容》	〈対立〉-{変容},{演出}	11
(17)	《共振する漂浮》	〈共振〉-{漂浮},{透過}	34	(41)	《対立する継承》	〈対立〉-{継承},{解明}	7
(18)	《共振する変化》	〈共振〉-{変化},{発生}	29	(42)	《付随する融和》	〈付随〉-{融和},{連続}	14
(19)	《共振する機能》	〈共振〉-{機能}	5	(43)	《付随する接続》	〈付随〉-{接続},{接触}	6
(20)	《共振する増幅》	〈共振〉-{増幅},{混合}	32	(44)	《付随する誘導》	〈付随〉-{発生},{誘導}	21
(21)	《変質する継承》	〈変質〉-{継承},{再編}	26	(45)	《付随する解放》	〈付随〉-{解放},{共有}	17
(22)	《変質する融和》	〈変質〉-{融和},{適合}	50	(46)	《付随する許容》	〈付随〉-{許容},{確保}	9
(23)	《変質する配列》	〈変質〉-{配列},{支持}	13	(47)	《付随する創出》	〈付随〉-{創出},{形成}	33
(24)	《変質する主張》	〈変質〉-{創出},{表出}	74				

表5 異化の種類の類型

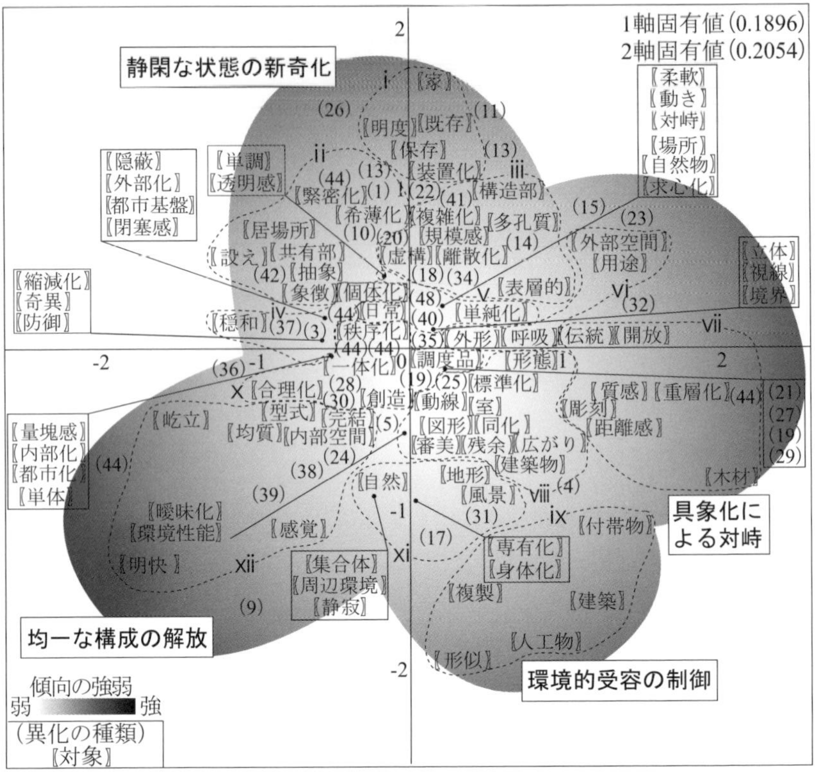

図2 異化対象と異化の種類のコレスポンデンス分析

記号	類型	分類例	記号	類型	分類例
i	機械化	〖家〗/〖明度〗/〖既存〗/〖保存〗	vii	具象化	〖伝統〗/〖距離感〗/〖質感〗/〖彫刻〗
ii	抽象化	〖単調〗/〖希薄化〗/〖象徴〗/〖抽象〗	viii	拡張	〖残余〗/〖同化〗/〖立体〗/〖広がり〗
iii	消化	〖離散化〗/〖複雑化〗/〖多孔質〗	ix	装飾化	〖複製〗/〖付帯物〗/〖形似〗/〖建築〗
iv	静閑	〖個体化〗/〖隠蔽〗/〖奇異〗/〖閉塞感〗	x	単純化	〖単体〗/〖一体化〗/〖創造〗/〖秩序化〗
v	場所性	〖動き〗/〖自然物〗/〖日常〗/〖場所〗	xi	自然環境	〖集合体〗/〖自然〗/〖身体化〗/〖地形〗
vi	外相	〖外部空間〗/〖呼吸〗/〖外形〗/〖用途〗	xii	均一化	〖明快〗/〖均質〗/〖完結〗/〖型式〗

表6 異化の原型と異化操作から見る異化様相

よって柔軟な空間をもたらしていると言える。これより、傾向として自然体系による可変性が得られた(図3左下)。

(1):《転換する再編》、(32):《拡大する活用》は土着化と相関を示し、これまでの既存の伝統的な建築物、部位、概念に対して、それらを継承しつつも、現在の環境や機能に合わせ、活用し再編している。これより、傾向として土着化した媒体の引立が得られた(図3右下)。

(15):《活性する活用》は外在化と相関を示し、単なる用途や機能となっている空間を都市や自然の一部として解放し、活用していることから、傾向として主張する外在化が得られた(図3右上)。

(24):《変質する主張》は異形化、粗密感、異次

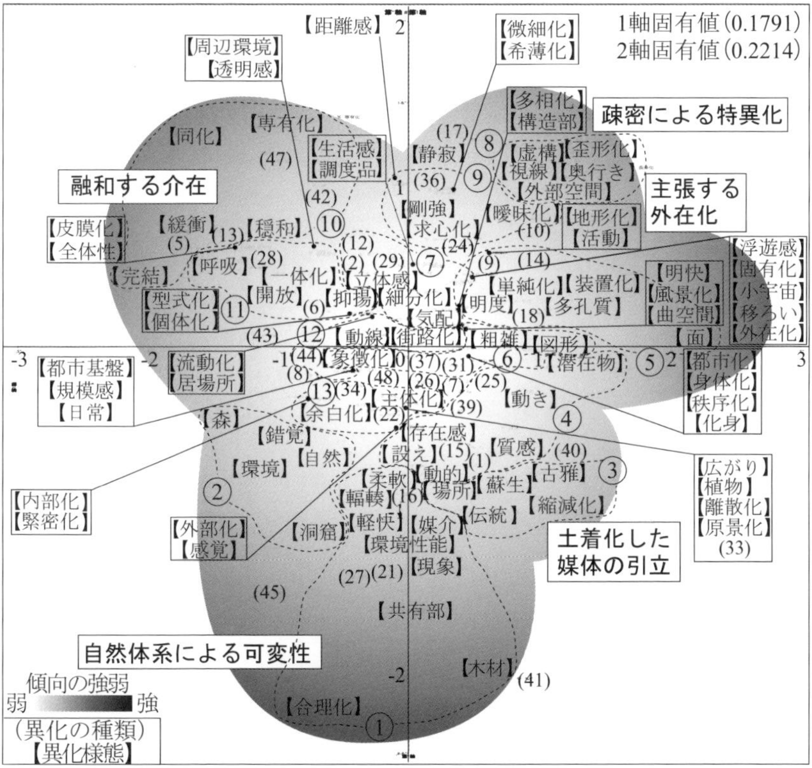

図3 異化の種類と異化様態のコレスポンデンス分析

記号	類型	分類例	記号	類型	分類例
①	可変性	【合理化】／【軽快】／【共有部】	⑧	異形化	【歪形化】／【虚構】／【奥行き】
②	自然表象	【環境】／【自然】／【森】／【洞窟】	⑨	粗密感	【微細化】／【希薄化】／【剛強】
③	土着化	【伝統】／【古雅】／【蘇生】／【場所】	⑩	融合体	【緩衝】／【同化】／【完結】／【穏和】
④	動態	【潜在物】／【質感】／【動き】／【動的】	⑪	介在	【一体化】／【皮膜化】／【開放】
⑤	表象	【単純化】／【面】／【地形化】	⑫	営み	【居場所】／【街路化】／【日常】
⑥	外在化	【象徴化】／【化身】／【都市化】	⑬	外向	【余白化】／【離散化】／【緊密化】
⑦	異次元	【小宇宙】／【細分化】／【移ろい】			

表7 異化の種類から見る異化様態の類型

元と相関を示し、人の知覚や微細な部位、生活の中のような小さな部分に固有の場を創出し主張している。これより、傾向として粗密による異次元化が得られた（図3右上）。

（5）：《転換する近接》、（28）：《拡大する融和》は融合体、介在と相関を示し、周辺を取り込むために、建築物を細分しつつも機能や環境によって体系づけることで一体性を持たせている。これより、傾向として融和する介在が得られた（図3左上）。

7章　異化の原型と異化操作からみる異化様相

異化の原型と異化操作の関係を、意味内容を考慮して整理した結果、異化様相の形式として24種を得た(図4)。

B:「自然体系の空間化による環境への適用」は、建築を自然物に見立てることで、その体系を空間化し、周辺の環境や与件に適応する様相が描写されている。自然物に内在する適応性や合理性を引き出し建築を組み立てている。

E:「都市の表象化による変異した様相の創出」は、都市に対して屹立するのではなく、都市と接する媒体によって都市の表情を映し込み、内部に取り込む様相が描写されている。これは、とくに大きい規模を持つ量塊感のある建築物に対して、都市の媒体として一部となることで、空間自体も都市に外在している。

F:「形態の希薄化による物性の消失」は、空間が透過、浮遊することによって希薄化し、空間自体の性質が変容する様相が描写されている。建築の物性を消去することによって生活や自然現象を取り込みつつ、周辺環境に内部空間を解放している。

G:「土着化した環境からの隔絶」は、建築がその土地の風土を取り込み、周辺環境に融和しつつも、生活の中に隔絶された固有の世界を創出している様相が描写されている。人の営む生活には多様な場面があり、局所的に非現実的な異物を創出することで、適度な尺度を持った世界が創出される。

O:「構成部位の裸形化」は、構造部のような本来隠蔽されてしまう部位を露出することで、その部位が象徴的に扱われる様相が描写されている。設計者は基本的な構成部位を隠蔽しつつも、強調させたい部分を素地の形態や表情で表していると言える。

P:「周辺環境による変化の誘発」は、自然現象をただ取り込むだけではなく、その時間的な変化や、それに付随する人の動きなどを意図的に誘発させる部分を創出させている様相が描写されている。周辺を読み解きながら、現象的な側面から構築していくことで、物体としてはその構成に追随していく。

Q:「都市への余白化による引込」は、建築物と外部、庭との間、建築物同士の間など多様なスケールを持った余白を空間と関係させることで、建築空間のヴォリュームを超えた広がりを持った様相が描写されている。既存の建築や都市における余白の活用だけでなく、余白を建築内部に持ち込む日本の特殊性が現在に続き、建築自体が余白を中心に構成されていると言える。

T:「建築部位の構成の可変化」は、建築部位が可変性を持つことで、利用者に環境を選択する余地を与え、また人の行為を許容する伽藍堂として、機能を強制しない、伸びやかな様相が描写されている。設計者は、空間というよりも部位に可変性を与えることで、人の生活が部位に依存し、活発になることを図っている。

U:「粗雑な質感による素地化」は、敷地の余白を埋めることではなく、ある質を持った場を与えることで、まだらのある粗雑な状態によって様々な活動を許容する様相が描写されている。これは、余白を生み出す以上に、素地としての質が適度につくられることで、均一かつ単純でない寄り添えるまだらのある空間が演出されていると言える。

V:「造形による物性の引立」は、建築よりも小さな単位の物体を表象化し、造形として表出させることで建築化する様相が描写されている。設計者は利用者に近い物体をただ装飾的に空間に付加させるのではなく、その物性を造形として表し、より一体的な空間を創出していると言える。

W:「行為の外在による機能の拡張」は、建築を完結した単体として計画するのではなく、街路や自然、空のような可視できる外部もすべて内部が拡張したものと捉え、その豊かさに価値を見い出すような様相が描写されている。内部空間を外部化することで、開放すること以上の透明感のある軽快な環境が生まれている。

A、B、C、G、Nは、自然環境を制御、適応、排除など自然環境に対しての振る舞いを考慮した類型となっている。L、M、P、Wは周辺環境によって、人や現象、交通などの動きを許容している建築である。I、J、O、Uは建築物において、建築部位や素材を意図的に露出させることで、自然の素地に近い肌理にしている。E、H、K、Q、Tは、建築物や都市に対し、ある媒体を通して都市に介入させることで、外部環境を引き込み、かつ建築物自身が都市を表象する。D、F、V、X、R、Sはある要

図4 異化の原型と異化操作から見る異化様相

因や影響によって形態が消失、引立、細分する変容を見て取れる。これらのように近接した形式が必ずしも類似した意味内容ではないことで、類似した異化の表現にも多様な意味内容が含まれていることが分かる。

8章　建築物の言語描写からみる異化様相

設計者が異化様相において、設計過程の中で、着目した事象を異化する際、ただ独自性や新規性を求めて批判する対象を無視するのではなく、異化様態に抱合された両義性を持つ異化様相が多く見られた。とくに、建築物自体が人の生活や行為を誘導するものでありながら、人以外の事象が入り込む余地を与えることで、建築物を滑らかな状態に近づけるように異化している。それは、人に対して未体験な空間へ近づけつつも、規模や材質を調整することで、既視感のある大らかな場所となる。

また、部分における素の性質を設計者が見出し、内部空間へと表出させ、引き立たせているものが見られた。それは建築物を細分化された部分の集合としており、その素の性質に呼応した形を組み立てることで、全体として多様な表情を持った異化が図られている。逆に、空間において物性を消去した単純な構成を用いることで、素の性質による繊細な形態が強調され、両者の性質が共振した、より高次的な異化も見られた。

さらに、建築物の内部と外部の対立を取り払い、内部空間を緩やかな外部とすることで、外部としての体系化が見られた。それは、建築物は自然物であるという解釈に加え、豊かさをもった外部での暮らしへの追究により異化がもたらされている。

9章　結論

設計者は、異化様相によって、既視感に対する未視感、抽象に対する具象、外部の表象化に対する内部の異質さをそれぞれ抱合した様相を表現していることが明らかとなった。それは近代的に折衷し、モダニズムのように抽象化するのでもない、建築に両義性をもたせ、現状や伝統を超えた異質な様相を見出していると言える。

[参考文献]

(1)『新建築』新建築社、2009年1月号、p.124

(2)『新建築』新建築社、1980年1月号-2014年12月号

出展者コメント —— トウキョウ建築コレクションを終えて

Q 修士論文を通して得たこと

分かりやすく、見やすくすること以上に、自身の理論を構築し、明快な変数を用いた上で「分かり難い」部分を探求し、類推し、客観化することで、複雑さを可視化すること。先生から、シンプルという言葉について常に考えさせられた。プレゼン、話し方など基本的な作法。

Q 修士修了後の進路と10年後の展望

醜悪さや平凡さをスタイルに昇華したヴェンチューリのように、常に批判される環境に身を置くことで、私自身の「アーキテクチャ」の意味をしっかりと見定め、自身がプレイヤーとなって「アーキテクチャ」を日本国内に限らず、体現・発信している。

コメンテーターコメント

青井：1,400もの事例を扱っているんですよね。ものすごい馬力で分析していることが伝わってきました。でも、突っ込みどころは満載です。細かく聞きたいことはたくさんありますけれど、ひとつに絞るならば、取り上げている建築家の言説に対する桂川さんの態度です。つまらないと思って分析しているのか、このようになりたいと思って分析したのか、基本的なスタンスを知りたいですね。

桂川：まず言説を読んで、建築家がなぜ否定しているのか、本当に否定しているのかと考えを巡らせました。「箱をつくりたくない」という主張をしながらも、できあがった建物は、主観的に見ると箱のように見えることもあって、何を否定しているのか疑問が生じたんです。そこから比較している対象に注目し始めました。少し昔の文献で、ロバート・ヴェンチューリが、「○○でありながら」という言葉について言及している文章を見つけました。「対象を含んだ上で、建築家は複雑なことを考えている」という内容でした。それを『新建築』をもとに見ていこうと研究を始めました。なので、スタンスとしてはフラットです。

八束：建築家がこんなにも文章を書く国は、他には多分ないんです。異様なくらいみんな言説を書く。それだから適確とは言えない文章もあって……。それが、実際に批判的になっているかどうかを検証することが必要ですよね。桂川さんのように、ボキャブラリーの分布をしているだけだと、そのあたりが抜け落ちる可能性があります。文章はボキャブラリーの分布だけで決まるわけではないですから。

桂川：書いてある言葉を受け入れて、結論としてこう言えればいいなと思いながら進めていました。自分の分析の中でも、最終的に出てきた言葉が自分ではなかなか使わない言葉があり、ひとつの言葉の表現を学べたと思っています。

一ノ瀬：インパクトがあって印象に残っています。日本語には、同じものを表現するにも言葉がたくさんあって、そういった言語的なところを取り入れていたのかが気になりました。また、日本の言説の特異性を分析されたのかどうかも聞きたい。

桂川：表現の幅を捉えるために、5、6年分の『新建築』を熟読した上で、批判語をピックアップして、100種類に分類しました。日本語の多彩さは、言語描写を見ていくきっかけのひとつになりました。多様な批判的表現があるからこそ、散布図のような分析方法をシミュレーションしたのです。

新谷：「異化」とはどういうことなのか、もっとかみ砕いて教えてください。

桂川：何かを否定する時に「○○は嫌いで、△△の方が好き」という時に、○○と△△の間には共通した軸、つながりがあると考えています。

新谷：なかなか難しいですね。自分なりに解釈したところ、接続詞には順接と逆接がありますが、桂川さんが使っている異化は、非順接ということなのかなと思いました。僕は建築家ではないので、実態的に捉えることが常です。例に挙がった伊東さんの作品例のうち、「SUMIKAパヴィリオン」は構造の設計をしたので分かるのですが、「より自然なシステムに近づいた幾何学」と言っていることに疑問が湧きました。幾何学の原理を使っているのは確かですが、それが自然のシステムに近づいているかどうか、伊東さんはそう思ったのかもしれないけれど、実は自然の中によく見られる幾何学なんです。それよりも、むしろ暗黙のうちに使っている言葉の方が、僕は非常に興味深いと思いました。

青井：建築家の言説において複雑性を匂わせるところが、桂川さんは気になったのですね。でも「異化」という言葉の、美術史における正統的な使い方とは違う、ということを指摘しておきますね。

建築の空間構成における、視線、動線、空気の関係性を定量的に評価する手法の提案

佐々木雅宏
Masahiro Sasaki

慶應義塾大学大学院
政策・メディア研究科　環境デザイン・ガバナンスプログラム
松川昌平研究室

1章　研究概要

建築は、その空間構成の特徴を捉えて、主観的に評されることがある。例えば、難波和彦は自身の作品である「箱の家シリーズ」を「一室空間」と説明し[1]、建築史家の藤森照信は、安藤忠雄の「住吉の長屋」を「西の自閉王」、西沢立衛の「森山邸」を「分離派」と表現している[2]。こういった人間の主観的・定性的な建築の評価を、本研究では概念的特徴と呼ぶ。

一方で、建築の空間を情報技術によって再現し、風洞、日影、湿度、音響、人間の視線、動線、といった建築に関係する現象をシミュレーションすることで空間の特徴を把握する試みも行われている[3, 4, 5]。こういった客観的・定量的な建築の評価を、本研究では物理的特徴と呼ぶ。

本研究は、「一室空間」や「西の自閉王」、「分離派」といった建築の概念的特徴を、自作のコンピュータアルゴリズムによって点数化し、物理的特徴に置き換えて評価する一手法の提案を試みるものである。人間の主観的な空間体験に関係する、視線や動線や空気といった現象の挙動をシミュレーションにより数値化し提示することで、具体的な空間を体験しなくても、空間体験を想定するための指標となる。

2章　研究背景

2-1 BIMと物理的特徴

2009年のBIMの登場は、建築業務の効率化を実現すると期待されている。BIMの最大の特徴は、床、壁、天井といった建築のハードが持つ物理的特徴を、属性情報として保持している点にある[*1]。しかし、「建築意匠」、「建築史」が扱ってきた建築空間、ソフトの持つ概念的特徴の情報は捨象されている。

2-2 建築データベースと概念的特徴

BIMが扱う物理的特徴の情報は、既存の建築データベースとも親和性が高いと言える。例えば、不動産サイトで間取り、築年数、駅からの距離といった検索キーワードは定量的な情報だ[*2]。一方、東京R不動産という不動産サイトは、「レトロな味わい」や「眺望グッド」といった、概念的特徴が検索キーワードとして選択できる[*3]。こういった使い手目線に立った情報はニーズがあるが、現在は人力で評価を行っているため、公平性にかけ、またコストも高い。そこで、本研究では、概念的特徴を想定できるような物理的特徴の情報を、シミュレーションにより抽出する手法の開発を行った。

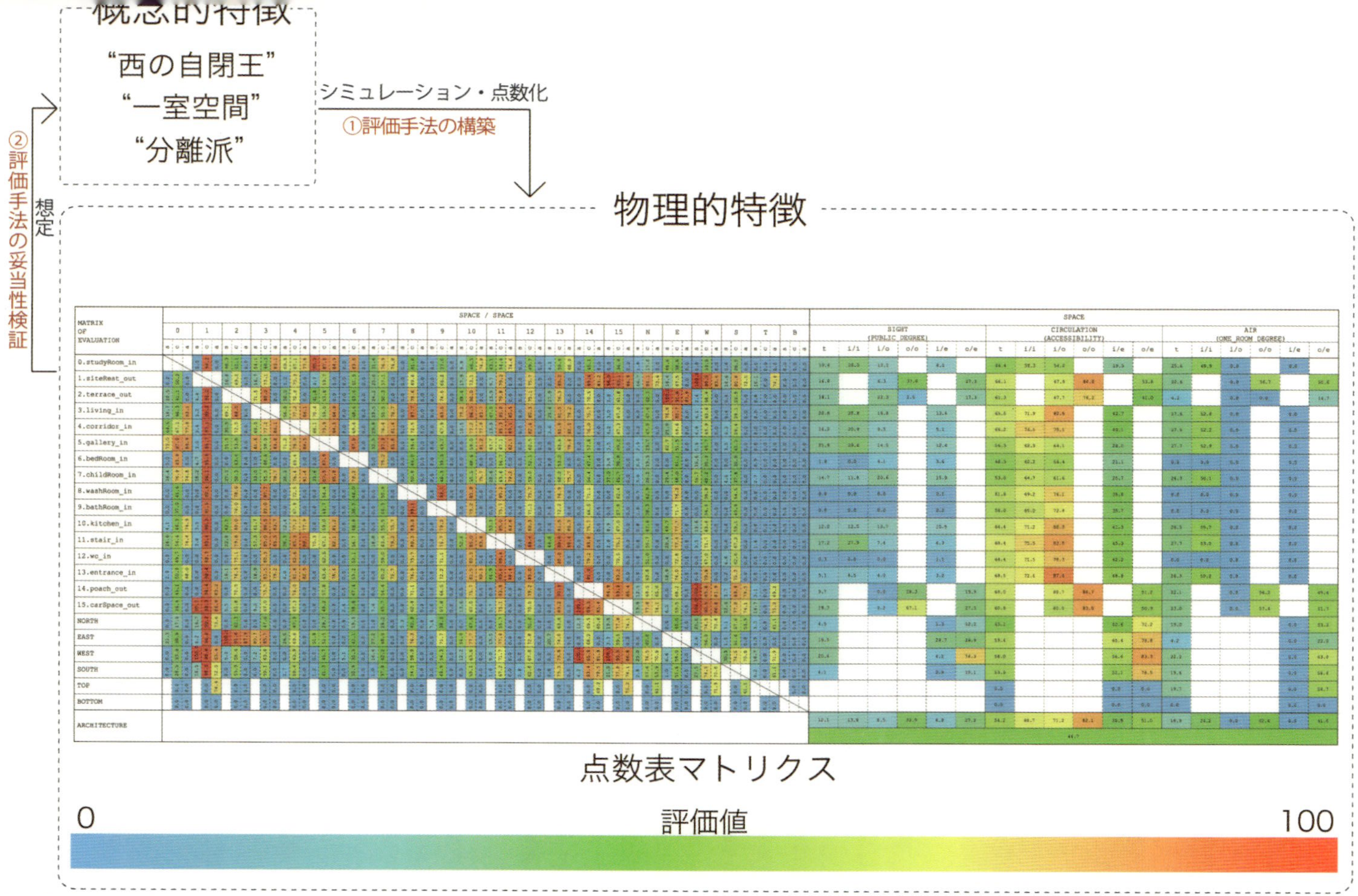

図1 研究目的ダイアグラム

3章　研究目的

本研究には、ふたつの研究目的がある(図1)。

①人間に関係する現象をシミュレーションして点数化する手法を、ビルディングエレメント論の知見に依拠しながら理論構築することで、概念的特徴に関係する、物理的特徴の評価手法の構築をすること。

②構築した評価手法によって得られた点数から、概念的特徴を想定できるか、妥当性の検証をすること。

①の目的については第5章で理論の説明をし、②の目的については第6章で妥当性の検証を行う。

4章　既往研究

4-1 ビルディングエレメント論

ビルディングエレメント論は、建築の成り立ちを分析する学問である[6]。本研究では、概念的特徴に関係する現象として視線、動線、空気を扱うが(理由は第5章で述べる)、こういった現象を作用因子と呼ぶ。また、BIMが扱う床、壁、天井といった物理的特徴をビルディングエレメント（以下、BE）と呼ぶ。本研究も、ビルディングエレメント論に依拠しながら、作用因子とビルディングエレメントどちらも扱う。

4-2 概念的特徴と物理的特徴を対比した研究

これまでも建築は、概念的特徴と物理的特徴を対比して分析が試みられてきた。コーリン・ロウによる、建築の「透明性　虚と実」[7]。レム・コールハースの『S,M,L,XL』に見られるスケールの「概念的大小と物理的大小」[8]。原広司の均質空間論における「意味の均質性と物理的な均質性」[9]。本研究は視線、動線、空気といった作用因子を、BEがどれくらい透過させるか評価する。よって、建築の透過性を対象に、概念的な透過性を物理的な透過性で表現する試みだと言える。

5章　評価手法の構築

評価は、図1に示した物理的特徴の点数表マトリクスに評価値としてまとめていく。評価の概略を、建築の概念的特徴を取得する3つの「段階」(5-1)、関係する3つの「作用因子」(5-2)、分類する5つの「関係性」(5-3)の、3つのトピックで説明する。

5-1 概念的特徴を取得する3つの「段階」

本研究では建築を三段階で評価する（図2)。建築全体に観測場をばら撒き、それぞれの地点から評価を行う。そして観測された値を、単位空間(台所、寝室のような、単一の機能を持つ室)、建築全体の評価へと配点する。それぞれの段階の点数がマトリクスには反映される。

5-2 概念的特徴に関係する3つの「作用因子」

本研究では、建築に関係する概念的特徴に関係する現象として視線、動線、空気を扱う。分析の3つの段階それぞれで、3つの作用因子の透過量が点数として取得される(図3)。

BEが視線、動線、空気それぞれを通すか通さないか二値的に考えると、8パターンの関係性が考えられる（図4)。作用因子の組み合わせが決まれば、BEの形状を類推でき、BEの形状があれば、作用因子の組み合わせが導かれる。ふたつは相補的な関係にあるわけだ。そのため、視線、動線、空気を組み合わせて分析することで、任意の空間がどのような空間か、体験しなくても想定できる。

点数化は評価の第一段階である単位空間相互の関係性の評価をもとに、単位空間の持つ平均値として単位空間単体の評価値が、すべての単位空間が持つ平均値として建築全体の評価値が計算される。マトリクスではすべての部屋それぞれが別のすべての部屋に対し関係を持つよう表記されていて、あり得べき関係性の全パターンに対し、分析を行う。具体的なアルゴリズムは省略するが、視線では視線の透過しやすさが、動線では移動しやすさが、空気では空気の透過しやすさが、100点満点で評価される。

5-3 概念的特徴を分析する5つの「関係性」

本研究では、分析対象の単位空間が建物内部か外部か、敷地外かに着目し、分析を行う。例えば、「一室空間」は内部空間同士の関係を表しているし、「西の自閉王」は内部と敷地外の関係を表している。BEはどこに面しているかによって要求される性能が変わるので、区別して分析をする。関係性は、

「内部-内部」、「内部-外部」、「外部-外部」、「内部-敷地外環境」、「外部-敷地外環境」の5種類がある（図5）。

5-4 小括

以上の三トピックをまとめて、本研究をダイアグラム化した（図6）。縦軸の三段階に対して、横軸の3つの作用因子で評価し、それぞれの評価を5つの単位空間の関係性に着目して分析を行う。

6章　評価手法の妥当性の検証

研究目的のふたつ目である、本手法の妥当性を検証するために、機能性の検証と、有用性の検証を行った。検証では、建築全体の傾向で比較するため、分析の3つの「段階」における三段階目の建築全体の点数を用いた。また、3つの「作用因子」それぞれの点数を比較するため、三象限のグラフに点数をマッピングして分析を行った（図7）。そして、5つの「関係性」それぞれに分析するために、関係性別に5つの三象限グラフを作成した。

6-1 機能性検証

本分析手法の変数としては、分析する建築データと、観測場をどのくらいの密度でばら撒くか、その配置寸法がある。配置寸法が小さければより信用度の高い分析が可能だが、計算回数が指数関数的に増えるので、計算時間は長くかかってしまう。かといって配置寸法が大き過ぎれば、計算の信用度が落ちてしまう。そこで、信用性を担保でき、計算時間の短くなる設定を検証した。

　小規模な建築で、かつ空間構成が複雑な安藤忠雄の「住吉の長屋」を対象とした。階段一段の高さである151.5mmから、一間の1820mmまで、150mmピッチ12通りの観測場の配置寸法で分析を行った（図8）。結果は、日本の尺貫グリッドである910mmに近い、1060.5mm以下の間隔寸法であるグループAの間隔寸法ならば、寸法による差はなく、安定的に点数化できると分かった。

6-2 有効性検証

有用性の検証では、典型的な住宅としてタマホームの住宅を、また、概念的特徴を持つ事例として、難波和彦の「箱の家シリーズ」（竣工順に001, 005, 010, 011, 017の5棟）と、安藤忠雄の「住吉の長屋」を比較した。建築家のつくった、概念的特徴を持つ住宅は、典型的な住宅からの差異として認識されていると考えられるので、概念的特徴から予測される典型的住宅からの差異が、点数に実際に表れるか検証を行った（図9）。

　ここからは典型的な住宅からの差異を予測する（図10）。難波和彦の「箱の家シリーズ」は、「一室空間」と言われるほどなので、建築の内部から内部に対する視線のつながりや、空気のつながりは高い点数となると予測される。また、敷地の一方向に対して大きな開口を持っているのも特徴的なので、内部から外部、内部から敷地外への視線も高い点数となると予測される。「住吉の長屋」は「西の自閉王」と言われるように、内部から敷地外、中庭から敷地外への、視線も動線も低い点になると予測される。建築の内部は、中庭に対して開放的なので、内部から内部、内部から外部への視線は高い点となると予測される。ただ、内部から内部の動線は、一度中庭に出なければ他の内部へ行けないため、低い点となると予測される。

　詳細な分析は割愛するが、結果としては、「内部－敷地外環境」の関係における箱の家010以外は想定通りの結果が得られた。よって、本手法で得られた空間構成の評価値は、空間を実際に体験しなくても空間体験を想定する指標になることが認められた。また、意外な発見として、「箱の家シリーズ」の「内部－内部]の関係性を分析し、視線の点数に着目すると、「箱の家001」から「箱の家017」まで、竣工順に視線の点数が上がっていることが見られた。これは、難波和彦の「一室空間」は、視線のつながりを重視していることを示しているかもしれない。よって、「箱の家シリーズ」のような一見すると同じような空間構成の建築を分析すると、人間では感じられない空間の差異まで、点数として取り出せることが確認された。これは本手法の応用的な使用法として発見だったと言える。

7章　結論

3章で提示したふたつの研究目的は、ひとつ目は5

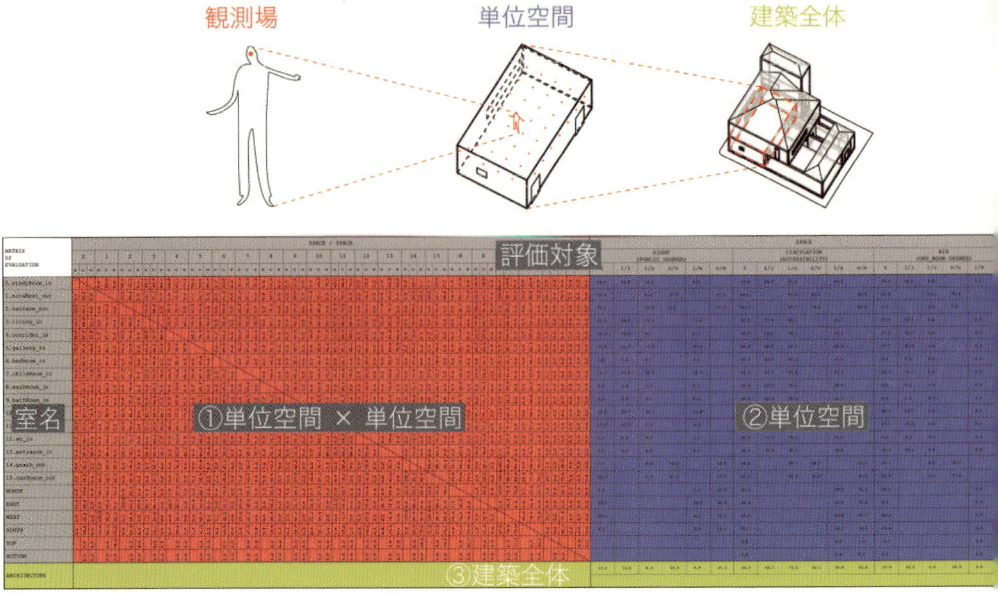

図2 3つの「段階」と点数表マトリクス

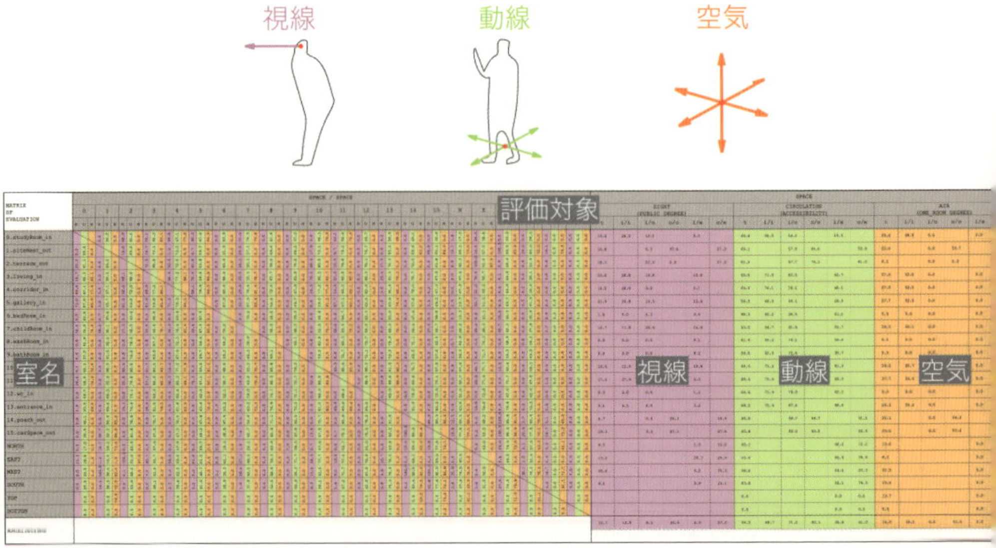

図3 3つの「作用因子」と点数表マトリクス

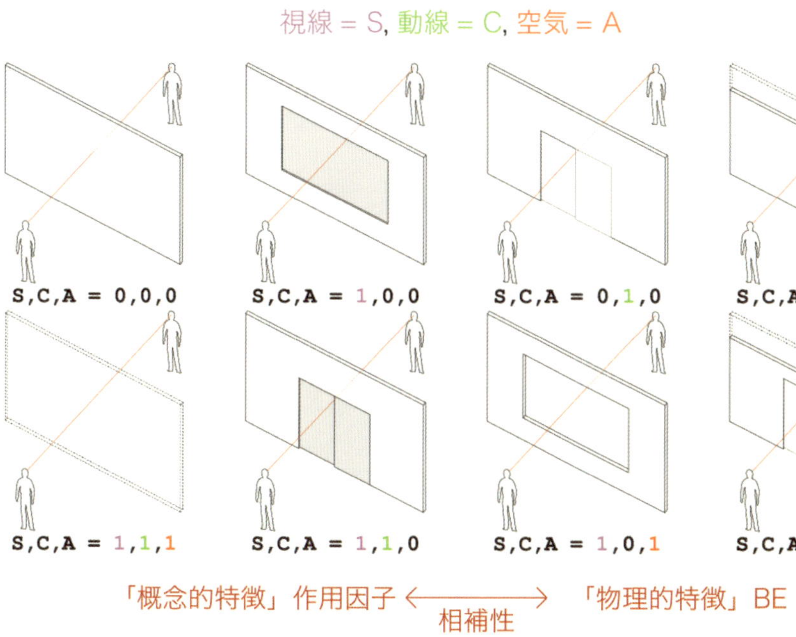

図4 作用因子とBEの相補性

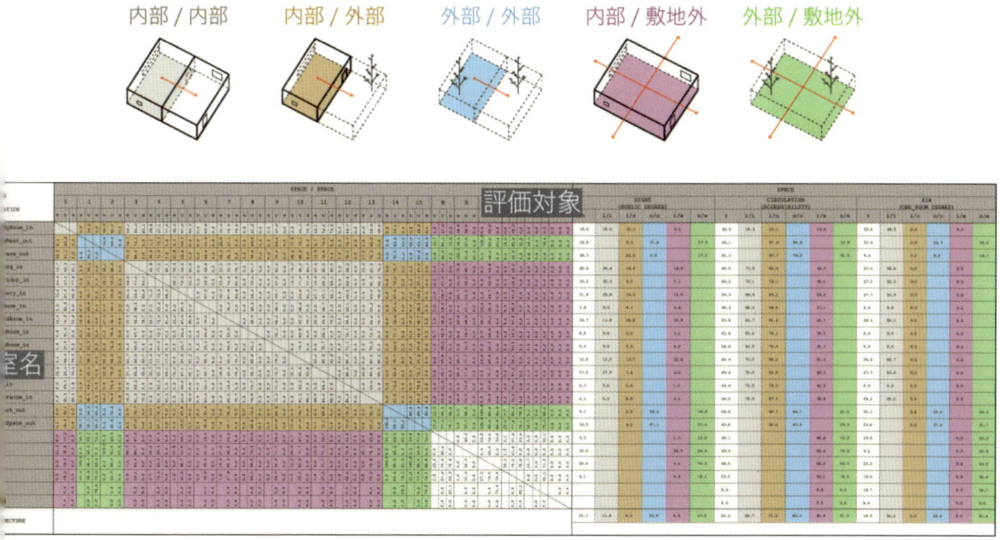

図5 5つの「関係性」と点数表マトリクス

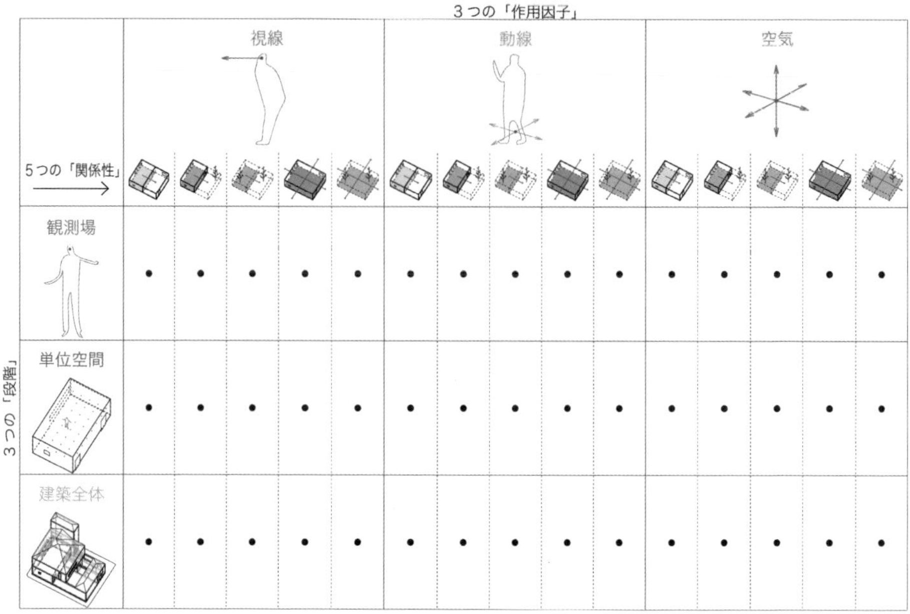

図6 手法の概要ダイアグラム

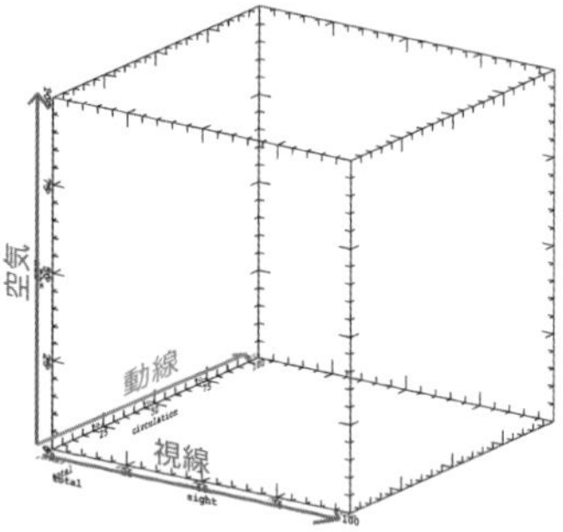

図7 3つの「作用因子」三象限グラフ

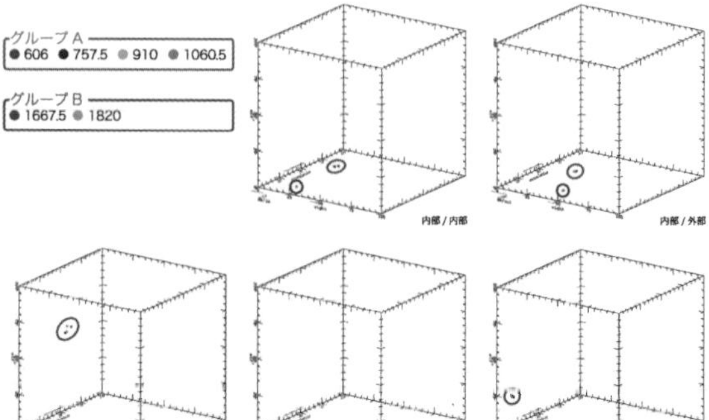

図8 信用性検証

	有効性	視線 観測場数	動線 観測場数	空気 観測場数	所要時間
151.5mm	無効Ⅰ				
303.0mm	無効Ⅰ				
454.5mm	無効Ⅰ				
606.0mm	有効	258	258	920	2:49:47.23
757.5mm	有効	175	175	504	0:39:12.15
910.0mm	有効	116	116	225	0:08:01.22
1060.5mm	有効	100	100	156	0:17:51.74
1212.0mm	無効Ⅱ				
1363.5mm	無効Ⅱ				
1515.0mm	無効Ⅱ				
1666.5mm	有効	34	34	24	0:08:34.82
1820.0mm	有効	30	30	14	0:00:46.41

無効Ⅰ：メモリ不足のため、計算不可能
無効Ⅱ：観測場が配置されない単位空間がある

図9 所要時間検証

箱の家シリーズ／難波和彦"一室空間"

	内/内	内/外	外/外	内/敷地外	外/敷地外
視線	高	高		高	
動線					
空気	高				

住吉の長屋　安藤忠雄"西の自閉王"

	内/内	内/外	外/外	内/敷地外	外/敷地外
視線	高	高		低	低
動線	低			低	低
空気					

図10 有効性検証 点数予測

章にて、ふたつ目は6章にて、達成することができた。よって、本研究で提案した建築の物理的特徴を点数化する手法により、概念的な空間体験を想定できる指標となることが認められた。

8章　研究の意義

本研究の成果には3つの意義があると考えられる。

①既存建築の同列比較可能化、検索可能化の意義。

例えば、「住吉の長屋」と同じような空間を持つ建築を検索できるようになる。

②建築設計自動化への応用の意義。

本研究は建築の評価を自動で行うものだったが、建築の生成を自動で行うプログラムと組み合わせて使用することで、自動で設計の試行錯誤を行うプログラムを組み上げることができるようになる。

③これまでにない空間構成を持つ建築の発見援助の意義。

多くの建築を点数化し、比較すれば、これまで建てられた建築の点数の分布傾向を見ることができるようになる。すると、これまでには建てられたことのないパターンの建築を発見することができるかもしれない。

9章　今後の展望

今後の展望として、4つ方向性を紹介する。

①アルゴリズムの高速化による時間の短縮。

今回は建築の3DモデラーとしてRhinocerosを使用し、簡易言語であるPythonでコーディングを行った。ダイクストラ法のような建築の規模によって計算回数が指数関数的に増えていくアルゴリズムも、C#のようなスクリプト言語でコーディングするだけで高速化が期待できる。リアルタイムにシミュレーションを行えるようになれば、設計の現場でも環境をシミュレーションしながら検討できるようになるため、実用性の観点では重要な検討事項である。

②人間に関係する作用因子の対象変更。

本検証では人間に関係する作用因子の挙動の中で、視線、動線、空気の挙動のみを扱った。採用する作用因子の組み合わせを変更することで、また違った検証が可能になるかもしれない。例えば、現在「空気」と呼んでいるのは、音や、風、臭気の複合である。それぞれを個別に解析することで、本手法とはまた違った評価を呼び起こす組み合わせを発見することはできるのではないか。

③線形プロセスから非線形的な分析へ。

本検証によって点数化されている「実の透過性」とは、いつやっても、何回やっても同じ点数が得られる線形プロセスを用いた可能性としての透過性である。建築のあらゆる場所からのシミュレーションを等価に扱っている。しかし一方で、人間や、物質の挙動は非線形プロセスであり、頻度としての分析が重要であるという観点もある。例えば、空気の動きである風洞は、ナビエ・ストークス方程式を用いて動的に検証する手法があったり、人間の動線を予測してシミュレーションを行うソフトも開発されていたりする。人間に関係する現象を高度な非線形プロセスによってシミュレーションすることで、より人間の主観に近い点数化を行える手法が構築できるかもしれない。

④現象への重みづけ。

今回はBEへの作用因子の透過現象に重みづけを行わず、通すか／通さないかのみを対象とした。例えば、曇りガラスや障子のように視線の透過をキュビットで表現できる素材や、階段のように人間の移動に負荷をかける構成、パンチングメタルのように空気の透過をキュビットで表現できる素材もある。透過現象を重みづけによって精緻化していくことで、より人間の主観に近い評価を得られるようになるかもしれない。

[参考文献]

(1) 難波和彦『箱の構築』TOTO出版、2001年

(2) 藤森照信ほか『住宅の射程』TOTO出版、2006年

(3) 大竹大輝『可視領域シミュレーターの構築』未公刊、2012年

(4) 杉浦康平ほか『時間のヒダ、空間のシワ…[時間地図]の試み』鹿島出版会、2014年

(5)『新建築住宅特集 風のかたち 熱のかたち 建築のかたち』新建築社、2015年

(6) 真鍋恒博『図解 建築構法計画講義「もののしくみ」から建築を考える』彰国社、1999年

(7) コーリン・ロウ、伊東豊雄・松永安光訳『マニエリスムと近代建築』彰国社、1981年

(8) 岩元真明「『S,M,L,XL』試論ーその〈概念的大小〉の射程について」『レム・コールハースは何を変えたのか』鹿島出版会、2014年

(9) 原 広司『空間〈機能から様相へ〉』岩波現代文庫、2007年

[註]

*1 オートデスク株式会社のHP(http://bim-design.com/)を参照(2016／1／11アクセス)。

*2 不動産情報サイトHOME'SのHP(http://www.homes.co.jp/)を参照(2016／1／11アクセス)。

*3 東京R不動産のHP(http://www.realtokyoestate.co.jp/)を参照(2016／1／11アクセス)。

出展者コメント —— トウキョウ建築コレクションを終えて

Q 修士論文を通して得たこと

修士論文は、仮説を頼りに証拠を積み上げ、理論と闘う作業でした。月並みですが、自分の今の考えが整理され、また、立ち位置も把握することができました。

Q 修士修了後の進路と10年後の展望

宣伝ですが、archiroidという会社を立ち上げ、情報技術を援用した設計手法の開発を進めていきます。10年後には、人格のある設計者にデザインされたように見える作品を、人間の介在なしでシステムから生み出すことを目指します。

コメンテーターコメント

一ノ瀬：人間の主観的、あるいは感覚的なものを数値化しているという点で面白そうだと思ったのですが、本論を読んでいてちょっと単純すぎるのかなという感想を抱きました。同じ透過材があるからポイント1ではなく、実際には、シェーディングデバイスが入ったり、ガラスの透過性の種類、光の強さなど、いろいろな因子があるので、それらを一括りにするにはシンプルすぎた。これはアルゴリズムを組む上での割り切った制約だったのか、それともこれで良しとしているのか、見解を聞かせてください。

佐々木：例えば、透明ガラスと曇りガラスで視線の透過が変わるというのはあり得ると思うのですが、細かい条件の違いにおける点数の重みづけは次の段階だと考えています。まずは視線と動線、空気によって空間が想定できる指標になることを重視して、研究を進めました。

石川：そもそも視線、動線、空気のオンオフに思いが至ったきっかけは何だったのですか?

佐々木:視線、動線、空気の解析では、いろいろな試みがあると思うのですが、多くの情報をコンピュータから受け取りすぎると、人間は情報過多になって何を見れば良いのかよく分からなくなりますよね。そこで、こういった指標をもとに内部空間を把握できればと考えました。

石川：視線、動線、空気の切り分けは、何か規範があったのですか?　それともこの因子であれば仮説概念として活かせると考えたのですか?

佐々木:視線、動線、空気は、ビルディングエレメント論で取り上げられている作用因子です。この論には、視線、動線、空気以外の項目もあるのですが、形態と結び付く組み合わせを考えて、セレクトしました。

森田：視線、動線、空気ともに、遮断するか通過するかの二項対立だけではないと思うんです。オンとオフだけ、通すか通さないかだけのプログラムでも、だいたいの印象は合っているとのことですので、細かいことを気にする必要はないのかもしれませんが、それらにグレーゾーンを入れると何か見えてくるものが変わってくるのでしょうか?広がる世界はあるのでしょうか?

佐々木：僕は、グレーゾーンによって世界は広がっていくと考えています。例えば、縦動線も平行移動の動線と同列に扱っていますが、階段移動は大変だということを重みとして、距離に加点する方法を採ると、もっと細かいことが分かるようになると思っています。

新谷：ハウスメーカーでは、購入者を対象として、住みやすさなどのアンケートを実施することがありますが、佐々木さんの研究が活かされれば、住みやすいか、住みにくいかを即座にチェックすることができるわけですね。

佐々木：はい。BIMでの設計が一般化すると、こういう指標を用いて分析して、その結果と実際の使用感が蓄積されて、社会の資産になるのではないかと考えています。

新谷：建築家のつくった建物を定量的に評価するのはまったく方向性が違いますよね。建築家の大勢はこういうことを無視する人たち。だからハウスメーカーの人たちに役立つプログラムといえそうですね。

佐々木：建築家の建物というより、ハウスメーカーがつくるような一般的な住宅の価値を底上げすることに応用したいです。

新谷：視線が通過しないということを構造的に考えると、そこは耐震壁だというケースはままあります。住宅公団のリノベーションで、壁を取り払ったり、増設するとなった時に、この方法を用いれば、構造的に耐震性は増すけれど、空間の質は落ちる、などといったことがつかめる。ぜひ最適化の手法も取り入れてほしいですね。もっと深みが出るのではないかと思います。

高蔵寺ニュータウン計画に開発前の地形が与えた影響

自然環境を基盤とした郊外ニュータウン再編の可能性

芹沢保教
Yasunori Serizawa

工学院大学大学院
工学研究科　建築学専攻
篠沢健太研究室

1章　研究の背景・目的

1960年代以降の高度経済成長期に建設された日本のニュータウン（以下NTと示す）は、老朽化により更新の時期を迎え、多くのNTで建替えやリノベーションが行われている。郊外にあるNTは、人口減少という社会の影響を受けて、空き家、空地が増加傾向にあり、NTの再編も都市の縮退と無関係ではありえない。

初期に開発された大規模NTには千里NT、高蔵寺NT、多摩NT、港北NTなどの例が挙げられる。これらのNTは、かつての丘陵地を大規模に造成して開発されており、地形を克服することがNTの計画において重要だったと考えられる。地形条件はNT開発の制約となり、自然環境は開発によって完全に失われてしまったかのように見えるが、一方で、NTの空間構造を特徴づけるように地形が活かされ、現在のNTの空間構造に潜んでいると考えられる。

本論では高蔵寺NTを対象に、NT開発計画に開発以前の地形（以下、原地形と示す）が与えた影響を検証する。その上で、高蔵寺NTに潜んでいる自然環境をその地域固有の資源と捉え、それら自然環境を基盤としたNT再編の可能性について考察する。

2章　研究の対象と方法

1951（昭和36）年、名古屋都市圏の北東20㎞の丘陵地に高蔵寺NTの開発が開始された。高蔵寺NTでは千里NTで用いられた近隣住区論とは異なり、ひとつのセンターを核とした「ワン・センター・システム」[1]方式が採用された。センターから周囲の住宅団地には、枝状にのびる原地形の尾根に都市軸となるペデストリアン・ウェイ(以下、ペデと示す)がこの尾根沿いにのび、高層住宅、都市施設を尾根の軸に集約する計画がとられていた[2]。高蔵寺NTの諸施設と原地形との関係は明白ではあるが、これら原地形との関係を詳細に明らかにした研究は多くない。

本研究では、高蔵寺NTの計画を住宅団地、公園緑地・公共施設、給水・雨水排水系統に分け、それぞれで地図資料を用いて原地形の影響を比較検討した。その結果から、現在の高蔵寺NTの空間構造に、かつての自然環境が「潜んでいる」箇所を明らかにし、自然環境を基盤としたNT再編の可能性を考察する。

3章　住宅団地開発計画と原地形の関係

高蔵寺NTに分布する、「古生層」という造成困難な地盤にどう対処したか、高森台団地と高座台団地の2団地を対象に、原地形（1959年春日井市作成の地形図）と開発後の現況地形（2008年春日井市作成の地形図）を同位置、同縮尺で比較し、2団地内における切土、盛土の範囲を特定した。また、造成行為を可視化するために、作成した切土盛土図の原地形と現況地形をともに2m間隔の等高線を基準に立体的にし、宮城による新旧地形の可視化の方法[3]を用いて原地形と現況の住棟とオープンスペースを同位置、同標高で配置した。これにより原地形の中に埋没する「埋没住棟」、原地形に接地せずに浮遊する「浮遊住棟」、一部が埋没し一部が浮遊する片持ち梁状の住棟「片持ち梁住棟」の、それぞれの種別を確認した。それらをもとに住棟配置計画、オープンスペースが原地形からどのような影響を受けているかを検証した。

3-1 高森台団地の土地造成の特徴

高森台団地は、造成が困難な古生層である高森山とその周辺部に立地している。古生層の尾根は傾斜が急であり、当時の造成技術では大規模な造成が容易ではなかったと考えられる。高森山は原地形を保全したまま公園緑地として整備し、周辺部に高森台団地が造成されている（図1）。

造成困難な地盤上に、「ボックス型」[4]と呼ばれる11階建の高層棟が配置された（図2）。北東に位置する4棟の11階建てボックス型高層住棟のうち、斜面上部の2棟は埋没住棟であり、古生層の尾根部を2～4m切土した上に配置されている。こうした住棟形状と配置の背景には、尾根軸のペデ沿いの容積率を増加させる[5]という計画思想があったのみでなく、敷地北側に分布する、より急峻な古生層の斜面地を保全した結果、谷部の造成範囲が制約され、より狭い敷地面積で住棟群の建築面積が十分確保できないことも起因していたと思われる。

3-2 高座台団地の土地造成の特徴

高座台団地は古生層の固い地盤の比較的傾斜が緩い丘陵頂部を切土し、高層住棟4棟と、団地北側には盛土された部分に、高層住棟1棟を配置していた。また、団地西側と南側の斜面地は原地形が保全されている。

基本的には2～4mの切土上に配置がされているが、最北端の1棟のみ盛土上に建設されていた。埋没、浮遊の量が大きくないことから、団地内の造成が最小限に抑えられていると考えられる。

高座台団地は狭小な敷地だったために、オープンスペースが棟間のわずかな場所にしか取れなかった。そのため、住棟共用部を貫くようにペデが通り、住棟とオープンスペースを一体的に計画することで狭小な敷地に対応した。

4章　公園緑地・公共施設計画と原地形の関係

4-1 原地形に対する公園の配置と造成の特徴

近隣・街区公園を対象に、現在の地形と原地形の標高を比較して、土地造成の傾向を把握した（表1）。公園緑地は「原則として地区内の地形的に高い部分、尾根筋や山を中心に連続的に配置」[6]という計画論通り、尾根に立地する公園が多い。さらに、尾根に位置する公園の中には、原地形を保全している公園も見られた。一方で、谷に立地する公園も見られた。

4-2 公園緑地と雨水排水系統の関連

谷に位置し、ため池を埋め立てた公園の中には、地下に雨水排水管が配管されている公園（石尾・井戸坂・高蔵寺）がある（図3、表1）。ため池は雨水排水系統の上で、調整池に当たる場所であり、ため池を埋め立てたとしても、その地下に雨水排水系統を通す必要があったと考えられる。ため池を埋め立てた公園の地表面には水系を見ることはないが、地下に原地形の水系が潜んでいる。

4-3 公共施設計画と原地形の関係

教育施設の原地形に対する立地を見ると、「学校は高い場所（尾根）に設置」[7]という計画の通り、尾根沿いに多くの教育施設が立地していることが分かった。学校は建物の規模やグラウンドが大きく、学校の配置はできるだけ平坦な土地の方が造成土量を抑えられる。しかし、高蔵寺NTは尾根沿いに都市軸を設定し、その軸沿いに施設を集約させる計画であったので、尾根沿いに学校が立地している。また、尾根沿いのペデを小学校の通学路として設定

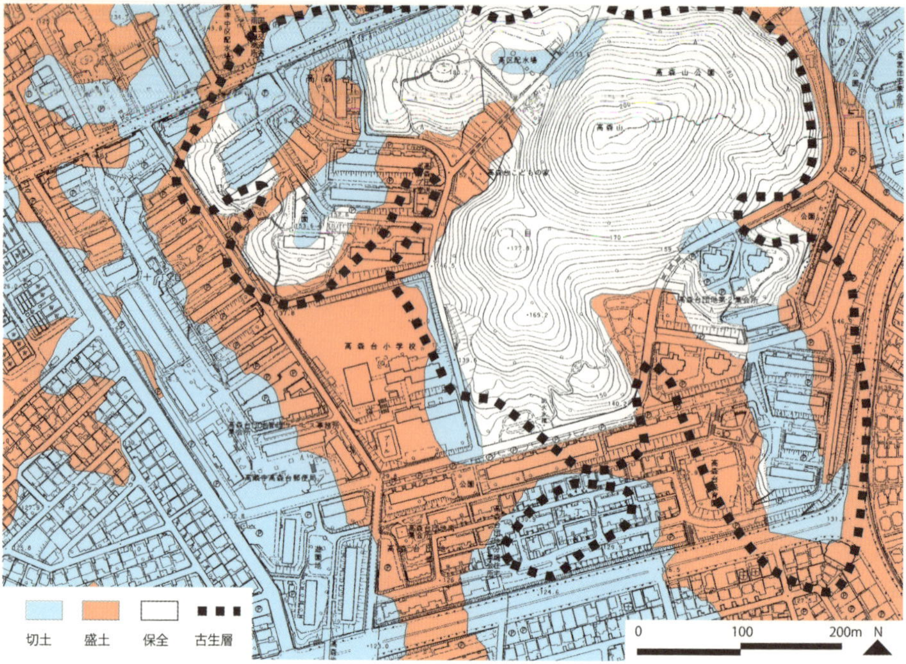

図1 高森台団地の土地造成図

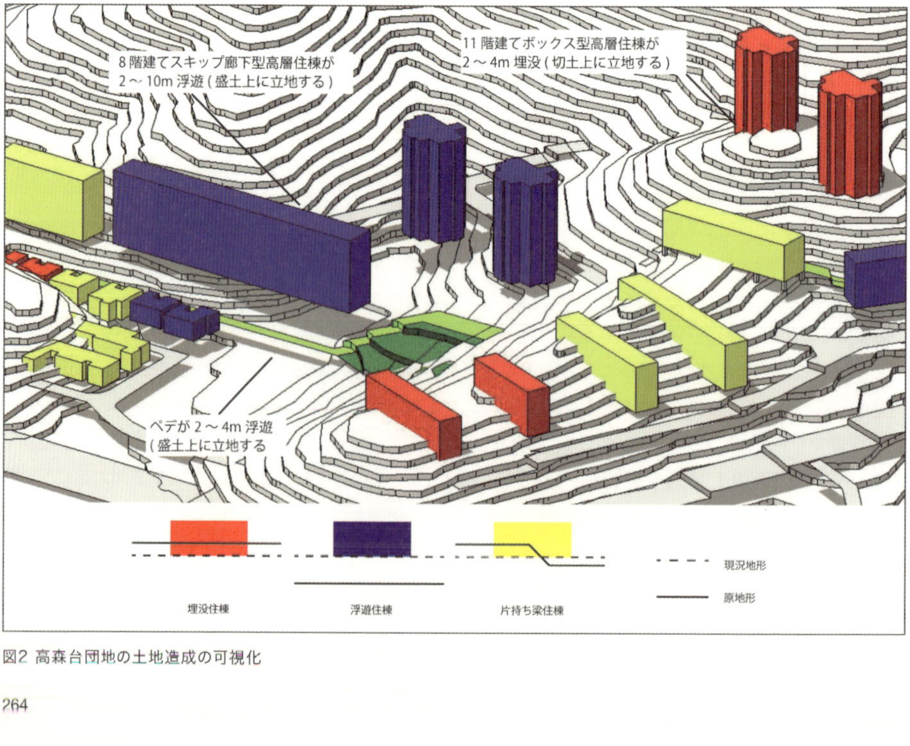

図2 高森台団地の土地造成の可視化

しているため、歩車分離された安全な歩行者動線が確保されていると言える。

5章　インフラと原地形の関係

高蔵寺NTの給水・排水系統と自然環境との関係を読み解くために、原地形（1959年春日井市作成の地形図）と現在の給水系統（2013年春日井市作成の上水道管路図）・雨水排水系統（2013年春日井市作成の下水道台帳）の図をオーバーレイし、比較検証した。また、計画当初（1961年）の給水・雨水排水系統図と実施段階の給水・雨水排水系統をそれぞれ比較し、計画の変更点を原地形との関連から考察した。

5-1 給水系統と原地形の関係

5-1-1 標高に応じた3つの給水地域区分

高蔵寺NTの給水は「県高蔵寺浄水場導水ポンプ

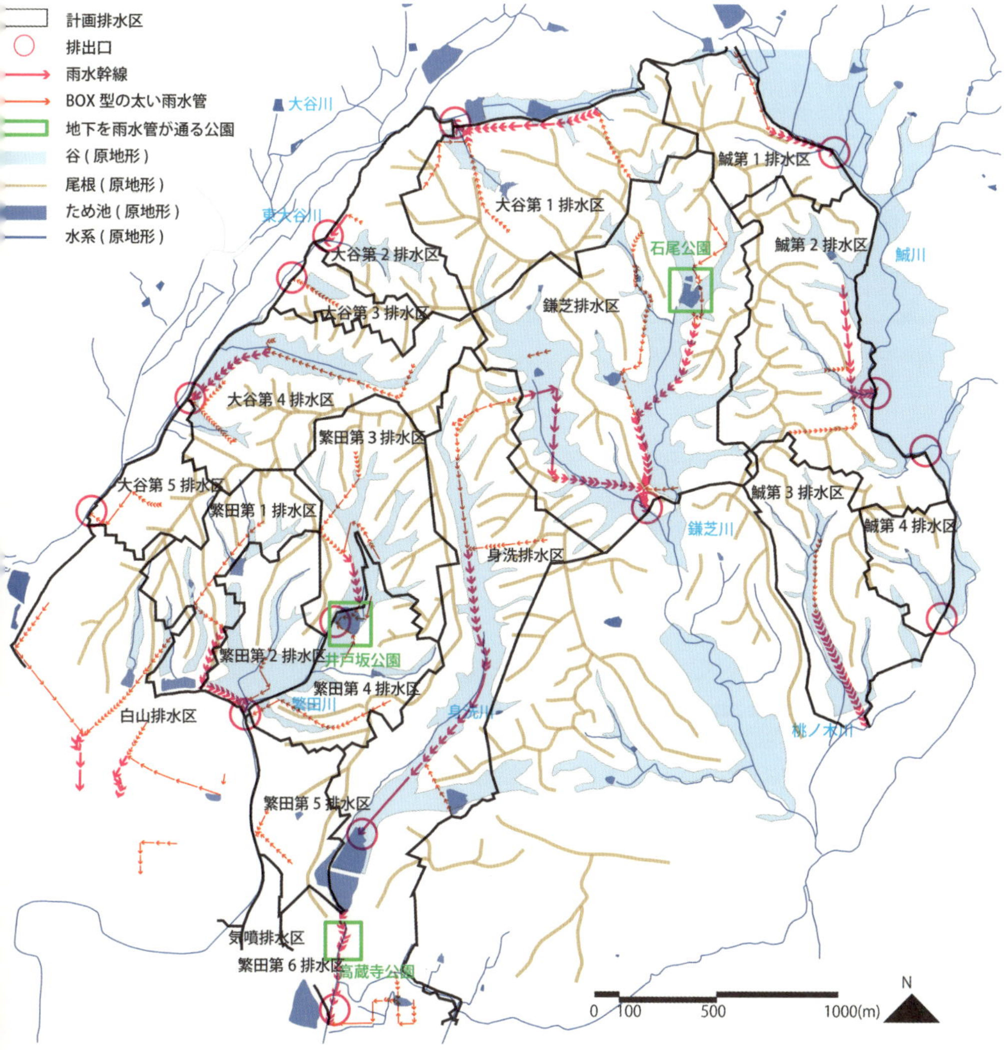

図3 雨水排水系統と原地形の関係

公園名・種別は『都市公園・児童遊園・ちびっこ広場一覧表』より作成
（平成27年度　春日井市建設部公園緑地課）

	種別	公園名	原地形の立地			造成の特徴			ため池	雨水排水管
1	近隣	岩成公園	尾根	谷	斜面	切土		雛壇造成(2段)		
2	近隣	近隣公園	尾根		斜面	切土		地形保全(斜面)		
3	近隣	藤山公園	尾根	谷	斜面		盛土	地形保全(尾根)		
4	近隣	押沢公園	尾根	谷	斜面		盛土	地形保全(尾根)		
5	近隣	石尾公園	尾根	谷	斜面		盛土	地形保全(斜面)	埋め立て	○
6	近隣	新池公園		谷			盛土	地形保全(池)	保全	○
7	街区	坂之下公園	尾根		斜面	切土		雛壇造成(2段)		
8	街区	大久手公園	尾根		斜面	切土		雛壇造成(2段)		
9	街区	東山公園	尾根		斜面	切土				
10	街区	山之田公園	尾根		斜面	切土				
11	街区	大洞公園	尾根		斜面	切土				
12	街区	高蔵寺公園		谷	斜面		盛土	地形保全(斜面)	埋め立て	○
13	街区	井戸坂公園		谷			盛土		埋め立て	○
14	街区	岩成西公園		谷			盛土		埋め立て	
15	街区	向工田公園			斜面		盛土			
16	街区	堂須公園	尾根	谷	斜面		盛土			
17	街区	午新田公園		谷			盛土			
18	街区	ふれあい公園		谷			盛土			
19	街区	烏洞公園	尾根	谷	斜面	切土	盛土	雛壇造成(2段)		
20	街区	後田公園	尾根		斜面	切土	盛土	雛壇造成(3段)		
21	街区	上平公園			斜面	切土	盛土	雛壇造成(3段)		

表1 原地形に対する公園の配置と造成の特徴

室」(標高約83m)で愛知用水から取水され、「県高蔵寺浄水場」（標高約126m）まで汲み上げられている。浄水された水は各配水場から「自然流下」で各家庭に給水される[(8)]。NT内は標高の順に高区、中区、低区の3つの給水区に区分されている。各給水区への配水場もそれぞれ個別にあり、給水区より標高の高い位置に整備されている(図4)。

5-1-2 原地形の影響による給水区域の変更

(1)実施計画段階での給水区の変更

自然流下によって高・中・低区の3配水区に給水を行う計画は、実施計画段階での検討結果、数カ所で水圧不足が生じることが明らかとなった[(9)]。一部には加圧装置の設置により対処し、残る部分については配水区の変更が行われた[(9)]。配水区を変更した箇所の詳細は、次の通りである（番号は図4と対応)。①〜③、⑩は中区から高区へ、④〜⑦は低区から中区へ、⑧〜⑨は低区から既成の市水道へと変更があった。このうち①〜③の中区箇所を高区へ切替えと④〜⑦の低区箇所を中区へ切替えは、水圧不足が原因であり、配水区変更箇所の多くは配水区末端に当たり、原地形の尾根沿いに多いことが分かる（図4)。このことから、水圧不足の原因は、尾根の影響もあったと考えられる。

(2) 高蔵寺NT計画当初（1961年）の給水計画と実施の比較

1961年の給水計画と原地形の関係を見ると、給水区が尾根の末端を囲むように計画されている箇所が見られる。計画当初は比高の高い尾根に沿って給水系統を配置し、給水する計画を立案していた。当初の給水計画では原地形の尾根を利用して給水管を配管しようとしていたと考えられる。

5-2 雨水排水系統と原地形の関係

5-2-1 原地形を活かした計画排水区の特徴

(1)計画排水区

高蔵寺NTには、鯱川、大谷川、鎌芝川、繁田川の4つの河川水系と、白山都市下水路、身洗水路のふたつの公共下水道を流末とする、計18の計画排水区が設定されている。水系ごとに、鯱川排水区（第1～4）、大谷川排水区（第1～5）、鎌芝川排水区、繁田排水区(第1～6)、白山排水区、身洗排水区に分けられている(図4)。

(2)集水域と旧河川流域の対応

計画排水区と原地形を比較すると（図3)、計画排水区の境界がかつての尾根とおおよそ重なることが確認できた。雨水幹線と比較的太い雨水管となるBOX型の雨水排水（春日井市下水道台帳の雨水管のうち、二重線で図示されていた雨水排水)、排出口と、原地形の谷や水系との対応を見ると大谷第1排水区、繁田第2・第4排水区、身洗排水区、鎌芝排水区では、雨水管と排出口が原地形の谷部分、水系に沿うように配置されている。かつての尾根に境界が設定された計画排水区では、排水区内の原地形の谷に雨水が自然流下すると予想できる。これらの排水区では、かつての谷や水系を継承して雨水幹線や排出口が配置されていると考えられる。

以上のことから、雨水排水系統は、原地形の尾根、谷の構造を反映させた計画と言える。

5-2-2 計画当初と現在の計画排水区の比較

高蔵寺NT計画当初（1961年）の雨水排水計画と実施の比較をすると、どちらも計画排水区の境界線が尾根に沿うに計画されていて、比較的同じ位置にある。しかし、計画当初の雨水排水計画ではため池が遊水池として保全されているが、現在の高蔵寺NTではほとんどのため池が埋め立てられている。

5-2-3 ため池を埋め立てた公園の特徴

埋められてしまったため池の中には、公園として整備され、公園の地下に雨水排水管が通るものが見られた（図3)。ため池は調整池としての役割があるため、土地造成の際、最後に埋め立てる、もしくは保全する場合が多い。そのため、高蔵寺NTのため池を埋め立てた公園地下に雨水排水系統が通過する状況が生まれたと考えられる。ため池は失われてしまったが、公園の地下に原地形の水系が潜んでいると言える。

6章 自然環境を基盤とした郊外ニュータウン再編の可能性

6-1 高蔵寺NTの原地形との対応関係まとめ

高蔵寺NTの住宅、教育施設・公園緑地、インフラを、開発以前の「原地形」との対応関係から検証した結果、以下のことが分かった。

高蔵寺NTの原地形の尾根沿いの都市軸に、団地や都市施設、教育施設、オープンスペースなどの機能が集約されていることが改めて確認できた。一方で、高蔵寺NTの谷沿いには原地形の水系が雨水排水系統として、公園緑地の地下に潜んでいることが新たに把握できた(図5)。

以上の分析結果から、雨水排水系統と関わりがある公園緑地についてさらに詳細に原地形との関係の分析を行い、自然環境を基盤とした高蔵寺NT再編の可能性について考察する。

6-2 地域の雨水が集まる公園緑地再編の可能性

本節では雨水排水系統と関連のある公園緑地を対象に、原地形の水系が潜む公園緑地のポテンシャルを利用した再編の可能性を検討していく。

(1)雨水流出を抑止する井戸坂公園

井戸坂公園は計画排水区の繁田第4排水区に位置し、繁田第4排水区内の一部の雨水が井戸坂公園を通過する(図6)。さらに、繁田第4排水区の上流に位置する繁田第3排水区は、排水区内に雨水を排出する河川がないため、排水区を超えて繁田第4排水区にある井戸坂公園の地下を雨水が通過し、その直後に開渠である新繁田川へと排出される。以上のことから、井戸坂公園はふたつの排水区の雨水排水が集まり、雨水排水管の流末に位置する公園と位置づけられる。

地下貯留施設を整備すれば、下流部への多量な雨水流出を抑制できる可能性がある。

(2)身洗川の緑地ネットワーク

身洗排水区には上流から順に幹線道路中央分離帯の植栽、高座台緑地、新池公園、高蔵寺公園があり、雨水排水が公園緑地の地下、または保全されたため池を流れる公園緑地が連続している（図7)。公園緑地に雨水を貯留、浸透、浄化の機能を加えることで、雨水排水の機能を向上させた再編ができ

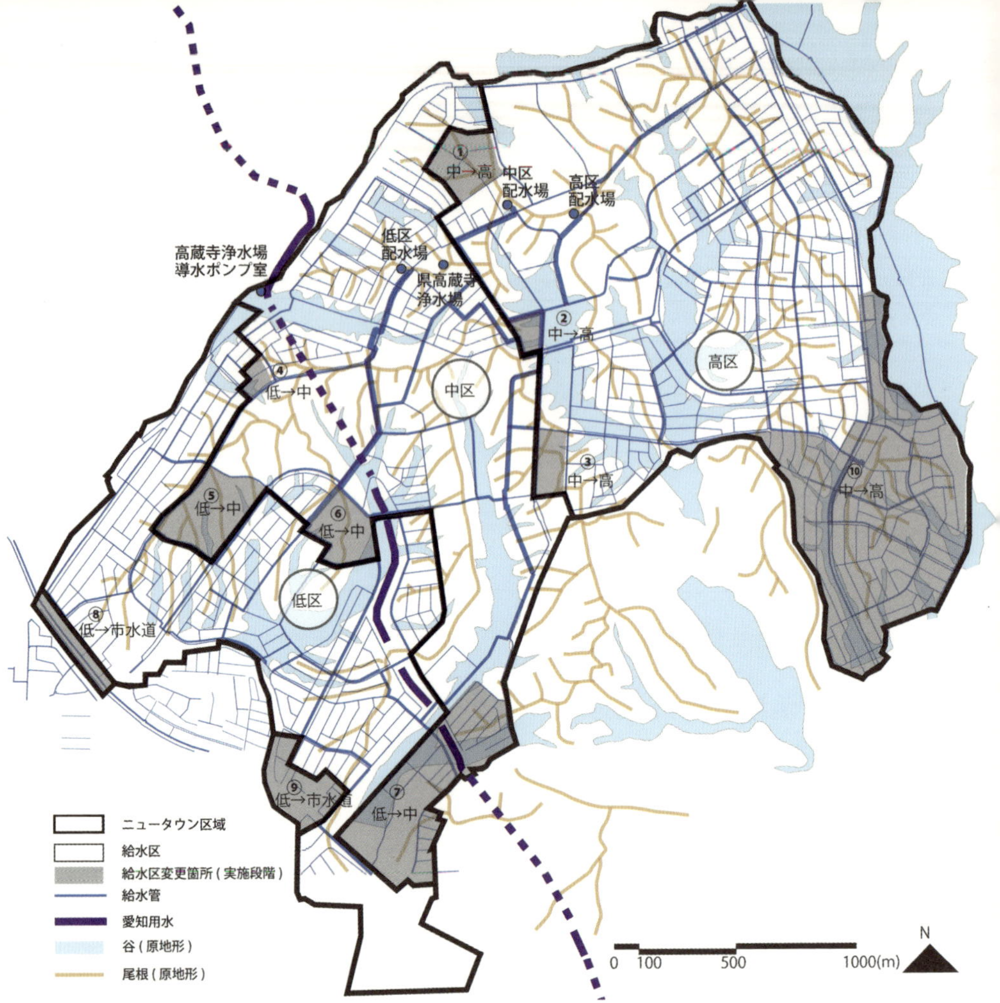

図4 給水系統と原地形の関係

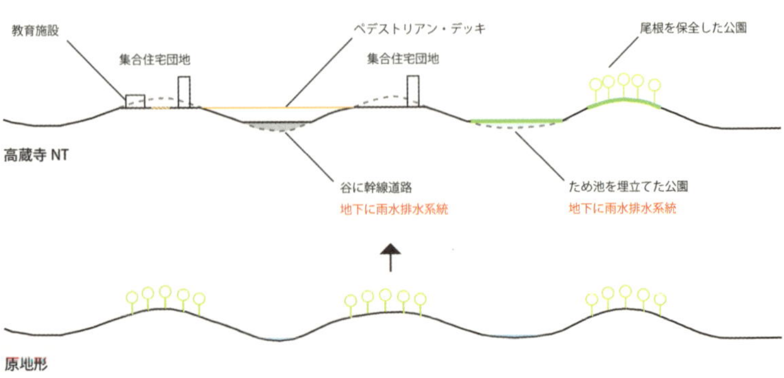

図5 原地形との対応関係のまとめ

図6 雨水排水管の流末に位置する井戸坂公園

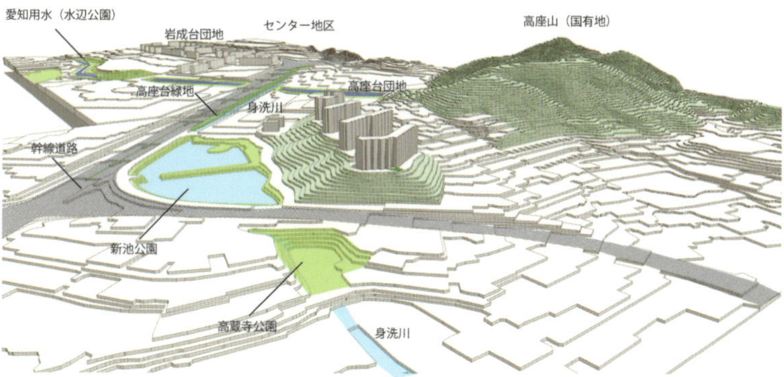

図7 身洗川の緑地ネットワーク

る可能性があると考える。

7章　おわりに

今後、日本では人口減少による空き家や空き地が増加していく傾向が予想される。郊外のNTである高蔵寺NTは、都心部よりも顕著に空き家、空き地の問題が出てくる可能性があり、高蔵寺NTでも都市を効率的に集約させる検討が必要だと考える。高蔵寺NTでの「縮退像」は、かつてNT開発の際にすでに尾根軸への機能集約を実現した「ペデストリアン・ウェイ」を軸に考えるべきであろう。一方で、谷沿いには戸建の分譲住宅地が多く広がっており、空き家・空き地が多く出てくる可能性が高いことが予想される。こうした戸建て分譲住宅地での空き家・空き地対策については未検討と言える。しかし、谷沿いには雨水排水系統が原地形の谷に沿うように計画されており、ため池や水系を埋め立てた公園の地下には雨水排水管が通過することを見い出すことができた。こうした谷の特徴は、丘陵地を造成しつつも、原地形の構造が都市構造の中に潜んでいて、NT谷沿いの地下に潜む雨水排水系統と、それを規定した原地形の水系、さらにそれに関わる公園緑地の関係性は高蔵寺ニュータウンの固有な資源として考えられる。縮退に伴って、谷沿いに水系と公園緑地のネットワークが形成できる可能性があると考える。

[参考文献]

(1) 高山英華『高蔵寺ニュータウン計画』鹿島出版会、1967年、p.35

(2) 前掲書(1)、p.254

(3) 宮城俊作「丘陵都市の原風景」『SD1992—特集 ランドスケープデザインの可能性—』鹿島出版会、1992年、pp.38–39

(4) 高蔵寺ニュータウン開発事業に係る事業記録編集委員会『高蔵寺ニュータウン：20年の記録』日本住宅公団中部支社、1981年、p.195

(5) 前掲書(1)、p.254

(6) 前掲書(4)、p.61

(7) 前掲書(4)、p.10

(8) 前掲書(4)、p.73

(9) 前掲書(4)、pp.78–79

出展者コメント —— トウキョウ建築コレクションを終えて

Q 修士論文を通して得たこと

現状の都市や建築が、今なぜその形をして、その場所にあるのか、過去の地図や文献、現地調査から要因を探る目が養われました。

Q 修士修了後の進路と10年後の展望

団地の設計・監理・施工・修繕などに携わることのできる場所に就職します。今後は、修士過程で行った研究活動に加えて、実務で団地や住人の方々と関わりを持ちながら、団地の未来について考えていきたいです。

コメンテーターコメント

石川：多摩ニュータウンは新住宅市街地開発法が適用されていて、土地は確保できたけれど、アプライできなかった箇所がありました。それは谷間なんですが、集落や水田が集中していたので、土地の価値が高くて、ニュータウンの開発、買収に応じなかった農家の人たちがいたんです。だから土地区画整理事業とした経緯がありました。それが今の土地利用にかなり影響を与えている。高蔵寺の場合はどうでしょうか?

芹沢：ここもマスタープランでは計画されたけれど、国有地で自衛隊が駐屯していたために開発できなかった場所があります。そこは現在でも開発はなされていません。そもそもこのニュータウンの丘陵地は農業ができるほど溜め池も多くなく、それを残す必要もなかったのかなと見ています。

石川：純粋に地形的な解析だけで、もとのポテンシャルをたどれたという話ですか?

芹沢：そうです。この丘陵地には人が住んでいなかったので、開発時に平らに造成したのではなく、そこに眠っていた水系や地形が活かされた、それを検証したいというのが僕の研究です。

青井：原地形とニュータウンの計画が対応しているはずだという仮説から、それを活かして今後も計画しようという、非常にリニアな印象でした。仮説に沿って調査したら、力業をやっている、仮説に合わないけれど面白かった、という場面に巡り合いませんでしたか?

芹沢：ニュータウンの計画論では、谷沿いに幹線道路を通すと示されていますが、それ以外にはあまり語られていませんでした。公園について言うと、現地では尾根以外に谷沿いにも発見できました。その根拠は見つかっていませんが、溜め池だった場所は地盤が緩くて危ないので、住宅地にはせず公園にしたのではないかと踏んでいます。なぜ溜め池を埋めたのかというと、公園をつくる時に機能としてグラウンドが必要で、そのために公園として整備したのではないかと考えています。ただし、雨水が集まりやすく、地下にはどうしても排水管を通さなければならない理由があったのだろうということが、新たに発見できたことのうちイレギュラーなことではないかと思います。

青井：ここを計画設計した人へインタビューしたのでしょうか?

芹沢：まだですが、インタビューをすれば、研究の裏づけができるのではないかと考えています。

青井：先にインタビューをして、当時の計画の考え方や技術の水準を押さえた上で高蔵寺ではどうだったかという流れで持っていくと、いろいろなことが見えたのではないか、という気がしました。

新谷：大規模団地は開発から始まり、だいたい山林を切り崩して、その土で埋め立てて宅地にする。平地に建物を建てて、埋め立てたところに調整池や公園をつくるのは一般的です。なぜ高蔵寺に着目したのか、理由を教えてください。

芹沢：高蔵寺は尾根沿いに住宅を建てるという理念があり、地盤が硬くて平らにできなかった場所にも住宅があります。とはいえ空白の土地もあって、その理由は明確になっていません。

新谷：おそらく重機で削り取れる代物ではなかったのでしょう。その場合、コストが膨大にかかる。だから積極的に残したのではなくて、公園にせざるを得なかった、という論理だと思います。

八束：多摩ニュータウンは、大高正人さんがマスタープラン段階で自然地形を残そうと提案をしましたが、実際には公団に無視されて、大幅な造成で分譲数を増やしたという苦い話があります。高蔵寺は切り盛りの量が少ないのでしょうか?

芹沢：多摩ニュータウンの自然地形案との比較はできていませんが、高蔵寺では地形を残さざるを得なかったという理由から、地形の切土盛土の量は少なかったのではないかと思います。これは個人的な感想なので、あらためて調べます。

全国修士論文展 公開討論会

コメンテーター：

八束はじめ（審査員長）／青井哲人（コーディネーター）／新谷眞人／石川 初／一ノ瀬雅之／森田芳朗

参加者：

印牧岳彦（東京大学大学院）p.176、中島亮二（新潟大学大学院）p.186、島田 潤（東京大学大学院）p.196、石井孝典（東京大学大学院）p.206、溝呂木 健（東京工業大学大学院）p.216、畑中快規（千葉大学大学院）p.222、笠井 洸（豊橋技術科学大学大学院）p.232、桂川 大（名古屋工業大学大学院）p.242、佐々木雅宏（慶應義塾大学大学院）p.252、芹沢保教（工学院大学大学院）p.262

研究の可能性はどこにある？

青井：今年は41編の応募がありました。第一次審査では、著者名、大学名や研究室名を伏せて、A4で4ページの梗概を6名の審査員が目を通し、「◎」1個、「○」3個、「△」6個を投票し、合計点数の上から10編を選びました。その後、10編について本論文を読んだ上で、この公開討論会に臨んでいます。最終的にグランプリと個人賞を決めるわけですが、皆さんの研究について可能性を引き出せる議論、もしくは批評ができればと思っています。

恣意的ですが、三つにグルーピングして進めていきます。一つは〈都市・地域・ランドスケープ〉系で、芹沢保教さんの「高蔵寺ニュータウン計画に開発前の地形が与えた影響」（p.262）、石井孝典さんの「LRTを通じた都市体験に関する研究」（p.206）、中島亮二さんの「新潟市市街地近郊農地における農小屋の様相」（p.186）。次に〈技術とデザインをつなぐ〉として、溝呂木健さんの「木質面材を粘弾性テープと釘により接着した制振壁の力学的挙動に関する実験研究」（p.216）、笠井洸さんの「6軸ロボットアームの導入による建築デザインの展開」（p.232）、畑中快規さんの「可動テンセグリティ構造の建築利用に関する研究」（p.222 ）、島田潤さんの「スリット入りサーフェイスの3次元展開形態シミュレーションの研究」

(p.196)。最後は〈意匠計画と歴史の関係性〉で、桂川大さんの「批判的言語描写における建築の異化様相」(p.242)、佐々木雅宏さんの「建築の空間構成における、視線、動線、空気の関係性を定量的に評価する手法の提案」(p.252)、印牧岳彦さんの「バイオテクニカル・モダニズム」(p.176)です。

都市・地域・ランドスケープ

LRT：石井孝典

青井：まずは、LRTから。専門分野として石川さんに口火を切っていただきましょう。

石川：とても冴えていましたが、「これで終わり?」というのが正直な印象でした。今回得た知見を応用的に提案する、もしくは一般的な原理を引き出す、といった先へのビジョンはなかったのでしょうか?

石井：富山や札幌のLRTも調査に行きました。日本では歩道が両脇にあって車道があり、その真ん中をLRTが通っている。富山も同様で、空間の一体感は感じられませんでしたが、札幌は2015年に環状線化されて、歩道、LRT、車道という順になっていて、場の雰囲気が変わる可能性が感じられました。ただ、日本とヨーロッパでは法律や安全性に対する考え方の差が大きく、今回の研究にうまく結びつけられませんでした。とは言うものの、日本でも応用できる知見は得られたと思っています。LRTは動的視点による奥行きがあって、アクティビティの拡張が見られ、道行《みちゆき》空間にLRTが通る日本でも、道の抜けるポケット的な場所で同じことが起きると考えています。

青井：この研究の可能性の中心はどこですか?

石井：もっとも言いたかったのは祝祭性と映像性です。LRTがパブリックスペースに進入してくるという現象自体の面白さを論じたいと思いました。そのための定量的な分析も試みたのですが、本質から離れていきそうで……。もっとしっくりくる、設計時に使えるやり方を見つけたいと考えています。

佐々木：設計にどのように応用されるかがつかめませんでした。その理由はLRTしか分析していないからでは? LRTによる映像的な体験の優位性を語るには、他の、例えばバスや歩行による体験と比較すべきだったのではないでしょうか。

石井：LRTは場にもたらす雰囲気が独特です。振動の少なさや、低い床によって歩行者と視線の高さが近いこと、ゆっくりと走るので動きが予測可能なこと、歩行者と空間を共有できることなど、街を把握しやすくなり、街の魅力が増幅される。これらの特徴を総合するとLRTがもっとも豊かな体験ができるので、LRTのみで語りました。

石川：かつて日本の各都市に路面電車が走っていた時期があって、街行く人々は石井さんが体験したような、映像的な都市を見ていたかもしれませんよね。当時の記述などから都市の見方を抽出できるのではないかな。それによって都市を再発見する可能性もある。

石井：昔とは街もずいぶん変わっているので、路面電車の体験とは違ったものを我々は感じているのではないかと思います。

高蔵寺ニュータウン：芹沢保教

青井：皆さんには共通して研究における可能性の一番の中心を語ってもらいたいと思います。高蔵寺ニュータウンを研究した芹沢さんはいかがですか?

芹沢：僕の研究は、現在の地図や計画図が実際にはどうなっているのか再検証することです。市役所の公園や下水の管理担当の方と話しても、情報を把握されていないこともあって、実は背景が知られていないのではないか、50〜60年経って埋もれてしまっているのではないか、そういう意味でも再検証することが大切だと感じました。多くの資料は春日井市役所とUR都市機構に提供してもらいました。当時の図面に載っていない内容もあって、現地調査から分かったこともありました。

八束：多摩ニュータウンは計画していた人口に達しないまま老齢化が進んできている。それがニュータウンの現状ですよね。高蔵寺の場合には、建物の老朽化

に伴う建て替えの他、どういった問題があるのでしょうか?

芹沢:ここでは尾根沿いに歩行者動線がつくられています。高いところにあるものの、起伏が少なくてまっすぐに歩ける。それが面白い特徴になっています。もちろん高齢者が歩行者専用道路まで上がるのは大変ですが、それが現在でも機能していて、大事に残していくべきだし、都市機能が集約しているので、今後何かしら展開できるのではないかと考えています。逆に谷沿いは民有地で、雨水・排水系統と緑地を結びつけることで、新たな軸が生まれるのではないかと思っています。

農小屋:中島亮二

青井:次に、新潟の農小屋の話へ。小屋に注目したきっかけは何だったのでしょうか?

中島:学部ではビニールハウスの転用に絞っていたのですが、修士から、農地での活動に関わる構築物全般として、農小屋に移行しました。都市と地域とランドスケープという観点から言うと、都市は計画される段階から使いつくす段階になってきている。そこで、農業地域の使い方という点で農小屋には可能性があると感じました。

森田:これから都市が縮退していくにあたり、人々の働き方や暮らし方も変わっていくと考えられます。そうした動きとどう結びつけられるか、いろいろなアイデアにもつながりそうですね。

石川:小屋愛を発露できる写真集やカタログをつくると良いと思いました。この小屋の面白さは、ブリコラージュというか、近くのホームセンターで売っているものが微妙に反映されていたり、人が集うことで変化する、ということにあって、もっと抑制せずにそれらを表現すれば良かったのに。

青井:一方で、都市と農村の混交、構造転換に向かっているということをマクロに捉えた上で、小屋愛に戻るとよりリアルに、活き活きとしてくるのではないかと思いました。

石川:農地と都市のインターフェース。それが建築物という体裁をとって現れているところが良い。建築の根源に近い現象ではないかな。

技術とデザインをつなぐ

木質面材の制振壁:溝呂木 健

青井:二つめのグループは溝呂木さんから聞きましょう。この研究を住宅にあてはめた時の可能性を聞かせてください。

溝呂木:新たな制振壁を考えて、その力学的挙動を把握してモデル化することが目的だったので、将来的な可能性まで考えが及んでいませんでした。ただ、地震に遭った時に損傷を制御したり、その次の地震にも対応できるようにしたい。住宅の価値を長く保たせることを目的とするならば、少しでも研究例は多い方が望ましいし、それによって制振化が日本で普及すれば良いと思っています。

森田:新築だけではなく、現在建っている建物の耐震

にも展開できそうですか?

溝呂木:これは面材と枠材の間にテープを挟むのですが、面材をはがすことができれば後づけでも制振化に使えるかと思います。

一ノ瀬:これはオリジナルのアイデアですか?　それとも委託研究なのかな?

溝呂木:実験は委託研究に近いですが、この論文の目的はパネルモデルをつくることにあって、そこで着目したのがこの構造でした。枠組壁構法でもパネルモデルに変換できることを示したかったんです。

森田:この研究で手応えはありましたか?

溝呂木:20の試験体を一から発注してつくったのですが、それができあがった時、それと思惑通りの結果が出た時に、道が開けたと思いました。ただし途中で破断してしまい、その先の実験に進めなかったのはもったいなかった。

6軸ロボットアーム:笠井 洸

青井:笠井さんの論文について、一ノ瀬さんから意見をいただきましょう。

一ノ瀬:マシンによる成形といえば、3Dプリンターが思い浮かびます。それに対抗する、ロボットアームでしかできないことがいまひとつ強調されていなかったように感じました。

笠井:3Dプリンターは、基本的に単一のマテリアルでの加工です。一方で6軸のロボットアームは、木目や節といった、材料の不均質さを考慮した形態をつくれることが利点であると考えています。

森田:この分野の日本ならではの特色は?

笠井:海外では、構造やデザイン、機械など、各専門家がチームを構成して、十数人規模でプロジェクトを行っていると聞いていますが、日本ではそういった研究体制の構築が遅れています。

森田:ロケットなどと違って、建築はもっと身近なつくり方をすることが多いですよね。だからロボットも、いかに身近なところまでブレイクダウンできるか、といった視点があっても面白いかもしれません。

笠井:木工切削をテーマとしたのは、日本らしさが原点になっています。伝統的な木材の接合方法、仕口や継手が入り口でした。

佐々木:例に挙げていたニューロ・ファブリクスは、球形の切削面を平滑に美しくつくるためにオリジナルの刃を鍛冶職人とともに制作しているんですよね。だから、コンピューテーショナルとマテリアルの差を埋めるのはまだまだ大変。ロボットアーム研究の最先端は、やはり職人の技術を模倣することでしょうけれど、この論文ではそうではありませんでした。結局、目的は何なのでしょうか?

笠井:日本の建築分野において6軸ロボットアームが有効であることを示したかった。理論だけではなく、実際の製作を通して示すことで、日本の建築の発展につなげたいという思いが大きかったんです。

畑中:このロボットが大工さんと同じように動く必要があるのでしょうか?　もっとロボットだからこその形状をつくることができるはずですよね。大工さんの技術を完全コピーする重要性を聞かせてください。

笠井：完全にコピーする必要性はなくて、大工にはできない加工やツールの活用などを指摘し、新たな建築デザインにつなげたかったのです。

新谷：現在は、プレカットによる工法が確立していて、大工さんができなかったこと、やりたかったことがロボットで実現できています。手作業で難しいのは、直角ではなくて斜めに加工すること。手間が掛かってしまう。それをロボットはスムーズに、そしてスピーディにやってのける。ただ精度という点では、腕の良い大工さんの方が正確に刻めるんです。というのも、ホゾでもホゾ穴より少しきつめにつくるんですね。そういう感覚はロボットでは再現できない。今はロボットが勝っている部分、大工が勝っている部分、どちらもあると思います。

可動テンセグリティ構造：畑中快規

青井：畑中さんの論文は、環境制御という観点に加え、もう少し造形的な指摘もありますね。研究の一番の可能性や展開について聞かせてください。

畑中：可動機構を用いることに可能性を見出しています。情報を管理することでBIMデータや設計データを現実の世界に持ち込み、コンピュータを内蔵して、実際の建築にフィードバックして双方向にデータをやり取りするようになればという思いでした。

八束：双方向のデータのやり取りとは、具体的にどういうことでしょう?

畑中：設計図と施工の精度は、100%一致することはないと思ってます。ちょっと飛躍するかもしれませんが、ロボットが現場における設計図とのズレを感知して調整しながら施工していく、という未来を期待しています。

一ノ瀬：それはBIMの概念で、シンガポールではすでに始まっています。この研究は新しい構造のアイデアなのだから、その活用方法にフォーカスした方が良かったのではないかと思います。

島田：テンセグリティは、構造的に浮いていてエレガントというところに魅力があると思うんです。数年前に東大で空気圧の人工筋力を用いた数十本ほどのテンセグリティでドームをつくった例がありました。アクチュエーターが機械のフレームの外部にあるために、空気バネの一つひとつが細くてきれいに見えた。畑中さんの提案した機構は、装置を隠すデザインなのか、そ

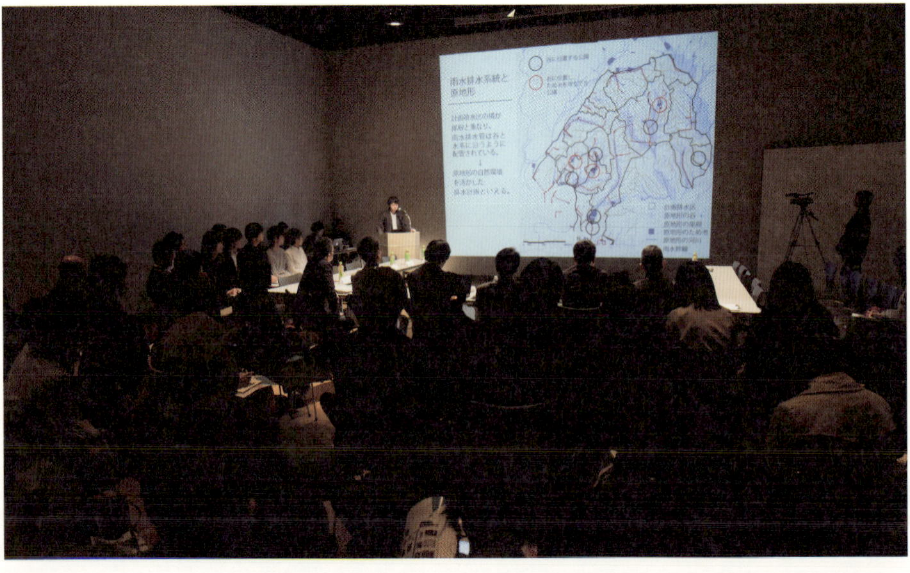

れともハイテクな制御をデザインとして露出させたのか、どちらのスタンスだったのでしょうか?

畑中:もっと機構を小型化して隠せれば良かったのですが、やはり機構が大きくなってしまって……。

スリット入りサーフェイス:島田 潤

島田:今はコンピューテーショナルという言葉がひとり歩きしている印象があります。コンピューテーショナルデザインには大きく分けて2種類あると思っています。ファブリケーションとデザインです。おそらく笠井さんのロボットアームや畑中さんのテンセグリティは、どちらかというとファブリケーションでしょう。コンピュータ上にある3Dの状態をいかに精度良く、現実の世界で実現させるかというテクニックだと思います。僕はコンピューテーショナルをいかにデザインに使うかという研究をしました。例えば、切り目の入った紙の両側を引っ張ると、ふわっと広がって思いもよらない形状になるという体験、その感動を設計したい。この研究で扱ったように、厚み1㎜の板4枚で25㎡の空間ができたら最高だと思うんです。今回、とくに重要視したのは、パネル規格のサイズ制限などをいかにクリアしていくか、それが設計をしていて楽しかったところでもあります。

新谷:応力解析にちょっと矛盾があって、それは解決してもらうとして、もう一つ、部材の接合について。規模が大きくなると現場でつなぐ必要がありますが、それが難しいのかなと思います。

島田:変形した時に曲げモーメントが発生しない部分で金属板を継ぐと効率が良く、全体形状にも影響を与えません。接合方法は三つ検討しています。一つめは一番建築的な継ぎ方で熔接。もう一つはハトメで、1枚の板に穴を2カ所開けてつなぐ方法。三つめは鋲を打ち込んで接合する方法です。

新谷:三つのうち、もっとも可能性があるのは熔接ですね。ただ、曲げモーメントが一番小さいところと言いましたが、それは最終形態で解析したからです。実際は変形過程で応力が累加するので、もっとも応力が大きくなるところ。それは再検討した方が良いと思います。

佐々木:2次元を3次元に展開する先行事例はあって、例えば横浜の大さん橋。また、NASAが太陽光パネルに折り紙を応用したりと、構造としても優位性

があると感じるのですが、スリット入りサーフェイスの利点は何ですか?

島田：2次元で設計して3次元に展開することは意匠的なメリットであり、加工において時間やコストを削減できる、とても大きな利点です。

佐々木：コンピューテーショナルデザインについて、ファブリケーションとデザインという分類をされていましたが、僕は、人間の手の延長として使うか、脳を拡張するものとして使うかに分かれると思うんです。島田さんの切り紙的に展開する形態は、結局コンピュータによる自動計算で速く、楽になる方向。そういう意味では手の延長としてのデザインではないでしょうか?

　脳の延長、人間では考えつかないことに到達するためには、コンピュータの計算能力を使って、想定できなかったような結果が得られたかどうかがポイントになると思います。

島田：モデル化をする時には、やはり模型が圧倒的にベースとなります。その形状をいかにシミュレートしているかというところに帰着しています。だから脳の延長で新しいものをつくるという発想は出発点にはなっていません。実際に基礎の設計の時点で、精度的に模型では追いつかなくなりました。㎜単位で正確な図面化をするために形態シミュレーションを導入したのが始まりです。

八束：印牧さんのバイオテクニカルという概念から、島田さんの研究はどう位置づけられますか?

印牧：コンピュータ技術で可能にしている点では、僕の論じている内容の延長線上で語れるかもしれません。この論文のプレゼンを聞いて、バウハウスでジョセフ・アルバースが切り紙で3次元の空間をつくったことを思い出しました。島田さんの作品は、それを複雑化して、さらに技術的にパワーアップしたという印象でした。

意匠計画と歴史の関係性

バイオテクニカル：印牧岳彦

青井：印牧さんの論文はいろんな文脈へのリンケージがたくさんありましたね。すごく重層的だし、拡張性のある歴史研究になっている。19世紀には宗教が後退し、産業革命も市民革命もあって、それまで神や王によって成立していたものが崩れていく。人間が作為的につくらなくてもできていく自動生成的なものについて、科学的な注目が集まる時期でした。それが思想化したり、理論化されて、20世紀になると技術化されていく。19世紀末の代表が生物学者のヘッケルだとすると、20世紀前半はフランセ、という見方なのかなと思いました。様々な人たちの営みが社会や都市をつくる、といったことへの関心から社会学や都市論が形成されるのも、この一連の時代ですね。印牧さんは自身でバイオテクニカル・モダニズムをどう展開していくのか、あるいは研究時に考えていたことを教えてください。

印牧：歴史研究をする上で、心情的には何か現代との接点を見つけたいんです。その意味でコンピューテーショナルと文脈をつなげていて、それが社会的なところへも広げられると思っています。最後に取り上

げた社会学のパトリック・ゲデスは進化する都市、生物と見立てた都市について議論をしているので大きい文脈にはつなげられると考えています。ただ自分の新しさを打ち出すには、まだ難しいですね。今回は、技術的な変化に焦点を当てました。

八束：プレゼン時の繰り返しにもなりますが、ボグダーノフは、社会も経済も政治も、それから生物もすべて組織であり、システムであると提言したんですね。ところが、そうするとある意味でミスティシズムになるんです。自分の分野で組み立てた話を一般化しようとすると、どこかでメタファーになってしまう。印牧さんもバイオにこだわると、どこかで空転が始まるのではないかというのが心配。だからコンピューテーショナルで生物学的な議論はできるけれど、例えば島田さんの仕事の同伴者になるだけかもしれない。それは歴史家や批評家が常に抱えるジレンマですよね。アイデンティティや立ち位置を確立するためにはもっと強く出てほしい。あなたはすばらしい知識、情報の吸収能力があるので。

印牧：僕は設計をしていないので、この論文に対して建築家の方がどう思われるか非常に気になりますし、同伴者になることの危険性も実感しています。

佐々木：建築と生物学の最先端はどこにありますか?

印牧：遺伝的アルゴリズムを使って生物的に形態を生成するというのは、たぶん20年くらい前から研究が始まっています。流動的で滑らかな曲線を使ったデザインは生物学的なもので考えられていることが多いですが、ここ数年は、切れ目、断絶性のあるデザインへと流れが変わっているようです。

島田：実際にコンピュータ上でデザインをしてパブリッシュするのと、それを実際に施工するには、かなりのタイムラグがあります。今は、20年前にコンピュータでつくったものを、いかに施工するか、というところにあると思います。これまではゴール地点をコンピュータで完璧につくって、それをまねるというファブリケーションでしたが、その生成の過程をいかにファブリケーションの一部にするかということ。例えば10段階で5段階目の状態をフィードバックして6段階目の状態を設計し直してつくっていくような、そういう設計手法が生まれてきています。それがこの1、2年での最先端だと思います。

青井：研究者は独自のフィールドをできるだけ拡張することが重要で、批評もぜひやってほしい。ただし、批評と研究の独自のフィールドが直結しすぎないよう、そして両者がリンクする瞬間のためにも、大きなフレームを持っていてほしいですね。

建築の空間構成：佐々木雅宏

青井：先ほどから活発に発言してくれている佐々木さんの論文ですが、やりたいことは分かるんですが、前段の概念規定が相当未整理のように感じました。物理的／概念的、リテラル／フェノメナル、物的構成／知覚される質、さらには専門家のリテラシー／ユーザーのリテラシー。こういった対を立て、相似的なものとして扱っているのですが、かなり無理がありますね。両者間のギャップをどうブリッジするかというテー

マを立てているにもかかわらず、最終的にはうまく指標をつくれば両者は一致させられる、という結論になっている。でも、実際には透明じゃなくても人間は透明性を知覚できる、というような話があるわけで、そこから論を組むのが実り豊かな研究への道なのではないかな。

佐々木：今回は、分析した頭数が少なかったために、適当な事例に出会えなくて。やはり評価できないことが分からないと、チューニングの仕方が分からない、ということですね。

青井：というより、チューンナップすることを考えてもつまらないってことです。むしろ定量的なものを裏切ってしまうというところに知覚の面白さがある。

畑中：ここで得られたデータを計画に利用することはできるのでしょうか?

佐々木：可能だと考えていますが、今回はそこまでできていません。見る・見られるが1対1の空間体験だけでなく、視点が複数あって動線的な空間体験も組み込むことができればと思っています。

島田：壁や開口、ガラスはカテゴライズされているようですが、可動間仕切りやルーバー、半透明のガラスは、八つの特性のどれかに含まれるのでしょうか? また、扱っているのは住宅ですが、美術館や駅、壁のない広場などでも応用できますか?

佐々木：ガラスの種類で重みづけは行っていません。それと規模が大きくなっても形態情報さえ入力すれば分析ができるようになっています。

批判的言語描写：桂川 大

青井：では最後に桂川さん、最終的に何がやりたかったのかをあらためて説明してもらえますか?

桂川：設計者が思考する際に、否定を含めながら対比的に自身の建築を語ったり、構築している、その対比性に可能性を感じています。先ほどから議論に上っているコンピューテーショナルについて、シミュレーションが活発化していても言語を大切にしていきたい。それは設計の語彙力にもなるからです。

八束：あなたの論文は、○○ではなく△△、とかnot butかnot only but also、だいたいそういう構造で処理させていますね。建築家は、「世の中の流れは○○だけれど、俺は新しい△△をしている」ということを言うために言葉を使っていると思うんです。だけれど、本当にそれは新しいのか、という疑問があります。大部分の建築家の言説にうんざりするのは、単なるレトリックであって、新しくもないことを新しいことだと装う、それを学生が真に受ける、というのはとてもまずい構造です。そこに切り込んでいかないと、批評の介在する余地がない。僕だったら、自分の言説をこういう分析に使われたくないなぁ。そこが問題だと思った。

桂川：言葉には必ず意味内容が伴っていますが、設計者によって読み方が異なっていて、分析によってはまったく意味の違うものになっていたり、そういう意外性がありました。でも、確かに設計者を疑ってかかることはしませんでした。

青井：今和次郎は、何でも多量に採集して、人はどう振る舞うものなのか可視化しました。桂川さんも、現

代の建築家たちは「こういう語り方をするんだ」とか「紋切り型だね」と、引いたところから言説分析する、考現学的なスタンスであれば面白かった。

石川：同感です。とはいえ桂川さんが収集した、そのボリュームに感動しました。これをメタ的な目で見つめ直すと面白いかもしれません。自動生成装置をつくって、適当なコメントを入れたら設計コンセプトに仕上がる、というような。

新谷：僕は、もっと実態を見るべきだと思う。言い方は悪いけれど、言葉遊びに過ぎないのでは？

溝呂木：豊富なボキャブラリーに感動しました。でも、最後の図を見た時に一気に醒めてしまった、読む力がなくなってしまったんです。縦軸と横軸でマトリックス風にしているのに、まったく意味が分からなくて。それに異化要素を24種類に分けていますが、その順番のルールも理解できなかったし、つながりも見えてこなかった。ここを普通のマトリックスとしてつくれば、結論ももっと分かりやすいものに仕上がったのかなと思いました。

桂川：この図の形は普通にやろうと思えばできるのですが、それよりも異化に注目した時に、こういう異化様相ならではのタイポロジーが見えるのではないか、というものを提示したかったんです。

溝呂木：でも、せっかく論文として、科学的なデータをまとめるのであれば、読んだ人がきちんと理解できるものにした方がいいのでは？　批判ではないですが、同じ建築なのにまったく考え方が違うんだなというのが感想です。

＊

青井：ひと通りディスカッションができて、理解を深められたと思いますし、問題の指摘とともに、可能性のありかも見えてきました。それから、想像以上に学生同士のやり取りが活発で、頼もしかったですね。では、これから審査員は別室に移動して、賞の選考に入ります。

受賞論文は全員一致で決定

青井：審査員6名でディスカッションをして、すんなりと決まりました。まずは、個人賞の6点を先に発表しましょう。審査員の方々、先ほど十分な議論ができたと思いますので、手短に選考理由を一言添えながらお願いします。新谷さんからどうぞ。

新谷：島田潤さんの「スリット入りサーフェイス」へ。まず、でき上がったものがきれいだったということ。それからアプローチの仕方がユニークでした。とはいえ実現性に若干不安があるので、工学的な検討をさらに進めてもらいたい。できればゲーリーテクノロジーのように、あなたのテクノロジーをつくってほしい、そういう期待を込めて贈ります。

石川：いろいろな専門家が審査員になっていることが個人賞の意味のひとつでしょうから、僕は、景観的なアプローチに絞っていました。そこで、「LRT」の石井さんに石川賞を差し上げます。とても元気のある切り口の論文だったと思います。

八束：一次審査の時点から注目していた印牧岳彦

さんの「バイオテクニカル・モダニズム」に授与したいと思います。今日のプレゼンテーションと応答は、本論ほどはすごくなかったけれど、それは経験の問題かな、今後を期待しています。

一ノ瀬：溝呂木健さんの「木質面材の制振壁」へ。エンジニアリングの研究を非常に分かりやすくプレゼンされていて、テーマも既存ストックをどうするか、コストの問題など、社会性を含んだ実用的な研究でした。エンジニアリングの王道、実験とモデリングの検証もしっかりできていて、その点も好印象でした。

森田：「可動テンセグリティ構造」の畑中快規さんに。研究室で取り組まれているプロジェクトの一部だと思いますが、発表ややり取りを聞いていて、しっかり自分のものとしてまとめ上げていると思いました。

青井：中島亮二さんの「新潟の農小屋」を青井賞に。フィールドワーク的な面から農小屋の研究は非常に魅力的に映りました。もう少し構造的に捉え直すこと、ブリコラージュのような面白さにぐっと踏み込んでほしい、という期待を込めて贈ります。

続けてグランプリ。これは全員一致で決まりました。印牧さんの「バイオテクニカル・モダニズム」です。今後の展開も楽しみですね。

独自の問いかけを社会で発展させて

青井：実は、この論文展の第1回目に審査員をしたのですが、その時と比べて変わったのは、コンピュータを使ったデータ解析がすごく増えたということです。あらゆる領域でそうなっているのが驚きでした。一方で、どういう論を立てて、何のためにやるのか、その大きな枠組みが、論文から読み取れないものが多かった、という印象がありました。

森田：研究室のプロジェクト、単独の研究、スタートは様々でしょうけれど、自分なりの問いをしっかり構えられた論文が選ばれたんだろうと思います。

一ノ瀬：私は環境設備系なので、その分野での研究を期待していたのですが、皆無だったのは残念でし

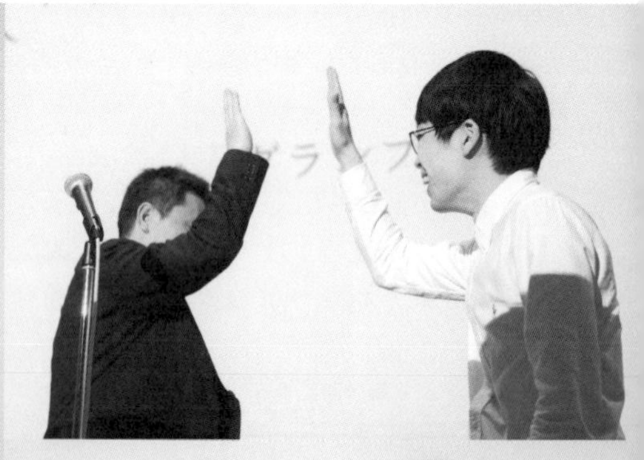

た。ですが、まったく異なる分野の論文を読んで、審査員の方々の批評の仕方を聞いて学ぶことが多かったです。今回、印象的だったのは、皆さん問題意識を持っていて、討論でも紳士的で、好意的に思いました。論文の善し悪しはあるでしょうけれど、修士論文をまとめたという経験に基づいて活躍していってもらえればと思います。

八束：これまでに4回審査員を務めていますが、相対的な感想で言うと、今年残念だったのは女子学生が残らなかったこと。そして技術系の論文が少なかったこと。計画系に偏っているというのはどうなんだろうな、というのが正直なところです。その意味で、溝呂木さんの純粋な技術系が賞を得たのはとても良かった。もう一つの印象は、アルゴリズミック・デザインは今の流行ですが、コンピュータのディスプレイ上では可能だけれども、実質上は厚みも重さもあって、それにどう対応するのか、そこまで追いついていないのが現状です。しかし、今日の討論でもコンピューテーショナルなアプローチが多かったけれども、ここに肉迫しようというアプローチが多くあったのはとても良かったと思いました。

石川：本論文を読んで、かつプレゼンを聞き、ディスカッションをする。そうやって段階を追っていて発見したことがたくさんあり、エキサイティングで楽しかったです。研究内容の幅も広くて、面白かった。佐々木さんがよく質問を投げかけてくれましたが、学生さんの議論が活発だったのも良かった。

新谷：本論文を読むことは大変でしたが、結果としては、こんな論文もあるのかと非常に楽しかったです。コンピュータを使った論文が多かった、というのは共通した感想です。それと、討論の時に話したかったのですが、皆さんはなぜ論文を書いているのかを振り返って考えてもらいたいと思うんです。卒業や修了のために論文を書くことは学生の義務のひとつですが、これから社会へ出ても、企業に勤めようが研究者になろうが、いたるところで書く機会がある。だからこそ書く意味、あるいは役割について、今後も考えてもらいたいと思います。

プロジェクト展

藤村龍至

「プロジェクト展」開催概要

大学院の研究室で行われているプロジェクトを展示し、社会で活躍されている方々と学生で議論を行う場が「プロジェクト展」です。研究室のプロジェクトは、大学を超えて企業や地域との協働によるものが多いことから、学生の活動の中で最も社会に対して対等な立場での成果であると考えます。

本企画はこのプロジェクトにスポットを当て、議論を通して学生と社会の相互発信を目指しました。また、今年度は「革新」という全体テーマのもと、募集を行いました。

研究室でのプロジェクトは設計や論文と比べ、現実的な視点で物事を捉えなければなりません。そこにはクライアントの要望や予算、期限といった制約がつきものです。それぞれのプロジェクトを通して、社会に出て行く学生たちに対して「現実」とどのように向き合っていくのか、またどのような価値を生み出せるかを、会場での討論を通じてともに考えました。専門家との議論だけでなく、来場者との対話を通して、建築学生の新たな可能性を見い出す場となることを目指しました。

トウキョウ建築コレクション2016実行委員会

プロジェクト展コメンテーター

国吉直行　Naoyuki Kuniyoshi

都市デザイナー／横浜市立大学特別契約教授／韓国光州市都市デザイン諮問官／富山市政策参与／日本大学大学院非常勤講師。1945年生まれ。71年早稲田大学理工学研究科建設工学修士修了後、横浜市役所都市デザイン室所属、横浜市の都市デザイン活動を推進。都市デザイン室長、上席調査役エグゼクティブアーバンデザイナーを勤める。主な作品に「横浜市における一連の都市デザイン」（グッドデザイン賞金賞、土木学会デザイン賞特別賞）、「横浜赤レンガ倉庫の再生に至る一連の活動」（日本建築学会賞業績賞）など。

撮影：新津保建秀

藤村龍至　Ryuji Fujimura

建築家／東京藝術大学准教授。1976年生まれ。東京工業大学大学院博士課程単位取得退学。2005年藤村龍至建築設計事務所を設立（16年　RFAに改組）。16年より東京藝術大学建築家准教授。近年は建築設計やその教育、批評に加え公共施設の老朽化と財政問題の解決を図るシステムマネジメントや、日本列島の将来像の提言など、広く社会に開かれたプロジェクトも展開している。主な作品に「鶴ヶ島太陽光発電所・環境教育施設」など。主な著書に『批判的工学主義の建築』（NTT出版）、『プロトタイピング—模型とつぶやき』（LIXIL出版）など。

山﨑誠子　Masako Yamazaki

植栽家・ランドスケープデザイナー／日本大学短期大学部准教授。1961年生まれ。武蔵工業大学卒業後、東京農業大学聴講生、株式会社花匠勤務を経て、92年に有限会社GAヤマザキ設立。ランドスケープデザイン、都市緑化、建築と造園の領域を主な研究分野とする。主な作品に「ワテラス」（地域交流施設企画、植栽設計監修）、「山鹿小学校」（植栽設計）など。主な著書に『大人の園芸花のコンテナ　コツのコツ』（小学館）、『世界で一番やさしい住宅用植栽』（エクスナレッジ）、『山崎流自然から学ぶ庭づくり！』（明治書院）など。

FUJIKI RENOVATION

滋賀県立大学
川井操研究室

プロジェクト概要

本プロジェクトは2015年7月から10月にかけて、滋賀県甲賀市信楽町にある、長年空き店舗になっていた陶器の問屋である「藤喜陶苑」を、ギャラリー及び、地域のまちづくりの拠点となる空間へと、ハーフビルドによって改修するというものである（図1、2)。実測、図面作成、デザイン、そして既存建物の解体、改修作業などといった一連の作業を、学生と信楽のまちづくり組織の方々と協働で行った。

「信楽まちづくLab.」

滋賀県立大学のOBがUターンでこの街に再び戻り、「信楽まちづくりLab.」というまちづくり組織を立ち上げた。「信楽まちづくりLab.」の理念には「教育」も包含されている。彼は改修に関して、母校である滋賀県立大学と協働したいという思いがあり、我々も改修に携わることになった。ここでは我々学生を単なる作業の労働力と見なすことなく、協働の対価として計画にも積極的に携われる余白がつくられており、実空間の実現へともに尽力することになった。

FUJIKIが信楽をつなぐ
――まちなかギャラリーとして

信楽町は、県の約1/6を占めると言われる琵琶湖を中央に持つ滋賀県の甲賀市に位置する。ここはほぼ三重県との県境に位置し、狸の置物を代表とする信楽焼で有名な街である。

信楽町の主要施設として、「滋賀県立陶芸の森」という陶器の美術館があり、2015年に創立25周年を迎えた。これを契機に「世界に発信、地域に開く」というコンセプトを掲げたが、閉鎖的な施設環境あるため、非常に困難なコンセプトであった。その他の施設には、障がい者の福祉施設の「社会福祉法人しがらき会信楽青年寮」がある。ここは信楽の産業衰退に伴って「地域接点の減少」という問題を抱えている。しかし、新たな共生社会の実現のために、ものづくりからまちづくりへ、そしてそれがやがてひとづくりへとつながっていく、ということを考えている。

この両者は地域貢献を意識しているが、そのビジョンのベクトルが交わることはない。そこで両施設のベクトル収束を旧「藤喜陶苑」が担う。両施設は、課題解決・長期的ビジョンを地域連携に定めていて、確かな信楽の個性も備えている。また、経済性を優先しないまちづくりの本質も備えている。だからこそ、それぞれが設定するビジョンのもと、方向性を旧「藤喜陶苑」に収束することで、ひとつの大きなイメージをここから発信しようと試みた。

リノベーションのきっかけ

そもそも、我々がリノベーションを行うことができたのは、「滋賀県立陶芸の森」が25周年事業の一環として、地元の若い人が動けるきっかけを創出したからである。それが「土と手プロジェクト」である。このプロジェクトは、信楽焼は狸だけではないとい

図1 陶器問屋をリノベーションした
「FUJIKI RENOVATION」の外観と内観

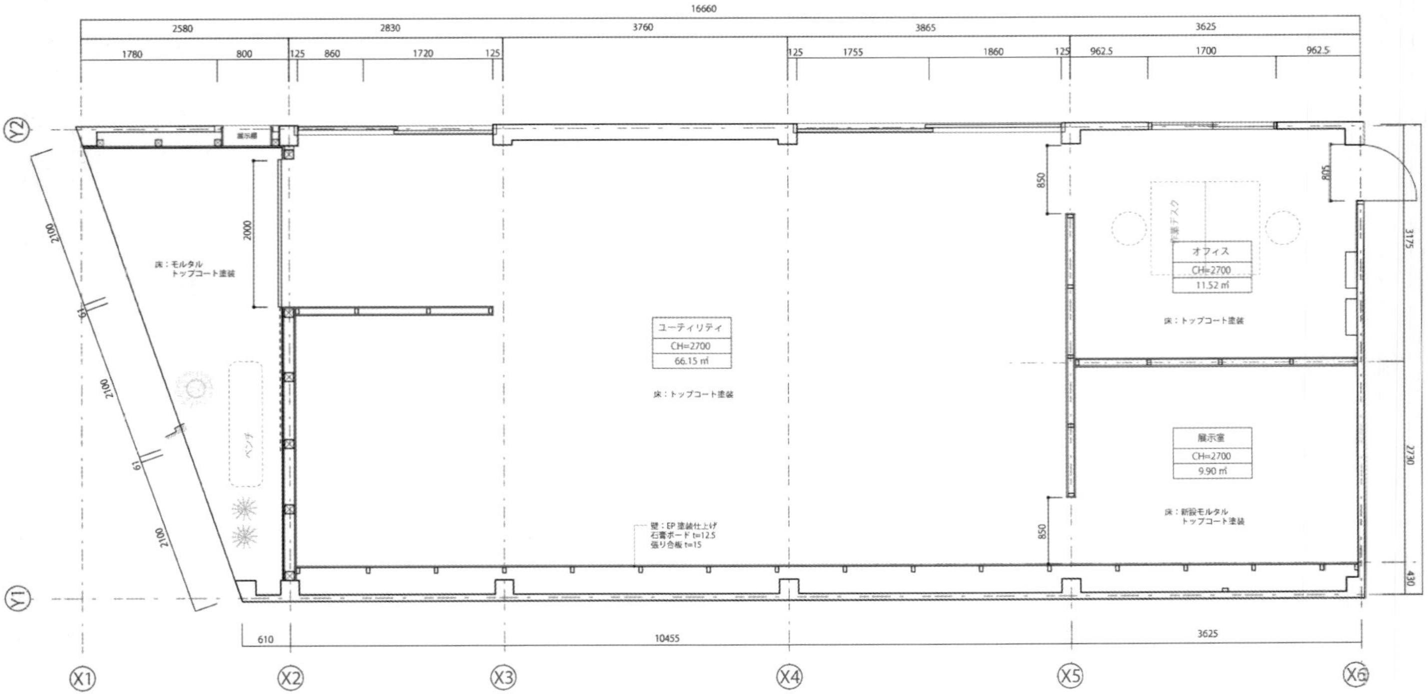

図2「FUJIKI RENOVATION」平面図

うことをアピールするためのギャラリー展示や、おくど飯という信楽産のお米をふるまうイベントである。我々のリノベーションもこのプロジェクトの一貫であり、改修費用も、「滋賀県立陶芸の森」にサポートしていただいた。

長年空き店舗になっていた藤喜陶苑を改修したのは、ここが信楽の中心に位置するために、「信楽まちづくりLab.」が「まちづくりの拠点をつくるならここ」という思いが強かったからである。

改修自体は、限られた予算の中でやりくりする必要があるため、「自分たちでできることは自分たちでやる」をモットーに取り組んだ。解体や塗装に関してはすべて我々で行った（図3、4）。竣工後は、高さ2,700mmある一枚物の引き戸が街に顔を向ける（図1上）。建物前を通った地元の方には、「きれいになったなあ」と喜んでもらっている。竣工後すぐはギャラリーとして使われたので、多数の作品が展示された（図1下）。

プロジェクトの予算は200万円であった。当初、見積った時はその倍の金額になってしまったが、資材の変更や、労働力を増やすなどの工夫により、予算内に収めることができた。

ワークショップ

成果物として「FUJIKI RENOVATION（藤喜リノベーション）」が完成したが、これをどのように活かしていくかが重要である。したがって、滋賀県立大学の学生を中心に、この信楽という街を理解し、まちなか未来予想図の提案を行うために、ワークショップを2015年10月24日、25日の二日間に渡って開催した。

ワークショップはまず、フィールドワークを行うことから始まった。エリア別に各チームが手分けしてエレメントを採取していく。採取するエレメントは用

図3 学生自身による改修作業①：シートはつり

途、家屋、構造形式など。学生たちは提案のため、アンテナを張りながら、フィールドワークを行った。

次に、フィールドワークで採取したエレメントについて、各チームで情報整理を行う。その後、ディスカッションに発展させ、各々の気づきを共有する。ここでは提案物をつくることを目的とはせず、客観的なデータの整理を行う(図5)。

そして各チームが情報整理を行った上で、中間報告会を行った。そして、フィールドワークから参加してくださった403architecture[dajiba]の建築家・辻琢磨氏に講評していただいた。各チームが各々のエリアのエレメントを正確に拾い、その個性を把握した上で論じることができているのかを評価していただいた。

初日が終了し、各チームはAdobe Illustratorを用いて、フィールドワークで採取したエレメントをマップ上に落とし込んだ。これが彼らの提案の信憑性及び説得力を与える、重要な情報となるので、丁寧に作成し、凡例を示した(図6)。

ワークショップ最終日は、各チームが作成したプレゼンテーションシートを用いてプレゼンテーションを行った。その内容は、前日のフィールドワーク、中間報告会を経て、より解像度の高い近未来のまちなかプログラムの意見や提案を、信楽のまちの方々の前で実際に行うというものである。

プレゼンテーションの後にはレクチャーも行われた。まず始めに、403 architecture[dajiba]の辻氏に「まちを実感する方法」と題して、自身を含めた浜松に所縁のある方3名で取り組んでいる「RE(Real Education)」という、主にリサーチや教育における取り組みを紹介していただいた。

2人目の講師は、森田一弥建築設計事務所の森

図4 学生自身による改修作業②:内部壁EP塗装

図5 フィールドワークで採取した情報を整理する。

図6 ワークショップで作成した滋賀県甲賀市信楽町ベースマップ

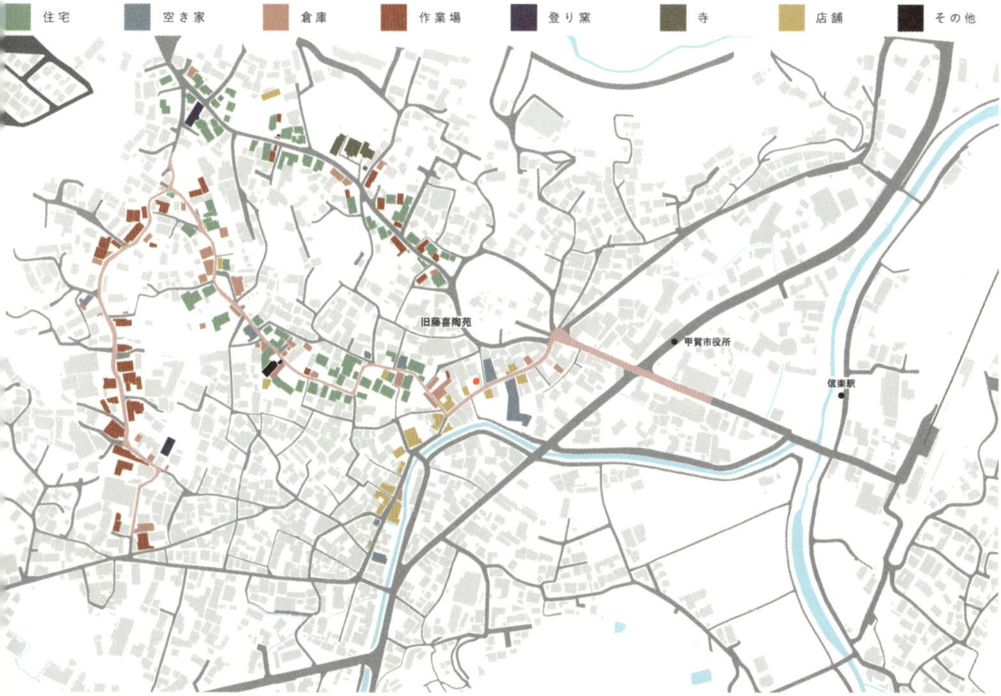

図7 川井操司会のもと行われた、辻琢磨氏、森田一弥氏、アサダワタル氏、
石野啓太氏（信楽まちづくりLab.）による座談会風景

田一弥氏。森田氏の前職は左官業であり、左官は土をメインに扱う。そしてこの信楽も、陶器をつくるために土を扱う。土を用いて生活を彩ることに共通の視点があるということで、お話をしていただいた。

3人目は、「住み開き（すみびらき）」の提唱者であるアサダワタル氏。「住み開き」とは、自宅を代表とするプライベートな空間の一部を、人が集えるパブリックな空間へと無理なく開放することである。小さな場所を開き、自分の好きなことをきっかけに他者とつながっていく仕組みを生み出すことについて、お話をしていただいた。

レクチャー最後には、滋賀県立大学の川井操助教がコーディネーターを務め、座談会が行われた（図7）。ここでは、まちをつなぐとはどういうことなのかを、お互いの経験を踏まえながら話し合った。また、場づくりのきっかけを今までどのように獲得してきたのか、さらにその場づくりをし、それをどのように継続していくべきなのかを、ざっくばらんに話し合った。

結

以上の我々が行ってきた一連の活動こそが、「FUJIKI RENOVATION」である。

現在、この「FUJIKI RENOVATION」も含めた「土と手プロジェクト」のタブロイド紙を、「信楽まちづくりLab.」と協働で製作中である。これは「滋賀県立陶芸の森」経由で全国の美術館に設置していただくなど、様々な場所に設置予定である。したがって、この読者の皆様のお手に触れる機会がある

かもしれない。その時、我々の活動にもう一度関心を示していただけたら幸いである。

[Project Members]
環境科学研究科環境計画学専攻：馬淵好司、北口智貴、古藤正己、成 浩源

環境科学部環境建築デザイン学科：今村奈美、瓜生田優紀、桂 若菜、神谷篤司、黒崎健士郎、堀内康平、宮本佳奈、安井大揮、吉川直輝、倉増 音、佐藤由季子、西島訓平、橋本光祐、古田 望、堀之内里紗、老中仁美、中島 優

人間文化学部生活デザイン学科：中道千尋、前川瑛美梨、加藤彩香、古長美蘭、山本彩乃

青野倉庫改修プロジェクト

富山県氷見市に現存する土蔵倉庫の公共建築への転用

東京都市大学
手塚貴晴研究室

魚々座と青野倉庫

青野倉庫プロジェクト（図1）の始まりは2014年春に遡る。東京都市大学大学院手塚研究室では、寒ブリで名の知られた富山県氷見市氷見漁港に位置する漁業交流館「魚々座」オープンに向け、氷見市と協働でプロジェクトを進めた。

魚々座とは、「氷見100パーセント」というテーマを掲げた公共施設であり、展示品のすべてはもらいものである。手塚研究室の学生は2014年春からオープン後の現在も、一軒一軒使わなくなった漁具や、民具などをリアカーを引いて集めて回った。気の遠くなる作業であるが、この行為こそが学生にしかできない地域との関わり方であった。頂いた品々とともに魚々座には展示物を提供して下さった方々が自然と集まり、観光客に愛着のある品々を氷見の言葉で説明して下さった。一見すると不要品を頂く単純作業だったが、結果的には年長の方々が最高の語り部となることに成功したのである。

今回の対象倉庫（青野倉庫）はそのリヤカーを引いていた際に頂いたものだと言っても過言ではない。倉庫内に大量に保管してあった民具を頂くはずが、結果的に倉庫一軒丸ごと頂くことになった。それが、このプロジェクトの始まりである。

歴史的建築物の利活用

富山県氷見市は、能登半島の付け根近く、富山県西北部に位置する。東は大きく開けた富山湾を臨む土地である。この富山湾からの恵みを受け、海産資源豊富な氷見市は、古来から水産業を中心に栄え、豊かな文化を形成してきた。街には飛騨山脈を水源とする湊川が流れ、その水脈を利用して、川沿いで海産物を加工し、販売する二次産業（酒、醤油、味噌、鰹節など）が発達した。近世以降、文明の変化により街の構成は変化し続け、現在の街を形成している。その時代の一端を担っていたのが今回改修する土蔵倉庫である（図2、3）。

氷見市内には歴史的建築物が多く点在しているにもかかわらず、そのほとんどは注目を浴びず、朽ちるのを待つのみである。この状況は視野を広げると富山県内や北陸地方全体にも及ぶ。北陸新幹線が開通し、多くの注目を浴びるこの地方は、今後どのように街を形成していく必要があるのだろうか。

新幹線開通によって利便性が高まり、地価が高騰することが予想される。過去に多くの街において、一方的に古きを捨て、経済性、一時の話題性を求めて過剰に開発が進められてきた。一方、氷見市を散策すると、他の街とは比べ物にならない数の美しい建築が放置されているのである。他の地域であれば、重要文化財として保存されるであろう建築が生活の中に埋もれ、光を浴びていない。

この現状は幸いとも取れるが、老朽化の影響により、改修または新築の瀬戸際に位置しているのである。現存している氷見市の歴史を象徴する、美しい建築を今後も保持して行くためには利活用が急務である。

このプロジェクトでは氷見市朝日本町地区に位

青野倉庫改修プロジェクト ～土蔵の公共建築への転用～

富山県氷見市朝日本町地区に位置する土蔵を実際に公共建築へと転用し、周辺地区の歴史を紐解き、魅力的な空間要素へと現代に再編する。現在、氷見市を象徴する多くの歴史的建築物は奇跡的に放置され、そのまま形を残すものの、老朽化の影響により、取り壊し、または改修の瀬戸際に位置している。 幸いにも現存している氷見市の歴史を象徴する美しい建築を、今後も保持していくためには、今回の対象倉庫のように公共建築物として利用・活用が必要であり、そういった取り組みの走りとなるような改修になることが、このプロジェクトの目的である。

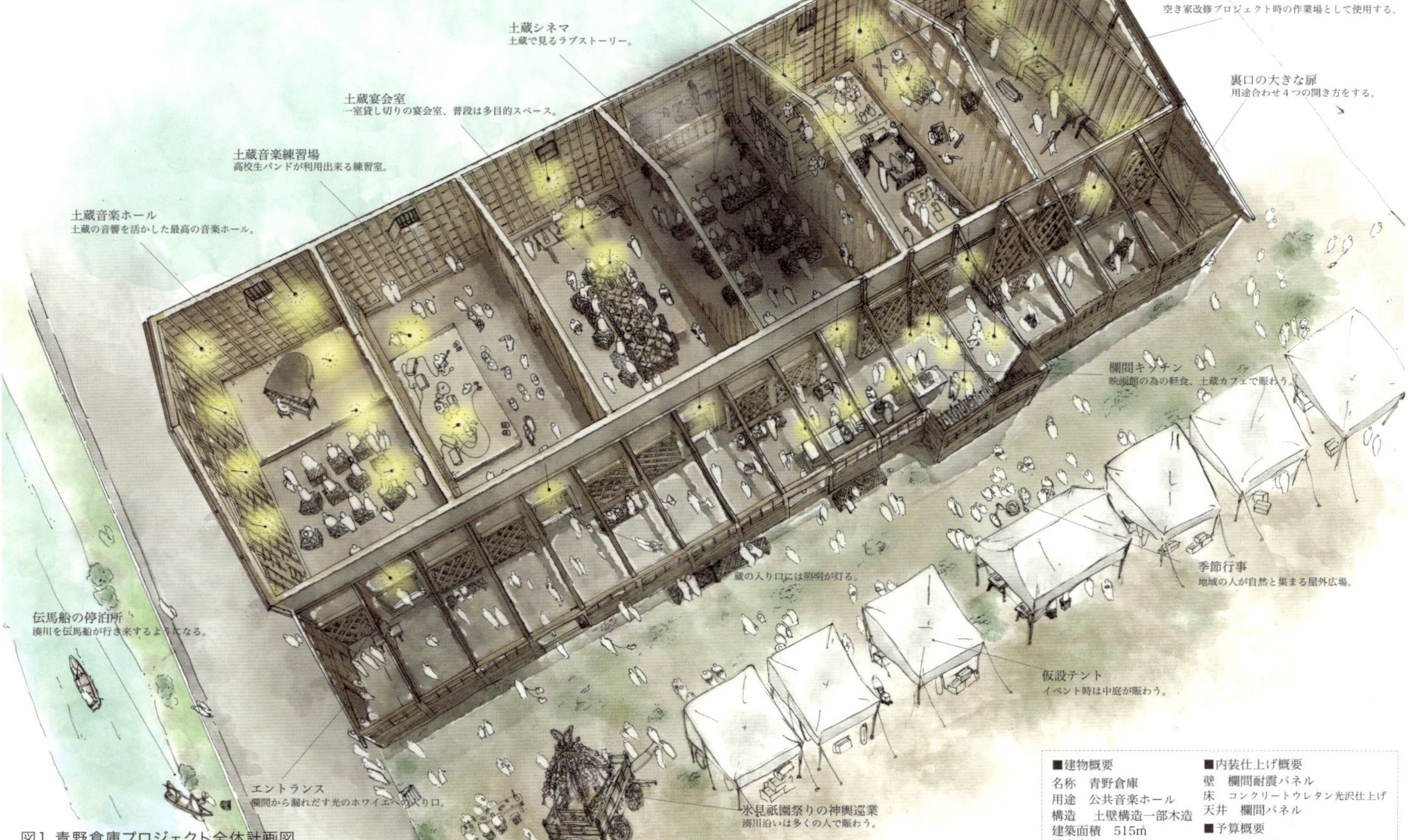

図1 青野倉庫プロジェクト全体計画図

■建物概要
名称　青野倉庫
用途　公共音楽ホール
構造　土壁構造一部木造
建築面積　515m²
最高高さ　8.67m

■内装仕上げ概要
壁　欄間耐震パネル
床　コンクリートウレタン光沢仕上げ
天井　欄間パネル

■予算概要
￥15,000,000（学生の活動費を含む）

図2 湊川から望む対象倉庫

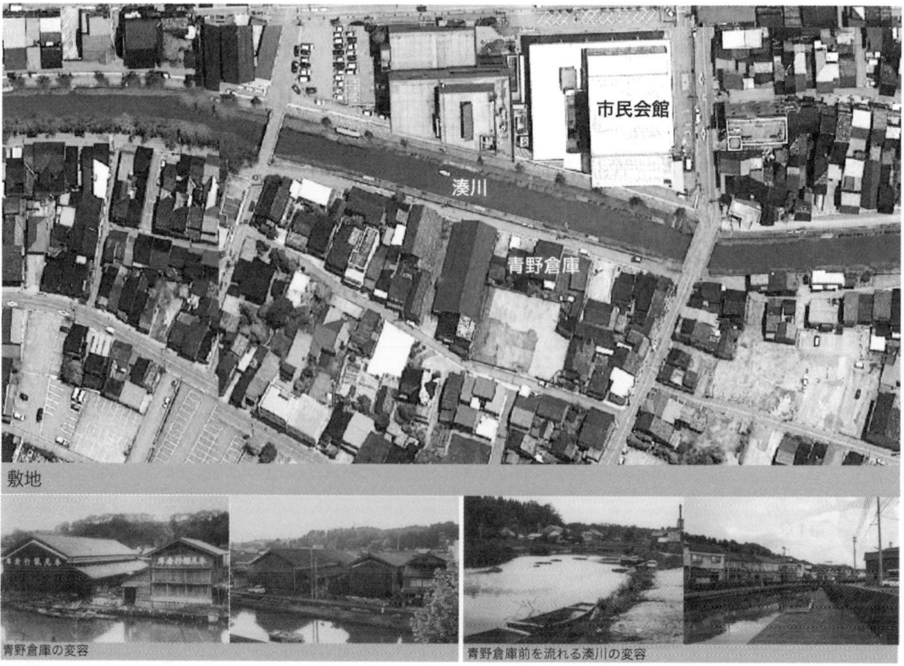

図3 所在地と青野倉庫の変容

置する土蔵を実際に公共建築へと転用し、周辺地区の歴史を紐解き、魅力的な空間要素へと現代的な再編を行った。また、これらの建築構成を明らかにすることにより、美しい街並みの保存に活かすことを目的としている。

調査と提案

対象土蔵の現状を理解するため、実測を行った(図4、5)。実測から全長約32.7m、幅約10.1mの土蔵部分と、それに付加された通路部分幅約3.95mからなり、土蔵本体は6つの部屋に当分割されている。

実測調査から、土蔵本体は頑丈につくられ耐震強度の問題がないことが判明したが、土蔵に付加された通路部分の耐震補強が必須であることが分かった。この付加された通路部分の弱さは、火事の多い氷見で本体への延焼を防ぐための工夫なのだという。通路部分を取り壊し、新たに付加する案も練られたが、現状の通路部分がつくるファサードラインの魅力や現状の内部空間を残すことを選択し、耐震補強を兼ねた魅力的な空間をつくることとなった。

今回提案している耐震補強は、長手方向の弱さを補うことができるよう、点(柱)で支えていた物を面(欄間パネル)で支える構成とした。日本建築に見られる欄間(実際は耐震の役割はない)のように繊細に耐震補強をするという方針のもと、私たちはこの手法を「欄間耐震補強」と呼んだ。この構成により、付属通路部分を欄間で囲われた美しい空間とし、欄間パネルの隙間から既存部分の曲がり梁などが透けて見えるような計画である(図6、7)。

想定される機能は、①土蔵の音響を活かした「土蔵音楽ホール」、②高校生がバンド練習などに使用する「土蔵音楽練習場」、③絶品の寒ブリや地酒曙を持ち寄り使用できる「土蔵宴会場」、④土蔵で見るラブストーリー「土蔵シネマ」、⑤たくさんの人々が出会うきっかけをつくる「ヒミング事務所」、⑥誰でも使え、土日は親子で訪れる「土蔵木工所」である。

それぞれ、隣接する市民会館が取り壊され、音楽ホールと練習室がなくなること、昭和には3軒もの映画館があったが今はひとつもなくなってしまっ

既存実測平面図

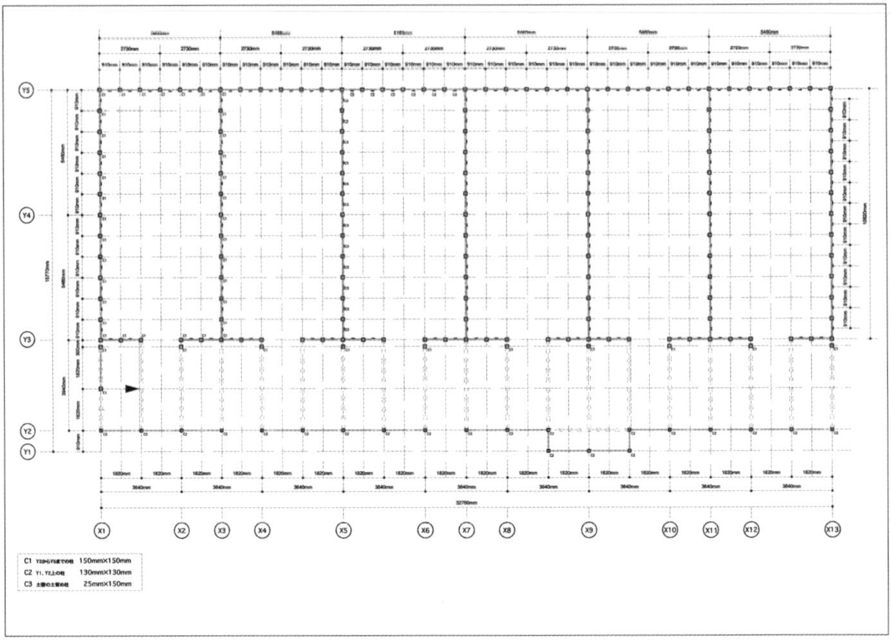

既存実測立面図・断面図

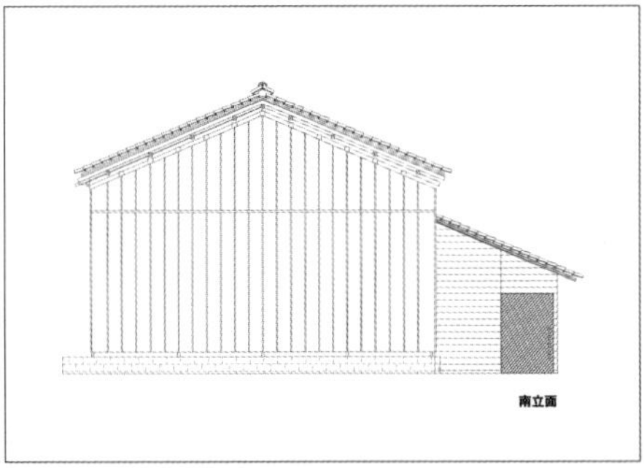

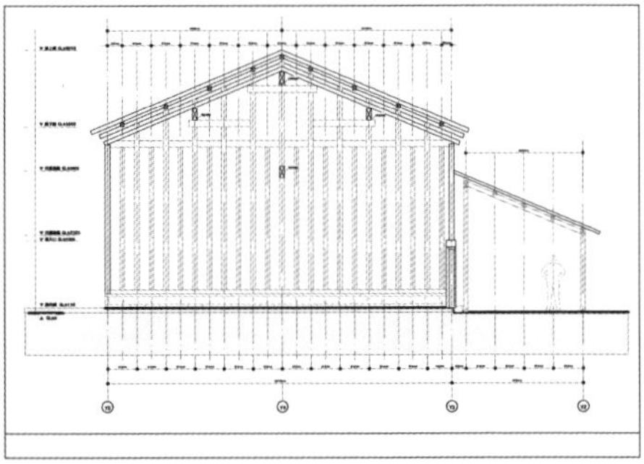

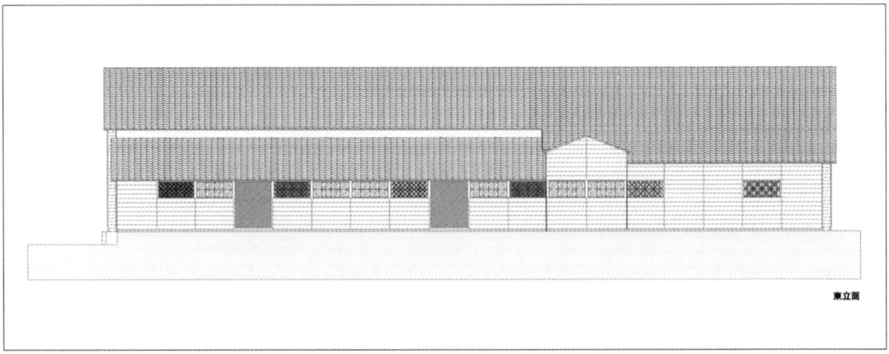

図4 既存実測図面

図5 青野倉庫現状写真 上：既存通路部分現状／下：既存土蔵本体現状

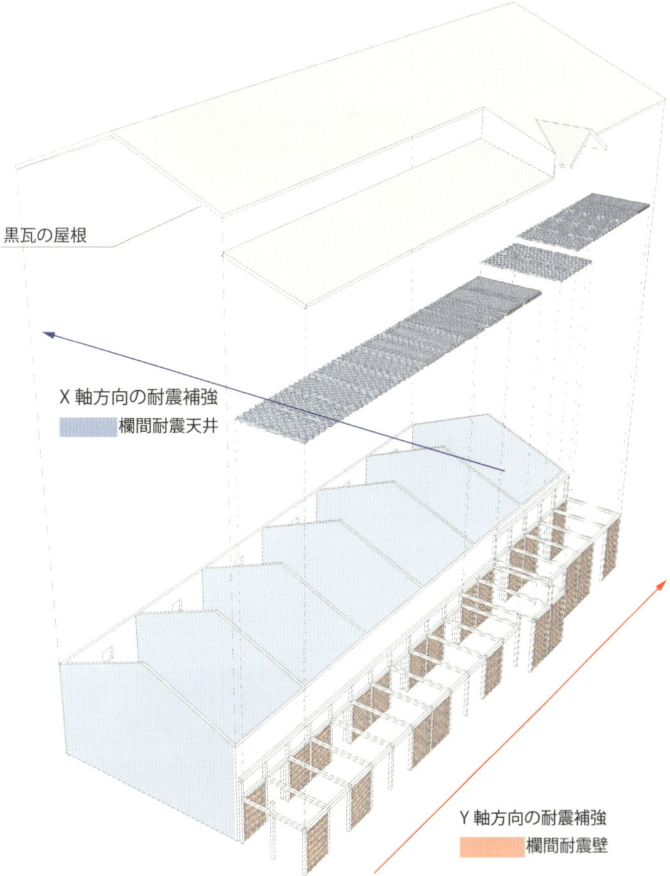

図6 欄間パネルを使用した
耐震補強計画

欄間構造パネルの作り方

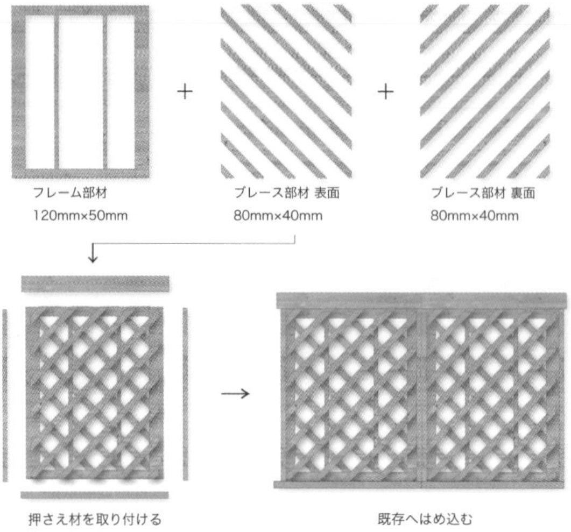
フレーム部材
120mm×50mm
ブレース部材 表面
80mm×40mm
ブレース部材 裏面
80mm×40mm
押さえ材を取り付ける
既存へはめ込む

欄間化粧された既存ファサード

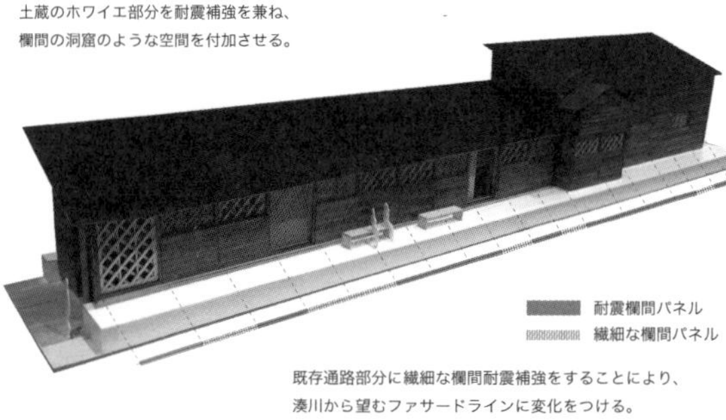
土蔵のホワイエ部分を耐震補強を兼ね、
欄間の洞窟のような空間を付加させる。
耐震欄間パネル
繊細な欄間パネル
既存通路部分に繊細な欄間耐震補強をすることにより、
湊川から望むファサードラインに変化をつける。

図7 欄間パネルのつくり方と
欄間化粧された既存ファサード

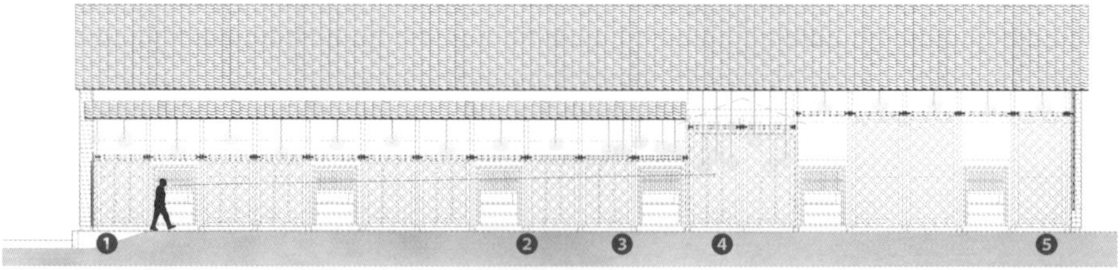
❶
❷
❸
❹
❺

基本的に欄間の上部に照明を配置するが、❹付近は欄間下部まで照明を下しホワイエ部分に中心性を持たせる。

❶ 欄間の隙間からは
既存梁が透けて見える。
❷ 天井面が映し出される。
（ウレタン塗装仕上げ）
❸ 欄間の隙間を縫って
落ちてくる裸電球。
❹ キッチンはホワイエの中心になる。

図8 付属通路部分の改修後パースと照明計画説明

図9 氷見市におけるグランドデザインの俯瞰

ていること、青野倉庫を始めとする空き家活用の作業場所としての木工所、といった必要な機能を集約することで、様々な目的を持った人々が青野倉庫に集う事を意図している。これら6つの多様な用途を欄間で構成した美しいホワイエ（付属通路部分）でつなぐ。また、欄間化粧された既存通路部分からは柔らかな光が溢れるのである(図8)。

謝辞

本プロジェクトに際して多大なるご助言、ご協力を賜わりました氷見市の皆様、プロジェクト進行をお手伝いいただいた方々に心よりお礼申し上げます。青野倉庫は魚々座、氷見駅、朝日山公園の3点を結んだ文化中心エリア（図9）の中心を流れる湊川沿いに位置します。青野倉庫改修プロジェクトを発端とし、美しい湊川の歴史を再編できることを心から望んでいます。今後も、プロジェクトの継続発展のため、力を尽くして参ります。これからも末永く手塚研究室とお付き合いいいただけると幸いです。何卒よろしくお願いいたします。

[Project Members]
手塚貴晴研究室：飯島広大

古びた酒蔵を町の舞台に

酒蔵の文化施設への改修プロジェクト

慶應義塾大学
ホルヘ・アルマザン研究室

プロジェクトの概要

地方小都市に残る酒蔵を対象として、地域のまちづくり団体と研究室が協働で改修計画を策定し、リノベーションを実施したプロジェクトである。江戸時代に建てられた酒蔵を町の歴史や文化の発信、まちづくりの議論の場としてのギャラリーやイベントスペースを持つ文化施設に改修した。酒蔵の内外をつなぐ町の舞台を設け、敷地全体に対して動線や休憩スペース、舞台の観客席となるコンクリート製の飛び石を設計することで、地域に開いた場所となる仕掛けをつくった（図1）。

プロジェクトの背景

対象敷地である山梨県市川三郷町は県南部に位置し、人口は16,605人である。町は山地が地区の約3/4を占める三珠地区、中心街が古くから栄え、発展してきた市川大門地区、富士川沿いの谷地に地区が発達している六郷地区の3地区で構成されている。かつては豊かな水資源を用いた和紙、花火やハンコといった地場産業を軸に発展していった。しかし近年、日本の他の地方小都市と同様に、少子高齢化や過疎化が進み、駅やその周辺の商店街は活気が失われ、地域の衰退が深刻化している。

図1 ギャラリー全景。敷地全体を飛び石がつなぐ。

「市川三郷に共に住む」展

当研究室では、地方小都市の活性化を目的としたまちづくりに関する研究として、2013年5月に該当地区の住民へ学生約30名が、町の好きな場所・嫌いな場所を尋ねるインタビュー調査を行った（図2）。得られた結果を基に学生が町に対する提案をつくり、同年12月に「市川三郷に共に住む」展を行った（図3）。展示は町に残る古民家で行われ、期間中には約200名の住民が訪れ、町について考える機会となった。

什器の作成

展示会を経て、地元のまちづくり団体の会長でもある酒蔵の所有者から、町への情報発信の場をつくってほしいという依頼を受けた。最初は母屋に付随する土間に展示空間をつくる提案であった。施主の要望を聞き、古民家に合わせた千本格子のような什器を制作した（図4）。

蔵プロジェクトの始まり

什器の作成を通して、もっと住民に開いた地域の人が集まれる場所をつくりたいという話が生まれ、敷地内にある蔵をギャラリーとして改修し、合わせて周辺の中庭を広場空間にする提案をした。施主や地元のまちづくり団体からの賛同も得られたため、蔵の改修プロジェクトが始動することとなった。

図3「市川三郷に共に住む」展 展示会場

図4 母屋に作成した什器

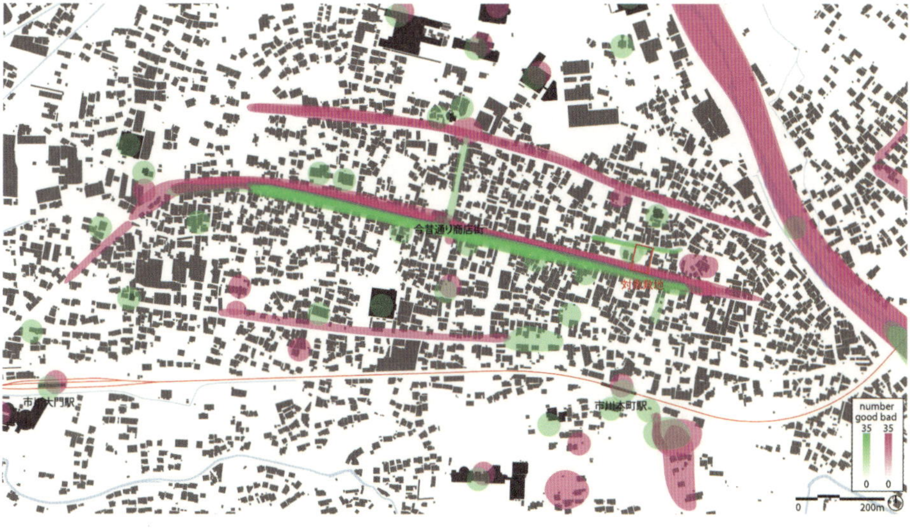

図2 住民の好き・嫌いなところマップ

対象敷地

対象となる敷地は住民の意識が集中する今昔通り商店街に面しており、古くから町の中心にあり続けている。敷地内にある母屋は国の有形文化財に登録されており、まちづくり団体の会合の場や、地域の集会所として利用されている。また、敷地の北側にある裏路地は近隣の住民に頻繁に利用される通り抜けの道となっている。

実測調査

蔵の既存状態を記録した図面は現存していなかったため、本研究室が主体となって実測調査を行い、既存図面を制作した(図5、6)。また現地の工務店と協働で構造材を含めた劣化調査を行い、損傷箇所を確認した結果、既存の蔵は構造体には問題なく使えることが分かった。

提案内容

2014年3月から当研究室と地元のまちづくり団体の間で話し合いを重ね、基本計画を策定した（図7)。話し合いは、建築を専門としない住民でも想像しやすいように、模型やパースを用いて行われた。複数案を提示し、住民から良い点や悪い点を聞くことで、「伝統的なデザインの外観に補修」「蔵

図5 改修対象の蔵

図6 実測調査

図7 まちづくり団体との話し合い

図8 留学生も参加した施工ボランティア

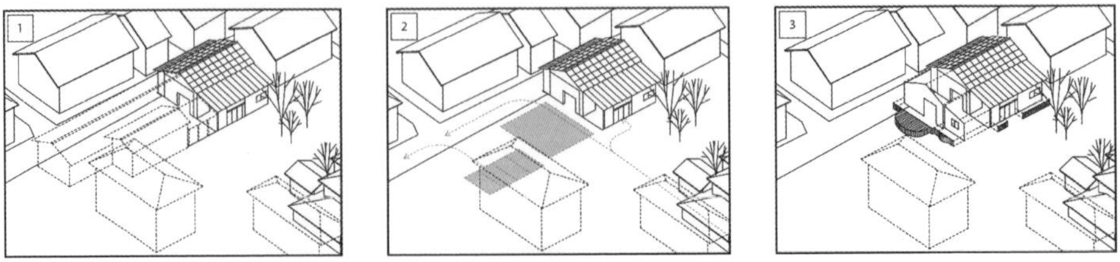

かつては蔵に囲まれていた　動線、休憩の場、駐車場をつくる　腰壁に連なる舞台とカウンターを付加する

図10 蔵の変遷と提案内容

の内外での活動の生成」「蔵の前の空間の活用」「敷地内の動線の明示」という提案の方向が得られた。

蔵自体への提案は最小限の補修として、損傷の激しかった壁を白く仕上げ、サワラ材の腰板を張り伝統的な外観とし、腐敗していた屋根をガルバリウム鋼板で葺き替えた。必要な箇所に新しく開口部を設け、建具の補修や設計を行った（図8）。内部は壁の補修を行うとともに、蔵の持つ空間を生かしたギャラリーとして照明計画を行った。また、蔵の内部と外部にまたがる舞台で蔵の内外をつないだ（図9）。内部の舞台は講演会や演奏会のステージに使われ、段差には腰かけることもできる。外部の舞台は周囲の広場と一体となり、屋外映画館などとして使われる。また、南側下屋のカウンターからドリンクなどを提供し、訪問者との交流を図れるようにした。加えて、敷地全体に対して周辺の敷地と母屋、蔵をつなぐ白いコンクリートで作られた飛び石を設計した。裏通りから表通りへの動線と蔵の入り口をつなぐことで、地域の住民が気軽に訪れることができる。また、大きな飛び石は舞台の観客席や休憩スペースとなり、中庭を活用できるようになっている。

図9 外へと続く舞台には腰かけることもできる

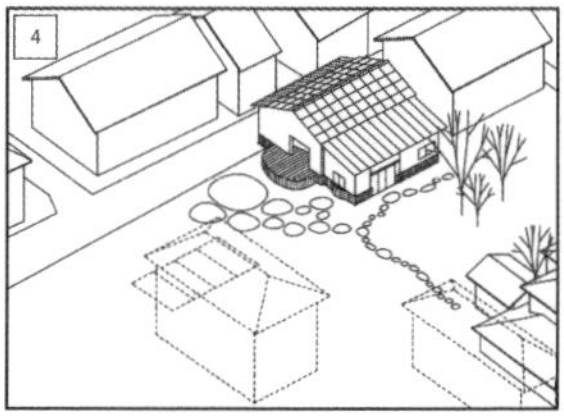

飛び石で全体をつなぐ

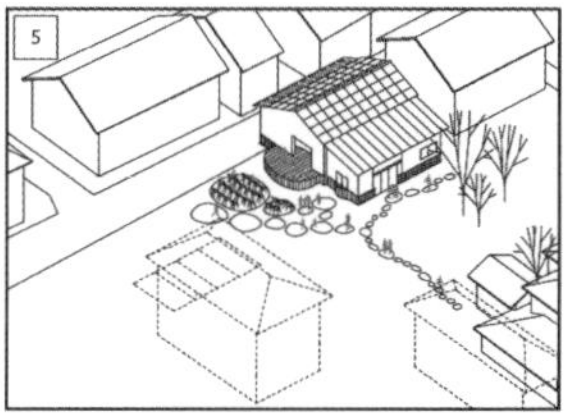

飛び石は舞台の客席にもなる

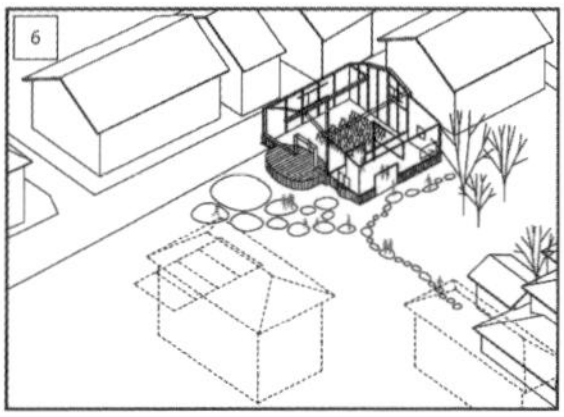

内部では講演会が開かれる

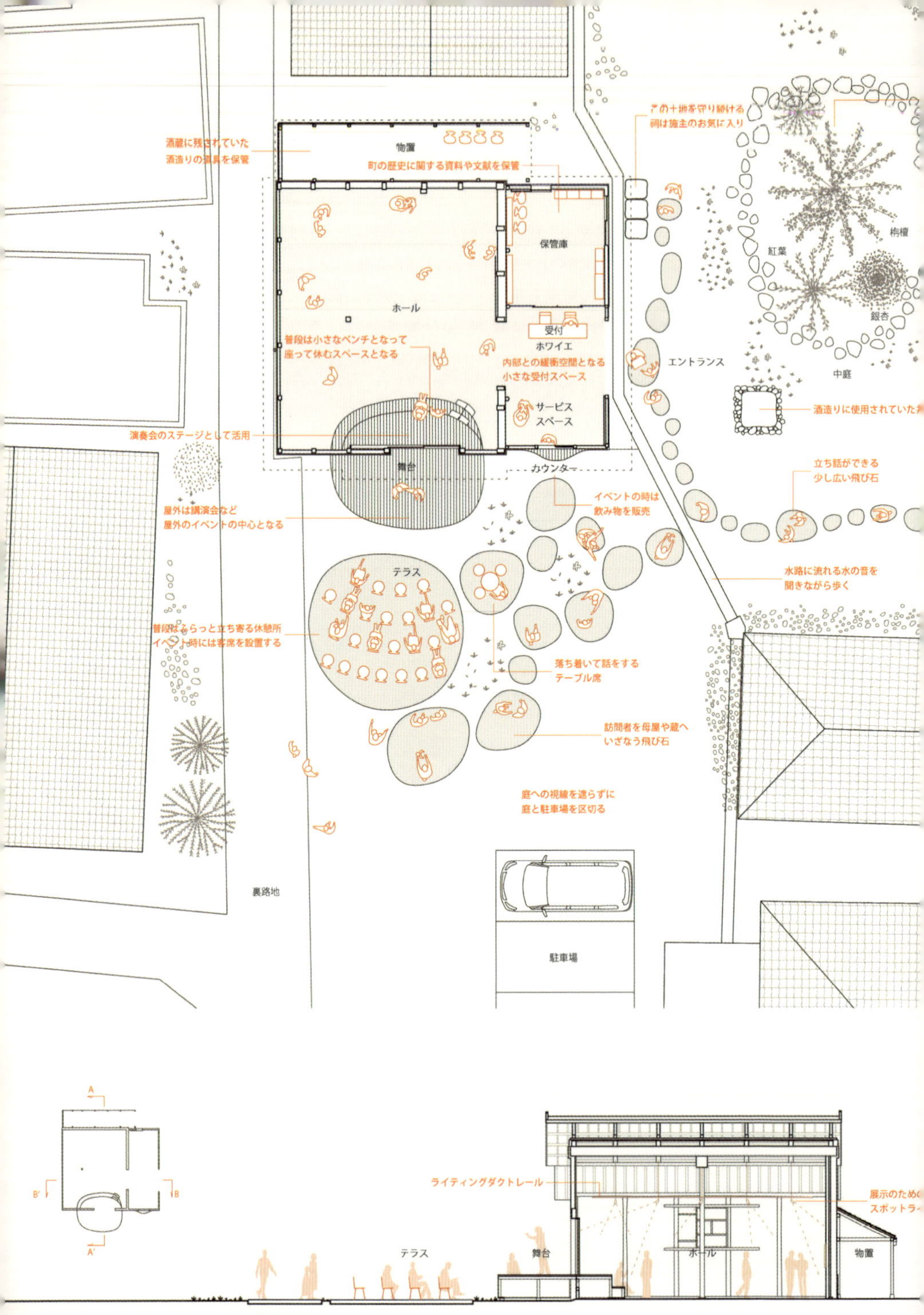

酒蔵に残されていた
酒造りの道具を保管
物置
町の歴史に関する資料や文献を保管
保管庫
ホール
受付
ホワイエ
内部との緩衝空間となる
小さな受付スペース
普段は小さなベンチとなって
座って休むスペースとなる
サービス
スペース
演奏会のステージとして活用
舞台
カウンター
イベントの時は
飲み物を販売
屋外は講演会など
屋外のイベントの中心となる
テラス
普段はふらっと立ち寄る休憩所
イベント時には客席を設置する
落ち着いて話をする
テーブル席
訪問者を母屋や蔵へ
いざなう飛び石
庭への視線を遮らずに
庭と駐車場を区切る
裏路地
駐車場
この土地を守り続ける
祠は施主のお気に入り
紅葉
柿檀
銀杏
中庭
エントランス
酒造りに使用されていた
立ち話ができる
少し広い飛び石
水路に流れる水の音を
聞きながら歩く
A
B'
B
A'
ライティングダクトレール
展示のため
スポットラ
テラス
舞台
ホール
物置

図11 上:計画配置図／下:同、断面図

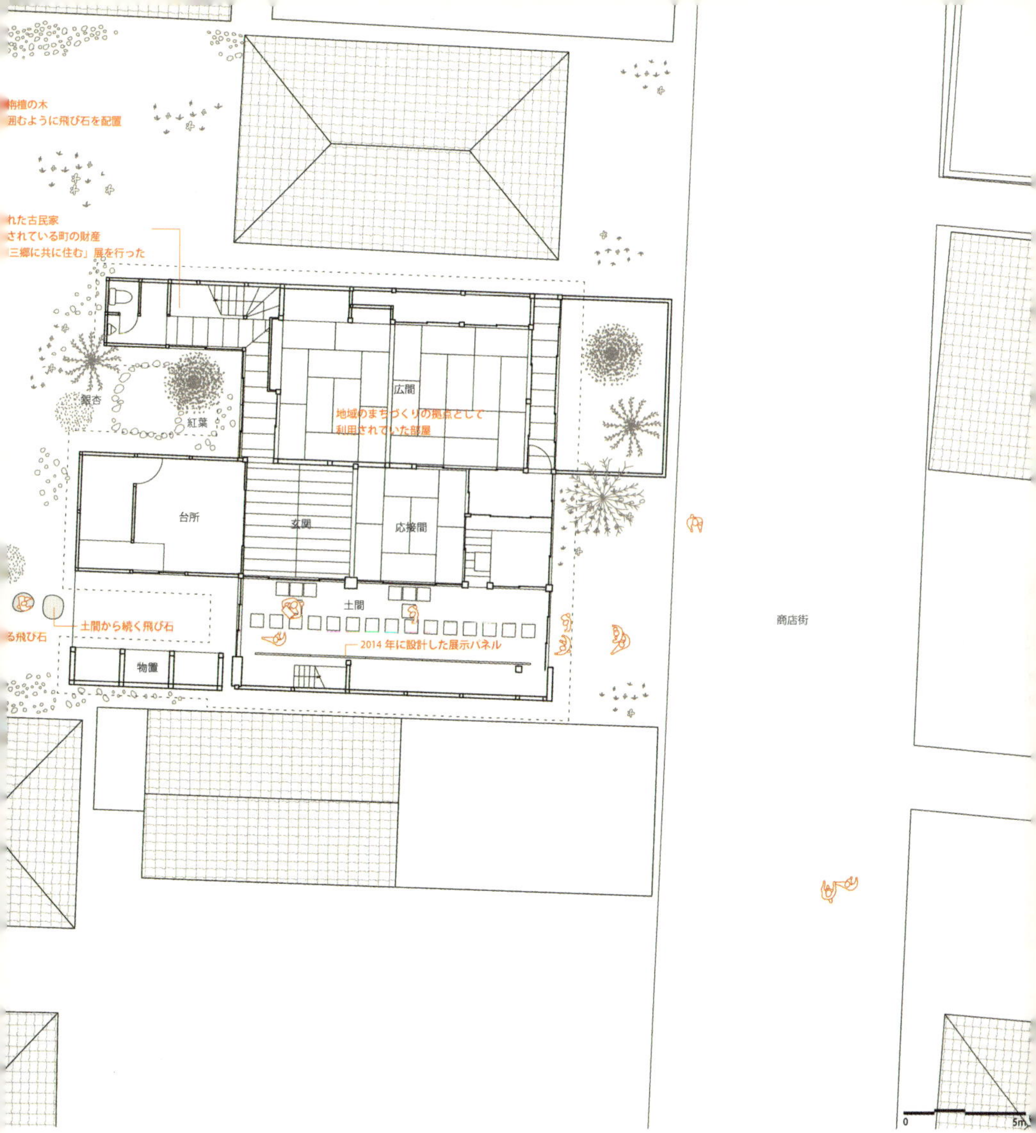
栴檀の木
囲むように飛び石を配置
れた古民家
されている町の財産
「三郷に共に住む」展を行った
広間
地域のまちづくりの拠点として
利用されていた部屋
銀杏
紅葉
台所
玄関
応接間
土間
土間から続く飛び石
る飛び石
2014 年に設計した展示パネル
物置
商店街
0
5m

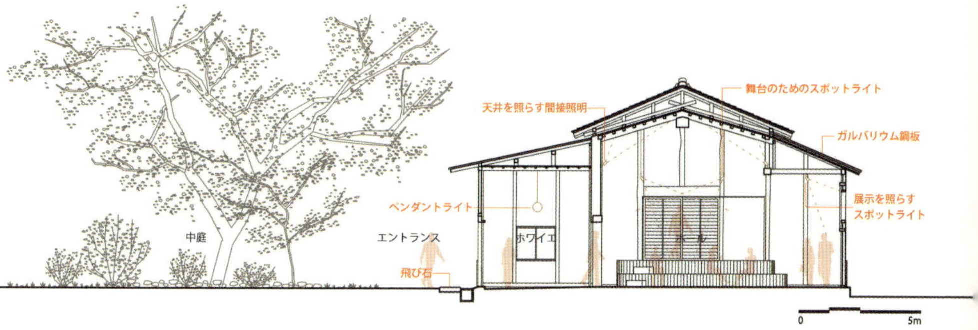
天井を照らす間接照明
舞台のためのスポットライト
ガルバリウム鋼板
ペンダントライト
展示を照らす
スポットライト
中庭
エントランス
ホワイエ
ホール
飛び石
0
5m

1. 改修前

2. 開口部調整

3. 舞台下地作成

4. 南側下屋壁完成

5. モルタル下地

6. モルタル塗装完成

7. 型紙設置

8. 飛び石完成

図12 施工過程

施工、資金面の工夫

2015年6月から12月にかけて工事が行われた（図12)。施工は蔵本体の改修とコンクリート製飛び石の打設をそれぞれ異なる施工業者が担当した。学生が2週に1度ほど、現場に行き、確認を行った。限られた予算の中で計画案を実現するため、舞台などの実寸大の型紙制作や、木部の塗装作業は学生が行った。また、まちづくり団体と協働で助成金を取得することにより、工事費の22%を賄った。

オープニングイベント

2015年11月に蔵本体の改修工事の竣工を記念したオープニングイベントが行われた（図13)。ステージを使用したフォルクローレの演奏会や当研究室による市川三郷町に対するまちづくりと蔵プロジェクトに関する講演会、またホールを使用した陶芸作品の即売会を行った。市川三郷町周辺の60名を超える多くの人が訪れた。

今後の展望

住民との意見交換では、本作品の活用方法として、「ライブハウス」「朗読会」など様々な提案が得られた。また当研究室では、これまでの成果発表の場として展示会での利用を計画している。所有者は利用料や規則を整備することで、蔵をより開放的に使ってもらえるように考えている。今後、住民や学生がこの蔵を活用し、交流の中心としていくことで、この場所が衰退の進む地域の活性化の拠点となることを期待する。

[Project Members]
ホルへ・アルマザン研究室：辻 知也、
井上 岳、髙山将太、清水希未、及川結理、杉山真帆、田村 賢、川井 涼、草野 萌、酒井彩花、佐藤孝太郎、永田 梓、原里絵香、河合伸昴、櫻井 花、荻原 淳、松本祐真、
Luís Gustavo de ARAUJO、
Guilherme MONTE、Javier CELAYA

図13 オープニングイベント時のフォルクローレの演奏会

プロジェクト展 アネックストーク

審査員：
国吉直行／藤村龍至／山﨑誠子

参加プロジェクト：
FUJIKI RENOVATION（p.288）
青野倉庫改修プロジェクト（p.296）
古びた酒蔵を町の舞台に（p.304）

地方都市のリノベーション

国吉直行（以下、国吉）：各プロジェクトの概要はプレゼンテーションしていただいたので、それぞれの学生に質問をしていきましょう。まず、滋賀県立大学川井操研究室の「FUJIKI RENOVATAION」（p.288）ですが、陶器問屋の「藤喜陶苑」をリノベーションした後のことについては、どのように考えていますか？

FUJIKI（古藤）：「滋賀県立陶芸の森」の25周年プロジェクト「土と手プロジェクト」では国内外のアーティストによる陶器の作品を展示したのですが、それだけではなく、信楽という場所は水がすごくきれいでお米や野菜もおいしいということで、そういった特産物を振る舞うイベントも開いたりして、けっこう好評でした。こういうイベントを、例えば一年に一度くらい、今後も継続的に行えたら良いなと思っています。

国吉：今回は場所をつくったから、今後はそれを使うような仕掛けを考えていくわけですね。

藤村龍至（以下、藤村）：リノベーション費用は170万円程度ということですが、これはどこが出資しているのでしょうか。

FUJIKI（古藤）：「陶芸の森」です。

藤村：県立の施設ですから、資金の出どころは税金ということですか？

FUJIKI（古藤）：施設自体は税金で運営されていますが、プロジェクトは、管理者である「公益財団法人滋賀県陶芸の森」の自主財源から拠出しています。また、今後は自分たちで収益を上げたいと考える方もいて、我々としても、そういう「稼ぐ」という側面についてもアプローチしていきたいと考えています。信楽は陶器産業で古くから栄えた街で、職人気質な方も多くて、真新しいものをすぐに受け入れられるような場所ではないんですね。そんな状況ですが、今回せっかく新しい場所をつくることができたので、これを積極的に利活用していく流れになればと思っています。

藤村：おそらく事業的なニーズはあるのだと思います。私も九州の陶芸が盛んな地域の事業に関わっていますが、作陶家のお弟子さんたちが短期的に滞在する施設とか、団体ではなく個人の客に陶芸体験してもらう場所とか、ヒアリングをしていくと実は様々なニーズが隠されていることが分かってくる。しかし、こうした事業を作陶家自身が行うのはやはり無理があって、独立した事業者が必要。だから信楽でも、滋賀県立大学OBによるまちづくり組織（「信楽まちづくりLab.」）が、行政から補助金をもらわずに自分たちでリスクを取って事業化する、というシナリオが生まれれば良いですね。補助金が打ち切りになったことでプロジェクトも即座に中止になる、ということは多いですから。

国吉：プロジェクトの持続性というのは重要なポイントですね。東京都市大学手塚貴晴研究室の「青野倉庫改修プロジェクト」（p.296）は、もともと氷見市と漁業交流館である「魚々座」をつくる中で偶発的に始まったということですが、実際、この青野倉庫がなぜリノベーションの対象となったのですか？

青野倉庫（飯島）：「魚々座」の展示物は氷見の街の方々から提供していただいたものなのですが、そのために、研究室の学生はリアカーを引きながら街中を動いていました。その時に偶然、魅力的な美しい土蔵を見つけたんですね。それが青野倉庫でした。半ば押しかけるように所有者の方と話してみると、この倉庫は現在は家財を収蔵しているだけだと。それで、こちらから改修の話を持ちかけてみると、良い反応がいただけて……という感じで始まりました。青野倉庫の所有権は氷見市役所に譲渡予定です。氷見市は小さな街なので人間関係が密接で、市役所の方と所有者の方もつながっていました。我々はその仲介役のような役割を担いました。

藤村：約1500万円という事業費はどこから出たもの？

青野倉庫（飯島）：日本財団です。「NPOヒミング」という団体が管理委託されていて、事業費が下りています。倉庫の改修が終わった後の運営もこの「NPOヒミング」と市役所が行います。

藤村：この青野倉庫の改修プロジェクトは建築的に迫力があるなと思ったのですが、単純に、使える金額がかなり多いからとも言える（笑）。逆に、「FUJIKI RENOVATION」は180万円と事業費が少額の割には頑張っているとも言えます。

山﨑誠子（以下、山﨑）：確かに、建築的なクオリティが高いですね。模型もすごく立派なものをつくられている。現在、プロジェクトはどこまで進んでいるのですか？

青野倉庫（飯島）：「青野倉庫改修プロジェクト」は私の修士設計でもあるのですが、自分がプロジェクトリーダーになって図面や模型を制作しました。これから氷見市にプレゼンテーションする段階です。

山﨑：慶応義塾大学ホルヘ・アルマザン研究室の「古びた酒蔵を町の舞台に」（p.304）は、酒蔵を文化施設に改修・転用するプロジェクトですね。この施設は改修後はパブリックに利用されているようですが、所有者はどなたになるのかしら？

酒蔵（辻）：山梨県市川三郷には「市川マップの会」というまちづくりの団体があるのですが、その会長さんが所有者です。

山﨑：ということは、個人で運営されているわけですか。公的なフォローはない？

酒蔵（辻）：基本的にはありません。改修の際も、大部分の事業費は個人で出資されています。所有者の自己資金が550万程度で、その他に助成金を一部取って使っています。

藤村：個人出資というのは面白いですね。そもそも酒蔵を改修しようとしたモチベーションというか、このプロジェクトの目標は何だったんですか？

酒蔵（辻）：蔵の所有者の方がこの地域の資料など

を保存していて、それを展示することを通して地域のアピールができる場所をつくりたい、ということがまずありました。

国吉：改修は終わったんですよね。今後についてはどのように考えている?

酒蔵（辻）：例えば、街中には外国人が割と多く暮らしているのですが、もともとここで暮らしている住民とあまり交流がなくて、そういったコミュニケーションの問題を解消できるような場所として活用していくようなイメージを持っています。「まちづくりのための拠点」としても活用される予定です。改修後、オープニングイベントを行ったのですが、このような「ちょっと大きなスペース」が意外と街になかったということで、住民の方に喜んでいただきました。演奏会や芝居の上などの活動でも、もっと使っていきたいと話をされていました。

プロジェクトの持続性

山﨑：プロジェクトはいずれも地方都市の既存建築をリノベーションをするものですが、実際の内容は三者三様ですね。

藤村：審査員賞を決定しなくてはならないので、評価軸を設定する必要がありそうです。国吉さんがリノベーション後の展開について何度も質問されているように、やはりプロジェクトの持続性は重要かと思います。

現在の建築家の役割として、バブル時代の箱モノ施設への批判から、建物をつくって終わりではなく、その後の運営や利活用のことまで考えているかどうかが評価の分かれ目になることがあります。私としては、こうしたことは事業者や発注者が考えるべきであり、設計者がそこまで背負う必要が果たしてあるのだろうか、という思いもなくはない。このような葛藤を私は抱えていて、こうしたプロジェクトに携わる学

生の皆さんにも似たような思いがあるのではないかと思いますが、ともあれ、建築家はそのような役割もやはり考えていかなければならない時代状況にあります。自分たちが関わったプロジェクトの持続性や今後の展開について、どのように考えているのか、聞かせてください。

FUJIKI（古藤）：信楽はちょうど過渡期にあるのだと考えています。昔気質の方もいる一方で、クリエイティブで新しい何かを発信しようと考える方もいます。なので、今回の「藤喜陶苑」の改修事業で取り組んだことが、信楽の変化の「始まり」になれば良いなという、そういった今後への期待感はあります。「信楽まちづくりLab.」の方々は、東京や海外でいろいろなことをされた後にUターンで街に戻ってきているので、地元に対する愛着も強いし、経験も豊富です。こういう動きの中から強い発信力が生まれてくるのではないかと考えます。

青野倉庫（飯島）：建物や施設の持続性を高める上で、人と人の関係を大切にしていくことがやはり大事だということを学びました。現在、手塚研究室は氷見市の方々ととても友好的な関係を築くことができているので、この関係性を大切にして、継続的に関わっていけば、自然と施設の運営も持続していくのではないかと思います。ただ、自分が卒業してしまった後がやはり心配ではあります。

藤村：大学が地域と関わる上でクリティカルになるのは、先生が定年退職したり、キーとなって動いていた学生が卒業するタイミングですよね。大学が地域に関わるのは大体、3年から5年という感じがします。その間に持続的にプロジェクトを進める担い手が出てくるかどうか。「青野倉庫改修プロジェクト」に関して言えば、「NPOヒミング」が委託事業なしで建物を利活用していくことが可能かどうか。

青野倉庫（飯島）：偉そうなことは言えませんが、「NPOヒミング」の方々は、ずっと以前から精力的にアート活動などを自分たちで行っています。なので、

仮に氷見市のバックアップがなくなっても持続的に運営をしていくことが可能だと思います。

山崎：ホルヘ研究室で改修した酒蔵についてはどうですか?

酒蔵（辻）：先ほども紹介した「市川マップの会」は、約20年前からまちづくりの活動を住民主体で行っていて、すでに様々なネットワークが構築されています。このネットワークがあるからこそ、我々が改修した酒蔵のオープニングイベントを開いても、住民の方が60～70人も集まったりする。衰退しつつある街でこれほど集まるわけですから、建物には今後かなりの利活用が見込めると考えています。

街に出て、何を学ぶべきか

国吉：地域にある建築物の改修事業を通して、皆さんはどのようなことを学びましたか。あるいは、学生だからこそ可能だったことなどを教えてください。

FUJIKI（古藤）：滋賀県立大学では、建築の施工プロセスまで関わるプロジェクトが割と多く行われます。「FUJIKI RENOVATION」でも、計画の作成段階から関わらせてもらいつつ、施工に参加させてもらいました。建築のつくり方について、学べることがとても多かったです。

青野倉庫（飯島）：建築をつくる上で、人と人が話し合いながら進めていくことが本質的に重要な部分だということがよく分かりました。様々な方と話せば話すだけプロジェクトが進むし、大学の研究室としても経験的な財産となる。最初は、そういう作業をある種「雑務」だと思ったりもしたのですが……。

山崎：「青野倉庫改修プロジェクト」は、プロジェクトにかけるエネルギーの働き方が他とは少し異なるように見えますね。「建築をデザインするぞ」というものではない。そういう狭い範囲ではなくて、もっと単純に「何かやるぞ」という感じで始まっている。そういうところは面白い。

国吉：氷見市には私も行ったことがありますが、市の体制が非常に柔軟にできているんですよ。そういう雰囲気と、手塚研究室の皆さんの積極的な活動が、うまく呼応したのだろうなと見受けられます。しかし、学生の活動が実際に行政を動かし、公共的なプロジェクトにまで発展していくというプロセスには非常

に驚きました。とてもダイナミックですね。

酒蔵（辻）：僕は古藤さんのお話に共感しました。酒蔵の改修では、設計から施工まで関わることができたのですが、設計課題の中では気にしないような小さな現実的な問題に対処することとか、顔の見えるクライアントを相手に設計を進めることの難しさと楽しさの両方を味わえたことが良かったですね。

国吉：ホルヘ研究室のプロジェクトの対象地域は、他のふたつに比べると、ある意味では特色が少ない場所です。でも、そういうところに乗り込んで、老朽化した土蔵を発見し、新たな価値を再構築した。こうした姿勢は、建築家として非常に大事なものだと思います。実際にできあがった建築も、ランドスケープとの関係がよく考えられていますね。

山﨑：「古びた酒蔵を町の舞台に」は、氷見市のプロジェクトとは対照的で、デザインで問題を解こうとする意識が強く感じられて良いですね。私はランドスケープの専門なので、植栽などを使って周辺環境ともっとうまく関係していたら、より魅力的な空間になるように思います。

藤村：皆さんのお話を聞いていると、実施設計や施工プロセスまで関わることができて、それが課題では得られない貴重な学びの機会となっているようですね。それはよく分かるのですが、個人的には、実施や施工に関わることへの批評性についても意識してもらいたいと思います。確かに実際に街に出て建物と向き合う経験を学生のうちにできることは大事です。それは私が学生だった1990年代ではなかなかできないことでした。ただ、現在は産学協働や産官学民が大義名分となる社会であって、大学でもそのような活動が奨励されているわけです。そういう後押しがある中で行われている活動である、ということは意識しておいた方が良いと思います。建築の評価というのはすぐに変わるから、今評価されやすいことだけでなく、それを批評的に捉えることも重要です。

建築の密度と洗練、
あるいはその現代性

藤村：そろそろ審査員賞を決定していきましょう。建築として、最も難しいことにチャレンジしているのは「青野倉庫改修プロジェクト」かと思います。耐震補

強まで考えており、設計の量という点では一番。設計の洗練という観点からは「古びた酒蔵を町の舞台に」が評価に値しますね。建築の内部と外部を連続的に捉えて、ランドスケープ的なことまでアプローチするというのは「日本の建築家」的と言えますが、それがとても美しいプランで描かれている。

以上のふたつのプロジェクトも十分魅力的ですが、私は「FUJIKI RENOVATION」を推したいと思います。設計の量や洗練の点からすると弱いかもしれませんが、プロジェクトの進め方が非常に現代的に見える。公的資金を使ってはいますがすごく少額で、その中で事業を複雑に組み立てたり、複数の団体が連携するような仕組みをうまく考えながら、建物の利活用もしっかり行っている。少額の投資で小さな箱を整備したら、次はイベントで集客、さらに追加投資をして定常的な展示施設へ……というような段階的な発展が見られます。このようなプロジェクトの組み立て方には現代性を感じます。国吉さんのご意見はどうでしょうか。

国吉：よく分かります。ただ、私としては今のところ「青野倉庫改修プロジェクト」が面白いかなと思っています。具体的な突破力がないとプロジェクトが進行しない、ということはよくあります。そのような分かりやすい勢いはやはり大事なことだと思うんですね。まちづくりのプロジェクトとしてはあまり論理的ではないところもなくはないのですが（笑）、そもそも街というのは、突発的なところから動く側面がありますから。

青野倉庫（飯島）：確かに、まちづくりのそういう突発性みたいなものは、このプロジェクトを通してよく学びました。

藤村：「青野倉庫改修プロジェクト」は行政の追い風を受けつつ、学生が大人数でがんがん突破していく感じがあって、私も感銘を受けました。山﨑さんはどうですか？

山﨑：「青野倉庫改修プロジェクト」はエネルギーを感じますね。他のふたつは、より「知恵」を使いながら進めているような感じがする。若い学生のエネルギーにほだされて評価してしまうのはよくないから、そこは注意しないといけませんね。

藤村：そうですね。地方都市で建物の改修事業なんかを勢いで行った結果、その後の事業はやはり厳しくてうまくいかない、というような話もよく聞く時代ですから、そういうエネルギーを過信するわけにはいかないところはありますね。

国吉：ただ、リノベーションされた青野倉庫は建築的にも素晴らしいところがありますよ。

藤村：先ほども言いましたが、建築は時代によって読み解き方がすごく変化します。例えば、15年前だったら、「青野倉庫改修プロジェクト」の設計の密度や「古びた酒蔵を町の舞台に」の洗練されたプランをまっすぐに評価できたと思います。しかし現在は、成果物である建築の背景、投資のあり方や、竣工後のプロジェクトの仕掛け方などを含めて、シビアに問わなければならない時代です。そういう現代性みたいなものを判断基準にすると、私はやはり「FUJIKI RENOVATION」が評価できるかなと思うわけです。

国吉：「FUJIKI RENOVATION」は建物単体の改修に留まらない「運動型」のプロジェクトと言えます。その点はとても現代的ですね。改修後の次の突破口が、もう少し具体的であればもっと良かったと思うのですが、可能性を期待して評価するということであれば分かります。

山﨑：私は、各プロジェクトの資料を読み込んだ際に、最も丁寧に進めているなと思ったのが「FUJIKI RENOVATION」。いろいろな企画を考えることで、「点から線へ」というプロジェクトの流れができている点に好感を持てます。

国吉：私は建築から都市計画に進みましたが、その立場からすると、まずは力のある建築がひとつあるかどうかが、都市全体のプログラムと同じくらいに大事だと思うのですね。力のある建築があれば、プロジェクトが次につながり、さらに地域全体に良い効果が広がっていくという展開も生まれる。そういう点から

「青野倉庫改修プロジェクト」を評価します。でも、建築の世界にいる人間も建築に限らずにプログラム全体まで考える必要があるという、藤村さんの言われている感覚も理解できます。そういう新しい感覚を支持しても良いかなと思います。

藤村：それでは、滋賀県立大学川井操研究室の「FUJIKI RENOVATION」を審査員賞としましょうか。

国吉・山﨑：異議なし。

藤村：改めてまとめると、最近の大学は積極的に街に出て活動しているということを実感しました。そしてコンテクスチュアリズム的な考え方が強い。先ほど「15年前だったら」という、ちょっと失礼な言い方をしましたが、それほど建築の評価というのは変化しやすいものであるという点は、やはり学生の皆さんは頭の片隅に入れておくべきだと思います。今からまた15年経つと、「あの頃の人たちって、大学の外に出て街でコミュニケーションばかりしてたよね」と評価されるような時代がきっとくる。だからこそ、自分たちが今行っていることを批判的に見る視点も持っていてください。現代的で批評的なことは何だろうか、ということを常に考えながら街へ出てプロジェクトを行うということが大事です。

国吉：今日議論した3つのプロジェクトは、すべて地方都市を舞台にしたリノベーションという点で共通しています。しかも、街そのものをリノベーションしようとする視点がある。最近、私はマレーシアなどアジアとの仕事も多いのですが、そういう発展中の場所でも、案外、リノベーション型のプロジェクトが増えていたりします。皆さんは学生のうちから現場で貴重な体験をしているので、それは素晴らしいことだと思いました。敬服します。ごくろうさまでした。

山﨑：皆さんがそれぞれのプロジェクトに注いだ労力たるや、すごいものだと想像できます。今回は「FUJIKI RENOVATION」に審査員賞が与えられますが、少し時代が変わったり、あるいは違う審査委員であったら、全然異なる結果になるはずです。プロジェクトはそれぞれでまったく違うものであり、優劣がついたとは思わずに、今後も頑張ってほしいですね。

プロジェクト展
その他の出展作品

※諸事情により、東京大学 隈研吾研究室「3D Form by 2D Design」の掲載を見合わせました。

揚輝荘 Installation

有形文化財の歴史的・文化的価値を読み解いた作品制作

椙山女学園大学
橋本雅好研究室
+wunit design studio

観月のための茶室「西行庵」を再構築した「記憶の結晶」

名古屋市覚王山に位置する名古屋市指定有形文化財「揚輝荘」におけるインスタレーション・プロジェクト。覚王山は、閑静な住宅街であるとともに歴史的建築物や寺社が建ち並ぶ街である。日泰寺に続く日泰寺参道は、縁日などが催されて賑わいを見せる。その中に位置する「揚輝荘」は、松坂屋の初代伊藤次郎左衛門祐民によって築かれた別荘であり、豊かな自然と古い建築物が点在する。本プロジェクトでは、「揚輝荘」に建つ5つの建築物や、以前存在した建築物の歴史的・文化的価値を読み解きながら、この環境の新たな魅力をインスタレーション作品として、来場者へ伝えている。

作品は2010年から毎年制作され現在までに計6つの作品が生まれた。

2011年の作品は「茶室の〈ナカ〉に見える〈コト〉」。「揚輝荘」にある茶室「三賞亭」を舞台とし、茶室の持つ「もてなしの心」を表現した。

2012年の作品は「〈たわむれ〉と〈うつろい〉」。庭園内の中心にある左右でかたちの異なる「白雲橋」の二面性を表現した。

2013年の作品は「連繋種融」。「揚輝荘」に建つ「聴松閣」など4つの建築物を植物に見立て表現した。

2014年の作品は「記憶の結晶」。現存しない「揚輝荘」の最も高い場所に位置した観月のための茶室「西行庵」を「記憶の結晶」として表現した。

加子母明治座と地域の関わりに関する歴史・記憶の保存と継承

名古屋工業大学
藤岡伸子研究室

岐阜県重要有形民俗文化財「明治座」の内観

岐阜県中津川市加子母地域にある岐阜県重要有形民俗文化財の農村舞台「明治座」は、毎年、地元住民による歌舞伎公演の舞台となるなど地域に親しまれているが、創建から120年を経ており、雨漏りや屋根・床の不陸などの痛みが著しく、その活用と維持保存に不安があった。そこで、地域と大学の連携事業により、加子母地域と建築構造学・文化財保存などの研究者を交えて調査を重ね、「明治座」の持つ素朴な芝居小屋としての雰囲気を損なわないように「伝統構法」を最大限に駆使し、創建当時の「板葺き石置き屋根」を復元することとなった。

しかし、改修後も長年に渡って維持していくためには、定期的なメンテナンスが必要であり、そのための技術や歴史的経緯を次世代へ継承することが重要となる。私たちは、「明治座」と地域の関わりに関する歴史・記憶を保存するため、ふたつのプロジェクトを実施している。

ひとつ目は映像記録の制作。「明治座」改修工事が地域の人々の連携によって進められてきた過程を、映像作品として記録した。作品制作はプロの映像ディレクターが行い、研究室では構想と記録活動を行った。

ふたつ目は絵本の制作。絵本では、「明治座」と地域の関わりに注目した歴史と、改修工事完成に至るまでの地域の努力の記憶を記録する。研究室では年表の作成や子供たちに語り継ぐべき「明治座」の歴史的シーンの抽出作業を行い、絵は加子母地域の作家が担当している。

みた・まちもりカフェ

明治大学
園田眞理子研究室
＋三田サポートわなり

変化する「まちもりカフェ」のインテリア。木々の下をイメージする「春カフェ」（左）と
海の中をイメージした「夏カフェ」（右）

「まちもりカフェ」の目的は、東京都多摩区南西部の三田地域の住民の居場所として、地域内のNPOや企業がつながる場を創出し、地域がつながり、個々のリスクを軽減するサービスを提供することである。具体的には、サークル活動を支援する「コミュニティカフェ」、家事の補助をする「暮らしの支援」、空き家管理などの「住まいの支援」などの機能を持つ。

「まちもりカフェ」では、ベースとなる建具やインテリアは変えず、テーブルクロスや小物などの変化によって室内の印象を変える「きせかえカフェ」をコンセプトとした。折りたたみの椅子やテーブルを配置して空間に自由度を持たせることで、使い方に変化を与えつつ、季節やイベントに合わせたインテリアを考え、空間全体のコーディネートを行うことで、カフェを訪れる人々が何度でも楽しめるようにしている。インテリアの「きせかえ」である。

例えば、「春カフェ」（図左）では、天井からOHPシートや色画用紙でつくられた葉っぱや小鳥を吊り下げ、新緑の季節にふさわしい、まるで木々の下にいるようなインテリア空間を演出した。また、「夏カフェ」（図右）では、運営を担当する「三田サポートわなり」の方々の要望を受け、「海の中」をイメージした涼し気な空間を目指した。壁に様々な青色で着色したベニヤ版を貼り、天井からは空調でゆらゆらと揺れる布を吊り、また室内各所には貝殻を散りばめた。

特別講演

テーマ: 東京の行方

これまでのオリンピックと都市再生の事例——東京の課題

今日もなお進化し続ける東京は、日本を代表する都市といえます。このような大都市において建築は常に前線に立ってきました。それと同時に、幾度となく変化してきました。そうした都市の形はその時、その時代の象徴となり、人々の生活を変えることもありました。

今回の特別講演では、近年のオリンピックを始めとする都市の大きな動きと建築の関係に注目し、改めて今の東京という日本の大都市を見つめ直すことで、これまでの東京を鑑みた先に見る、これからの東京の行方を見い出すことを目的としました。またその先に、新しい建築・都市の可能性を探ることを目指しました。

左から順に、白井宏昌、塩浦政也、安田啓紀、上田真路、大島堅太（実行委員代表）

パネラー紹介

白井宏昌　Hiromasa Shirai

建築家／滋賀県立大学准教授／明治大学兼任講師。1971年生まれ。96年早稲田大学理工学術院修士課程修了後、Kajima Design、OMAを経て、ロンドン大学政治経済学院（LSE）博士課程修了。LSE在籍中にロンドン・オリンピック・パーク設計チームメンバー、国際オリンピック委員会助成研究員、シドニー工科大学客員研究員を務めつつ、2010年からH2Rアーキテクツ（東京・台北）共同主催。

塩浦政也　Masaya Shioura

建築家／NIKKEN ACTIVITY DESIGN lab（NAD）Chief/室長。1972年生まれ。99年早稲田大学大学院修士課程修了後、日建設計設計部門入社。2010年設計主管。東京スカイツリータウン、羽田クロノゲート、仙川キユーポートなどの設計を経て、13年NADを設立。16年から現職。

安田啓紀　Hiraki Yasuda

都市計画家／NIKKEN ACTIVITY DESIGN lab（NAD）Strategist。1978年生まれ。2005年東京大学大学院工学系研究科都市工学専攻修士課程修了後、日建設計入社。イノベーションプロジェクトにおける目的の発見からデザインまでの戦略構築を統括する。二子玉川エリアコンセプトの構築、東京駅前地域まちづくりガイドライン制作、東京メトロ銀座線デザインマネジメント、smile lineなどスケール、領域を横断した活動を展開。

上田真路　Masamichi Ueta

建築家・都市計画家／鹿島建設設計本部都市計画グループ／非営利デザインシンクタンクEDO代表。1982年生まれ。2007年早稲田大学院理工学研究科建築学修士課程修了。SDレビュー2016SD賞、石巻コミュニティ図書館「百俵館」にてグッドデザイン復興特別賞2016を受賞。中国瀋陽市での都市計画や羽田空港、お台場IRの開発構想を行う傍ら、非営利のまちづくり活動を日本橋と石巻にて展開。トウキョウ建築コレクション創立・初代副代表。

第1部　プレゼンテーション

オリンピック都市東京の可能性

白井宏昌

今日は、これまで開催されたオリンピックが都市にどういう影響を及ぼしたのか、その上で2020年の東京ではどんなことを考える必要があるのかをお話しします。第2部のディスカッションの情報提供になればと思います。

具体的な事例として1992年のバルセロナ、1996年のアトランタ、2012年のロンドン、そして東京を取り上げ、3つのポイントで話をします。「広域の空間戦略」、「長期的な都市ビジョン」、「パブリック・スペース」です。

これらを読み解く視点としてふたつ挙げます。ひとつは「施設配置」。20以上のスポーツ施設や選手村を都市の中にどう置くか。これは広域の空間をどう考えるかに密接にリンクしています。もうひとつは「施設・インフラ整備の資金調達法」。ハードをつくるお金の話で、オリンピック後にも都市を支えていく仕組みの話と深い関係があります。つまり空間とお金の話から、3つのポイントを浮き彫りにします。

都市を変えたバルセロナと企業主導のアトランタ

バルセロナは「多核型の施設配置＋官民協働」でした。オリンピックをきっかけにポリティカルに都市を変えたことで、ひとつのマイルストーンといわれます。競技施設を4つに集約させ、それをめぐる環状道路を通しました［fig.1］。また、まちと海を分断していた工場

fig.2｜パブリック・スペースの整備による「スポンジ効果」。

fig.1｜バルセロナ（1992年）の施設配置。

地帯に選手村をつくり、文化施設の集まるモンジュイックの丘を再構成して、地中海都市を復活させました。お金は民間と公共とを半々にバランスよく計画しています。

そして旧市街の様々な場所にアートを置き、美化をして、イベントを仕掛けたりして、パブリック・スペースを整備していった。スポンジ効果という方法で、長期的に都市のイメージや空間体験を向上させました[fig.2]。オリンピック後も、ビジネスエリアにイノベーション特区をつくったり、世界文化フォーラムというイベントを招致するなど、都市の持続的発展を試みている。その際にジャン・ヌーヴェルやヘルツォーク&ド・ムーロンらが施設をつくり、それがエリア全体に良い影響を及ぼすという建築都市の観点からも評価できます。パブリック・スペースの再生を、トップダウン的でなく、市民の力も活用して進めた事例です。

次のアトランタは「分散型施設配置+民間主導」で、まったく違うやり方を取りました。都市内の既存施設を使い、新築もオリンピック後の利用を徹底的に考えてつくりました[fig.3]。例えばオリンピック・スタジアムは、終了後はアトランタ・ブレーブスの本拠地になりました。野球場にする前提でつくっているわけです。必要がなければ残さない[fig.4]。それを税金を使わずほぼ民間資金でやりました。

パブリック・スペースに関しても、オリンピック後に役に立つものだけを整備します。しかも出資は民間ですから、企業の価値観で都市がつくられる[fig.5]。すると、そこに住んでいた一般市民、とくに所得の低い人は排除されていくという負の面があります。アトランタは経済面を重視した都市のつくり方をしたけれど、みんなに平等に利益をもたらしたかどうかは疑問が残る。IOCはこうしたアメリカ的なやり方を嫌っています。

fig.4|オリンピック・レガシー活用。オリンピックスタジアムは野球場に変わった。

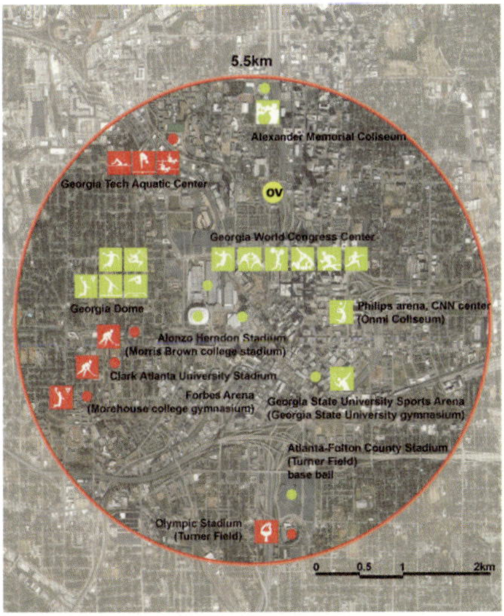

fig.3|アトランタ(1996年)の施設配置。

fig.5|「オリンピック・パーク」と名づけた祝祭の場。床のレンガも名前を入れて20〜30ドルほどで販売した。

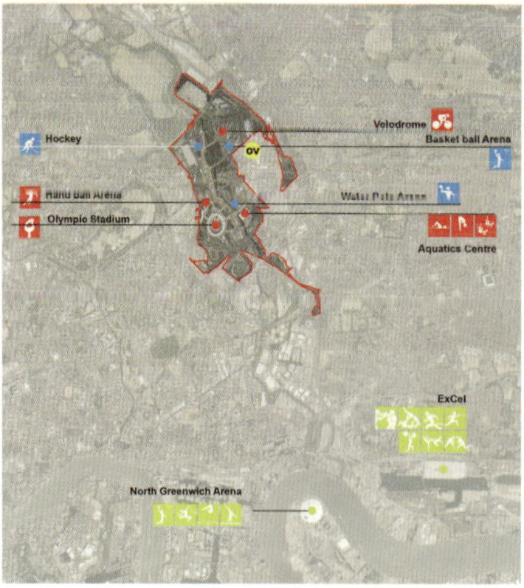

fig.6｜ロンドン（2012年）の施設配置。

fig.7｜オリンピック・パーク、オリンピック開催直前の俯瞰。

fig.8｜整備されたパブリック・スペースの例。ポッターズ・フィールド（2007年）。

都市の成長戦略と連動：ロンドン

ロンドンは「一極集中型施設配置＋行政主導」です。特徴は、とても強力な核をひとつつくり、そこに政治的、経済的な力を投入したことです［fig.6］。オリンピック・パークにスタジアム、選手村、メディアセンター、水泳場など、ほとんどの施設があります［fig.7］。この背景には西高東低というロンドン市内の経済格差問題があり、東側は移民が多くて貧しく社会基盤もあまり整っていない。そこで東側にオリンピック・パークをつくり、地域を変えていく起爆剤にしようとしました。行政区が重なって空いていた広大な空地のような場所をそれにあて、西側と東側の橋渡しにするイメージです。

競技施設の多くは仮設です。そのためオリンピック後はスポーツと関係なく、住宅、オフィス、商業施設などを建てて新しいまちをつくっていく。最初からそのイメージがあって、オリンピックまでになにをするかを逆算的に考えたわけです。私たちがロンドンから学ぶべきは、長期戦略的にまちをどうつくり、それに対しオリンピックをどう位置づけるかを明快なかたちで計画したところだと思います。ロンドン全体の将来像、東側地区、オリンピック・パークと、空間戦略のブレイクダウンがきちんとあります。また建築家や都市計画家、グラフィックデザイナーが参加して、その計画の魅力的な冊子をつくっている。

そして、オリンピックと連動して、2002年に市内の100のパブリック・スペースをピックアップし、これを良くしていくプログラムを始めました［fig.8］。パブリック・スペースを整備することで、まちがきれいになり、人々の出会いの場が生まれ、暮らしが安全になる。さらに住人の生活の質を上げることは、対外的にロンドンをアピールするツールにつながると考えているわけです。

またパブリック・スペースは、屋外だけでなく屋内にもあります。交通の要であるキングスクロス駅の構内を整備したり［fig.9］、発電所をコンバージョンした美術館のテートモダンでは大規模なイベントが恒常的に行われています。それにより場所の価値が上がって、キングスクロス駅の近くにはグーグルがイギリス本社を構え、新たな文化地区はビジネスの拠点となる。つまりパブリック・スペースには人とお金を呼び込む力があるのです。

今の世界では、国同士ではなく、都市が覇権を争っています。オリンピック招致の裏には、ロンドンをグローバル都市として強力に押し上げていく戦略が見えてきます。それを端的に示すのが、招致キャンペーンで大々的に展開された「○○・イズ・グレート(・ブリテン)」です。例えば「ビジネス・イズ・グレート」、ロンドンはビジネスに良い場所だから、ここに来てビジネスを展開してください、と。日本の「クール・ジャパン」と比べて、多くの分野で多くの人たちを巻き込み、いかに発信するかではなく、いかに呼び込むかにフォーカスしています。

なかでも重要なキャンペーンは「クリエイティビティ・イズ・グレート」で、クリテイティブ産業にイギリスが特化することを意図しています。注目のデザイナー、トーマス・ヘザーウィックにロンドンバスをデザインさせ、それにキャメロン首相が乗ったりしてアピールします。オリンピック・パーク内のメディア・センターは将来的なクリテイティブ産業のハブへとコンバージョンされ、大学などを含む複合体に変わりつつあります。隣接するハックニー地区はかつての治安の悪さを払拭して、ロンドンでもっともセンスが良く、ホットなエリアになりました。オリンピックが単なるスポーツイベントで終わらず、多くの分野に影響を及ぼし、地区や市や国を巻き込んで大きく展開している例だと思います。

新たなモデルの構築へ:東京

では東京にはどんな可能性があるのか。まず東京は「分散型施設配置+行政主導」です。オリンピック招致時にはコンパクトといわれましたが、実際のエリアはかなり広く、建設に関してはその多くを税金でま

fig.9 | 屋内のパブリック・スペースの例。キングスクロス駅構内。

かなうことになっています。

都市の空間戦略としては、議論が建物レベルで止まっていることが問題です。新国立競技場にしても、これを含めた外苑がどうなるかを話す人が少ない。またメディア・センターとして使う予定の東京ビッグサイトも、かなり断絶された場所になっています。建築の建つ敷地を超えて、都市や国の戦略に結びつける必要があります。

また、2015年に発表された東京都の長期のビジョンを見ると、国際都市、スポーツ都市、芸術文化都市、防災都市、福祉先進都市、経済都市など、やりたいことだらけです。これといった強い東京のアイデンティティがあるというよりも、様々なもののごった煮状態です。しかしながらこれを否定せず、うまく成立できるか、これが東京のオリンピック計画も含めた今後の課題となると考えています。東京はモザイク化した都市です。この現状を多様な都市ビジョンにあてはめていく作業が必要なのではないでしょうか。

最後はパブリック・スペースです。オリンピックを開催すると数十万の人たちが都市にやってきますから、彼らがお祭をする場所が必要になります。過去の例でもかなり大きなスペースがオリンピック時のパブリック・スペースとして取られています。東京は、外苑エリアには大きな外部空間はもちろん取れないし、湾岸エリアも民間の所有が多くて使いにくい［fig.10］。現在の私たちのパブリック・スペースは、力道山を街頭テレビで見ていた頃のスケールとあまり変わっていません。マイクロ・パブリック・スペースとメガイベントという矛盾したものをどう考えていくのか。これは大きな挑戦ですが、大きな可能性でもあります。テクノロジーをいろんなものと組み合わせることで、新しいオリンピックの楽しみ方のモデルがつくれるかもしれないと感じているからです。

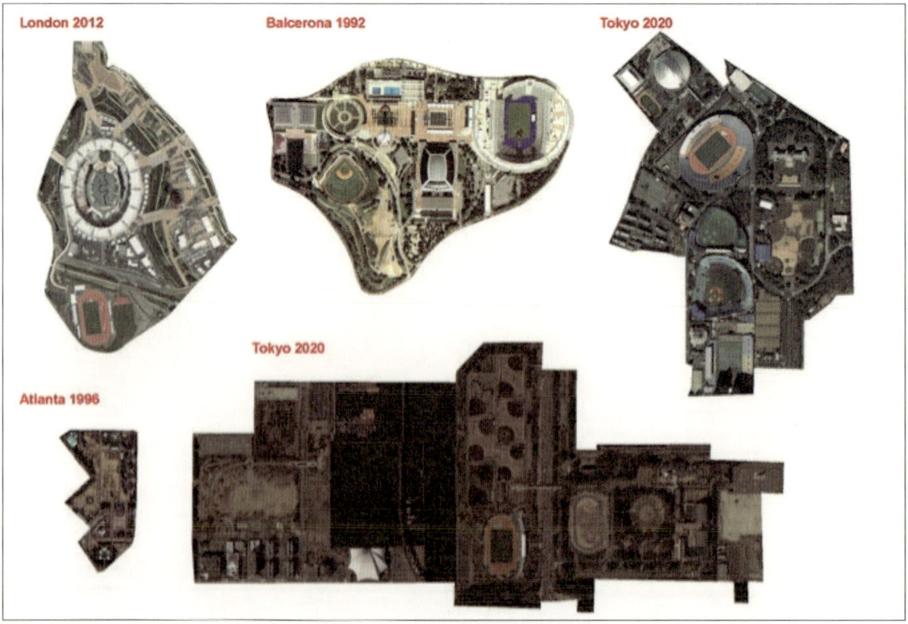

fig.10｜他の開催都市とのパブリック・スペースの比較。東京の右上が外苑エリア、右下が湾岸エリア。

建築家の新しい職能

塩浦政也

私たちは日建設計のNAD室（NIKKEN ACTIVITY DESIGN lab）にいて、「ユーザーの能動性を豊かにするデザインで空間や社会にイノベーションをもたらします」というステートメントのもとにいろいろな活動をしています［fig.11］。25名くらいの領域横断型の若いチームで、いわゆる図面は描かずに、それ以前の課題を発見していく必要がある、というのが私たちの問題意識です。

空間を使った企業活動の中で、85％のコストをアクティビティ関連が占めています。例えば1万m^2のオフィスをつくる時、建設費の数％といわれる設計コストは全体の5％、ライフサイクルコストに関わるものが10％、残りの85％がそこで行われるアクティビティ、主に人件費や企画に関わるものです。NADはその85％をデザインの対象としています。

私自身も入社以来、タワーやオフィス、野球場などを手がけましたが、2012年頃から単純な与件プロジェクトが終わり、ビルディングタイプ、日本語でいう「館《やかた》」が崩壊しているという実感を強く持ちました［fig.12］。例えばオフィスの中だけで仕事をする人は今ほとんどいないから、オフィスを設計するというよりワークスタイルを設計する必要があります。私たちはハードではなくアクティビティから空間のモデルを考えていきます。

例えば渋谷のハロウィンの夜などを見ると、都市における新たなアクティビティが登場したのを感じます。

fig.11｜NAD lab。NAD labメンバーが場のホストとなり運営する、社会イノベーションのための実験と実践の場。

fig.13｜UNMET NEEDSを探れ。銀座の地下鉄入口でノートパソコンを広げるビジネスマン。

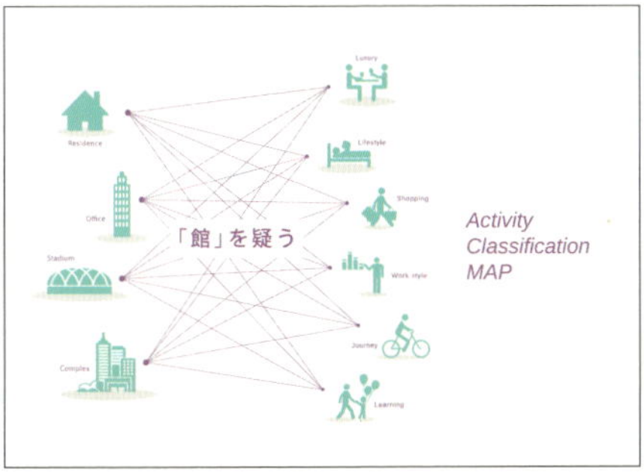

fig.12｜「館（やかた）」を疑う。ビルディングタイプは崩壊している。

fig.14｜空間課題を抽出し解釈する、MOBILITY EMOTION。電車の中でスマホを見る人々。

これを仕組んだ人も空間設計した人もいない。ここに建築家がどのように参入していくのか。

それから、銀座の地下鉄入口でラップトップを広げるビジネスマンも多いですよね［fig.13］。こういう人々をどう救うことができるのか。あるいは銀座というまちをどうチアアップできるのか。一人ひとりのユーザーの立ち位置から大きな都市を考えていくという手法を取ります。

例えば、感情を押し殺した都市生活者とモビリティの問題［fig.14］。子どもが都市の中で生き生きと暮らすためにはどうしたら良いのか。さらに、知的労働生産性を上げるワークスタイルとはどんなものか［fig.15］。こうした空間にまつわる課題を抽出し解決していきたい。

私たちのプロジェクトは、打ち手を最初から規定せずに、ワークショップなどを通じて、様々なビジネス課題などをインプットすることから始めます。今日は、こうした新しい建築家の職能の活動がスタートしていることをお伝えしたいと思いました。

パブリック・スペースを都市の文化に

安田啓紀

オリンピックによって都市のなにが変わるか、白井さんとよく議論してきました。建物ができることではなく、都市の文化が変わることが一番重要だというのが結論です。例えば1964年の東京オリンピックでは、都市の美化運動や公衆道徳を高める運動がはじまりました。そして今、「パブリック・スペースを都市の文化に」をひとつの可能性として考え、活動しています。

まず、パブリック・スペースとはどこのことか。例えば図書館に、ラップトップを持ち込んで働く人がいて多様性が生まれている［fig.16］。地下鉄の車内で楽

fig.16｜Q.1：パブリック・スペースってどこのこと？　図書館内でノートパソコンを使う人々。

fig.15｜空間課題を抽出し解決する、WORKSTYLE。知的労働生産性を上げるワークスタイルはどんなものか。

fig.17｜Q.2：パブリック・スペースは誰のためのもの？ニューヨーク、ブライアントパークでのヨガ教室。

しいパフォーマンスに出会うこともある。そういう意味ではすべての場所がパブリック・スペースになると考えます。

次に、パブリック・スペースとは誰のものなのか。ニューヨークのブライアントパークでは夕方にヨガ教室がはじまります［fig.17］。近所のビジネスマンがやってきて、4人くらいのインストラクターがいてヨガマットも貸してくれる。この誰でも参加できることが重要です。パブリック・スペースとはユーザーのための場所です。ニューヨーク・ハイラインで働くボランティアは、生き甲斐をもって健康に社会に関わっている。つまり社会のための場所とも言えます。それからガーディアン新聞社本社の足元はギャラリーやオープンスペースになっていて、誰でも入れて知識をシェアしている。シェアードエコノミーとして場所を捉えることも重要です。

ではパブリック・スペースを考える視点を4つ挙げてみます。

まず、「集まれる」。ただただ集まれる場所をつくるのは、なかなか難しい。例えば、ニューヨークの公園では、誰でも椅子やテーブルを移動してきて座れる。横並びで5人がランチするのは難しいけれど、テーブルを囲んだランチは楽しく集まれます［fig.18］。パブリック・スペースにはこういう細やかな配慮も必要になってくる。夜であっても、広場で映画を上映したり、リンカーン・センターではみんながヘッドホンをしたサイレント・ディスコが催されています。そういう発想が重要です。

もうひとつの視点は「試せる」。例えばパークレットという路上の駐車帯を借りるシステムを使ってカフェを営業する［fig.19］。大がかりなものとしては、タイ

fig.18｜視点1：集まれる。ニューヨークの公園でテーブルを囲み、ランチを楽しむ。

fig.19｜視点2：試せる。パークレットでカフェを営業する。

fig.20｜視点3：関われる。公園の床に絵を描き、パブリック・スペースをキャンバスにする。

fig.21｜視点4：メディアになる。通りかかった観光バスに向けてパフォーマンスを見せる。

ムズスクエアでは交通規制の実験を通じて、歩行者が溜れる場所をつくっていました。

3つめは「関われる」。例えば公園の地面に勝手に絵を描いている人［fig.20］。美術館では鑑賞者と表現者という一方的な関係であっても、パブリック・スペースであれば関わることができる。

最後の視点が「メディアになる」。先ほど塩浦が話したハロウィンの光景もメディア化ですね。例えばニューヨークには、観光バスが通りかかると必ずパフォーマーがでてくる一角があります［fig.21］。独立記念日のバーを除くと、星条旗を全身にあしらった人もいる。ニューヨークの話が多いですが、建物をどうするかというレベルではなく、都市生活者がどう生きていくかを彼らは考えているように感じます。

日本人に関していえば、お祭りのようなものが非常に強いメディアです。これからの東京を考えると、都市の中で、一人ひとりが人に優しくしていけると良いと思います。例えば広場に子どもが入ってくると、みんなが和んだような気分になれますね。それと同じように、電車の中にアンドロイドを置いて、自分の行動を見つめ直すきっかけをつくろうという試みもしています［fig.22］。そんなことを東京の可能性として考えています。

fig.22 | Talking Androids / Smile line：電車にアンドロイドがいる未来の風景。

Profit-Oriented + Non-Profit-Oriented
上田真路

私の都市への関わり方には、鹿島建設で事業性を求める「プロフィット・オリエンテッド」と、ボランティアで行う「ノンプロフィット・オリエンテッド」のふたつがあります。このふたつの局面からまちや都市に作用していくことが重要だと考えています。

まずプロフィット・オリエンテッドでは、シンガポールのセントーサ島での開発があります。ここにカジノを招致して、コンベンションホール、水族館、5つのホテルなどいろんなビジネスを磁石のように集め、インテグレーテッド・リゾート（IR）をつくる［fig.23］。1万5,000m^2の小さなカジノによって、50万m^2の事業性を担保し、それを地下に展開します。この先行事例をもとに、日本国内でIRをどう成立させるかを構想しています。

次にノンプロフィット・オリエンテッドとしては、東日本大震災の後個人で始めたNPOの活動で、石巻のプロジェクトがあります。津波で被災をした人たち400世帯ほどが、内陸部に移転することになりました。内陸の人たちの田んぼを潰し、移転住宅を建てて住み始めるわけです。お互いに顔見知りではないし、そこにはいろいろな軋轢が生まれます。それで地元の有志の方が立ち上がり、仮設住宅の前にある築90年くらいの倉庫を使って、なにか仲良くなるためのプロセスをデザインできないかという動きが起こりました。

あらゆるプロが参加して、建築のチーム、ワークショップのチーム、住民の方々との勉強会をするチーム、ヒアリングをして本をつくるチームなどができた。まず、この建物をなにに変えていくかをみんなで話し合い、ヒアリングをします。また小布施でオブセリズムを進める花井裕一郎さんが参加し、田野畑村でワークショップをする古谷誠章さんたちを招いてお話を聴く。同時にお酒を飲むというのを繰り返しました。そうするうち、建物の機能ありきではなく、ここでなにをしたいかが見えてくる。そして建物をみんなでつくっていくことを大事にしました。

できあがった空間は図書館をベースにしていますが、カウンターでお茶をするし、セミナーにも使い、夜は塾にもなる[fig.24]。つくる過程でどういうアクティビティができるのかを、住民の人たちに考えてもらいました。

外部には、この裏山にある雄勝石をみんなで剥がしてきて張りました［fig.25］。被災された方はどうしても塞ぎ込んでしまいますが、こういう単純労働をすることで仲良くなっていくんですね。「大変だったね」と言いながら、一緒に料理をしたりおにぎりを食べたりしましたが、その中には前向きな気持ちを取り戻して、現在ではこのカフェの運営をしている人もいます。プロセスのデザインに参加し、自分ならこう使うという提案をたくさんしてくれたので、各々が愛着を持って使いこなしてくれる場ができたわけです。これをきっかけにして、400世帯の住宅を設計したり、未来のまちづくりを考え始めたところです。

もうひとつ、東京・日本橋の高速道路を撤去する運動を紹介します［fig.26］。首都高速1号線は交通量が少なく、老朽化も進んでいるので撤去したいという地元の声があります。そこでこの7年間くらい、月に一回の掃除活動を続け、さらにヒアリングもしています。ソウル・清渓のように全部撤去してしまうのか、あるいはニューヨーク・ハイラインのように少し残して一部を再生するのか。賛否はありますが、画を描いてみることが非常に大事だと思っています。

fig.23｜シンガポール・セントーサ島のインテグレーテッド・リゾート。

fig.25｜石巻のプロジェクト・同、外観。外部には雄勝石を敷いた。

fig.24｜「石巻・川の上百俵館」、内部。倉庫を改修し、様々なアクティビティの場となった。

fig.26｜日本橋のプロジェクト。首都高速の一部を残して利用する。

第2部　ディスカッション

パネラー：

白井宏昌、塩浦政也、
安田啓紀、上田真路、
大島堅太（トウキョウ建築コレクション2016実行委員代表）

見えないニーズを掘り起こす

白井：前半の話の中から、学生の視点で印象に残ったことを聞いてみましょう。

大島：オリンピックなど大きなイベントやアクティビティといった、建築ではなく人の行動に皆さんが着目しているのが印象的でした。渋谷の交差点でのハロウィンのように、大きなイベントがパッと起こってパッと消える。そうしたイベントが都市の生活者に大きく関わってくるのだろうと思います。

白井：僕もキーワードは「アクティビティ」、そして「ニーズ」だと感じました。東京オリンピックの話も、ニーズの観点で捉えると少し見えてくるのではないか。国立競技場などオリンピック施設は、こういうイベントをやるのでこういう席数をつくりますといったニーズでつくられているけれど、なんとなくみんな、それがおかしいと思い始めている。あるいはそのイベントが終わった後のニーズに対して、誰もきちんと答えようとしない。

塩浦：NADの活動の主軸に「アンメットニーズを掘り起こす」がありますが、まさにそのことですね。具体例として、デベロッパーから新しい賃貸マンションのプロデュースを依頼された件があります。まず「どんなものをつくりたいですか」と聞いたら、「ホテルライクなものが良い」とおっしゃった。「でもこれはホテルでなくマンションですよね」という問いからはじまって、都市に住む、都市の中で時間を過ごすということに様々な洞察を加えていきました。高級マンションに住んでいる方、そのオペレーションをしている方、ハウスキーピングでシーツを替えている方に徹底的にインタビューをして、通常のアンケートではなかなか見えなかったニーズを拾い出した。それを空間に昇華して、新しいタイプのスペースモデルを提案しました。今、絶賛賃貸募集中で、好評をいただいているようです。ハロウィンの話も、新しいパブリックビューイングのアーキモデルがそこにあるかもしれない。

白井：安田さんは、一風変わった人の行動をいろんな所で撮影していますが、それは自分がまだ見えていないニーズを都市に感じているからではありませんか。

安田：まちでそういう写真を撮るのが大好きで、それを「こんな変な人がいるよ」とクライアントと共有します。例えば電車の中でマンガを描くプロのマンガ家がいて、話を聞くと、自分の仕事場が電車の中まで続いている感じだと言うんです。僕が一番疑っているのは、「60歳以上の高齢者の70%がこういっている」といったマーケティングの論理です。そのために今、山手線の駅前にはみんな同じブランド店が並んでいますよね。電車の中でマンガを描くニーズはないけれども、電車の中をリビング化したら面白いかもしれないというような発想をしていきます。

クライアントとの関係性

白井：上田さんの石巻のプロジェクトでは、コミュニティに入っていって、なにをつくり出すかというニーズをあぶり出していく話がありましたね。そこでNADのおふたりには、自分がもともと建築・都市計画の人であることについて、どのように公平性をもってニーズを掘り起こしているのかをお聞きしたいんですが。

塩浦：先ほども話したように、建築設計者として工事費予算がこれくらいで君たちのコンサルあるいは設計料はこれくらいという与件をもらったら、その時点でNADとしては仕事にならないという意識があります。顕在化したニーズしかそこにはない。そこでそのバイアスを壊す作業を、クライアントとともにやります。具体的には、一緒に旅に行くのが一番早い。それも例えばオフィスをつくる時に、オフィスを見に行くのではなく、動物園とか新宿ゴールデン街の狭いスナックに行って、混雑の中のラグジュアリーとか予期せぬ情報との出会いとかを考える。そんな提案に意味を見い出して付き合ってくれるクライアントと組んで、半年くらいのワークショップを経て、1年後にすごく面白いアイデアをつくる。そういうプロジェクトがいくつか動いています。

安田：今のインプットの他、最後の最後に図面としてアウトプットする前に、スキット、演劇も取り入れたりもします。例えば、ある研究所では、アイデアを生む家具をストーリーとともにデザインしました。クライアントと一緒に僕らも演じる。そうすると建築家の視点ではなく生活者の視点になれるので、それがうまくいかなければ、その空間なりサービスがおかしい。そうやってプロフェッショナルであるがゆえの狭い領域に落ち込まないことを意識しています。

白井：一緒に動物園に行くクライアントがいるというのは面白いですね。僕らが考えているほど日本人は堅くなくて、じつはいろんな許容量がある。それがもしかしたら、今日のテーマの「東京の可能性」かとも思います。

規制の排除と建築家のポジション

白井：ニーズが今までいわれていることと違うのだろうという仮説を持って、みんな活動をしているように思います。だけど既存のニーズを突き崩して、新しいニーズを発見するのがなかなか難しい現実もある。その象徴がオリンピックのプロジェクトではないか。ではなぜ僕たちは規制にしばられ、その枠を取り払えないでいるのだろうか。それは法律的な規制だけではなくて、慣習もあるかもしれませんね。

安田：パブリック・スペースに人が集まることを規制し始めたのが、60年安保だといわれています。しかし今、デモ対策でパブリック・スペースを考える必要はないのかもしれません。なにをきっかけにパブリック・スペースを捉えていくかはすごく難しいのですが、自分の身近なものから捉えていくのが良いのかと思います。先ほどのアンドロイドを映したものは、そこをもう一回見つめ直すためにつくってみました。なぜ電車の中で自分はスマホしか見ていないのかと。

塩浦：東京という大都市において目の前にある規制を取り払えないのは、入り組んだ問題点を集中的に解決できる人がいなくて、どこをどうひもとけば良いか分からないのだと思います。建築家の問題はポジショニングで、与えられた土地に設計するだけではなく、ちょっとずれたところからファンクションを破壊することを考えなければならない。建築家が本来持っていた人間視点というものが大事になります。

上田：私の経験でも、あるポジションでお金をもらうと、いろんな規制でがんじがらめになってしまう。石巻のプロジェクトのように初めからノンプロフィットと言っておけば、向こうのニーズを聞き出すことも、こちらをうまく使ってもらうこともやりやすい。とにかくみんなでシェアして同じ船に乗せてしまえば、動き始めるようなところもある。それがもっと自由にできると、ひとつのブレイクスルーになるのかなと考えます。

白井：オリンピックの研究をしていると、グローバル・シティの研究とつながります。世界で注目される都市には強権を発動できる人がいる、という単純な結論に

なったりします。先ほどの塩浦さんの話は、建築家はもっとしたたかになれというメッセージだと思います。リチャード・ロジャースという建築家は、優しくニコニコとしたおじさんですが、ロンドン市長のアドバイザーでもあり、市長の横で「こうした方が良い」という耳打ちを常にしています。

東京で
パブリック・スペースを試す

白井：もうひとつ大事なのは、安田さんのプレゼンにあった「試せる」というキーワードだと思います。東京の可能性として、どれだけいろんなことが試せるのか。大島さん、どうですか。

大島：僕の地元を見ていると、伝統的な規制が多いのは都市よりも地方だという気がします。東京は人をフリーに受け入れる強さを持っていて、その意味では試しやすいと思います。

上田：僕はイエスでありノーであると思う。東京という都市は個人が持っている土地ではなんでも試せるのですが、公共でそれをやろうとすると大変だとつくづく感じます。代官山ヒルサイドテラスは朝倉さんという方の私有地だし、六本木ヒルズも同様ですね。石巻も私有地だったので、その場所であればなんでもできます。

白井：公共の土地は、これからいろんなことの実験場になる可能性はありそうです。

安田：白井さんの言われた、今までと異なるニーズをどう見い出していくかにつきると思います。東京は、外国人も含めたいろんな人が試していく上での価値が非常に高い。昔は、マーケティングをして、研究開発をして、それで実証実験をまちでやりましょうという方法だった。今はなにが正解か分からないから、とりあえずやってみて、そこから発見していくという逆のプロセスに変わったと思います。公共側が経済的に厳しく、もう打つ手がなくなってきた時、そこに企業が絡んでいく余地は多分にある。

白井：公共のピンチが都市のチャンスになる、という感じですね。

塩浦：東京は試し放題のまちだとポジティブに捉えています。例えばカラオケやヤマト宅急便も東京発だと聞きます。そういう都市におけるイノベーションはじつはどんどん起きている。最初に周囲で起きたことが東京に入り、それが止まらなくなると規制が入るという流れです。でもそういうルールから逃れ、早く走ることができれば、こんなにいろんなことが試せる都市はない。今、レギュレーションやパブリック・スペースが老朽化して機能不全になっていることこそ、逆に言えば試すチャンスだと考えています。

白井：僕は日本人は、外国人からすると「バカじゃない?」ということを本気でやれる民族だと思っています。そこが新しいイノベーションを起こす機会ではないか。今日は、ニーズと、それをしばる枠組みに対して、「とりあえずやってみる」というイノベーションが皆さんの発言から引き出されたのは収穫だったと思います。

質疑応答

会場A：新国立競技場の計画について、どうしたら社会に開いていく可能性があるのか、アイデアがあれば教えてください。

塩浦：白井さんも言われたように、どうやってあそこに来て、どういう休憩をして帰って行くのかというジャーニー・エクスペリエンスを考える人がいない。駅のセキュリティやSNSを使ったモビリティシステムをどう改良するのかという方がじつは議論すべきことだと思います。

安田：もうひとつ、ちょっと余白をつくる、ユーザー側から、こうなったらもっと良い、私ならこうする、という場をつくることが重要だと思います。

上田：開いていくというのは、その場所に愛着を持ってもらうことですから、開催までの4年間、みんなでワークショップを続ければ良いんじゃないか。みんなで木を植えたり、ランドスケープをつくっていくと、そのプロセスの中で愛着も生まれ、末永く使い倒していけるのだと思っています。

白井：今回はデザインビルドというコンペで設計者と施工者が選ばれましたが、あそこにイベントを仕掛ける人や運営する人が入っていないのが残念です。また安田さんの言った「余白」というのは大事で、過去のオリンピックスタジアムで失敗したのは、つくりすぎたものなんですね。余白のあることが、じつは将来のための重要なプラットフォームになっています。

会場B：今回のオリンピックでは、予算と規模の問題で業界と市井が大きく食い違ったと思います。今の東京では新築をつくらなくてもオリンピックができる状況にあるのでしょうか。

白井：僕は、東京に今あるもので全部できると思います。ただオリンピックの招致はゲームですから、そのストックだけを使ったゲームプランで勝てるかどうか。IOCは特定の競技を代表する人たちによる組織なので、それぞれが受け持つスポーツのために座席数の多い立派なスタジアムを求める。しかし、それがオリンピックを継続できるかどうかという危機を生んでいて、その価値観が変わっていく可能性はあると思っています。

[出典]
fig.1, 3, 6, 10：白井宏昌
fig.2：photo by OK Apartment—RUTA PICASSO BARCELONA　https://goo.gl/EcIPjW
fig.4：photo by Geoff Livingston—Turner Field: Home of the Atlanta Braves https://goo.gl/hFh0h4
fig.5：photo by James Emery—Fountain and Americasmart_3141　https://goo.gl/QSslH5
fig.7：photo by BaldBoris—Construction of Olympic Park, London — (April 2012) https://goo.gl/3078HR
fig.8：photo by Don—Potters Fields Park 2007 https://goo.gl/mG2yF6
fig.9：photo by DncnH—King's Cross https://goo.gl/VQWLs2
fig.11：photo by Satoshi Nagare
fig.12–18, 20, 22：NIKKEN SEKKEI LTD
fig.19, 21：『Public Space』日建設計発行、2015年12月
fig.23：©Resort World Sentosa
fig.24–26：上田真路

家具ワークショップ

家具デザイナーになって、代官山のまちに家具をつくろう！

これからのデザインを考えるにあたり、子どもたちがデザインに触れ、デザインの楽しさを感じられる機会が必要だと考えました。思考し表現することを通じて、建物やまちを身近に感じてもらう企画です。まちの人たちが座って休み、おしゃべりをするきっかけとなるようなストリートファニチャーを、代官山のまちにつくります。子どもたち自身でテーマを考えて、ダンボールを素材に家具を制作するワークショップです。

[開催日]
2016年2月28日(日)敷地見学会、家具制作
2016年3月6日(日)お散歩発表会

[会場]
代官山ヒルサイドテラス・アネックスA棟

[会場提供]
福美人株式会社
株式会社スーパープランニング

[協力]
伊東建築塾(NPOこれからの建築を考える)
代官山ステキな街づくり協議会
代官山コンシェルジュ

家具ワークショップ講師

藤江和子　Kazuko Fujie

家具デザイナー／藤江和子アトリエ代表／多摩美術大学客員教授。東京大学、東京工業大学、長岡造形大学非常勤講師。槇文彦や伊東豊雄など、建築家とのコラボレーションを通して『建築と人と家具』の新しいあり様を提案している。主な作品に「みんなの森ぎふメディアコスモス」「多摩美術大学図書館」(伊東豊雄設計)「テレビ朝日」(槇文彦設計)「リアスアーク美術館」(石山修武設計)など。

元倉眞琴　Makoto Motokura

建築家／スタジオ建築計画代表／東京藝術大学名誉教授。1946年生まれ。東京藝術大学大学院修了後、槇総合計画事務所を経てスタジオ建築計画を設立。主な作品に「ヒルサイドテラス・アネックス」、「朝日町エコミュージアムコアセンター創遊館」、「サイエンスヒルズこまつ」など。主な著書に『アーバン・ファサード:都市は巨大な着せかえ人形だ』(住まいの図書館出版局)『集まって住む(くうねるところにすむところ:子どもたちに伝えたい家の本)』(インデックス・コミュニケーションズ)など。

代官山のまちなかに家具をつくろう！

門間（実行委員）：このワークショップでは、大学生10人と小学生9人で5つのグループをつくって、ストリートファニチャーをつくります。まず、どうやって家具をつくったらいいのか、私から皆さんへ説明したいと思います。

ある家具デザイナーは、家具をつくる時に「何かに身体をあずける」ということを考えるそうです。この「何か」が、今回皆さんがデザインする部分になります。人の仕草には、様々なかたちがあるので、身体にあった家具とは一体どんなかたちなのか、一緒に考えてみましょう。

例えば、今皆さんが座っているイスはどこにでもあるようなかたちかもしれないけれど、実は不思議なかたちをしているとも言えます。高いところと低いところがあって、身体の仕草に合わせて人を支えるように家具はデザインされています。ちょっと腰を掛けて本を読んだり、ちょっとした出っ張りに上着を掛けたり、かばんを置いてみたり……。立って寄りかかりたいなという時にも、その仕草に合った家具があるとまちが楽しくなることでしょう。

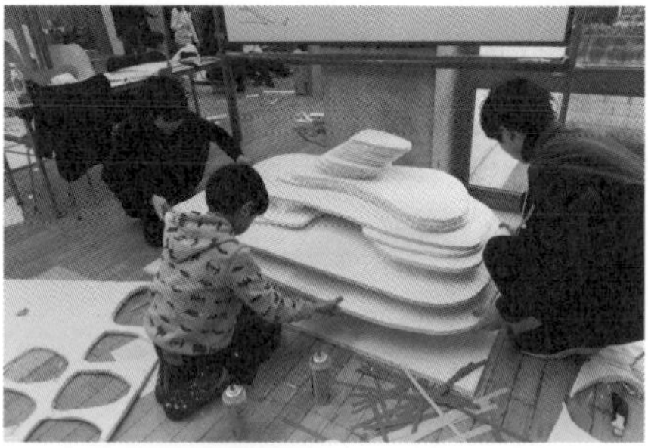

つまり、大切なことはかっこいいかたちじゃなくて、どうやったらそこにいる人を支えてあげられるのか、居心地の良い空間をつくってあげられるかを考えることです。そして、代官山のまちを歩いてから、家具のつくり方を考えましょう。そして、制作した家具を実際に代官山の4カ所に置き、まちの人たちが自由に使えるようにします。最終日には、家具デザイナーの藤江和子さんと建築家の元倉眞琴さんが皆さんの作品を講評します。それでは、家具デザイナーになって、代官山をもっと楽しい場所にしていきましょう。

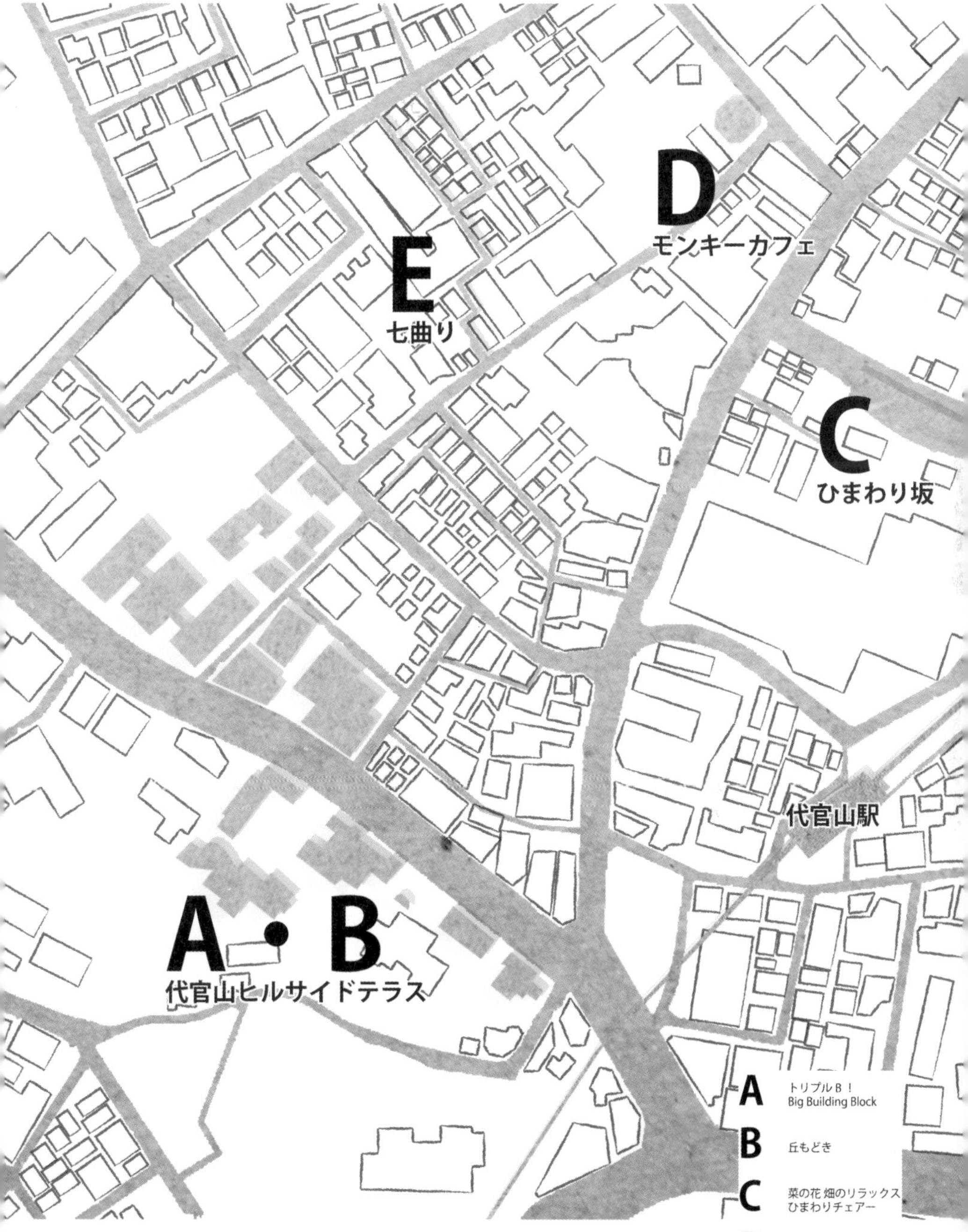

代官山ストリートファニチャーマップ

- **A** トリプルＢ！ Big Building Block
- **B** 丘もどき
- **C** 菜の花 畑のリラックス ひまわりチェアー
- **D** holes
- **E** ココ間 七曲り

お散歩発表会（作品紹介）

A.代官山ヒルサイドテラス

「トリプルB!
Big Building Block」

制作者：小林如晏、村越こはる

講師コメント

小林：このイスの後ろにあるカフェには絵が飾ってあって、どこに座ってもそれを見ることができるように丸い形にしてました。また、家族でつかう時は机やイスをくっつけて、一人でつかう時は離して使うことができます。この近くにある木の枝をイメージして、一つのまるい家具を四つに分けたら、いろいろな大きさになりました。

藤江：ここを訪れる人たちの望んでいることをよく観察していますね。そして、訪れた人がここで絵を見たり、お話したり、なんでもできるようになっている。しかも、高さや大きさといった寸法も完璧にできています。ここに座ろうと思ったら、ちゃんと足が入るようになっていて、大人にも子どもにもちょうど良い。木の枝から発想していることにも感心しました。もう、デザインとしては完璧ですよ。弟子入りして欲しいぐらいです。

B.代官山ヒルサイドテラス

「丘もどき」

制作者：兼清悠祐太、佐口幸太郎

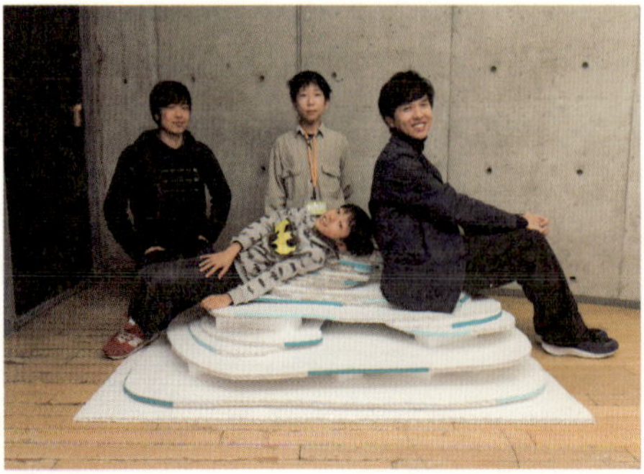

講師コメント

佐口：独特なかたちをしているので、代官山を訪れる様々な人たちが集まってきます。

兼清：寝たり、座ったりいろいろなことができるよう、かたちを工夫しました。一番高い部分が枕になったり、机になったりします。

藤江：このイスの一番高い部分は良いですね。いろいろな使い方が考えられている。ダンボールの小口の所々に青いテープが貼っていますが、どういうイメージですか?

兼清：これは、風をイメージしています。だから、全ての小口に青いテープを貼るのではなく、小口の一部にだけ貼っています。

元倉：左右で高さが違うデザインはどういう経緯で思いついたの?このかたちは発見だよね。枕にも机にもなるから、室内に置いてもいいかもね。

C.ひまわり坂

「菜の花畑のリラックスひまわりチェアー」

制作者：石原令大

講師コメント

石原：僕がつくったイスは、この場所でだれでもリラックスできるイスです。ここは、春は菜の花畑、夏はひまわり畑で、その環境に合わせてイスをつくりました。座ると、イスの背が蝶の羽みたいに見えるようになっていて、蝶になったように思えます。また、背もたれが本棚になっているので、本を読みながら菜の花畑を見ることができます。

藤江：坂のこの場所に上向きに置いたことがとても良いですね。イスの前の段差に足を掛けて、身体をリラックスさせると、空がたくさん見えます。腰掛けてみると菜の花に囲まれて、とても気持ちがよかった。もう、彼が言っていた通りの体験ができました。つくってみて、どうでしたか?

石原：意外と横幅が小さくて困ったけれど、この中に板を入れたら本がしまえることに気づきました。

元倉：つくりながら気づいたのは偉いですね。

D.モンキーカフェ

「holes」

制作者：雀部 遼、久枝ミアン

講師コメント

藤江：元倉さんのことは、仕事場もすぐそばで昔から知っているんだけど、このイスにこうやって一緒に座ってみると、昔から友達だったなということをあらためて思い出します。そんな距離感がいいですね。

元倉：仲良くなれる距離感ですね。

藤江：座面はダンボールの小口が重なってできています。ここに身体をあずけるというのは、不思議な心地良さがあるんですね。固すぎず、柔らかすぎずとても良い感じです。

元倉：ここは坂だから、より勾配を感じるようにつくってあるのかな。

藤江：このアイデアは、ここに来て思いついたのですか?

雀部：この場所の写真を見て、色のバランスも考えながらつくりました。

元倉：この企画が終わった後も置いてもらいたいくらい、面白い作品ですね。

E.七曲り

「ココ間七曲り」

制作者：内田 薫、落合真悠

講師コメント

内田：ここは美容院の前なので、待ち時間にお客さんが座れることと、ここにお店があることが分かるようにしました。

落合：人が入って来れるかたちとして門を、人が集まれるかたちとしてこたつをつくりました。また、子どもから大人まで座れるように、イスの座面の高さを35cmから40cmまでにして、波のような起伏をつくっています。

藤江：公共の場所でイスの高さに配慮しているのはすごく良いですね。とくに、こたつのテーブルが七曲りを象徴するように凸凹していて、正方形ではないのが画期的なアイデアのような気がします。

元倉：イスの足はダンボールを何枚も巻いているから、とても頑丈ですね。ここには、自転車や看板などいろいろなものがあるけれど、波のようなかたちの座面が歩いている人たちの注意を引いていることも、イスという観点からこたつにまで展開させられたことも面白いですね。

お散歩発表会を終えて

藤江：どのチームも、その場所に合わせて、まちゆく人のためによく考えてつくっていて、大変素晴らしかったです。代官山を訪れる人たちが、その場所をもっと自然に理解できるし、代官山の良さを発見できる作品ばかりでした。

例えば、「A.トリプルB！」は、もう家具デザイナーの作品になっていると思います。もっと飛躍して欲しいと思いました。

「B. 丘もどき」は、制作者二人の今のからだにピッタリ合っていました。家具としては最高ですね。家具はスケール感が大事なのです。

「C. ひまわりチェアー」は、青色と黄色とピンクのテープがとても良い。ちょっとした工夫で、私たちにデザインとは何かということを気づかせてくれました。

「D. holes」は、自分で場所を見つけて座ったり、寝転がるといった、その人なりの行為を発見できるのは素晴らしいですね。

「E. ココ間七曲り」の、四角くないこたつは画期的なアイデアだと思いました。世の中のこたつはなぜ四角いかたちしかないのか考えさせられました。

私はデザイナーですが、あらためてデザインをする時の気持ちを新鮮にもち、初心に帰ろうと思いました。本当に勉強になりました。ありがとうございました。

元倉：それぞれの作品については藤江さんが丁寧に話してくれた通りです。今回、作品を講評して、大人がつくるものと子どもがつくるものの決定的な違いは、実際の物について考えるかどうかということだと思いました。以前、大学で建築の設計を教えていましたが、学生たちは建築をつくる時に実際の物ではなく、図面や絵を考えていました。しかし、このワークショップは、ダンボールに触れて何ができるかと子どもたちは考えていました。それは最初から頭の中にあったのではなく、触りながら手で覚えていった。実際に自分の手や身体を使って、物を支えたり、空間を覆う体験が重要です。今回皆さんがそれを十分できていたのが良かったと思います。そして、それが君たちにとって財産になるのだろうと思います。

もうひとつ最後に、僕が必ず大学の授業の最初にする話をします。何もない、乾燥をして灼熱の砂漠のような土地を、一人の旅人が歩いているところを想像してください。暑くて歩き疲れていると、先に岩が見えたので、それを目指して歩きます。近づいてみるとあまり大きくなく、ほぼ平らでした。「ここに座ったら楽だろうな」と想像した瞬間、岩は単なる岩ではなくなりイスになるのです。旅人は何も手を加えなかったけれど、イスをデザインしたのです。それを知ってしまえば、どんなイスもデザインすることができるのです。だから、今度まちを歩く時は、注意して様々なものを観察してみてください。今まで気づかなかったことが沢山あるはずです。今日、このワークショップに来た皆さんにとって、新しい発見があったのなら嬉しいなと思います。ありがとうございました。

積み木ワークショップ
けんちくかとつくる
たてもの・
ひろば・
まち

小学4-6年生が対象の「TSUMIKIで作る、ひろば・たてもの・まち」

積み木で空間認識やバランス感覚を養い、デザインする楽しさを学んでもらおうというワークショップです。そして、できれば建築やまちについて意識しはじめてほしいという希望をこめて、「たてもの・ひろば・まち」をつくるというテーマが設定されました。これは建築家や建築系学生がもっと関わっていくべき「教育」の課題でもあります。

[開催日]
2016年3月2日(水)

[会場]
GARDEN GALLERY（代官山T-SITE内）

[協力]
隈研吾建築都市設計事務所
こどものためのアート情報誌[tonton]
一般社団法人 moreTrees
岡田畳本店

[協賛]
カルチュア・コンビニエンス・クラブ株式会社

13:00-14:30

「だれがたかくつめるかな？」

対象：未就学児

TSUMIKIを積み上げ、誰が一番高く積めるかの挑戦です。どうすれば高く積めるのか、どうすれば倒れずに積めるのかいろいろ試してもらいました。人や木の絵を描いた紙を立てて、スケール感を養っていくことを目的としています。

16:00-17:30

「城と城下町をつくろう」

対象：小学1-3年生

TSUMIKIの他に紙やプラダンを使った、城と城下町づくりです。徐々に一人ひとりが役割を見つけ出し、共同制作になっていきました。天守閣をみんなでつくり、お堀や櫓、線路もつくりました。紙に手描きの人や樹木も置き、建築のスケールを感じてみましょう。

19:00-20:30

「TSUMIKIで作る、ひろば・たてもの・まち」

対象：小学4-6年生

同じく紙やプラダンも加えて、こんどは「まち」をつくります。最初は各々敷地が与えられ、その中で自分のつくりたい建物をつくっていきました。お隣の建物同士を、道路でつなげていき、大きなひとつのまちにつくりあげます。そしてそれぞれの建物の役割を考えて、全体のまちに足りないと思ったものを広場に加えていきました。

2016年3月2日、代官山T-SITEを会場に、子ども向けの積み木ワークショップ［けんちくかとつくる『たてもの・ひろば・まち』］を行った。小学生以下の子どもたちが、建築家と一緒に積み木で建築やまちをつくっていく。参加された建築家は、第1回トウキョウ建築コレクション設計展のグランプリ受賞者・神谷修平さん。実行委員数名が彼をサポートして、子どもと対話したり、困った時の手助けをする。ワークショップは、未就学児、小学校低学年、小学校高学年の3回。それぞれの年齢に合わせてテーマを設定し、そこに向けて建築家がファシリテートするものだ。最初に「建築って何か知ってますか?」と短く問いかけた後、基本的に子どもは自由に積み木を積んでいく。実はこのオリジナルの積み木「TSUMIKI」は、神谷さんがデザインを担当したもの。山形の独特なフォルムは、新しい積み木のあり方を追求した結果なのだ。ワークショップの進行・運営は、子ども向けイベントを数多く手がける「tonton」に協力していただいた。

小学1-3年生が対象の「城と城下町をつくろう」。
スラブに相当するボードも使って「建築」になった。

未就学児が対象の「だれがたかくつめるかな？」。
アシスタントが終始一緒にお手伝い。横に並べていこうとする子が多かった。

建築家がデザインする積み木

TSUMIKI

設計：隈研吾建築都市設計事務所
製造：moreTrees
http://more-trees-design.jp/

この積み木は、国産材で玩具をつくるというコンセプトで、神谷修平さんが所属する隈研吾建築都市設計事務所が企画・デザインしたもの。国産木材の活用をすすめている「moreTrees」との協働の中で、設計が始まった。このシンプルな山形に至るまでの経緯はいくつかある。まずアイコニックであること。この形は、単独だと木または屋根、複数だと森や山にも見える。従来の積み木のような面同士を重ねるものではなく、3次元的に組めるもの。そしてレゴのように噛み合って強く固定されるのではなく、バランスを保たないと崩れてしまう、ブロックじゃなくて積み木。それらを追求し試作を繰り返して辿りついた形だという。並べるとトラス構造に近く、安定する形であるにもかかわらず、ヘンな力が加わると積み木らしく崩れる。 山形の足には切り欠きがあり、積む方向を変えても自然に噛み合う。注目は山形の頂上接合部分。建具職人による伝統的なディテール「かんざし」による留め接合でできているので、狂いがなく丈夫。狂いがないから建築的に積んでいける。もはや技術的には工芸品の域だが、手荒く扱っても長持ちする玩具に必要な性能と言える。日本のレゴというだけあって、畳にも自然と合う。

組み方には種類があるが、想定していた組み方の他、実際触っているうちに後からもバリエーションが増えたという。以前最大30倍まで大きくしてワークショップを行ったことがあるそうだが、大きさによって振る舞いや人との関係性も変わる。いろいろなスケールで意味をもつ、この形が建築にも生かせる可能性が大きい、と神谷さんは話す。

小学4−6年生が対象の「TSUMIKIで作る、ひろば・たてもの・まち」。最初にまちに何があるかを考え、それぞれマンションや公園、リゾート地などのテーマを自分で設定し、TSUMIKIで表現していく。

未就学児の回では、最初は「TSUMIKIを高く積んでみよう」というところから始まる。ある程度触ることに慣れると、次は人や電車を置いてみて積んだTSUMIKIを家や建物、まちの機能に見立ててみる。スケールを考えながら、それぞれの建物をつないで大きな一つのまちをつくる。

小学校低学年の回では、「城と城下町」というテーマで、建築家の仕事とともに簡単な城の構造を教わる。それに沿ってTSUMIKIを積んでいく過程で、スラブに見立てた材を入れてみる。みんなで大きな城を完成させ、そのまわりに付随する橋や他の建物を展開させていった。

小学校高学年の回では、まずまちに何があったか考え、TSUMIKIで再現するところから始める。それぞれのまちをつなげることで、まちから都市へと変化する。都市ができると、それぞれのまちをつくった町長たちが集まり、都市のシンボルとなる塔をつくる。

毎回まちが完成すると、気に入った部分を切り取ってスケッチをする。最後にそれを見せながらそれぞれ何をつくったのかを発表した。年齢が上がるごとにルールが増えていくが、大人が促す前に、子供たち自身で道をつくって建物同士をつなげたり、小学校高学年の回では、TSUMIKIを触っていくうちに柿葺のような構造物を自然とつくり上げる子もいて、その発想力には驚かされる。

ワークショップ終了後、神谷さんは「これからの教育の場では、『建築』という科目が学校の授業にあってもいいのではないか」と話した。造形力を高めるということももちろんあるが、まちに対する市民の意識を高めるためだという。「まちづくりや景観は専門家が考えるもの」という漠然とした感覚は、改善されつつあるが、いまだ根強く残っている。公共への意識は子供の頃から根付いていくものなのかもしれない。私とまちはつながっている。プライベートとパブリックというのは断絶されるものではなく連続するものだ。そのような感覚を身につける土壌をつくることも、現代の建築家の役割であり、建築を社会へひらくことへのひとつの可能性になっていくのだ。

小学1–3年生が対象の「城と城下町をつくろう」。完成したまちをスケッチし、各々何をつくったかプレゼン。想像力の広がりがよく見える。最後はみんなで記念撮影。

トウキョウ建築コレクション2016
全国修士設計展採点表

氏名	所属大学	作品タイトル	長谷川	青木	連	内藤	福島	計
池田拓馬	芝浦工業大学大学院	空間的ポリフォニーのための習作 「重なりの手法」を用いた壁面の空間性の考察 あるいはバルセロナの壁面構成を設計に応用する手法の研究			1			1
石津翔太	早稲田大学理工学術院	**混在併存の相** 本牧三溪園を舞台として	1	1	1			3
石原愛美	東京藝術大学大学院	**空間文体練習** 読み替えのプロフェッショナルから学ぶ 新たな都市へのまなざし		5	2	2	5	14
井上 修	千葉大学大学院	共有基礎の街 谷埋め盛土造成地に如何に住まうか		1			1	2
遠藤優斗	東京理科大学大学院	建築と秩序 予定調和を超えた質をもたらす〈しなやかな秩序〉			1			1
大川華奈	千葉工業大学大学院	舞の軌跡 軌跡の記述による建築提案					2	2
岡武和規	東京理科大学大学院	経路選択による多様な空間定位を有する建築 渋谷駅におけるシークエンスに着目した設計手法			1	1		2
荻野翔馬	早稲田大学理工学術院	**E.L.ブレー「ニュートン記念堂」の建設設計論・試論**		2		1		3
小野寺憂貴	工学院大学大学院	映画的シークエンスの設計手法 ゴダール映画とコルビュジエ建築の持つ時空間について	2					2
片岡大輔	東京理科大学大学院	中空のスタディーズ		1				1
菊井悠央	神奈川大学大学院	**状態としてのお寺** 重層的視点によるお寺という空間の再構築	2				1	3
喬 龍盛	早稲田大学理工学術院	**趣味から市井文化の復興図る** 上海中高齢者向け集合住宅	5					5
楠目晃大	神戸大学大学院	Topological Structure 伸縮膜を用いたトポロジー構造体による建築空間の設計	1	1	1	1		4
齋藤 弦	千葉大学大学院	Learning from Barracks バラックの生成過程における三層性および環境に対する 一問一答性を生かした住宅の提案		1	2	2	1	6
齋藤拓磨	東京電機大学大学院	A STORY ON WHITE LINE OF 15 CENTIMETERS WIDE 幅15センチメートルの白線に纏わる物語		1			1	2
齋藤直紀	東京理科大学大学院	**眼差しの写実** 町を歩いて見つけた場所とその観察によって 考えられる建築のあり方	1	2			2	5
佐野 優	早稲田大学理工学術院	**都市と自然の再構築** アズマヒキガエルを指標とした善福寺川流域モデル	1	1		1		3
佐野勇太	メルボルン大学大学院	**形而下的記憶** 混成変容設計手法論		2	5	5	2	14
澤口花奈	東京都市大学大学院	add on tower 都市を集約化する建築の構想				1		1
清水孝一	多摩美術大学大学院	表面張力による水膜 視覚的効果と冷却効果の実証と空間利用法				1		1
庄野航平	早稲田大学理工学術院	**郷里の模索** アイヌの座標感覚にみる、カムイノミ巡礼舞台と 供養祭儀、並びに、地域への福祉的還元	1	2	2		1	6

※採点方法は一人あたり、5点×1人、2点×5人、1点×10人を持ち点とし3点以上の得票があった14名を1審査通過とした。
※応募92作品中点数が入った作品のみ掲載。

氏名	所属大学	作品タイトル	長谷川	青木	連	内藤	福島	計
杉山由香	東京藝術大学大学院	歴史と今を伝える穴 the hole ――tell us past and present		1	1			2
鈴木 俊介	東京都市大学大学院	根張る建築 民話分析・転用による建築設計、風景としての新しい建築	1					1
鈴木理咲子	東京藝術大学大学院	記憶をなぞる家 日常写真から紐解く土地と家と家族のこれまでとこれから		1	1			2
関根卓哉	東京理科大学大学院	木造密集市街地における都市防火の手法の提案 木造・木質建築を許容する更新の可能性				1		1
高野夏実	東京都市大学大学院	寺院における音楽堂の提案 女川町照源寺のcase studyを基に、 昨今の寺院のあり方において新たな提案				1		1
田代晶子	早稲田大学理工学術院	辺境にいる	1					1
立石直敬	東京都市大学大学院	**無電機構**			2	2	1	5
張 卓群	早稲田大学理工学術院	町への移転 中国外来労働者の為の到着町デザイン					1	1
遠田拓也	東北大学大学院	庄内砂丘における砂防手法にみる 親砂環境デザインに関する考察	1				1	2
中川宏文	東京理科大学大学院	準物体的建築の設計 建築構成要素としての雰囲気の記録を通じて				2		2
野口この実	神奈川大学大学院	都市のもう一つのファブリック 無垢の創造性を解放する場所				1		1
野﨑 俊	東京理科大学大学院	つくりかた と もとのかた 工法と歴史から意匠を考える				1		1
袴田千晶	日本女子大学大学院	あぶくの建築 空間知覚の自覚化を目的とした 「あぶくの建築」――密実な媒質	2					2
林 万里亜	早稲田大学理工学術院	旅する吉野材 吉野川流域におけるアクターネットワークの編集					2	2
樋渡彩華	日本女子大学大学院	集まって住む新しいかたち 千葉県東金市における多世代型シェアハウス	2					2
藤原芳博	前橋工科大学大学院	連続する記憶 共有記憶を再構成する建築の設計			1		1	2
蒔苗寒太郎	東京大学大学院	巻ける建築 手仕事とロボットを融合した設計・制作手法の提案		1	1			2
牟田龍二	千葉工業大学大学院	**クリストファー・アレグザンダーにおける** **「15の幾何学的特性」を応用した建築設計の提案** ポストヒューマニズムの建築	1		2		1	4
村松佑樹	東京理科大学大学院	undressing and dressing 脱ぎ着する建築	1					1
吉川崇裕	東北大学大学院	**自家像** 吉川家住宅にみるデザインパターンを用いた 「ふるまいの複層性」のある建築の提案		2	1	2	2	7
渡邉圭亮	前橋工科大学大学院	みちに寄り添う、みちにある家 生活空間における「みち」と建築の境界の3つの再考を通じた、 地方都市群馬県前橋市中心市街地への設計提案	2					2

トウキョウ建築コレクション2016
全国修士論文展採点表

分野	氏名	所属大学	作品タイトル	青井	新谷	石川	一ノ瀬	森田	八束	計
都市	赤羽祐哉	首都大学東京大学院	生活関連トリップ集中量と目的地空間特性の対比による 人々を惹きつける都市の研究				3		1	4
計画	飯田瑛美	早稲田大学理工学術院	左官職人の「実験」的技術における 意匠的側面に関する基礎的研究				1	1		2
都市	**石井孝典**	東京大学大学院	**LRTを通じた都市体験に関する研究** パブリックスペースとの関係に見る祝祭性と映像性	3		5		5		13
計画	稲垣和哉	東北大学大学院	店舗の空間的・業種的共起関係に基づく 中心市街地の潜在構造分析		1					1
都市	上野若太郎	慶應義塾大学大学院	空間的経験と行為に影響を及ぼす仮設的な 街路構成要素に関する研究 自由が丘九品仏川緑道の祝祭性を例として			1				1
歴史	太田 潮	東北大学大学院	コッヘンホフジードルンク(1933)の平面及び立面構成に関する考察 ヴァイセンホフジードルンク(1927)と技術的制約からの影響について						1	1
計画	小笠舞穂	日本大学大学院	美術館における無料公開された室・スペースに関する研究							0
その他	**笠井 洸**	豊橋技術科学大学大学院	**6軸ロボットアームの導入による建築デザインの展開** 木工切削加工の可能性の検証		1				5	6
計画	**桂川 大**	名古屋工業大学大学院	**批判的言語描写における建築の異化様相** 建築雑誌『新建築』(1980-2014)を対象として			3	3			6
歴史	**印牧岳彦**	東京大学大学院	**バイオテクニカル・モダニズム** 1920年代を中心とした建築と生物学の関係の諸相	5					3	8
歴史	神崎竜之介	明治大学大学院	関東大震災後東京に建てられた銅板貼り建物に関する研究 看板建築の発生と災害・生産・制度・意匠					1		1
歴史	小岩井彩未	東京理科大学大学院	三州における瓦の生産形態の研究 だるま窯で焼成されるいぶし瓦を中心に					3		3
計画	小林拓也	日本大学大学院	地域活性化の新たな起点となる建築計画の提案と その評価に関する研究 福島県内の過疎指定の自治体におけるケーススタディ		1				1	2
計画	**佐々木雅宏**	慶應義塾大学大学院	**建築の空間構成における、視線、動線、 空気の関係性を定量的に評価する手法の提案**				5			5
計画	佐藤樹典	琉球大学大学院	タイ新国会議事堂設計競技案の意匠に関する研究							0
その他	佐野智哉	名古屋工業大学大学院	加子母明治座改修工事と地域の意識・動向に関する 映像記録制作の計画と実施	1				1		2
計画 構造	**島田 潤**	東京大学大学院	**スリット入りサーフェイスの 3次元展開形態シミュレーションの研究** モバイル・パヴィリオン設計への応用を通して		3				3	6
計画	須沢 栞	新潟大学大学院	仮設住宅居住の構築環境を活かした近隣再建 仙台市あすと長町地区のケーススタディ				1			1
都市	**芹沢保教**	工学院大学大学院	**高蔵寺ニュータウン計画に開発前の地形が与えた影響** 自然環境を基盤とした郊外ニュータウン再編の可能性	1		3			1	5
都市	竹之下賞子	千葉大学大学院	現代都市における公共空間の存在可能性		1	1				2
その他	種村和之	東京大学大学院	ルイス・カーンの第0巻をめざして 感情からの遡行	1						1

※採点方法はひとり20点とし、5点以上獲得した
10名を予備審査通過とした。

分野	氏名	所属大学	作品タイトル	青井	新谷	石川	一ノ瀬	森田	八束	計
その他	辻 佳菜子	東京理科大学大学院	都市の公共空間における流動・滞留に関する研究 新宿駅東南口駅前広場を対象とした調査分析			1				1
計画	寺田友里	九州大学大学院	ポストテンションを用いたテンセグリティのデザインと施工		3				1	4
都市 その他	中島 匠	東北大学大学院	J・M・ジャウレギの建築作品に関する考察 リオデジャネイロ市のファヴェーラに見られる 都市デザインの更新性							0
計画	**中島亮二**	新潟大学大学院	**新潟市市街地近郊農地における農小屋の様相** 自力建設空間からみた地方都市周縁部の 農地利用に関する研究	1		1	1	3		6
都市	西出 彩	滋賀県立大学大学院	北京旧内城の空間構成と城中村化 新太倉歴史文化保護区を対象にして	1						1
計画	西野真伍	近畿大学大学院	オーニングについて ウラなんばのオーニング下空間における にぎわいの溢れ出しに関する研究							0
構造 生産 その他	**畑中快規**	千葉大学大学院	**可動テンセグリティ構造の建築利用に関する研究**		3		3	1	3	10
計画	樋口徹也	信州大学大学院	中山間地域における並び家形式住宅の増改築履歴							0
歴史	平場晶子	明治大学大学院	私・共・公のせめぎ合いから見る日本橋・銀座の路上空間の変遷 庇下と露店を中心に	1				1		2
その他	藤代江里香	東京工業大学大学院	東京論にみる現代都市に対する視点と展開 建築家による都市の批評的言説に関する研究		1					1
計画	松田仁樹	東京大学大学院	座空間論			3			1	4
計画	馬淵好司	滋賀県立大学大学院	タクロバン(レイテ・フィリピン)における 住宅生産システムと環境整備手法に関する研究 台風ヨランダからの災害復興・シーウォールをめぐって	3		1				4
その他	右田 萌	明治大学大学院	自動車専用道路の一般道路への改変 及びそれに伴うウォーターフロント再編計画に関する研究 アメリカの先進事例の分析と小田原市への応用							0
構造	**溝呂木 健**	東京工業大学大学院	**木質面材を粘弾性テープと釘により 接着した制振壁の力学的挙動に関する実験研究**		5		1			6
都市	皆川将太	筑波大学大学院	渋谷「公園通り」周辺の都市空間の変容に関する研究			1	1			2
その他	宮崎瑛圭	滋賀県立大学大学院	学生まちづくりの心得 アジャイル開発のフレームワークを応用した プロジェクトマネジメント手法の開発					1		1
計画	茂中大毅	岡山理科大学大学院	美術館における3次元isovistを用いた 可視空間記述手法に関する研究							0
その他	吉池葉子	東京工業大学大学院	建築家の映像的な空間イメージに関する考察 住宅の情景描写にみる領域的・動的性格		1		1			2
歴史	吉田郁子	明治大学大学院	中山間集落・千葉県市原市月出の展開過程 〈中山間集落-中核都市-大都市〉にわたる 戦後人口移動の構造的特質					3		3
歴史	吉永ほのみ	明治大学大学院	近世江戸内海猟師町の展開と近代における維持・変容 東京臨海部の形成過程の解明に向けて	3						3

トウキョウ建築コレクション
2007-2015アーカイブ

2007

※出展作品サブタイトルは全て省略。
出展大学名は略称で記載。

設計展

▶審査員

岸 和郎、塚本由晴、難波和彦、古谷誠章、槇 文彦、山本理顕

▶出展者

神谷修平(グランプリ、早大)
『FOUND ARCHITECTURE』
鳥海宏太(岸賞、早大)『境界深度研究』
中尾友之(塚本賞、信州大)
『Hodaka penetrative design project』
新保佳恵(難波賞、東工大)『ダム シティ』
鈴木雄介(山本・古谷賞、千葉工大)『WORKING SHED』
尾崎悠子(早大)
『大衆雑誌と工業化住宅の変遷に関する研究』
永田 真(早大)『旋流建築体』
武保 学(大阪市大)『柱の習作』
菱田和宏(早大)『表層の位相』
小俣裕亮(筑波大)『the next door, the next floor』
曽我部 紘(早大)『匿名性空間の試行』
田辺裕美(首都大)『4kmの本につつまれる』
濱口 光(神奈川大)『離れながらつながるカタチ』
時田隆佑(東海大)
『連続離散空間モデルによる建築設計手法』
藤 貴彰(早大)『減築研究』
内藤 純(工学院大)『「地」と「図」の関係性にみる建築と都市』
大石直紀(武蔵工大)『歌舞伎座再生』
豊崎寛樹(神戸芸工大)『Twist』
八木橋 悠(工学院大)『インターフェースとしての建築』
宮崎浩英(早大)『資本のダンスは都市を転成する』
松下有為(東京理科大)『ひろがっていて、つつまれて、』
竹下加奈子(武蔵工大)『FAMILY CARE GARDEN』
大室佑介(多摩美大)『国立追悼施設のゆくえ』
寺川奈緒子(東京理科大)『面を愉しむ』
三木達郎(東工大)『空所とヴォリュームが連鎖する都市建築』
吉井麻弥(法政大)
『散居のための集合体 dispersive family』
文野義久(東工大)『「ハイブ・ステーション」
多面隣接乗換えシステムによる新宿駅再編計画』
大関幸恵(東京理科大)
『地形的建築建築的地形ホーチミン建築大学ドミトリー』
武田新平(東工大)『レリーフ シティ』

論文展

▶出展者

赤羽千春(日本女子大)
『nR:郊外戸建住宅地の更新手法の提案』
石井孝幸(早大)
『象徴(フェニックス)とベルリン・フィル・ホール』
井口恵之(神奈川大)
『インターネット発イベントから見た都市空間に関する研究』
稲村 輝(首都大)
『視覚領域に着目した建築・都市空間の記述手法』
今井 茜(首都大)『超高層集合住宅における
戸別改修容易性の評価手法に関する研究』
梅澤一充(芝浦工大)『フランス協同政策下植民地都市計画
と近現代都市計画の関連を巡る研究』
遠藤啓介(東海大)
『多重解像度画像を用いた街路シークエンス景観記述』
遠藤大輔(神奈川大)
『商業集積地における屋外広告物に関する研究』
大橋 航(東大)『大衆メディアの表象に見る夜道』
鍵野壮宏(早大)『質的都市環境の経済的効用に関する研究』
栗生はるか(早大)『“都市の動具”の可能性』
小見山陽介(東大)『19世紀英国の建築状況における
「軽い建築」の受容過程について』
高瀬啓文(名工大)
『都市景観の固有性とそのあらわれかたに関する研究』
高橋明子(東大)『求道学舎・求道会館の社会史』
太刀川英輔(慶應大)『デザインの言語的認知 文法化に
よるデザイン理解のプロセスに関する研究』
田中堤子(東大)『住宅用ヒートポンプ式暖冷房機器の
エネルギー消費量の評価法に関する研究』
團野浩太郎(早大)『多肢的建築』
虎尾亮太(東大)
『日本の都市建築における立面の二面性について』
中西康崇(首都大)
『アルド・ファン・アイクの空間構成手法に関する分析』
中西 豪(早大)
『既存地縁組織がまちづくりに果たす役割に関する研究』
中原由紀(横国大)『まちづくりにおけるマネージャーの
あり方と育成についての研究』
萩野祐介(早大)
『バンコク華人系屋台街にみる都市の飲食空間に関する研究』
福田啓作(東大)『都市災害後の住宅復興プロセスに関
する研究——東京1923、1945』
政木哲也(京大)『近代和風建築の研究』
宮本将毅(早大)
『空き病棟の利用状況から見る病院建築機能論』
本山篤志(東北芸工大)
『建築の写真と社会の枠組みに関する研究』
山田真衣子(早大)
『車室内空間における温熱環境と熱的快適性に関する研究』
横石めぐみ(早大)『暗視下における高輝度蓄光材を用
いた避難行動特性に関する研究』

2008

設計展

▶審査員

青木 淳、大野秀敏、手塚貴晴、古谷誠章、宮本佳明

▶出展者

大島 彩(グランプリ、東京藝大)『支えられた記憶』
泉 秀紀(青木賞、近大)『都市のcrack』
梅中美緒(大野賞、工学院大)『小さな部屋／小さな時間』
中川沙知子(手塚賞、早大)『In pursuit of my scale』
森山 茜(宮本賞、京都工繊大)『mille-feuille』
高倉 潤(古谷賞、工学院大)『隣地間研究』
本郷達也(京都工繊大)『木層』
田原正寛(関西大)
『界隈性をもたらす建築体に関する研究および設計提案』
湊 健雄(東京藝大)『寄家景体』
加藤渓一(武蔵工大)『FRIEND ARCHITECTURE』
斉藤 健(千葉大)『みんなのぶらんこ』
吉田泰洋(東工大)
『アーバン リニューアル イン パッシブデザイン』
正木達彦(近大)『都市の新たなコンプレックス』
奥野 幹(東北大)『死を想う集落』
森屋隆洋(東海大)『再帰的住居開発』
斎藤隆太郎(東京理科大)『屋上は都市となりうるか』
成山由典(早大)『場所に応答する建築』
荒井 希(工学院大)『建築空間における光の研究』
信田健太(東海大)『会離の水楼』
西山尚吾(近大)『空間図式試行』
宮崎晃吉(東京藝大)
『怪物的空間を創出するための6つの試行』
岡山直樹(早大)『諸場所の諸相』
橋本 剛(熊本大)『境界閾建築』
尾野克矩(京都工繊大)『Curtains Mountains』
沢田 聡(首都大)『靴磨きの男の家』
大塚 直(武蔵工大)『こどもの城』
味岡美樹(武蔵工大)『みちにある家』
川嶋洋平(武蔵野美大)『無題』

論文展

▶コメンテーター

青井哲人、アニリール・セルカン、太田浩史、佐藤 淳、陶器浩一、馬場正尊、藤村龍至、八束はじめ

▶出展者

小野陽子(法政大)
『南イタリア・ガッリーポリの都市と建築』
坂巻直哉(東京理科大)『郭内の空間変容に関する研究』
北島祐二(東大)
『戦時・戦後復興期における東京の土地所有形態』
寺崎雅彦(東大)『再生・転用建築の新たな尺度』
本郷健太(早大)
『Adolf Loosにおける「逆行的／仮想的」設計手法研究』
法澤龍宝(明大)『ABCグループの建築論』
水野裕太(早大)『〈思考形式〉としてのドローイング』
齋賀英二郎(早大)『剣持勇論』
辻 泰岳(東大)『戦後建築の「周辺」』
渡邉麻衣(早大)『N邸にみる磯崎新のメランコリア』
高瀬淑也(法政大)『GAを用いたラチスシェル構造物の形態デザイン手法に関する研究』
荒木美香(東大)『測地線上に部材を配置した木造ドームに関する基礎研究』
南方雄貴(福岡大)『戦後日本における鉄筋コンクリートシェル構造建築の軌跡』
田中 剛(東大)『近現代建築における光と熱』
金野千恵(東工大)
『住宅作品におけるロッジアの空間的性格』
簾藤麻木(早大)
『介護者の自領域から考察する介護施設計画』
北 雄介(京大)
『経路歩行実験による都市の様相の記述と分析』
木曽久美子(京大)『建築・都市空間が誘発する人間行動の記号過程に関する研究』
鎌倉敏士(新潟大)『都市表層から見た信濃川下流域』
古澤圭太(国士舘大)『チャンディガール、コロニーNo.5地区における生活実態と住居形態の調査・研究』
大河内重敬(早大)『関節疾患に着目した住宅のテーラーメイドデザインに関する研究』
大西直紀(東大)『風害抑制を目的とした設計支援手法の開発に関する研究』
榎本孝司(法政大)『NURBS立体を用いた3D拡張ESO法による構造形態創生』
後藤一真(慶應大)『相互依存空間構造の形態解析ならびに設計支援システムの開発』
向 尚美(関西大)『風の景観操作考』
榊 俊文(法政大)『東京・水辺まちづかい論』
浦田裕彦(法政大)
『南イタリア・プーリア州の都市と地域の再生』
日髙香織(奈良女子大)『郊外ニュータウン居住者の住環境変化に対する意識調査と、人口減少地域における今後の住環境の在り方に関する研究』

2009

設計展

▶審査員

乾 久美子、木村博昭、内藤 廣、西沢大良、古谷誠章

▶出展者

白井尚太郎(グランプリ、東京藝大)『Atomsfit』
顧 彬彬(乾・西沢賞、東京藝大)『都市ヲ想フ絵図』
神山義浩(木村・古谷賞、信州大)『かげとらくだ』
新 雄太(内藤賞、東京藝大)『VILLA PALLADIO』
田中陽子(京都工繊大)『Red Dress』
粟谷潤子(京都工繊大)
『a garden: transparent landscape』
安蒜和希 (芝浦工大)『シュルレアリスム的建築の設計』
成田 愛(長岡造形大)『澤羅の研究』
兼瀬勝也(京都工繊大)『門の厚み』
魚本大地(早大)『Document 08: 生活の劇場』
川口裕人(京都工繊大)『MOYA』
松本巨志(東京理科大)『deformed grid』
吉田秀樹(早大)『もうひとつのいえ、もうひとつの時間』
坂田顕陽(東海大)
『多視点同時空間把握モデルを用いた建築設計手法』
北上紘太郎(東京理科大)
『BIOMIMICRY ARCHITECTURE』
小野寺 郷(武蔵工大)『Final Japan Pavilion』
篠田朝日(早大)『縮む町』
渡邉修一(東海大)『ル・トロネ修道院回廊における
光歪空間モデルを用いた建築設計手法』
干田正浩(工学院大)『集落的建築研究』
祖父江一宏(横国大)『横浜のちいさな豪邸』
丸山 傑(早大)『ゆるやかな共同体の風景』
西山広志(神戸芸工大)『森の奥なるやわらかきもの』
市川 徹(首都大)
『部分の呼応による視覚的連鎖に基づく設計提案』
宇津奏子(日本女子大)『INTERACTIONAL SPACE』
田辺俊索(東京電大)『建築と時間の新たな関係』

論文展

▶コメンテーター

今村創平、小野田泰明、金田充弘、高口洋人、渡邉研司

▶出展者

山崎新太(東工大)『ボローニャ大学における分散した敷地と都市環境によるその統合』
牟田隆一(九大)
『杉板を用いた折り曲げアーチ架構の開発研究』
野原 修(東工大)
『建物群による都市の領域構成とその変化に関する研究』
逸見 豪(東大)『グンナール・アスプルンド作品研究』
水谷晃啓(芝浦工大)『「東京計画1960」における
アルゴリズム的手法および考察』
玉木浩太(東大)『立てない家』
宮戸明香(明大)『築地市場仲卸店舗群の構成と変容』
貴田真由美(九大)
『近世大名庭園の造形に見る農本主義の影響』
石川康広(東大)『近代建築における数学の具象性』
細貝 雄(芝浦工大)『ビリックの形成過程にみる
ロングハウスの共同性と個別性に関する研究』
林 亮介(滋賀県大)『バンダ・アチェ市(インドネシア)におけるインド洋大津波の災害復興住宅に関する研究』
垰 宏実(東大)『高齢期における居住継続を支える方法としての「異世代間シェア居住」に関する考察』
仲村明代(東京理科大)『東京のイメージ』
岡崎まり(滋賀県大)『あいりん地区(釜ヶ崎)の変容とその整備手法に関する研究』
安藤顕祐(早大)『滑り・回転が起こる接合部を持つ構造物の変形性状に関する基礎的研究』

プロジェクト展

▶コメンテーター

岡部友彦、倉方俊輔、山田貴宏

▶出展者

芝浦工大 建築史研究室
『日拠時代に於ける台湾諸都市の都市形態に関する研究』
法政大 陣内研『都市を読む』
芝浦工大 地域デザイン研究室
『Water Frontier Project』
東工大 齋藤研『朝潮運河まちづくりプロジェクト』
法政大 永瀬研+陣内研+工学院大 澤岡研
『「まち」をつくろう2』
東大 難波研『トゥ・ティエム新市街地国際設計競技』
早大 中川研『ヴィエトナム・フエ阮朝王宮の復原的研究』
早大 古谷研
『高崎市立桜山小学校建設に伴うワークショップ』
明大 園田研『高齢者の新しい暮らしの提案』
芝浦工大 住環境計画研究室『フィールドで考える』
早大 古谷研+法政大 渡辺研+日本女子大 篠原研
『月影小学校再生計画』
横国大 飯田スタジオ『黄金町バザール・日ノ出スタジオ』
早大 古谷研『雲南プロジェクト』
明大 小林研『ユビキタス技術による情報提供と都市の歩行回遊性に関する研究』

2010

設計展

▶審査員

小野田泰明、迫 慶一郎、内藤 廣、西沢立衛、長谷川逸子

▶出展者

鈴木 茜(グランプリ、東北大)『影の縁側』

村口勇太(小野田賞、工学院大)
『「数寄」屋/もしくは「檻」』

小野志門(迫賞、日大)『不忍池霧の葬祭場』

湯浅良介(内藤賞、東京藝大)『Object Surréel』

松井さやか(西沢賞、東京理科大)
『身体と建築の関係性について』

石井衣利子(長谷川賞、芝浦工大)『輪郭の空間』

バンバタカユキ(京都工繊大)『volume』

池田 俊(東京藝大)『浮遊する身体』

井上裕依子(武蔵野美大)『少しづつ変わること』

邊見栄俊(大阪芸大)『「奥」を知覚する空間の研究』

トパ・リタ(横国大)『Urban entropies』

渡邉 譲(都市大)『住宅地の集合住宅』

高瀬真人(早大)『窓外への/からの』

佐河雄介(多摩美大)『Homage to Xenakis』

北條 匠(東京藝大)
『トワイライトな言語が僕らの心に残すもの』

鈴井良典(早大)『横断への記述』

土田純寛(都市大)『田園と建築』

論文展

▶コメンテーター

秋元孝之、池田昌弘、今村創平、中谷礼仁、本江正茂

▶出展者

宮地国彦(明大)
『鉄道施設と先行都市の重合・対立・同化』

鮫島 拓(滋賀県大)『パトリック・ゲデスによるインド・バローダ Barodaにおける都市計画に関する研究』

藤田慎之輔(京大)
『非力学的性能を考慮したシェル構造物の形状最適化』

桑山 竜(滋賀県大)『商業用途におけるテンポラリースペースに関する研究』

藤本健太郎(東大)『影を用いた建築や都市の密度感に関する考察』

椙山哲範(東海大)『建築グループ スペース'30の特質とその存在意義について』

加門麻耶(東大)『大橋富夫論』

荒木 聡(早大)『転相する建築』

渡邉宏樹(東大)『ラオスの伝統的住居における形態的差異性に関する研究』

プロジェクト展

▶コメンテーター

青井哲人、北川啓介、馬場正尊

▶出展者

滋賀県大 布野研『信・楽・人』

新潟大 岩佐研『Riverside Node』

京大 田路研『京都建築スクール「境界線のルール」』

東北大 五十嵐研『都市/建築/メディア/言語』

東大 難波研『マイクロパタンランゲージの研究』

法政大 陣内研『仲田の森遺産発見プロジェクト』

滋賀県大 布野研『安土城復元研究の一環として』

芝浦工大 伊藤研『バーチャル環境を利用した歴史的建造物復原支援の一手法の提案』

早大 入江研『石川県輪島市における土蔵修復再生を軸とした震災復興まちづくり』

滋賀県大 佐々木研『石山アートプロジェクト』

法政大 陣内研『都市と建築のこどもワークショップ』

法政大 陣内研
『東京都心部の歴史遺構外濠におけるまちづかい』

早大 古谷研『雲南プロジェクト』

工学院大 藤木研
『Aqua-Scape The Orangery Version』

2011

設計展

▶審査員

伊東豊雄、大野秀敏、手塚貴晴、長谷川逸子、古谷誠章、山本理顕、六鹿正治

▶出展者

水野悠一郎(グランプリ、東京藝大)『空本』
山田明子(伊東賞、東工大)
『Cathedral for Social Activities』
徳田直之(大野賞、芝浦工大)『未完の空間』
小松拓郎(手塚賞、工学院大)『酪農家の家』
中山佳子(長谷川賞、横国大)『現代的村落共同体』
田中了太(古谷賞、神戸大)『融即建築』
山本悠介(山本賞、都市大)『集落の学び舎』
矢尻貴久(六鹿賞、早大)『公営住宅再考』
工藤浩平(東京藝大)『小説に変わるいくつかの日常』
松本透子(東京理科大)『Dancing with Plate』
西野安香(早大)『観察、ふるまいの場所』
田持成輝(神戸大)『水の皺』
芝山雅子(武蔵野美大)『隙間の集落』
藤本直憲(前橋工大)『偶然性を有する建築空間の可能性』
義基匡矢(大阪産大)『Self-Conversion Buildings』
今城 瞬(東京理科大)『4000000000kg』
大中愛子(昭和女子大)『1^7つ屋根の下』
金光宏泰(早大)『連鎖空間研究』

論文展

▶コメンテーター

今村創平、上野 淳、斎藤公男、佐藤英治、平沢岳人、布野修司、三宅理一

▶出展者

飯田敏史(滋賀県大)『フィリピン・ヴィガンの都市空間構成とその変容に関する考察』
石榑督和(明大)
『闇市の発生と整理からみる新宿駅近傍の形成過程』
後藤礼美(東大)『相隣と都市』
飯村健司(千葉大)『アルゴリズミック・デザインの建築の設計への適用に関する研究』
奥山浩文(東工大)『関西国際空港旅客ターミナルビルにおける「ジオメトリー」と「環境制御技術」による長大空間の設計プロセス』
森 稔(九大)『螺旋形木造シェル形架構の開発研究』
渡邉純矢(芝浦工大)『立体的用途複合都市における交通ネットワーク構成に関する研究』
小川武士(芝浦工大)
『商業美術と建築運動の関係性について』
千葉美幸(京大)
『アルド・ロッシの建築思想における〈断片〉』
贄川 雪(早大)『Christopher Alexanderの建築理念』
門間正彦(明大)『鹿島論争(設計施工一貫分離論争)に関する歴史的研究』

プロジェクト展

▶コメンテーター

加茂紀和子、韓 亜由美、山崎 亮

▶出展者

近大 小島研『近大展プロジェクト』
とよさと快蔵プロジェクト＋近江楽座(滋賀県大)
『とよさと快蔵プロジェクト』
新潟大 岩佐研『モラトリアム新潟』
東京藝大 元倉研『マイタワークラブ』
月影小学校再生プロジェクト(早大 古谷研＋法政大 渡辺研＋日本女子大 篠原研＋横国大 北山研)
『月影小学校再生プロジェクト』
信・楽・人 shigaraki field gallery project(滋賀県大)『Ogama(おおがま)改築プロジェクト』
京大 田路研『CRANK × CRACK』
東工大 安田研『東京工業大学付属図書館』
滋賀県大 高柳研『日韓国際交流ワークショップ2010』
明大 青井研『台南都市サーベイ』
日大 佐藤研『kamaboko curtain』
青学 黒石ラボ『原蚕の杜プロジェクト』
滋賀県大 佐々木研『石山アートプロジェクト2010』
早大 古谷研『雲南プロジェクト』
千葉大『21 世飽の森と広場 The Park Renovation』
DANWASHITSU『DANWASHITSU』
あぐりんご(大子町・筑波大共同チーム)
『「木のりんご箱の屋台」プロジェクト』

2012

設計展

▶審査員

新居千秋、工藤和美、千葉 学、
マニュエル・タルディッツ、山梨知彦

▶出展者

山中浩太郎（グランプリ、神奈川大）
『A butterfly in Brazil』

高島春樹（新居賞、東京藝大）『旅するサヴォア邸』

榮家志保（工藤賞、東京藝大）『居くずし』

西島 要（千葉賞、東京電大）『敷地境界から建築へ』

浜田晶則（タルディッツ賞、東大）『流動と磁場』

棚橋 玄（山梨賞、東京藝大）『Record of a Living Being』

杉山幸一郎（東京藝大）『幸せにみちたくうかん』

木下和之（神奈川大）『山間村落輪唱風景』

友枝 遥（東大）『Circulating Architecture』

山梨綾菜（前橋工大）
『人々のあつまる風景を広げる建築群の設計』

高橋優太（都市大）
『Transit Space――変移する身体』

小野晃央（京都工織大）『Gradational Landscape』

薗 広太郎（都市大）『Weathering Temple』

峯村祐貴（武蔵野美大）『図式から空間へ』

針貝傑史（東京理科大）『biblioteca da floresta』

坂爪佑丞（横国大）『線状共住体研究』

太田 翔（東京理科大）
『奥行き感を生成する空間設計手法の提案』

加藤 学（工学院大）『木造都市』

一瀬健人（神戸大）『共鳴する中心』

論文展

▶コメンテーター

今村創平、大月敏雄、金田充弘、倉方俊輔、田辺新一、
中島直人

▶出展者

窪田真和（東大）『BIMデータの再利用による最適建築設計支援手法の開発』

大島 隼（首都大）『耐震性向上を伴う総合的改修における建築関連法規制に対する設計対応に関する研究』

梶 隼平（京大）『ジンメル、ジェイコブズ、ルフェーブルにみる都市のイデア』

河野泰教（新潟大）『ネオ高齢者によるアーバニズム』

中田翔太（滋賀県大）『キャンベイ（インド・グジャラート州）の都市組織の構成とその変容に関する研究』

宮井早紀（京都工織大）
『戦前の百貨店装飾部の成立と展開に関する研究』

青柳 佑（早大）
『戦後ヤミ市を起源とする都市組織体の変容過程』

玉木裕希（横国大）
『神奈川県旧藤野町の農村舞台に関する研究』

福原光太（横国大）『Reciprocal Frame構造による木造自由曲面架構とその構法に関する研究』

村井庄一（東大）
『日用品の空間化に関するデザインプロセス論』

田沢孝紀（新潟大）『応急仮設住宅における環境構築』

平田裕信（早大）『既存駅複層地下空間における火災・水害双方に有効な総合防災計画手法』

プロジェクト展

▶コメンテーター

大島芳彦、筧 裕介、川路 武、竹内昌義、西田 司、吉田秘馬

▶出展者

東京理科大 小嶋研＋佐藤淳構造設計事務所＋太陽工業
『MOOM』

慶應大 松原研＋長谷部研＋鹿児島県熊毛郡屋久島町口永良部島の島民の方々『鹿児島県屋久島町口永良部島における離島活性化協同プロジェクト』

糸島空き家プロジェクト（九大 坂井研ほか）
『糸島空き家プロジェクト』

日大 佐藤研『戯曲をもって町へ出よう。＋墨田区／豊島区在住アトレウス家』

首都大 饗庭研『やぼろじプロジェクト』

GTS_MIST（東京藝大 元倉研）『GTSアートプロジェクト』

奈良女子大１回生有志『M-house project 2011』

DACC/Digital and Computational Commune（東大）『花火のなか』

月影小学校再生プロジェクト（法政大 渡辺研＋早大 古谷研＋横国大 北山研＋日本女子大 篠原研）
『月影小学校再生プロジェクト』

縁の家プロジェクト実行委員会（法政大 建築学専攻を中心とした学生有志）
『多摩川源流域における木の小屋づくりプロジェクト』

宮城大 竹内研『番屋プロジェクト』

新潟大 岩佐研『仮設のトリセツ』

山下和正+東工大 奥山研
『カーボベルデ共和国日本人村計画』

木興プロジェクト（滋賀県大 布野研＋ヒメネス研＋迫田研＋山根研）『木興プロジェクト』

東大 村松研『ぼくらはまちの探検隊』

千葉大 柳澤研『稲敷市新利根地区小学校プロジェクト』

トウキョウ建築コレクション2012実行委員会
『トウキョウ建築コレクション2012』

せんだいデザインリーグ実行委員会『せんだいデザインリーグ2012卒業設計日本一決定戦』

2013

設計展

▶審査員

海法 圭、小嶋一浩、手塚貴晴、南後由和、難波和彦、西沢大良、龍光寺眞人

▶出展者

平井百香(グランプリ、東北大)
『眼暗の家／もうひとつの光』

川上華恵(小嶋・西沢賞、東京藝大)『選択する肢』

津川康次郎(手塚賞、東京理科大)『旅の記憶』

河田將博(難波賞、芝浦工大)『普通に見えない普通の住宅』

町田 彩(龍光寺賞、京都工繊大)『みち と まち の にわ』

古川正敏(海法賞、東京理科大)
『Architecture in Kampong』

福地佑介(南後賞、千葉大)
『GENETIC PATTERN LANGUAGE』

永田 敦(東北大)『治建治水』

河西孝平(東工大)『谷川浜復興計画』

高栄智史(早大)『建築の速度』

中村龍太郎(東北大)『海辺の棲家』

乙坂譜美(東北大)『庄内広域地方都市圏』

渡邊俊介(札幌市大)『para-Site』

矢野健太(都市大)『電湯』

及川 輝(早大)『仮面』

佐々木 慧(東京藝大)『神保町の古本屋さん』

戸塚千尋(都市大)『晴れ時々、雨、のち虹』

和田郁子(東京藝大)『音と建築』

論文展

▶コメンテーター

石川 初、大野二郎、門脇耕三、佐藤 淳、篠原聡子、陣内秀信

▶出展者

金森麻紀(東工大)『海外旅行ガイドブックの地図にみられる都市の領域的階層性』

坂根知世(東大)『回転成形を用いた立体漉き和紙ブロックのファブリケーションに関する研究』

川島宏起(東大)『ダイレクトゲインと潜熱蓄熱を用いた太陽熱暖房住宅の設計法の提案』

荘司昭人(芝浦工大)『Hyper den-City Study | Densification Model』

魚住英司(九大)
『剛体折りの可搬建築物への適用可能性の研究』

櫻井 藍(滋賀県大)『聖地・ラーメーシュワラム(南インド)の都市構造と居住空間の変容に関する研究』

木原己人(滋賀県大)『「風の道」創造に向けた街路樹の植樹デザインに関するシミュレーション』

安福賢太郎(京大)『住宅への愛着形成過程に関する研究』

酒谷粋将(京大)『建築設計における創発的プロセスとしてのメタファーの研究』

遠藤えりか(早大)
『アルゴリズムを用いた環境設計プロセスの可能性』

森山敦子(明大)『昭和三陸津波の罹災地復興と産業組合』

岡田紋香(早大)
『災害体験の昇華が生み出す建物の価値観』

新津 瞬(早大)『社会的企業を核とする共奏型地域マネジメントに関する研究』

プロジェクト展

▶コメンテーター

速水健朗、藤村龍至、倉本 仁、谷尻 誠、川添善行、広瀬 郁

▶出展者

慶應大 池田研『DigiMokuプロジェクト』

東京藝大 乾研＋丸山研『GTSアート環境プロジェクト』

明大 園田研『萌大空間スタイリングワークショップ』

日大 佐藤研『三宅島在住アトレウス家』

東北大 小野田研『宮城県七ヶ浜町 多層的プロポーザルによる復興への取り組み』

滋賀県大 布野研＋ベルデホ研『木興プロジェクト』

千葉工大 石原研『閖上わかば幼稚園再建プロジェクト』

三重大 建築学科学生有志『建築学生団体ASIT』

明大 大河内研『MEIJI×BEIJING UNIVERSITY INTERNATIONAL WORKSHOP2012』

早大 古谷研＋神戸大 槻橋研
『記憶の街ワークショップ in 田野畑』

千葉大 岡部研
『Intervention in High Density Area』

東大 太田研＋日産自動車『EVと都市プロジェクト』

工学院大 西森研『熱川空家プロジェクト』

新潟大 岩佐研
『応急仮説住宅のファイナルマネージメント』

法政大 陣内研＋永瀬研＋網野研＋東京学芸大 鉄矢研
『vegehouse project』

2014

設計展

▶審査員

アストリッド・クライン、篠原聡子、羽鳥達也、日埜直彦、吉村靖孝

▶出展者

大島 碧（グランプリ、東京藝大）『異邦人の日常』

仲俣直紀（クライン賞、東京理科大）『ゆれる建築』

池田雄馬（篠原賞、都市大）『吊り湯』

本田耕二郎（羽鳥賞、東京藝大）『風景はリアクションする』

金沢 将（日埜賞、東京理科大）
『歴史的文脈と商業倫理に基づく空間構成』

高橋良至（吉村賞、神戸大）『Alley Renovation』

平山健太（早大）『渡り鳥を介した国際交流』

中田敦大（筑波大）『漁村をつなぐ道と道の建築』

増田裕樹（都市大）『都市の航海記録』

浅田龍太（滋賀県大）『Re;Scaled Life』

太田雄太郎（中部大）『面の書き換え操作による形態変化を用いた設計手法の提案』

馬場雅博（東京藝大）『Elastic Morphology』

福田 俊（東北工大）『映画のような建築』

髙橋賢治（東京藝大）『馬とすれちがう建築』

山崎 拓（滋賀県大）『自然の循環に身を置く建築たち』

論文展

▶コメンテーター

五十嵐太郎、岡部明子、金箱温春、深尾精一、前 真之、松田 達

▶審査員

鬼頭貴大（五十嵐賞、東大）『中世重層建築論』

庄子幸佑（岡部賞、早大）『地名からみた現代日本に於ける古代社会の影響に関する研究』

葛西慎平（金箱賞、東大）『リスボン・バイシャ地区の復興プロセスに見る一貫性と適応性』

林 直弘（深尾賞、明大）
『同潤会と戦前・戦中期の東京郊外住宅地形成』

中島弘貴（前賞、東大）『ZEHの設計法及び電気需要平準化を見据えた蓄電池導入可能性に関する研究』

吉田敬介（松田賞、豊橋技科大）
『データベースを用いた空間構成列挙手法の研究』

清野 新（東大）『外皮性能および暖房方式による不均一温熱環境の快適性・省エネルギー性に関する研究』

北野貴大（大阪市大）
『大規模シェア居住における創発的混住に関する研究』

井上悠紀（滋賀県大）『南京（中華門・門西地区）の都市空間構成とその変容に関する研究』

長尾芽生（日大）
『地域における文化活動拠点の評価に関する研究』

プロジェクト展

▶コメンテーター

門脇耕三、齋藤精一、宮台真司、森山高至

▶出展者

宮城大 竹内研『海と人をつなぐ漁村体験施設』

京都建築スクール実行委員会（宮城大 竹内研）
『集合する人 寄り添う商と住』

東京藝大 ヨコミゾ研『新潟県新発田市の文化遺産を活かした地域活性化事業等プロジェクト』

東工大 那須研＋千葉大 伊藤研＋Bauhaus Univ. Weimar in the subject urbanism
『NJWA PROJECT』

前橋工大 石田研
『前橋中心市街地空き店舗の学生住宅活用』

Kashiihama Home For All Project Team
『Kashiihama Home For All Project』

千葉大 岡部研『“道楽”がまちをかえる？！』

慶應大 池田研
『慶應型共進化住宅 Keio Co-Evolving House』

工学院大 ハチイチ企画学生有志団体＋冨永准教授
『ハチイチ』

滋賀県大 布野研＋ベルデホ研＋迫田研＋高柳研＋名城大 柳沢研『木興プロジェクト』

co＋labo（慶應大 ラドヴィッチ研）
『BARN HOUSE Hokkaido Project』

日本橋リンゲージ（早大 古谷研＋東工大 那須研＋工学院大 篁研）『Line One Aozora Project（LOAP）』

2015

設計展

▶審査員

猪子寿之、大西麻貴、門脇耕三、竹内昌義、手塚貴晴、豊田啓介、山本理顕

▶出展者

西川博美（グランプリ、横国大）『多層的な認識地図から、密集して住まう人々の〈間〉にゆるくて分厚い関係を構築できるか。』

髙橋拓生（猪子賞、信州大）『白い闇』

伯耆原洋太（大西賞、早大）『切断の諸相』

提坂浩之（門脇賞、東京理科大）『外力に適応する建築』

小方信行（竹内賞、横国大）『makers' platform city』

差尾孝裕（手塚賞、京都工繊大）
『Translation: Urban Cemetery Environment』

加々美理沙（豊田賞、東大）『三次元多孔吸音体』

桝永絵理子（山本賞、東京藝大）『輪郭ー大地と空』

川端俊輝（横国大）『再読・Pompidou Center』

林 拓真（東京理科大）『植物 か 建築』

野原麻由（信州大）『空き並び家の再生計画』

山本恒太（中部大）『「編み構造」を用いた建築デザインの可能性』

原田健介（東京藝大）『“転換”の作法』

加藤聖也（早大）『日常の軌跡』

福村英貴（都市大）『祈りの量塊』

西田庸平（都市大）『太鼓櫓』

竹之内芙美（東京藝大）『$\vec{0}$(g=9.80665m/s^2)』

菅野正太郎（早大）『迷宮』

論文展

▶審査員

小西泰孝、千葉 学、長谷見雄二、松田 達、八束はじめ

▶出展者

浦山侑美子（グランプリ、九大）『関東大震災における建築物被害報告に関する一考察』

花川太地（小西賞、法政大）『形態創生による縦型円筒状ラチスシェル構造物の構造特性に関する研究』

倉石雄太（千葉賞、明大）『東京都心部における土地所有構造からみた戦後の都市組織変容過程』

中倉徹紀（長谷見賞、東大）『マンハッタンにおける街路景観に関する研究』

余語良祐（松田賞、中部大）『商店街における路線価形成要因の研究』

小原亮介（八束賞、名城大）『ヴァーラーナシー（インド）における既存寺院を核とした増築現象「融合寺院」の類型化と形成プロセス』

井田久遠（九大）『膜材を引張材とするテンセグリティ構造物の設計手法』

今井裕也（近大）
『大阪船場地区における移動販売車の立地特性』

内田将大（早大）
『まちつくり手法としてのロングトレイルの考察』

金尾正太郎（東北大）
『ディズニーランドの空間構成に関する考察』

原田尚侑（早大）『パラメトリックデザインを用いたエコスクール昼光利用型ファサードの提案』

藤田大樹（東大）『都市における知識産業の集積メカニズムに関する研究』

牧野理加（東大）
『ポルトガルの住宅におけるalpendreについて』

吉野 歩（明大）『武蔵野段丘上の短冊状新田村落にみる大都市近郊の郊外住宅地形成』

あとがき

トウキョウ建築コレクション2016オフィシャルブックをお手に取って頂いた皆様、誠にありがとうございます。本展覧会は「建築をより一般社会に向けて発信すること」を目的とし、代官山ヒルサイドを会場に2007年から活動を続けてまいりました。今年は10周年という大きな節目を迎え、先人たちの活動を鑑みた上で新たなステージに立つことを目標とし、「革新」というテーマのもと、執り行いました。

これまで以上に建築を一般社会に知って頂くため、今年はこどもワークショップ企画を新たに付加し、体験を通して建築の思考やデザインを認知して頂けるものとしました。子供を対象としたこの企画は、建築を十分に理解できていないこどもたちが、モノづくりの面白さを知るきっかけになったと思います。また、それと同時に学生たちにとっても建築の奥深さ、楽しさを再認識できる貴重な場になったと実感いたしました。さらに今年は新たな企画に加え、インテリアやデザインマテリアルの企業の方々からもご協力を賜り、交流する分野の広がりが見えてきた年にもなりました。これを機に今後ますますの発展を期待したいと思います。また、今年は新たな試みとして、Facebookページに実行委員による審査員の方々へのインタビューを掲載し、自らが記録することの意義を表明しました。

そして、10周年という記念の年において、企画内容の根本的な見直しや新しい試みを無事にやりきることができたことは、代官山ヒルサイドテラス様を始め、ご協力団体様、ご協賛企業各位、後援団体様、そして特別協賛を賜った株式会社建築資料研究社/日建学院様からの温かいご支援、ご協力のおかげだったと思います。改めまして感謝申し上げます。

最後に、本展覧会に初めて関わり、こうして今「あとがき」を書くことができているのは、半年間ともに支え合い、高め合うことができた実行委員の皆がいてくれたおかげだと思っております。本当にありがとうございました。トウキョウ建築コレクションも10年目を迎え、多くの方々に認知されるようになって参りました。これから数十年先まで建築を代表する展覧会の一つとして継続することができますよう、今後とも変わらぬお引き立てをどうぞよろしくお願いいたします。

トウキョウ建築コレクション2016代表

大島堅太

10周年という記念の年に、代表という大役を任され、やり遂げることができたことは、自分にとって大きな糧となったと思います。その際人力を尽くしてくださった関係者様各位に改めて感謝申し上げます。ありがとうございました。

代表　大島堅太

10周年の今年は、7つの企画を運営することになりましたが、多くの皆様に支えられて無事に終えることができました。今までとは違った会にしたいという熱い思いがイベントを「革新」に導いたのだと思います。一年間協力してくださった皆様、ありがとうございました。

運営統括　関根 薫

設計展、論文展は、どちらも本会にとって最も重要な企画です。どちらも公開審査会の最後の瞬間まで、息つく間もない状態でしたが、多くの応募者、素晴らしい出展者、そして、審査を引き受けてくださった皆様のおかげで、恥じることのないものにできました。実行委員会では、裏方として多くの仲間が見えないところで動いてくれていたことが、数え切れないほどたくさんありました。この企画に関わってくださった皆様へのお礼を、これからもずっとお伝えできればと思います。本当にありがとうございました。

設計展、論文展　門間翔大

研究室のプロジェクトは、予算などの制約のある中で行わなくてはなりません。そういった中で、各大学で様々な視点から建築を提案していく姿が垣間見え、とても刺激的な会となり、大変嬉しく思います。

プロジェクト展　高橋健太

ワークショップ展は、本年より動き出した新しい企画です。探り探りの企画で多くの方に支えられながら、どうにか運営することができました。関係者の皆様には、本当に感謝しております。これからもより一層、この企画が大きくなることを願っております。

ワークショップ展　門間翔大・高橋健太

皆様にトウキョウ建築コレクションに来ていただきたいという思いでポスターやフライヤーなどを作りました。裏方での作業は大変なこともありましたが、会の成功に貢献することができ、嬉しく思います。皆様、ご協力ありがとうございました。

制作　関根 薫・杉本まり絵・保川あづみ・今 進太朗
寺内達也・薬丸幸奈・吉田理緒

本年は10周年ということで様々なことに挑戦した年でした。困難も多く簡単ではありませんでしたが、このような学生主体の挑戦が成立したことも、ひとえに関係者皆様のご助力によるところだと感じております。関係者の皆様、ありがとうございました。

書籍、会計　小西一輝

ライフスタイルシーンを提案していく多目的スペース

DAIKANYAMA T-SITE

GARDEN GALLERY

http://real.tsite.jp/daikanyama/floor/shop/garden-gallery/

日建学院より全国修士設計展「グランプリ」副賞を授与　photo：Hideyuki Uchino

トウキョウ建築コレクション2016実行委員会

実行委員会代表　大島堅太（東京工業大学大学院）

運営統括　関根 薫（明治大学大学院）

企画班
［設計展・論文展］門間翔大*（明治大学大学院）、河鰭公晃（東京理科大学）、
佐村 航（日本大学）、田丸明日香（日本大学）、中崎佑香（日本大学）、
万徳友里香（早稲田大学）、山田明子（日本大学）
［プロジェクト展］高橋健太*（日本大学大学院）、小見山滉平（明治大学大学院）、
砂古口真帆（日本大学）、祐川牧子（明治大学大学院）
［ワークショップ展（積み木ワークショップ）］高橋健太*（日本大学大学院）
関根 薫*（明治大学大学院）、江頭 樹（早稲田大学）、岡安 優（東洋大学）、
今 進太朗（明治大学）、砂古口真帆（日本大学）、杉本まり絵（明治大学）、
平馬 竜（芝浦工業大学）、百武 天（早稲田大学）、保川あづみ（明治大学）、
薬丸幸奈（明治大学）、吉田理緒（明治大学）
［ワークショップ展（家具ワークショップ）］門間翔大*（明治大学大学院）、
江頭 樹（早稲田大学）、岡安 優（東洋大学）、竹内一輝（東洋大学）、
田淵ひとみ（早稲田大学）、平馬 竜（芝浦工業大学）、百武 天（早稲田大学）

運営班
［制作］関根 薫*（明治大学大学院）、今 進太朗（明治大学）、杉本まり絵（明治大学）、
寺内達也（明治大学）、保川あづみ（明治大学）、薬丸幸奈（明治大学）、吉田理緒（明治大学）
［書籍］小西一輝*（早稲田大学大学院）
［協賛］小西一輝*（早稲田大学大学院）、関根 薫*（明治大学大学院）
［運搬］小見山滉平*（明治大学大学院）
［会場］関根 薫*（明治大学大学院）、坂梨桃子（法政大学）
［会計］小西一輝*（早稲田大学大学院）、関根 薫*（明治大学大学院）
［広報］関根 薫*（明治大学大学院）、江頭 樹（早稲田大学）、
杉本まり絵（明治大学）、万徳友里香（早稲田大学）

サポーター
［会場・設営］伊藤公人（明治大学）、大谷 剛（明治大学）、岡本夏美（東京理科大学）、
奥田由海（昭和女子大学）、櫃淵 開（東京工業大学）、川口大輝（東京理科大学）、
倉田慧一（日本大学）、小嶋玲香（日本大学）、小林奈七子（日本女子大学）、
坂田達郎（東京理科大学大学院）、柴崎圭太（工学院大学）、下田彩加（日本女子大学）、
関野雄介（工学院大学）、津田加奈子（日本女子大学）、鳥羽佑里子（明治大学）、
乗添凌太郎（芝浦工業大学）、松原元実（慶應義塾大学）、佐藤晃一（東京理科大）、
山岸奈菜子（明治大学）、弓削多宏貴（明治大学大学院）、
渡邊 栞（明治大学）、渡辺州一（東京工業大学）

アドバイザー　平場晶子（明治大学大学院）

トウキョウ建築コレクション・アソシエイション
安藤顕祐、上田真路、尾崎悠子、鍵野壮宏、神谷修平、國分足人、
頭井秀和、団野浩太郎、時岡壮太、中西 豪、武者 香

＊は各班の代表を示す。

トウキョウ建築コレクション2016 実行委員会代表
大島堅太(東京工業大学大学院)

編集協力　大家健史(全国修士設計展)、阪口公子(全国修士論文展)、
市川紘司(全国修士論文展／プロジェクト展)、豊田正弘(特別講演)、
元行まみ(積み木ワークショップ)

写真　内野秀之(出展者顔写真、p.340 - p.342以外の会場写真すべて)
池田裕亮(p.340 - p.342)

トウキョウ建築コレクション2016
全国修士設計・論文・プロジェクト展・特別講演・ワークショップ

トウキョウ建築コレクション2016実行委員会編
2016年7月1日 初版発行

編集 ： フリックスタジオ(高木伸哉、井上倫子、長沼和也)
アートディレクション＆デザイン ： 爲永泰之(picnique Inc.)
製作 ： 種橋恒夫(建築資料研究社／日建学院)
発行人 ： 馬場栄一(建築資料研究社／日建学院)
発行所 ： 株式会社 建築資料研究社
〒171-0014 東京都豊島区池袋2-38-2-4F
TEL : 03-3986-3239　FAX : 03-3987-3256
http://www.ksknet.co.jp
印刷・製本 ： シナノ印刷株式会社

ISBN978-4-86358-439-6